역(易)과 사(史)

(상권)

부제 :『주역(周易)』의 세계관과 역사성
— 건괘(乾卦)와 곤괘(坤卦)를 중심으로 —

李 正 熙 著

❀㈜이화문화출판사

지은이 **이정희(李正熙)**

    영남대학교에서 법학을 공부했으며, 동방문화대학원대학교에서 주역
철학을 전공, 박사를 취득하였다. 학위 논문은 「『周易』의 世界觀과 歷
史性에 관한 研究 -乾卦와 坤卦를 중심으로-」이다. 이후에도 『주역』의
서사(筮辭)가 상말 주초의 역사와 깊은 관련이 있다는 관점에서 연구를
지속하여 이 책을 성과물로 내놓게 되었다.

서문

이 책은 역사적인 관점에서 『주역』의 서사(筮辭)를 해석한 것이다. 해석에서 대전제는 사실이 언어를 낳고, 언어에서 뜻이 나온다는 점이다. 말뜻을 밝히려면 말이 있게 된 사실을 알아야 한다. 언어의 연원과 용례 등을 규명하면 그 속에 담겨있는 사실을 들출 수 있다. 『주역』이 상말 주초의 난세에 주나라 지배계층에 의해 정립되었다면 말과 뜻은 당시의 역사적인 상황이나 사건 등이 바탕일 수밖에 없다.

그 시대는 천하의 패권을 두고 대립하느라 혼란이 극에 달했다. 인간의 삶을 좌우하는 이념이 근본적으로 바뀌는 문명사적 대전환의 시기이기도 했다. 이런 시대를 감당했던 사람들에 의해서 역(易)의 말이 지어졌다면 말과 뜻은 당시의 역사에서 길어 올렸을 것이 분명하다. 『주역』의 교학적(敎學的) 성격을 고려하면 말은 절실하고 뜻은 의도적이기 마련이다.

이런 관점에서 서사는 상나라의 지배에서 벗어나 주초의 성강지치(成康之治)에 이르기까지 역사 주체의 행보와 직접 관련이 있다. 『죽서기년』과 「노주공세가」 편 등에 따르면 주공(周公)은 성왕 21년에 사망했고, 22년에 필(畢) 땅에 묻혔다. 실제로 서사에 내재한 역사적 상황을 확인하면 주공 생전의 일에 국한된 사실을 알 수 있다. 역사에 기대어 서사를 살펴보아야 하는 많은 이유 중의 하나이다.

역사적인 관점의 해석에서 주된 도구는 실증과 상상력이다. 실증적 접근은 해석에서 기본적이고 필수적이다. 다만 시대적 요원과 빈약한 자료 등으로 해석상 한계가 있다. 상상력은 한계를 극복하는 중요한 도구이다. 실증에 공백의 강이 있다면 상상력은 징검다리와 같다. 대표적으로 귀매괘(歸妹卦)를 들 수 있는데, 괘·효사를 이런 방법으로 해석하면 주나라 지배계층이 숨기고 싶어 했던 비사(悲史) 또는 숨겨진 야사(野史)임을 확인할 수 있다. 독자는 이런 관점에 때로는 공감하고, 때로는 억측으로 여길 것이다. 다만 백인백역(百人百易)이라고 했으니, 열린 마음으로 살펴보고 자기의 관점과 다를 경우 걸러내면 될 듯하다.

해설서는 상권·중권·하권의 세 권으로 묶었다. 상권은 필자의 학위논문 『『주역』의 세계관과 역사성에 관한 연구(건괘와 곤괘를 중심으로)』를 보완했다. 중권은 통행본 상경(上經) 30괘 중에서 건괘와 곤괘를 제외한 28괘의 괘·효사를, 하권은 하경(下經) 34괘의 괘·효사를 각각 해설했다. 『주역』을 보조적으로 구성하는 「역전」 등은 은주교체의 시기와 시대적, 문화적 요원함 등을 고려하여 해석상 참고하는 데 그치고 서사의 본뜻을 밝히는 일에 집중했다.

덧붙이면, 상권에서는 『주역』 전반의 대의가 집약된 건괘와 곤괘의 통론적 성격에 주목했다. 문명사적 대전환의 계기였던 은주교체의 역사적 전개 과정과 그 시대를 감당했던 역사 주체의 역사의식 등이 두 괘에 어떤 식으로 스몄는지 규명했다. 아울러 수괘(首卦)인 건괘에 역(易)을 지은 사람의 세계관이 어떤 양상으로 투영되었는지 세 가지 측면으로 논증하여 해석의 기본 방향으로 삼았다.

중권과 하권에서도 같은 해석 틀 위에서 각 괘에 내재한 역사적 담론과 괘·효사에 담긴 역사적 사실관계를 밝혀서 뜻을 규명했다. 전체적으로 기존의 주류적 해석 경향과 크게 달라서 독자의 지적 호기심에 부응하는 한편 많은 비판도 피하기 어려울 것이다. 어느 경우이든 『주역』을 이해하는 일에 폭과 깊이를 더할 수 있을 것으로 본다.

해설서를 집필하면서 『주역』이 인간의 불안과 고통을 안쓰럽게 여기는 신의 뜻이 집약된 점서(占書)라는 사실을 잊지 않았다. 역사적 관점에 치우쳐서 지적 사유에 바탕을 둔 다양한 해석을 폄훼하는 일이 없도록 경계했다. 『시경』 가운데 '악속출복, 자하능곡(握粟出卜、自何能

穀 : 곡식 한 줌 내어 점쳐 묻네. 어찌해야 복 받을 수 있는지를)'의 시구는 살얼음을 밟듯 조심해도 한 몸 지키기 어려웠던 난세에 신에게 의지했던 인간의 모습을 말하고 있다. 시대를 초월하여 점은 고통을 위무하고, 억압에서 벗어나며, 낙토(樂土)로 인도함을 지향했다. 중심에 한 줌 곡식을 움켜쥐고 찾아온 인간의 하소연에도 대답을 외면하지 않는 신의 전지전능과 자비로움이 있다. 어떤 해석도 이 사실을 외면해서는 안 되며, 외면할 수도 없다.

신의 뜻을 알고자 할 때의 정결하고 간절한 마음은 예나 지금이나 한결같기 마련이다. 이런 마음을 헤아려 신성한 조짐으로 대답하는 신이 곁에 있는 한 일상의 고통과 어려움을 덜어낼 수 있다. 상말 주초의 난세에 질곡의 역사를 감당하며 역(易)의 말을 지었던 사람에게 신은 자기만 아는 '신의 언어'가 아닌, 지극히 역사적인 '인간의 언어'를 들려줌으로써 만세에 걸쳐 고통을 어루만질 수 있게 했다. 이런 측면에서 인간의 역사는 신의 뜻에서 벗어나기 어렵다. 서사에 대한 역사적 관점의 해석도 실상은 파악하되 결코 신의 뜻을 폄훼하는 일이 없어야 한다는 점을 잊지 않았다.

역(易)을 공부하면서 '학자의 잉크는 순교자의 피보다 진하다'는 말에 깊이 공감했다. 신성한 학문의 길을 걸었거나 걷고 있는 선학(先學)에게 경의를 표하며, 이 책도 결국에는 선학의 각주(脚註)에 지나지 않음을 밝힌다. 출간 이후 여러 비판이 있겠지만, 감내하는 일은 필자의 몫이고, 혜안으로 시비를 가려서 올바른 길을 여는 일은 독자의 몫이다. 출간에 따른 필자의 독백이며, 위안이다.

끝으로 집필을 응원해준 분들과 출간을 결정한 이화문화출판사에 깊이 감사드린다.

2024년 8월
이정희

추천사

『주역』에 의하면 복희씨는 천지와 자신과 만물인 천지인물(天地人物)을 관찰하고 근거삼아 팔괘를 창작하였고, 팔괘를 가지고 천지인물의 본질적 성질과 현상적 실정을 소통시키고 표현하는 데 활용하였다. 인간에게 경험되는 일체 현상을 구분하여 만물의 정을 표현하였고, 그 현상의 본질적 성질을 지목하여 신명의 덕과 소통하였다. 이렇듯 현실에서 유용하게 물심양면을 소통하고 표현하기 위해 창작되고 활용된 것이 팔괘이다. 그러므로 애초에 팔괘는 인간의 소통부호였고 역사의 발전에 따라 팔괘를 활용하여 현상세계와 본질세계의 소통 범위와 내용을 확충해나갔다.

복희씨의 도를 계승한 공자는 물심양면을 소통하는 팔괘에 내재된 동일한 원리가 바로 음양임을 선언하여 한번은 음이 되면 한번은 양이 되는 것이 역의 도리라고 하였고 이를 천지와 인물을 관통하는 원리로 이해하였다. 천지와 인간의 차원에서든 마음과 물질의 차원에서든 보편적으로 작용되는 원리로서의 역리의 골자는 음양일 수밖에 없다고 본 것이다. 역의 음양은 자연의 궤적이나 인간의 이력을 파고들며 소통해나가면서 결국은 자연의 궤적이나 인간의 이력을 반영하게 되었으니, 『주역』은 이런 소통과 반영의 역사적 결실이라고 볼 수 있다. 자연의 궤적이 책력이라면 인간의 이력은 역사이고 그들을 관통하는 원리가 역리이다. 역(易)은 역(曆)이며 역(歷)이라 할 수 있으니 역(易)은 자연과 인간을 통찰하는 안목이라 할 수 있다.

그러므로 『주역』을 역사적 관점에서 보면 얼마든지 서사적 구조로 해석하고 이해하고 활용할 수 있다. 역사적으로 보면 미래의사결정의 필요성에 따른 신명과의 소통이 卜筮였다. 동이족은 제천 행사 후에 희생된 동물의 발굽에 열을 가해 그 이어지고 끊어진 형상을 보고 길흉을 판단하여 행위를 결정하였는데 이 점복의 연장선에서 역의 유래와 본래적 용도를 이해할 수 있다. 희생물의 발굽의 형상이 상수이고, 이에 근거한 가치판단이 의리이며, 이런 행위를 통칭하면 복서이다. 그러므로 역은 상수와 의리와 복서의 범주로 구분해볼 수 있는데 복서로 활용되던 역에 역사적 인문정신이 축적되어 반영되면서 『주역』의 의리적 성격이 진전되었다.

역사적으로 인문정신이 크게 각성될 때는 천지 차이로 흥망이 대비되는 서사가 펼쳐질 때이다. 『주역』에서는 역의 흥기에 대해서 분명히 밝혀놓았는데, 시대로는 은나라의 말세와 주나라의 성덕이 대비되면서 교체되는 때이고 그 서사는 문왕과 주(紂)와 관련된 일이라고 하였다. 그 서사의 핵심은 위란을 걱정하고 대비하면 평안을 가져다주고 안이함에 취하면 경복(傾覆)됨을 보여주는 것이라고 하였으니 이는 안위와 치란과 흥망은 음양으로 얼마든지 뒤바뀔 수 있음을 잊지 말라는 경계이다. 그러므로 『주역』을 역사적 서사의 관점에서 일관하여 읽는 작업은 큰 의의를 지닌다.

그러함에도 불구하고 그동안 역사적 관점의 『주역』 해석은 기자(箕子)나 고종(高宗) 등 직접적인 언급이 있는 일부 괘효사에 대해서만 인정하면서 연구가 진행되어온 경향이 있다. 이정희 박사의 『역(易)과 사(史)』는 일관하여 역사적 서사의 관점에서 시서 등의 경전과 각종 문헌의 고증을 병행하여 괘효사를 풀이하였다. 건곤 이후 처음 괘인 둔괘(屯卦)의 초효에 반환(盤桓)을 머뭇거림이 아닌 역사적으로 주나라 건국의 반석을 다지는 적극적 의미로 풀이하는 것을 비롯하여 서괘의 순서와 의미를 따라 괘효 풀이에 일관된 역사적 관점을 유지하였다. 이런 차원에서 이 책이 『주역』에 대한 그동안의 역사적 관점에서의 연구 공백을 채워줄 귀중한 연역(硏易)의 성과가 될 것으로 생각하면서 역에 관심이 있는 독자들에게 일독을 권한다.

서기 2024년 立秋에
동방문화대학원대학교 미래예측콘텐츠학과
학과장 **최 정 준**

【차 례】

VI. 끝맺기 • 391

<표 차례>

<그림 차례>

Ⅰ. 들어가기

1. 연구목적

사마천(司馬遷)은 "예로부터 성왕이 천명을 받아 나라를 세우고 왕업의 흥성을 도모할 때 복서(卜筮)의 도움을 보배롭게 여기지 않은 적이 없었다."라고 했다.[1] 이 말은 고대문명의 성립과 전개에 점(占)의 영향력이 지대했음을 시사한다.

모든 문명의 토대가 흙과 넋이라고 전제한다면, 성(城)과 점(占)을 예로 들 수 있다. 성은 문명을 담아내는 물질적 공간으로서 인간의 생존을 위협하는 다양한 도전에 맞서 이를 극복하고자 주체적으로 응전한 실존적 의지의 산물이다. 과학과 이성의 힘으로 성벽을 허무는 근대에 이르기까지 수천 년 동안 문명을 축적하고 전승하는 거점이 되었기에 성을 떠나서 문명의 성립과 전개를 설명하기는 어렵다.[2]

반면에 점은 인간의 실존적 불안을 진정시키는 일종의 심리적 성과 다름없다. 어둠 속을 바라보듯 불가지의 세계를 마주한 인간은 세계의 불인(不仁)을 끊임없이 경험하면서 불안이 인간의 존재적 상황임을 인식하게 된다. 예측하기 어려운 변화 속에서 하나의 양태(樣態) 또는 물결에 지나지 않는 인간을 위해 보편자(普遍者)는 선한 모습을 보여주지 않는다. 그 결과, 인간은 늘 불안하고 고립된 일상을 견뎌야 한다. 이러한 상황이 인간의 원초적 존재 조건이다. 점치는 행위는 이와

---

1) 司馬遷, 『史記』「龜策列傳」: 自古聖王將建國受命, 興動事業, 何嘗不寶卜筮以助善。
2) 『周易』「賁卦・象傳」의 "文明以止 人文也"는 城의 문명사적 의의를 집약한 말이다. 즉 '賁'는 인위적으로 꾸민다는 뜻으로 문명화를 상징하며, '止'는 모여서 정주한다는 뜻으로 성에서 정주하는 가운데 문명화가 진행된 사실을 의미한다.

같은 존재 상황을 극복하려는 예지적(叡智的) 대응과 다르지 않다. 이처럼 일반적 인식의 경계 밖에 존재하는 신의 뜻을 알아채고 다가올 일을 예측함으로써 인간의 문제 상황을 해소한다는 측면에서 점은 본질적으로 미래지향적이며 초월적이다.

점이 지닌 특별한 지향성에 힘입어 인간의 사유 세계는 신의 영역으로 확장되었고, 인간은 경험과 현상의 세계에서 예지와 추상의 세계로 나아갈 수 있었다. 성이 문명을 축적하고 전승하는 물질적 거점이 되었듯이, 점은 인간의 직관과 사유, 예지에 의지하여 정신문명을 추동했다는 데 문명사적 중요성이 있다. 이처럼 초월적 사유 경계를 넘나들며 문명을 추동하는 힘이 되었던 '점치는 인간(homo augurans)'이 탄생한 배경에 대해 두 편의 시구를 인용하여 살펴보면 다음과 같다.

"나 울부짖은들 천사의 반열(班列)에서 누가 들어 주랴."[3] 『두이노의 비가(悲歌)』에서 인용한 이 짧은 첫구절은 인간의 실존적 고립과 그 원인을 함축하고 있다. 천사에게 구원을 울부짖지만 천사는 냉담하다. '파멸하리만큼 아름다운 존재'이지만, 비통한 인간에게 그 모습조차 보여주지 않는다. 그럴수록 인간의 간구는 더욱 절실해져 멈추기 어렵다. 이처럼 관념의 검은 휘장 뒤에 숨은 채 인간의 존재적 상황을 외면하고 있음에도 그 신(神)을 버릴 수 없는 것이 인간의 실존적 운명이다.

숙명의 짐을 진 인간은 신이 제공한 불확실한 미로에서 구원으로 인도하는 길을 찾고자 방황하는 존재가 되었다. 신은 문제가 있는 곳곳에 존재하고 있으나 인간은 자기의 불안과 고립에 대해 신의 예정이나 확답을 강제할 수 없다. 그 결과 구원으로 인도하는 무수한 가능성의 미로에서 신이 허락한 것으로 보이는 하나를 선택하고 자기의 힘으로 길을 열어야 하는 고독한 존재임을 스스로 인정하게 된다. 이 존재적

---

3) R. M. 릴케(Rainer Maria Rilke), 『두이노의 悲歌(Duisner Elegien)』 중 「悲歌·1」의 首句를 인용했다.

상황은 고독의 심연에 침잠해 천사가 아닌 자기의 실존에 의지하여 울부짖음을 진정시켜야 한다. 이처럼 세계 내 존재로서 인간의 삶은 다급하고 절박하지만, 세계를 감싸고 있는 신은 불인(不仁)하고 무후(無厚)하다.

"아모도 그에게 水深을 일러준 일이 없기에 / 힌 나비는 도모지 바다가 무섭지 않다. / 靑무우밭인가 해서 나려갔다가는 / 어린 날개가 물결에 저러서 / 公主처럼 지쳐서 돌아온다. / 三月 바다가 꽃이 피지 않아서 서거푼 / 나비 허리에 새파란 초승달이 시리다." 김기림4)의 시 「바다와 나비」 전문(全文)이다. 이 시에서 우리는 존재와 존재의 관계에서 일어나는 하나의 사태로서의 세계, 즉 나비와 바다라는 개별자 간의 접촉으로 세계가 어떻게 파동(波動)하는지 전형적 양상을 확인할 수 있다. 사태의 표면적 전개는 흰나비가 푸른 바다를 무밭인 양 찾아갔지만, 오히려 파도의 위험을 겪고 돌아온다는 것이다. 나비와 바다라는 무오류의 존재자를 품고 있던 세계가 인간의 인식주관이 개입한 결과 오류가 작동하는 세계로 현상(現像)한 결과이다.

세계가 인간의 주관적 인식을 차단하고 개별자의 존재함에 대해서만 울타리를 쳐놓은 것이라면, 바다와 나비라는 개별 존재자의 접촉으로 일어난 상황, 즉 바다의 수심이나 파고에 직면한 나비의 위험이 인지될 리가 없다. 이 상황에서 흰나비에게 '무섭다' '지쳐서' '서글픈' '시리다' 등의 감정 이입은 존재의 울타리 바깥에 떠도는 안개처럼 무의미하다. 짙푸른 무밭으로 오인하고 찾아간 바다에서 추구(芻狗)5)와 같은 운명에 직면한 나비를 보고 어떤 보편자도 측은지심(惻隱之心)으로 파고(波高)를 조절하지 않을뿐더러, 어린 나비도 바다의 불인을 탓하

---

4) 金起林 (1908~?) : 모더니즘 시의 대표주자로 주지주의, 이미지즘 경향의 시를 주로 발표했다.

5) 芻狗 : 고대에 풀로 개의 형상을 만들어 제사의 희생에 대신한 것으로, 제사가 끝나면 쓸모가 없으므로 곧장 버려졌다. (「老子」 제5장 : 天地不仁, 以萬物爲芻狗 참조)

지 않는다. 이것이 곧 인간의 인식이 차단된 세계에서 모든 존재자가 존재하는 양상인 '오류가 없는 세계에서의 존재의 충족'이다.

그렇지만 이 충족된 세계 안에 있는 바다와 나비를 인간의 인식으로 매개하는 순간 세계는 순식간에 재구성되어 전혀 다른 양상으로 전개된다. 인간의 인식이 세계를 대상화하고 받아들이는 순간마다 세계의 대체(代替)가 연속적으로 일어난다. 이 과정에서 존재자의 일상을 흔드는 혼란과 위태를 마주하게 된다. 우리의 인식주관이 개입함으로써 나비는 바다를 짙푸른 무밭으로 오인한 안타까운 존재자로 여겨진다. 동시에 위험에 직면한 나비를 외면하는 보편적 존재자인 신의 불인을 탓하게 된다. 그 결과 무오류였던 세계는 시급히 해소되어야 할 위험한 사태로서의 일면(一面)을 현상하게 된다. '단지 그 자체로 충족된 바다'는 어린 나비의 생명을 앗아갈 수 있는 위태로운 대상으로 변화하며, '단지 그 자체로 충족된 나비'는 파고에 직면한 연약한 존재자가 되어 우리의 시공간을 불안과 연민으로 출렁이게 한다. 바다와 나비는 인식된 바다, 인식된 나비로 전환되어 인식에서 자유로운 그 자체로서의 바다, 나비를 지워버리고 이런 양상이 곧 실재 세계인 것처럼 우리 앞에 펼쳐지는 것이다.

인간은 절대적 존재자인 신에게 예속되었으나 정작 신은 인간의 간구에 냉담하다는 것이 릴케의 시에서 확인한 실존적 상황이다. 구원을 외치는 인간의 아우성에 전능한 신이 즉답할 때 신과 인간의 대동(大同)이 가능함에도 신은 무슨 이유인지 침묵하고 있다. 여기서 신과 인간은 예속의 관계이면서 동시에 유리된 관계라는 모순에 있게 된다. 다른 한편으로 김기림의 시 「바다와 나비」는 자체로서 충족된 세계가 인간의 인식 대상으로 전환하는 순간 카오스의 세계, 불안과 두려움이 부유하는 존재자들의 세계로 변모한다는 점을 말하고 있다.

이처럼 신은 존재하나 인간의 울부짖음을 외면하는 존재론적 상황, 인간의 인식이 개입함으로써 자체로 충족된 존재자를 불안한 존재자로 변모시키는 인식론적 상황이 인간을 '점치는 존재'로 나아가도록 틈새를 열어준 대표적인 경우이다.

신과 인간이 동화된 세계, 자연과 인간이 대상과 주체로 분리되지 않은 지점에서는 점은 성립하지 않는다. 인간의 아우성에 신이 침묵하거나, 인간의 인식 작용으로 불안과 혼란이 조장되는 그곳에서 실존적 문제가 대두되고, 이 문제 상황이 점의 사유 공간을 열어준다. 이처럼 점의 배경이 되는 존재적 문제 상황과 이를 해소하려는 점의 지향성은 점서(占書)인 『주역(周易)』에도 예외 없이 존재한다. 신과 소통함으로써 혼란스러운 삶에서 벗어나 평온한 일상으로 돌아가는 일은 『주역』이 궁극으로 지향하는 바와 다르지 않다.

『주역』은 유리(羑里)의 옥에 갇힌 서백(西伯, 문왕)이 기존의 팔괘를 중첩하여 64괘를 짓고, 각각의 괘·효마다 사(辭)를 지어 매는 과정을 거쳐서 정립되었다.[6] 작역(作易)의 주체와 시기에 관한 대체적 견해도 이와 같다.[7] 이 기록은 『주역』이 은주교체라는 역사적 격변 속에서 절박한 상황으로 내몰린 인간이 실존적 관점에서 사유한 결과물임을 적시(摘示)했다는 점에서 중요한 의미가 있다. 아울러 인간의 존재 조건인 세계와 역사를 해석함으로써 역사적 존재로서 실존적 고뇌가 무엇인지 읽어내야 『주역』의 상과 사를 해석하고 이해할 수 있다는 점을 시사한다. 괘상(卦象)을 그리고 괘효(卦爻)마다 사(辭)를 붙인 일은 자기를 규정하고 있는 세계의 양상에 대한 표현으로, 자기를 제약하는 한계상황을 인식한 데서 비롯됐다. 따라서 『주역』에 대한 이해는 먼저 실존을 둘러싼 세계와 그 세계 안의 존재 조건을 규정할 필요가 있다.

---

6) 『史記』「周本紀」: 西伯蓋卽位五十年. 其囚羑里, 蓋益易之八卦爲六十四卦。

7) 「殷本紀」에 기록된 商王의 世系가 갑골 복사를 통해서 확인된 세계와 거의 일치한다는 점을 고려하면, 「周本紀」의 사실성은 더욱 신뢰할 수 있다. 『주역』의 작역 시점을 두고 다양한 견해가 있지만, 필자는 '상말 주초'의 역사적 격변기에 정립되었다는 관점을 따른다. 실제로 전체 괘·효사를 살펴보면 주공 생전의 역사와 연계된 사실이 확인된다.

불안과 고립을 강요하는 상황에 대해 신에게 고하고, 교감한 결과로서 서사(筮辭)를 받아들여서 그 속에 존재하는 인간 실존의 역사성을 읽을 수 있어야 한다.

　세계를 표현하는 형식으로서의 언어는 사실과 사유의 결합물이다. 언어가 세계를 드러내는 실질적 표지이며, 언어의 한계가 실재 세계의 한계라고 규정한다면,[8] 『주역』의 서사(筮辭)는 사유 대상으로서의 그 시대만의 역사는 물론 역사 주체들이 지향했던 고뇌가 일정한 의지의 형식으로 담겨있음이 분명하다. 이처럼 인간 삶의 다양한 문제상황을 예측하고 이에 대한 신의 대답을 먼저 특정한 다음, 문제에 부딪힐 때마다 즉시 점을 쳐서 신의 뜻을 확인할 수 있게 된 것은 은주교체의 역사로 말미암은 최고의 성취 가운데 하나이다.

　인간의 주체적 사유가 개입할 수 없는 상대의 거북점과 달리 주역점이 갖는 특별함은 여기에 있다.[9] 상대의 거북점 체계에서 세계는 인간의 질문이 최대한의 한계이며, 인간 스스로 그 한계를 인식하고 그것을 초월하여 사유하는 추상의 세계로 나아갈 수 없었다. 하지만 은주교체를 계기로 자신이 곧 세계 자체인 상제(上帝)에게 예속되었던 상대(商代)의 인간이 맹목의 고리를 끊어내고 주체적으로 사유할 수 있는 『주역』의 세계, 즉 인문적 사유의 세계로 걸어 나올 수 있었다. 이처럼 주역점에 내재하는 신성(神性)에는 사유하는 인간의 신앙이라는 철학적 요소가 기저에 있으며,[10] 그 배후에 신에 대한 맹목적인 예

---

8) 비트켄슈타인의 '내 언어의 한계는 내 세계의 한계를 의미한다'라는 말에 따르면 세계는 언어에 기반한 명제의 총합이며, 이 명제로서의 64개의 괘사와 384개의 효사는 세계 자체라고 말할 수 있다. (비트켄슈타인 著, 김양순 옮김, 『논리철학논고』, 5·6 참조)

9) 갑골 복사를 보면 국가적으로 큰일은 물론 일상의 작은 일조차도 거북점을 통해서 신의 답을 구했는데, 상족(商族)의 사유 세계가 신이 주재하는 세계에서 벗어나지 못했음을 말한다.

10) 야스퍼스의 "사유하는 인간의 신앙인 철학적 신앙은 언제나 지식과 결합해 있다는 표징을 지닌다. 그것은 알 수 있는 것을 알기 위하여, 또 그 자신을 두

속을 끊어내는 역사적 실존으로서 인간이 존재한다는 것, 이것이 점서적 변화의 실상이다.

『주역』의 서사는 기본적으로 그 시대의 세계관과 역사성을 반영하고 있다. 사(辭)를 지어 매달 때 고립무원의 실존을 자각하고 그 상황에서 벗어나고자 과거의 경험, 미래의 예지가 융합된 대안적 언어를 고민하는 것은 필수적이다. 그렇다면 서사의 의리와 체계 속에는 현존재가 처한 한계상황을 과거, 현재, 미래의 시간 속에서 극복할 방법을 찾고자 하는 이른바 인간 실존의 역사성이 침투할 수밖에 없다.

이에 대한 실상은 『주역』 건괘(乾卦)와 곤괘(坤卦)의 상(象)과 사(辭)에서 명확하게 드러나 있다. 우선 건괘는 점진과 점층의 상승구조 속에서 '육룡의 등천'이라는 장엄한 서사(敍事)의 형식을 통해 주나라 지배계층의 경세적(經世的) 의지와 역사적 지향성을 담대하게 밝혀 놓았다. 이것은 점사(占辭)이기 이전에 격동의 시대에 맞선 인간 개체들의 행로에 관한 서사이면서 역사의 파고를 헤쳐간 역사 주체의 집단적 무가(巫歌)이기도 하다. 곤괘도 역사적 관점에서 사(辭)에 내재한 사실(史實)과 의리를 확인해보면 주나라를 중심으로 세계를 통합하려는 역사 주체의 실존적 고뇌, 즉 역사의식들로 점철되어 있음을 확인할 수 있다.

다른 괘들의 서사와 달리 건괘와 곤괘의 서사는 문명사적 대전환인 은주교체기의 역사 주체가 표방한 '역취(逆取)의 정당성'과 '항구적 순수(順守)'[11]에 관한 거시적 담론과 다르지 않다. 역리적 측면에서 건

루 꿰뚫어 보기를 원한다"라는 말은 주역점에 내재하는 신성을 이해하는데 참고할 만하다. (Karl Jaspers 著, 김병우 譯, 『철학적 신앙』, 삼성출판사, 262쪽 참조)

11) 『史記』 「陸賈列傳」의 "居馬上得之, 寧可以馬上治之乎? 且湯武逆取而順守之 文武兼用長久之術也"에서 인용한 개념으로, 한대 이후 왕조교체나 역성혁명의 대의명분을 세울 때 필수적으로 표방했던 개념이다. 정당성을 확보하지 않은 逆取는 반역이며, 順守가 뒤따르지 않는 逆取는 혁명의 실패를 의미한다. 이것을 정당화하기 위한 대의명분으로 天命 관념이 정립되었다. 은주교체 이후 주 왕실의 역사적 지향은 이 문제에 귀결했으며, 왕조의 정통성을 보장하는 최초의 계기적 명분이 되었다는 점에서 의의가 있다.

괘와 곤괘를 '역(易)의 문'12)이라고 한다면, 역사적 관점에서도 마찬가지이다. 점서적 관점에서 이 두 괘는 역(易)의 세계를 열어젖히는 역리적 이치를 내포하고 있으며, 역사적 관점에서도 역취와 순수의 거시적 담론으로 귀결함으로써 다른 모든 괘의 역사성에 영향을 주고 있다. 특히 건괘는 모든 괘의 수괘(首卦)이므로 역(易)의 세계를 규율하는 규범성, 역(易)의 세계를 전개하는 서사성, 역(易)의 세계를 밝힌 철리성(哲理性)이라는 통론적(通論的) 세계관을 함축하고 있다. 건괘와 곤괘를 중심으로 우선 탐구하는 이유도 역리적, 역사적 측면에서 두 괘가 갖는 통론적 성격 때문이다.

그러나 현실은 이 자명한 역사성의 문제를 『주역』을 이해하고 해석하는 중요한 연구 과제나 도구적 능동성의 문제로 수용하기보다는 단지 역사적 연원을 보여주기 위한 협소한 배경으로 삼고 있을 뿐이다. "삶의 흐름으로부터 어떤 의미의 관점들이 생겨나고, 이 관점들이 우리를 제약한다. 역사가 이 제약을 넘어서게 하고, 그 결과 우리를 자유롭게 한다."13)라는 딜타이(Wilhelm Dilthey)의 말은 역사를 외면한 채 『주역』의 서사를 해석하는 경향성에 대해 생각할 여지를 제공한다. 『주역』의 서사를 역사적 측면으로 해석하는 것을 간과한 것은 사유가 실재에서 출발한 것임에도 관념적 사유에 바탕을 둔 의리에 치중하여 '사실(史實)'을 놓친 결과이다. 이것은 곧 격동의 역사를 감당했던 인간의 고뇌들이 주역점의 체계 속에 켜켜이 쌓여 있다는 사실을 잊은 것과 같다.

역사적 관점으로 접근하는 것은 『주역』의 본의(本義)에 곧장 이르는 길이다. 하지만 수천 년의 세월이 흐르면서 그 길은 숲속의 미로처럼 사실상 매몰되거나 흔적만 남아있다. "경의(經義)를 통하려면 반드시

---

12) 『周易·繫辭上傳』 제6장 : 乾坤 其易之門耶。

13) 빌헬름 딜타이(Wilhelm Dilthey) 지음, 김창래 옮김, 『정신과학에서 역사적 세계의 건립』 583쪽 참조.

역사(歷史)를 통해야 한다. 경(經)과 사(史)는 그 중요성에 있어서 차이가 없다(通經必須通史 經史同時並重)"[14]라는 말은 『주역』의 서사를 직해(直解)하려면 역사적 통찰을 놓치지 않아야 한다는 점을 시사하고 있다. 사실(史實)이 없는 의리는 독단적이고, 의리를 놓친 사실은 무의미하다는 점을 생각하면 이러한 관점이 이해된다. 객관적인 사실과 지적 사유가 결합하여 언어를 낳았다면, 역사적 사실을 외면한 채 경의(經義)에 접근하면 추상적 경향성이나 독단적 생각에 치우치게 되고, 그 해석은 추상과 사변에 의지할 수밖에 없다.

특히 은주교체기 전후의 역사적 상황을 배경으로 하는 『주역』의 경우 역사적 상황을 외면하고 경의를 궁구하는 일은 역사적 지향성을 놓쳐 독단으로 흐르기 쉽다. 상말 주초 격변의 시대를 감당했던 인간의 고통과 아우성이 『주역』의 서사 가운데 켜켜이 쌓인 사실을 외면하면 점으로 인간의 우환을 해소하고 평온한 일상성을 회복한다는 점서적 목적뿐만 아니라 경의(經義)를 드러내어 정중(正中)의 길을 찾아가는 좌표로 삼는다는 경서(經書)의 목적까지 희석될 수밖에 없다. 그러한 시도는 사변적 독단의 숲에서 방황하는 것과 다르지 않다.

이런 문제의식을 바탕으로 이 책에서는 『주역』의 서사에 대해 추상적·사변적 의리의 관점으로 접근하기에 앞서 그 속에 숨어있는 사실(史實)이 무엇인지 주목했다. 이를 근간으로 서사에 내재하는 세계관과 역사성[15]의 실체를 논증함으로써 『주역』의 본뜻에 이르는 또 다른 길을 찾고자 했다. 여기서 사실이란 서사에 내재한 역사적 실재와 역사적 공명(共鳴), 즉 역사 주체의 시대정신이 집약된 역사의식이다.

이러한 방향성은 오랜 세월 동안 일반적으로 수용된 경의에 대한 의문에서 비롯됐다. 이에 따라 건괘와 곤괘의 서사를 사실적(史實的)인

---

14) 謝幼偉, 『中西哲學論文集』, 88쪽 참조.
15) 이 책에서 말하는 '歷史性'의 개념은 '상나라의 신화적 巫祝世界에서 주나라의 人文世界로 대전환의 역사를 전개한 역사 주체의 지향성 또는 지향적 의지의 총체'를 뜻한다.

요소로 해체하고 당시의 언어와 문화의 관점에서 개념을 정리·종합함으로써 경의와 사실이 정합(整合)하는 본뜻을 확인하고자 했다. 『주역』이 역사의 질곡에서 벗어나고자 몸부림친 인간사와 밀접하다면, 추상적 사유로서의 경의와 인간 실존의 실상(實狀)으로서의 사실(史實)을 통시적으로 이해할 때 비로소 인문지학(人文之學)으로서의 『주역』의 의리를 관통할 수 있다는 믿음으로 역사성을 주목했다.

2. 연구방법

학설의 시비(是非)와 진위(眞僞)를 판단하는 표준으로 묵자(墨子)가 제시한 근본(本)·근원(原)·실용(用)의 삼표(三表)16)는 3천여 년 전에 지어진 『주역』의 대의를 밝히기 위한 연구의 준칙이나 논증의 기준으로 삼아도 마땅하다. 그 이유는, 서사(筮辭)가 은주교체의 역사적 격변 속에서 정립되었다면, 그 본의를 궁구하려면 역사적 사실과의 정합을 먼저 모색하고, 이를 바탕으로 의리의 체계를 세우되 견강부회나 공담(空談)으로 흐르지 않도록 논증(論證)하는 문제가 중요하기 때문이다.

논증하는 방법에는 두 가지가 있다. 하나는 후대에 정립한 사상이나 지식체계를 근간으로 논증하려는 주제에 부합하도록 계통적 연속성을 쫓아가는 법후왕(法後王 : 추론)17)의 방법이다. 다른 하나는 논증의 대상이 존재하는 시대 이전의 역사, 문자, 신화 등을 궁구하여 주장하고

---

16) 『墨子·非命上』: 言必有三表, 何謂三表? 墨子言曰, 有本之者, 有原之者, 有用之者. 于何本之? 上本之于古者聖王之事. 于何原之? 下原察百姓耳目之實. 于何用之? 廢以爲刑政, 觀其中國家百姓人民之利.

17) 後王은 荀子의 역사관을 특징짓는 개념으로 순자 書에 자주 등장한다. 맹자가 先王의 도를 내세워 본받도록 강조했지만, 순자는 先王의 도 역시 後王에 근거한 것이므로 양자 모두를 이상적으로 보았다. 과거와 현재는 단절된 것이 아니라 통일되어 있다는 관점을 취한 것이다. 이 책에서 法先王이나 法後王의 개념도 이와 같은 관점에서 접근했다. (윤무학, 『순자―통일제국을 위한 비판 철학자』, 153~155쪽)

자 하는 주제의 시비를 실증적으로 밝히는 이른바 법선왕(法先王 : 고
증)의 방법이다.

『주역』이 지어진 이래 수천 년 동안 수많은 지성(知性)에 힘입어『주
역』의 본의(本意)를 궁구한 결과 방대한 교학 체계가 정립되었다. 적어
도 그 교학 체계의 근간은 작역의 시기와 가장 근접한 지성과 자료임
을 고려하면 법후왕(法後王)의 방법은 매우 중요하다. 그렇지만 이 방
법에 치우치면 역사적 근거를 중시하는 '본지(本之)'의 측면에서 중요
한 문제가 발생한다. 「역전(易傳)」과 같이 후대에 정립된『주역』관련
사변적 인식체계는 성현의 전(傳)에 치중하고, 더 나아가 또 다른 교
학 체계를 연속적으로 파생·누적함으로써 역사적 사실에 의지할 때
확인할 수 있는『주역』의 본의를 흐리거나 덮는 경향이 있었다. 이처
럼 전자의 방법으로 천착하는 것은 거울에 비친 사물을 실상인 양 착
각하듯, 모사(模寫)에 현혹되어 근본과 근원을 보지 못하는 문제가 있
기에 경계할 필요가 있다.

이런 사실을 전제로 한다면『주역』에 내재한 세계관과 역사성에 관
한 연구의 방향은 명확하다. 그것은 바로『주역』의 본의를 이해함에
있어서 사변적 의리에 치우쳐 역사적 사실을 멀리한 원인을 규명하고
그것을 바탕으로 연구의 방향과 방법을 찾는 것이다. 우선 원인부터
살펴보면 다음과 같다.

첫째, 서사의 내재적 문제로 사(辭)의 형식이 축약과 도치, 은유와
상징 등으로 일관하고 있다는 점이다. '언어가 비어있는 곳에는 세계
가 존재하지 않는다'[18)]는 말을 참고하면, 언어의 축약과 도치는 서사
의 세계에 공백과 혼란을 조장하여 무수한 갈래로 자의적 해석을 낳는

---

18) 비트켄슈타인의 『논리학논고』 해제 중 "명제는 세계에 있어서 사실을 표현한
    것이며, 그러므로 명제는 실재를 비춘 상(像), 즉 사상(寫像)이다. 모든 명제는
    실재를 사상한 것이며 그러한 명제의 총체가 언어이다. 따라서 언어는 모든
    실재(세계)의 사상이며 언어에 의하여 표현된 것이 실재의 상이다."라는 말을
    참고했다. (비트켄슈타인 著, 김양순 옮김. 『논리철학논고』 해제 중 632쪽)

원인이 된다. 그 결과 구체적인 사실을 바탕으로 본의에 접근하는 일이 어려워질 수밖에 없다. 그렇지만 서사의 축약이나 도치는 역(易)이 지어진 그 시대에는 뜻의 공백이 없었다는 점을 주목할 필요가 있다.

역(易)을 지은 당시의 문자는 사물의 형체를 그림으로 본뜰 때 의미를 결합하거나 특정한 의미를 나타내는 소리를 결합하는 그림문자의 단계에서 벗어나지 못한 상태였다. 대상의 형상에서 뜻을 추출하고 그림으로 표현한 상대의 갑골문을 계승한 그 시대의 문자는 각각의 문자마다 하나의 이야기(story)가 담겨있으며, 이 이야기를 공유하고자 시각적으로 기호화한 것들이다.

따라서 문자에 내재한 이야기를 알고 있는 그 시대의 사람에게 서사의 축약은 문제가 되지 않는다. 현재의 언어적 관점에서는 비어있지만, 그 시대의 관점에서는 사실적인 이야기로 채워져 있기 때문이다. 이것은 서사를 이해하기 위해서는 문자의 축약으로 숨겨진 듯한 실제 이야기를 그 시대로 돌아가서 듣고 상상하며 규명해야 한다는 점을 시사한다.

은유와 상징은 서사의 신성과 권위를 높이기 위한 표현기법이다. 이것은 신화와 역사가 공존했던 세계를 표현하는 수사적 형식으로, 후대의 언어적 관점으로 접근하면 서사에 대한 다의적 해석이나 자의적 왜곡 등이 일어나게 된다. 실제로 거의 모든 서사가 사실상 은유와 상징으로 일관되어 있기에 낱낱의 개념을 정확히 이해하고 그 바탕 위에서 전체적인 의미를 파악하는 일이 쉽지 않다. 실례로, 신화에 뿌리를 둔 씨족공동체의 토템으로 주나라 왕족이나 군왕을 상징하는 건괘의 '용(龍)', 군왕을 보좌하는 존귀한 신분을 상징하는 곤괘의 '황상(黃裳)' 등을 들 수 있다. 신화와 역사를 멀리하고 후대의 언어나 관념 등에 의지하면 추상과 독단에서 벗어나기 어렵다.

이러한 현상은 서사에 내재한 신화와 역사, 관념과 실재의 상호 메커니즘을 이해하고 그것이 궁극으로 말하고자 하는 것이 무엇인지 역사적·문화적 시선으로 그 시대를 파악해야 『주역』의 본의를 밝힐 수 있다는 점을 시사한다.

둘째, 서사가 상(象)이라는 독특한 구조와 연관되어 있다는 점이다. 『주역』의 본유적 구조로서의 상은 『주역』만의 독특한 철학적 사유모식(思惟模式)이다. "글로는 말을 다 할 수 없고, 말로는 뜻을 다 할 수 없으므로, 상을 세워서 그 뜻을 다하고, 괘를 풀어서 그 지은 바의 정황을 다 밝히며, 말을 매달아서 그 말을 다 하게 한다."[19]라는 상의 내재적 논리체계는 『주역』의 상이 이해의 지평을 가로막는 장벽임을 말하고 있다. 이 독특하고도 추상적인 사유체계로 말미암아 『주역』을 이해하는 방향은 관념적 구조 분석이나 윤리적 당위의 문제 등으로 집중되었다. 이에 따라 서사 가운데 인간의 실존적 상황이 투영됐다는 관점으로의 접근을 사실상 차단하고 있다.

셋째, 서사의 해석에 관한 주류적 경향성이라는 외적 문제를 들 수 있다. 『춘추좌전』 가운데 18례 23조[20]의 서점(筮占)을 보면 주로 지괘(之卦) 중심으로 서사의 뜻을 풀이하고[取義], 상·하괘의 상이 표상하는 뜻으로 결과를 판단했는데[取象], 이로 미루어 보면 주대에는 일반적으로 상과 사에 충실한, 단순하면서도 담백한 서법(筮法)을 바탕으로 의리를 밝혔다는 사실이 확인된다. 점의 본래의 취지에 부합하는 이러한 관점은 전국시대 후기에 정립된 것으로 평가받는 『역전(易傳)』으로 말미암아 획기적으로 변하게 된다.

유가를 중심으로 『주역』을 우주의 질서와 인간의 도리를 밝힌 서도지서(筮道之書)로 격상하고 방대하고도 체계적인 철학적, 윤리적 사유의 세계를 형성해 나갔다. 그 결과 서사에 내재한 역사적 존재로서 인간의 실존적 고뇌와 그 배경으로써의 역사적 상황에 중심에 둔 연구는

---

19) 『繫辭傳·上』 제12장 : 書不盡言 言不盡意... 聖人 立象 以盡意 設卦 以盡情僞 繫辭焉 以盡其言.

20) 장공(莊公) 22년(기원전 672년) 「관괘(觀卦)」 육사 효사의 점례가 최초의 기록인데, 역(易)을 지은 시기와 약 350년의 시차가 있다.

상대적으로 더욱 멀어졌다. 이후에도 시대별 사조(思潮)에 따라『주역』의 본뜻에 대한 해석도 다양하게 전개됐음은 물론이다. 이 과정에서 유가를 중심으로 하는 주류적 해석 경향은 사실상 달리 해석할 틈새를 허락하지 않음으로써 일종의 교조적 교학 체계로 굳어졌다. 20세기 초에 확인된 갑골 복사와 이에 관한 연구의 집대성, 기타 고고학적 발굴 등으로 지금까지 유지된 경향성의 틈새를 공략할 여건이 갖추어졌음에도 여전히 높은 장벽을 유지하고 있다.

지금까지 살펴본 원인을 바탕으로 역사적 관점의 해석 방향과 방법을 정리하면 다음과 같다.

첫째, 우선 역이 지어진 시대의 관점에서 서사의 역사적 연원과 거기에 내재한 이야기를 추출하여 의리를 종합하는 것이다. 추상적 개념으로 진화된 문자의 측면21)이 아닌 구체적 담화로서 문자 본래의 뜻을 확인하고 서사의 축약으로 드러나지 않은 그 시대의 역사에 근접할 때, 서사의 개별적 맥락은 물론 전체적 맥락까지 정확하게 이해할 수 있다. 그 시대의 문자로서의 서사는 당시의 세계관이나 역사성과 밀접할 수밖에 없다는 점을 받아들이면 이러한 관점은 지극히 타당하다. 여기서 세계관이란 상나라와의 역사적 관계에서 정립된 역사 주체의 관점이며, 역사성이란 상나라와의 대립적 관계를 청산한 역사 주체의 행적과 관련된 것이다.

이러한 관점은『주역』의 역사적 배경인 은주교체는 배타적 문화를 지닌 외래 종족의 침략이나 정복의 결과가 아니라, 수백 년 동안 상나라에 예속되었던 주족(周族)이 내부적으로 역량을 키운 뒤에 정치적으로 지배 세력을 교체한 것으로 상나라의 심층적, 핵심적 문화까지도 변혁시켰다. 이런 측면에서 상나라의 문화는 기본적으로 폐기가 아닌

---

21) 곤괘 육이의 '직방대(直方大)'를 '敬以直內 義以方外'로 해석한『문언전(文言傳)』의 관점이 추상적 개념으로 진화한 대표적인 경우이다. 이에 대해서 제Ⅴ장에서 상술할 것이다.

사실상 계승 관계에 있음을 주목할 필요가 있다.

은주교체기를 전후하여 정립된 『주역』의 서사(筮辭)에는 상나라의 세계관과 사유 방식이 다양하게 스며들었다고 보는 것은 상식이다. 이런 측면에서 복사를 떠나서 『주역』의 서사를 생각하기 어렵고, 복사에 담겨있는 이야기는 주나라의 역사나 문화와 무관할 수 없다. 따라서 주나라가 어떤 세계를 지향하며 어떠한 역사적 경로를 거쳐 상나라의 지배에서 벗어났는지 확인하고 그 과정에서 상대(商代)의 역사와 문화가 어떤 양상으로 주대(周代)에 이식됐는지 관계 지향적으로 파악하는 것은 『주역』을 이해하는 기본 바탕이 된다.

둘째, 서사를 청동기물의 명문(銘文)상의 용례와 비교하면서 연관성을 살펴보는 것이다. 지금으로부터 약 4,000~5,000년 전부터 제조되기 시작한 청동기는 상대에 주조 기술이 비약적으로 발전했다. 대략 상나라 중기부터 제작된 청동제기에 나타나기 시작한 명문(銘文)은 상나라 후기(기원전 약 14~13세기)에 이르러 전성기에 달했다. 제사, 정벌, 연회, 상벌 등에 관한 구체적 기록은 상대의 역사와 문화를 이해하는데 갑골 복사 다음으로 중요한 자료이다. 또한 상나라의 청동기 제조 기술이 고스란히 전수된 서주시기의 청동제기에 남겨진 명문은 당시의 문자 자료의 대부분을 차지하고 있을 정도이다. 내용도 중요한 역사적 사실까지 파악할 수 있을 정도로 풍부하여 서주시기의 역사와 문화 등에 관한 연구에 「주서(周書)」를 능가하는 가치가 있는 것으로 평가받고 있다.

이러한 명문은 청동 기물 자체가 모조나 변조가 아닌 이상 고증학적 객관성을 담보하고 있으므로 실증적 가치는 어떤 자료 못지않게 중요하다. 이처럼 문자가 시대의 역사와 문화를 정확하고도 풍부하게 담고 있다면 비교론적 관점에서 상말 주초에 제작된 청동제기의 명문 간에 동질적 개념의 계승 관계를 확인할 수 있을 것이다. 이러한 명문상의 개념은 은주교체기에 정립된 『주역』의 서사에도 그대로 반영되었다고 보는 것이 마땅하다.

그 당시의 문자는 신과 소통하는 수단이었다. 그 주체는 신을 내세워 세상을 주재하는 지식인 그룹이었다. 이점을 고려하면 주로 시간적 계승과 공간적 확산의 방법으로 문자가 공유됐을 것이 분명하다. 따라서 서사에 대한 실증적 해석과 객관적 이해는 청동 명문에 내재하는 역사와 문화에 대한 이해가 필수적이다.

셋째, 문헌적 고증의 측면에서 접근하는 것이다. 사마천은 「은본기」를 저술하고 나서 "나는 〈송(頌)〉을 근거로 설의 사적을 기술하였고, 성탕 이래로는 『서(書)』와 『시(詩)』에서 채택했다."[22]라고 밝혔는데, '모든 경서(經書)는 곧 사서(史書)'라는 말을 뒷받침한다. 이에 따르면 『주역』의 서사와 문화적 동질성 및 시대적 연관성이 있는 『서경』과 『시경』을 중심으로 문헌적 실증의 측면에서 접근하는 일이 필요하다.

『서경』은 상고시대 지배계층의 사적(史蹟)에 관한 기록이다. 특히 「대고(大誥)」에서 「고명(顧命)」에 이르는 『주서(周書)』 12편은 모두 주공과 관련된 주초(周初)의 기록이라는 청대의 고증을 참고할 때, 동시성과 주체의 측면에서 『주역』의 본의에 접근하기 위해 필수적으로 참고해야 할 문헌이다.

또한 『시경』은 백성에서 천자에 이르기까지 다양한 계층에서 다양한 내용으로 노래한 시가(詩歌)를 편집해놓은 것으로 상주 두 시대의 정치·문화·역사·종교·민속 등에 관한 내용이 풍부하다. 실제로 『시경』에 편제된 시의 내용을 살펴보면 여러 방면에서 다양한 유형으로 상말 주초의 역사적 사실과 문화적 배경을 실증하고 있다.[23]

『주역』의 서사가 상말 주초에 정립되었다면 이러한 내용과 밀접할 수밖에 없다. 특히 경물(景物)에 의지하여 뜻을 밝히는 독특한 표현기

---

22) 『史記』「殷本紀」: 余以頌次契之事, 自成湯以來, 采於書詩.

23) 대표적으로 「大雅」 〈大明〉 편에 문왕이 두 번 결혼한 사실이 확인되는데, 이는 귀매괘 괘·효사에 대한 역사적 관점의 해석 근거가 된다. 『주역』의 서사를 살펴보면 '숨겨진 역사 기록'이라는 사실을 알 수 있다.

법은 『주역』 서사에도 흔히 보인다.24) 서사를 지은 자와 시를 지은 자 간의 문화적 동질성은 물론 시대적 동시성이나 연속성이 있다는 사실을 시사하고 있어 서사의 해석에 중요한 의미가 있다.

지금까지 검토한 내용을 살펴볼 때 『서경』과 『시경』의 다양한 용례가 서사의 시대적 배경이나 문화적 토양을 유추하는 실증적 근거가 되고, 서사의 개념과 뜻을 한층 더 명료하게 한다는 점을 알 수 있다. 따라서 서사의 해석에 두 문헌의 내용을 간과하면 서사에 내재한 정치, 사상, 문화, 종교, 민속 등에 관한 풍부한 자료를 버리는 것과 같다. 지식이 그 시대의 문자를 독점했다는 점을 생각하면 시(詩)와 서(書)를 지은 사람과 역(易)을 지은 사람이 서로 단절되지 않았을 것이라는 점에서 더욱 그러하다.

넷째, 고고학적 관점에서 서사의 배경을 실증하고 이것을 바탕으로 의리를 규명하는 것이다. 『주역』의 서사 중에는 상족의 기원이나 발상지, 이주의 과정을 이해할 때 비로소 의리를 객관적으로 규명할 수 있는 말이 있다. 이러한 예로 곤괘의 괘사 '동북상붕(東北喪朋)', 여괘(旅卦)의 효사 '상우우역(喪牛于易)' 등이 대표적이다. 이러한 유형의 괘·효사를 역사적 측면에서 실증하지 못하면 해석상의 분분함으로 그 뜻이 혼란에 빠지게 된다.

이러한 문제도 초기 상족이 기원한 곳, 이주의 역사, 기타 그들의 제반 문화 등에 대한 고고학적 실증이 뒷받침되면 의미하는 바가 명확하게 정리된다. 『주역』의 서사에 대해 역사적 측면에서 이해하려는 시도는 있었지만, 이처럼 서사를 해체한 후에 고고학적 관점에서 역사적 상황과 개념을 규명하고 본래의 뜻에 접근한 사례는 찾아보기 어렵다. 따라서 이와 같은 방법의 접근은 역사적 관점의 해석에서 특별하면서 중요하다.

---

24) 그 예로, '鴻漸于~(기러기가 점차 ~로 나아간다)'를 인용하여 고대 여성의 일생을 나타낸 점괘의 여섯 효사가 대표적이다.

다섯째, 역사는 단순히 객관적 사건이나 사태의 시간적 결합이나 공간적 배경에 머무는 것이 아니라 그 배후에 이 모든 것을 지배하는 의식화된 정신, 즉 역사의식이 내재한다는 관점으로 서사를 이해할 필요가 있다.[25] 건괘와 곤괘의 서사는 이 점에서 다른 괘와 달리 특별하다. 구체적으로, 두 괘에는 전 왕조의 붕괴와 새 왕조의 창업이라는 역사적 격변을 주도한 역사 주체의 실존적 고뇌, 즉 역사의식이 관통하고 있다.

일반적으로 왕조를 교체하면 필연적으로 역취(逆取)를 정당화하고 순수(順守)의 방도를 고민하는 역사의식에 직면하게 된다. 이런 측면에서 건괘와 곤괘의 서사는 중국의 왕조변천사에 있어서 이 문제를 다룬 최초의 문헌이다. 두 괘의 서사를 통찰하면 천하를 향해 종주(宗周 : 건괘의 담론)와 종왕(從王 : 곤괘의 담론)을 요구하는 역사의식으로 일관함을 알 수 있다. 따라서 건괘와 곤괘의 서사는 주 왕조를 창업한 역사 주체의 시각으로 바라본 거시적 문제를 다룬 것으로, 그 실상에 대한 논증을 요구하고 있다. 이러한 거시적 측면에서 논증은 나머지 괘·효사를 이해하는 일과 직결된다는 점에서 매우 중요하다.

3. 선행연구 검토

『주역』의 서사를 역사적 관점에서 해석하고 의미를 규명하고자 시도한 연구는 있었다. 하지만 서사에 내재한 사실(史實)을 소홀히 여겨 역사적 격변을 마주한 인간의 역사적 고민은 간과함으로써 역사의식의 문제를 놓치고 있다. 그 결과 서사에 대한 해석이나 연구내용이 주관

---

25) 역사에 있어서 정신의 지배적 성향을 이해함에 '역사는 절대 이성의 자기 변증의 과정이며, 역사의 궁극적 주체는 세계정신'이라는 헤겔의 관점을 참고했다. (헤겔(G.W.F.Hegel), 김종호(金淙鎬, 1907~?) 譯, 『歷史哲學講義』, 序文 중에서)

적 측면에서 자의성을, 객관적 측면에서 편협함에서 벗어나지 못했다.

대표적으로 호박안(胡樸安)은『주역』64괘 중 건괘와 곤괘는『주역』의 서론(緒論)으로, 상경(上經)에 해당하는 둔괘(屯卦)에서 이괘(離卦)까지는 원시시대에서 상말까지의 역사로, 하경(下經)에 해당하는 함괘(咸卦)에서 소과괘(小過卦)까지는 주초의 문왕, 무왕, 성왕 시대의 역사로, 마지막 기제괘(旣濟卦)와 미제괘(未濟卦)는『주역』의 여론(餘論)으로 분류하여 체계를 세우고 있다.26) 그렇지만 왜 그렇게 분류하였는지에 대한 근거를 전혀 제시하지 않고 있으며, 각 괘의 괘·효사에 관한 해석과 관련해서도 역사적 관점이 아닌 기존의 사변적 의리의 범주에서 벗어나지 못했다.

이경지(李鏡池)는 괘·효사 중의 시대적 배경과 지리적 성격 및 '문왕이 역을 발전시켰다'라는 사마천의 견해 등을 근거로『주역』이 갑골 복사와 시초점의 점사를 참고하여 서주 초에 편찬된 주나라의 점서라는 견해를 취하고 있다. 또한, 서사의 해석과 관련하여 과거의 고사(古事)와『주역』의 서사가 일치하는 지점을 찾아내어 의리를 정리하거나, 갑골 복사와 괘·효사 간의 연관성을 찾아서 연원을 밝히는 방법으로 접근하고 있다. 특히「건괘」의 경우 괘사 '원형이정(元亨利貞)' 중 '정(貞)'에 대해서 복사의 '정(貞)'을 근거로 '점을 쳐서 묻는다'라는 의미로 정리하고 있다는 점이 눈에 띈다. 그러나 역사적 관점으로 접근한 범위가 매우 제한적이라서 역사성을 논증하는데 충분하지 않다.27)

『주역』을 역사적 관점에서 접근한 또 다른 사람으로 고형(高亨)이 있다. 그는 주로『주역』의 명칭, 작괘(作卦)와 작역자, 괘·효사의 옛 명칭 등의 역사적 연원에 중심을 두고 일반적 관점으로 접근했다. 그의 연구 에서 특히 주목할 사항은「건괘」의 괘사 '원형이정'에 대한 해석

---

26) 胡樸安,『周易古史觀』참조.
27) 高亨외 지음,『주역점의 이해』중 李鏡池의「주역의 점글에 대한 연구(周易筮辭考)」97~197쪽 참조.

이다. '원(元)은 크다(大)는 뜻이고, 형(亨)은 곧 제사를 지내는 일이며, 이(利)는 이익의 이를 말하며, 정(貞)은 점을 쳐서 묻는다는 뜻으로 자해(字解)한 후 '원형'을 '큰제사를 지내는 것'으로, '이정'을 '점을 치는 것이 이롭다'라는 뜻으로 해석하고 있다.[28)]

이러한 관점의 근거로 복문과 금문의 자의(字義), 후대의 문헌 자료 등을 제시했다. 상고시대를 지탱한 두 개의 문화적 주축이 제의와 점복이라는 사실을 고려한다면 이러한 해석은 실증의 측면에서 충분히 참고할 만하다. 그러나 서사에 관한 그의 연구도 깊이와 범위가 매우 제한적이다. 특히 역사 주체의 실존적 인식이라는 측면에서 서사의 함의를 밝히려는 시도가 보이지 않는다. 이 논문에서 연구의 중심인 건괘와 곤괘의 서사에 대해서도 역사적 실증의 방법으로 접근하지 않아 역사적 관점의 해석에 별로 참고할 만한 것이 없다.

위에서 언급한 연구사례는 사실(史實)에 기반한 실증적, 결정적 논거가 부족하여 통상적인 연구의 범주에서 벗어나지 못했다. 특히 은주교체라는 역사적 격변기에 실존적 한계상황을 극복하려는 역사의식이 『주역』의 서사에 어떤 모습으로 스며 있는지 다루지 않아 해석상 한계를 노출했다. 또한 건괘와 곤괘에 집중하여 서사를 해체하고 역사적 관점에서 실증적으로 규명한 후 두 괘의 상호관련성과 의리의 종합을 시도한 사례는 최근까지도 보기 어려운 실정이다.

따라서 필자는 논지에 대한 논증을 위하여 『주역』의 괘·효사와 직접 관련이 있는 갑골 복사와 관련 연구 자료는 물론 청동 제기 명문과 그 내용, 기타 한자(漢字)의 자의(字義)의 연원에 관한 여러 자료 등을 참고했다. 특히 상주시대(商周時代)의 고고학적 발굴자료 등을 바탕으로 상나라 사람이 동북 방향을 존숭했다는 사실을 논증한 양석장(楊錫璋)의 논문 「殷人尊東北方位」는 곤괘의 괘사에 대한 역사적 관점의 해석은 물론 건괘와 곤괘 두 괘에 관통하는 역사의식을 규명하고자 하는

---

28) 高亨, 『周易古經今注』. 110~112쪽 참조.

지적 호기심을 불러일으켰다. 이에 따라 발해 연안 북부지방인 요하 유역에 분포한 '하가점(夏家店)상하층문화' 등에 관한 고고학적 관련 자료까지 주목하였다. 나아가 상주(商周) 두 나라의 역사적 상호관계를 확인할 수 있는 이하관계(夷夏關係)에 관한 연구 자료 등을 참고하여 상족의 발상지와 이주 경로, 문화적 정체성 등을 확인함으로써 '동북상붕(東北喪朋)'등의 괘·효사에 내재한 역사성의 실체를 실증적으로 규명하려 했다. 이외에도 역학사에 관한 자료 등을 참고하여 해석상 객관성을 잃지 않도록 관심을 기울였다.

Ⅱ. 『주역』의 역사적 배경

1. 의의

　『주역』의 서사(筮辭)는 은주교체기의 역사적 격변을 주체적으로 감당했던 사람들에 의해 지어졌다. 이것은 그 시대의 역사에 대한 선행적 이해 없이 서사를 해석하면 실증(實證)을 간과하는 문제가 생긴다는 점을 시사한다. 역사 주체가 감당했던 실존적 문제 상황과 이를 극복하려는 지향적 의지에 대한 성찰이 없으면 서사의 본의를 밝히는 일은 한계에 부딪히게 된다. 하이데거는 역사에 대해 "현존재의 실존하는 가능성의 발현, 시간 속에서 일어나는 특수한 사건을 가리키며, 그중에서 상호존재 속에서 '과거가 되어가면서' 동시에 '전승되어서' 현재까지 영향을 주고 있는 것"[1]이라고 규정했다. 이에 따르면 서사를 이해하려면 이미 과거가 된 그 시대의 역사적 특수성을 현재의 시선으로 투시하고 상호교감하는 노력이 필요하다. 이것은 역사 일반으로서의 역사학적 관점이나 역사학의 줄기를 세워 탐구의 준거를 제공하는 역사 이론을 고찰하는 것이 아니다. 그 시대의 역사성을 결정하는 특별한 상황과 역사 주체의 의식을 현재의 눈으로 투시하는 것이다. 본래의 역사적 사실과 현존재의 역사적 고뇌는 언어를 통해서 전승되므로 언어로서의 서사를 해석하는 데 이러한 관점으로 접근하는 것은 필수적이다.

　『주역』의 배경이 되는 역사적 사실은 최초의 문명사적 대전환인 은주교체 전후의 역사이며, 역사적 존재는 은주교체의 혁명과 관련이 있는 역사 주체로서의 그 시대의 현존재들이다. 따라서 『주역』에 대한

---

1) 하이데거(Martin Heidegger) 지음, 전양범 옮김, 『존재와 시간』, 488쪽 참조.

이해는 은주교체의 역사적 전개 과정과 거기에서 파생한 문명사적 실상에 대한 통찰을 요구한다. 공자는 "은나라는 하나라의 문화를 따랐으니, 거기에서 빼거나 더한 것을 알 수가 있다. 주나라는 은나라의 문화를 따랐으니, 거기에서 빼거나 더한 것을 알 수가 있다"[2]라는 말로 3대의 문명이 전승 관계에 있음을 밝혔다. "주나라는 하나라와 은나라를 본보기로 삼았으니, 그지없이 빛나도다, 문명함이여! 나는 주나라를 따르겠다."[3]라는 말은 이러한 관점을 명시적으로 뒷받침한다. 『서경』「낙고(洛誥)」편에 "왕께서는 처음부터 은례(殷禮)에 따라 새 도읍에서 제사를 지내시되, 모든 일을 절차에 맞게 하여 문란하지 않도록 해야 합니다."[4]라는 주공(周公)의 말은 주나라의 문화가 어디에서 비롯되었는지를 보여주는 하나의 사례이다.

은주교체는 물리적으로 왕조의 교체이나 본질은 인간이 주체적으로 자기의 의지를 전개한 최초의 혁명이라는 역사적 특수성이 있다. 자기 전개란 절대 신성 상제의 굴레에서 벗어나는 일이며, 상나라의 종교적 맹신을 변혁하는 일이다. 역사는 인간을 억압하는 모든 요소를 혁파하며 진보한다는 관점에서 접근하면, 은주교체는 대립하는 두 역사 주체 사이에서 예속이냐, 해방이냐의 헤게모니(hegemony)를 두고 대립한 혁명의 역사였다. 해방의 실패는 예속의 지속을 의미하고, 해방의 성취는 또 다른 예속을 강요한다는 점에서 은주교체의 역사에는 역사 주체 간의 강도 높은 긴장 상태가 존재할 수밖에 없다. 문왕이 유리의 옥에 감금된 일은 상주 두 나라 간의 역사적 긴장 상태를 상징하는 대표적 사건이다. 만일 인간을 예속하는 상황과 주체적 해방을 희구한 역사적 상황을 간과하면 『주역』은 인간의 불안과 고통을 외면해도 탓할 것이 없는 흔한 점서(占書)로 전락했을 것이다. 인간의 불안을 해

---

2) 『論語』 「爲政」 : 殷因於夏禮 所損益可知也. 周因於殷禮 所損益可知也.

3) 『論語』 「八佾」 : 周監於二代, 郁郁乎文哉! 吾從周.

4) 『周書』 「洛誥」 : 王肇稱殷禮, 祀于新邑, 咸秩無文.

소하고 바른길을 제시한다는 점서적·경서적 존재가치는 인간에 대한 억압과 여기에서 벗어나려는 역사적 존재로서 인간의 실존적 존재 상황을 외면하지 않은 결과이다. 특히 건괘와 곤괘의 괘·효사는 그 시대의 역사의식과 역사적 실상을 집약했는데, 이것이 『주역』의 역사성을 규명할 대상으로서의 역사적 실재이다.

이러한 역사적 실재를 확인하기 위해서는 세 가지 측면을 연속하여 보는 것이 필요하다.

첫째, 은주교체의 전개 과정을 역사적 특수성의 관점에서 집약해보아야 한다. 역사 일반의 관점은 논의의 목적을 흐리게 한다는 점에서 바람직하지 않을뿐더러 3천여 년의 시간적 장벽을 극복하고 『주역』이 지닌 역사적 보편성을 확보하는 일은 사실상 불가능하다. 따라서 『주역』을 지은 주나라 지배계층의 관점에서 은주교체의 역사가 전개되는 과정을 종속-독립-통합의 단계로 구분하고, 각각의 단계마다의 특수한 역사적 사실을 확인함으로써 『주역』의 역사성에 관한 객관적·실증적인 선이해의 공간을 제공하는 것이 필요하다.

둘째, 은주교체의 과정을 거치면서 세계가 어떻게 변해갔는지 확인해야 한다. 은주교체는 역대 왕조사에서 그 시대의 문자로 실증할 수 있는 최초의 역사적 사건이라는 점에서 특별하다. 그 이전의 역사는 문자와의 정합성이 없어 후대의 문자로 앞선 시대를 확인한다는 점에서 사실과 허구의 혼재를 피하기 어렵다. 선사시대의 역사를 신화적 허구에 의존할 수밖에 없는 이유는 역사적 사실을 전승할 수 있는 기본적 도구인 당대의 문자가 없었기 때문이다. 이 상황에서 문명사적 전변은 신화적 사유와 구전(口傳), 그리고 삶의 잔해 등에 의지한 상상이 불가피하기에 생생한 역사적 사실로 받아들이기 어렵다. 그렇지만 은주교체기 전후의 역사는 그 시대의 양상을 실증하는 복사(卜辭)와 금문(金文)이라는 당대의 문자가 있어서 실상에 대한 실체적 접근이 가능해졌다.

복사가 없으면 상나라의 세계를 알 수 없고 상나라의 세계를 모르면 그 이후 세계의 토대가 무너질 정도로 복사의 존재가치는 견고하다. 이처럼 언어와 세계는 속과 겉의 관계처럼 밀접하다. 이것은 곧 『주역』의 서사에 내재한 역사성을 이해하려면 그 당시의 보편성과 특수성이 반영된 문자를 핵심적, 결정적 도구로 삼아야 한다는 점을 말하고 있다. 그러므로 은주교체의 역사를 계기로 세계가 어떻게 변해갔는지 그 양상을 실증적으로 확인하기 위해서는 복문과 금문을 통해서 드러난 세계의 실상을 규명하는 것이 무엇보다 중요하다.

셋째, 은주교체를 완성한 역사 주체의 역사적 지향점이 어디에 있는지 파악해야 한다. 역사의 질곡은 그 시대의 인간을 어디로 인도할 것인지에 대한 성찰을 요구한다. 성찰이 뒤따르지 않는 역사성은 존재할 수 없다. 설혹 다양한 방법으로 역사성의 실상을 밝히더라도 핵심을 놓친 결과가 되어 아무런 의미가 없다. 일반적으로 이러한 성찰은 역취(逆取)를 정당화하고, 항구적 순수(順守)를 위한 통합의 문제로 귀결한다. 은주교체의 역사를 감당한 역사 주체의 성찰도 이 문제에서 벗어나지 않았다. 이러한 관점에서 은주교체기의 역사 주체의 역사적 지향성과 주나라의 정치한 교학 체계인 『주역』의 건괘와 곤괘에 내재한 역사성 간의 상호관계를 규명하는 것은 『주역』의 본뜻을 파악하기 위한 필수적 요건이다.

그렇다면 역사성의 기본 바탕인 역사적 사실에 대해 선행적으로 이해하기 위해서 어떤 도구를 이용하여 어떤 방법으로 접근해야 마땅한지가 문제이다. 3천여 년 전에 지어진 『주역』의 시대적 요원(遙遠)을 뛰어넘어 그 시대의 역사적 실상을 규명할 수 있는 객관적인 방도를 찾는 것은 간단한 일이 아니다. 세계는 사실로 존재했으나 그 사실을 증명하는 근거가 현실적으로 부족하다. 빈약한 사료(史料)로 말미암아 역사를 이해하고 설명하는 현재의 시선이 다양할 수밖에 없고, 그 결과 서사에 내재한 객관적인 역사적 상황을 파악하는 일도 어렵다. 이 문제를 해결하려면 고증이나 실증으로 정확성을 담보해야 하나, 이 역시 사실상 원칙적 수사에 그칠 뿐이다. 그러함에도 그 시대와 인간을 사실대로 확인하는 실증의 문제는 역사적 관점의 해석에서 매우 중요하므로 현실적으로 포기할 수 없다.

은주교체 전후의 역사를 가장 사실적으로 보여주는 문헌으로『사기』「은본기(殷本紀)」와 「주본기(周本紀)」를 들 수 있다. 〈표 1〉의 상 왕조의 세계(世系)5)에서 보듯, 상나라를 건국한 성탕(成湯) 이전의 선왕 14명의 세계(世系)에 관한 「은본기」의 기록은 매우 정확하다. 20세기 초에 출현한 갑골 복사에 대한 연구를 바탕으로 정확하게 고증된 선왕 14명의 세계와 비교할 때 '보정(9)-보을(10)-보병(11)'이 '보을-보병-보정'으로 그 순서만 약간 다를 정도이다. 또한 성탕에서 제신에 이르는 17세 31왕의 세계는 갑골 복사 중 상왕의 주제(周祭) 계보에 근거하여 밝힌 18세 29왕의 세계(世系)와 비교하면 세차의 순서와 왕의 호칭에 일부 차이가 있을 뿐이며, 은허로 천도한 반경(盤庚) 이후의 세계와 세차는 거의 일치하고 있다. 상 왕조의 전모를 고증할 수 있는 복사나 금문이 한 자도 없는 상태에서 성탕 이전 선왕의 세계를 「송(頌)」에, 이후 왕의 계보는『상서』와『시경』 등에 각각 근거하여 약 1천 5백여 년의 시차를 극복하고 이 정도로 정확하게 기록했다는 것은 믿기 어려울 정도이다.

20세기에 접어들면서 확인된 갑골 복사라는 문자를 통해서『사기』에 기록된 사실(史實)이 역으로 정확하게 입증됨으로써 그 실증적 가치가 한층 더 높아지는 결과를 가져왔다. 이것은 역사적 관점으로 서사를

---

5) 상나라는 은허로 천도한 19대 왕 盤庚을 기점으로, 1대 天乙(成湯)~18대 陽甲까지를 前期로, 19대 盤庚~29대 帝乙(紂)까지를 後期로 구분한다. 중국 학계의 '河商周斷代工程'에서 연대 측정 결과 湯王伐桀의 해는 B.C.1600년, 盤庚遷都의 해는 B.C.1300년, 武王伐紂의 해는 B.C.1046년 등을 참고하면 상나라의 존속기간은 554년이다. 成湯 이전의 契에서 主癸에 이르는 先公時代까지 고려하면 상나라의 존속기간은 600여 년이다.

해석하는데 중요한 사료(史料)로 삼아도 신뢰성을 담보할 수 있다는 점에서 중요한 의미가 있다. 이에 따라『주역』의 역사적 배경인 은주교체의 전개 과정에 대해서는『사기』에 편제된 여러 기록으로 흐름의 줄기를 세우고, 그 이외에 다양한 문헌이나 연구 자료를 참고하여 부족한 부분을 보완하는 방식으로 서술할 수 있게 되었다.

결론적으로 상주 두 나라의 역사적 전개 과정, 즉 세계의 패권을 놓고 대립하고 투쟁한 역사적 사실관계를 이해하지 못하면『주역』에 내재하는 세계관과 역사성을 알 수 없고, 그 결과 서사에 대한 역사적 관점의 해석도 가능하지 않다. 이를 전제하고『사기』를 중심으로 은주교체기를 전후한 역사적 상황에 관한 전모를 사전적으로 파악할 수 있도록 정리하고자 했다.

<표 1> 상나라 諸王의 歲次 및 帝名, 기타 참고사항

歲次/帝次		구분		帝名		都邑		年代	備考
				殷本紀	周祭系譜	殷本紀	竹書紀年		
一		高祖		帝嚳	帝嚳	自契至湯八遷	-	※발해연안 북부지역 하가점하층 문화 : B.C. 2200~1500 하가점하층 후기문화 : B.C. 1700~1500 하가점상층 문화 : B.C. 1000~300	<長發> 相土 烈烈 海外 有截 旅卦 : 喪牛 于易
二				契	契				
三				昭明	王吳				
四				相土	相土				
五				昌若	止若				
六				曹圉	曹圉				
七				冥	王季				
八		公		振	王亥				
九				微	上甲				
十				報丁	報乙				
十一				報乙	報丙				
十二				報丙	報丁				
十三				主任	示壬				
十四				主癸	示癸				
一	1	先王	前期	天乙	大乙	居亳		B.C.1554년	成湯

	2		※[太丁]	[大丁]				
二	3		外丙	大甲		居亳		
	4		仲壬	外丙		居亳		
三	5		太甲	大庚				
四	6		沃丁	小甲		居亳		
	7		※太庚	※大戊		居亳		
	8		小甲	呂己		居亳		
五	9		雍己	※仲丁		居亳		
	10		※太戊	卜壬				
六	11		※中丁	戔甲	遷于隞	遷於囂		
	12		外壬	祖乙		居囂		
	13		河亶甲	※祖辛	居相	遷於相		
七	14		祖乙	羌甲		居庇		
八	15		※祖辛	※祖丁				
	16		沃甲	南庚	遷于邢			
九	17		※祖丁	䤷甲		居庇		
	18		南庚	般庚		遷於奄		
	19		陽甲	小辛		居奄		
十	20		盤庚	※小乙		北蒙(殷)	B.C.1300년경	
	21		小辛	武丁				
	22	後期	※小乙	[祖己]	盤庚之時, 殷已都河北, 盤庚渡河南, 乃遂涉河南, 治亳.	居殷 (273년간 정주)		
十一	23		武丁	祖庚			B.C.1250년경	伐鬼方
	24		[祖己]	※祖甲				
十二	25		祖庚	康丁				
	26		※祖甲					
十三	27		廩辛	武乙				
	28		※庚丁	文武丁				
十四	29		武乙	<帝乙>				
十五	30		太丁	帝辛				
十六	31		帝乙					西伯 昌
十七	32		帝辛				B.C.1075년경	
備考		- 歲次/帝次는「은본기」기준. [ ]는 未卽位. ※는 동일 歲次내 嫡統. < >는 복사에 없음.						

2. 은주교체의 전개 과정

2-1. 종속단계

1977년 선주(先周)의 도읍인 주원(周原)의 건물 기단에서 복문이 새겨진 약 293편의 갑골이 발굴되었다.[6] 목조 기둥에 대한 탄소연대 측정 결과 기원전 1095~1090년에 해당하는 결과가 나와 후기 상 왕조의 통치 시기와 일치하고 있다. 이 파편의 복문에 기록된 주제(周祭)의 내용 가운데 성탕(大乙, 天乙 1대), 무정(武丁, 21대), 문무정(文武丁, 28대), 제을(帝乙, 29대)을 비롯한 상나라의 선공과 선왕 등에 대한 제사와 의례용 제물을 두고 점친 사실이 확인되었다.[7] 주나라의 근거지에서 상 왕조의 멸망이 임박한 시점까지 상나라의 선왕에게 제사 지낸 사실을 알려주는 이 복문은 상말(商末) 상주 관계의 실상을 알려주는 중요한 사료(史料)이다.[8] 자기의 조상이 아닌 이족(異族)의 조상에게 제사 지낸 일은 종속관계를 증명하는 결정적 단서이다.

무왕이 내세운 벌주(伐紂)의 명분은 첫째, 폭정이고, 둘째, 상제와 조상신을 제대로 섬기지 않으며, 셋째, 제사를 지내지 않고 종묘를 방치했다는 것이다.[9] 이는 위 주원갑골(周原甲骨)의 복사가 갖는 역사적

---

6) 1950년 이래 山西 洪越, 陝西, 長安 張家坡, 北京 昌平 白浮, 河北 邢台南小汪, 北京 房山 琉璃河, 鎭江營, 陝西 岐山 扶風 등의 지역에서 문자가 있는 西周甲骨이 출토되었다. 1977년 陝西 鳳雛 周原 유적지에서도 문자가 있는 3백여 편을 포함하여 대량의 갑골이 발견되었다. 이곳에서 발견된 甲骨文은 西周 초기의 것으로 '周原甲骨文'으로 명명되었다. 2003년 말 陝西省 岐山 周公廟 유적지에서 또다시 방대한 분량의 西周 甲骨文이 발견되면서 殷商時期의 甲骨文의 연구 범위를 더욱 확장했다. (李明姬, 「西周 周公廟 甲骨文 硏究」 1p, 許倬云, 『西周史』, 74쪽 각 참조)

7) 李峰 지음, 李淸圭 옮김, 『中國古代史』, 142~143쪽 참조.

8) 서주시기 갑골은 다음과 같이 분류된다. 제1기 : 문왕 시기(상말 제신 시기 포함), 제2기 : 무왕·성왕·강왕 시기, 제3기 : 소왕·목왕 시기(하영삼, 『한자의 세계』, 210쪽 참조)

9) 『周書』 「泰誓·上」 : 罔有悛心, 弗事上帝神祇, 遺厥先宗廟弗祀。

의미에 부합하여 당시 주나라 지배계층이 상나라의 중심 문화를 수용했다는 사실을 말하고 있다. 특히 무왕이 주왕(紂王)을 징벌한 다음 날 "상나라의 사당과 주왕의 궁궐을 수리"[10]했다는 기록도 위 사실과 무관하지 않다. 그렇다면 종족의 기원에 있어 상족(商族)과 전혀 다른 주족(周族)이 어떤 과정을 거쳐 이처럼 종속관계가 되었는지 확인이 필요하다.

「주본기」에 따르면, 주나라의 시조 후직(后稷)은 하나라에서 농사일을 관장하면서 희씨(姬氏) 성을 별도로 부여받은 제후였다. 4대 공류에 이르러 융적(戎狄)[11]의 땅에서 농업으로 부족이 흥성했고, 아들 경절이 빈(豳)으로 도읍을 옮겼다.[12] 13대 고공단보(古公亶父)는 훈육(薰育)과 융적(戎狄)을 피해 빈을 떠나 기산(岐山) 아래 정주했다. 이때부터 융적의 풍속을 멀리하고, 성과 가옥을 짓고 읍을 나누었으며, 다섯 개의 관직에 해당하는 관리를 두었다.[13] 이 기록을 참고하면 주나라는 고공단보에 이르러 융적의 간섭에서 벗어나 부족국가의 전 단계인 초기 성읍국가(城邑國家)의 형태를 갖추고 종족의 정체성을 확립한 것이 분명하다. 일찍이 주족이 중원의 무대에 모습을 드러낸 것은 상나라 21대 무정(武丁)[14]의 3년에 걸친 귀방(鬼方) 정벌과 관련이 있

---

10) 『史記』「周本紀」：其明日, 除道, 脩社及商紂宮。

11) 『史記』「匈奴列傳」에 의하면 흉노족은 夏后氏의 후예로 山戎 · 獫狁 · 薰育을 총칭하며, 『晉書』「四夷傳」에 따르면 북쪽 오랑캐를 모두 일컫는 말로, 하(夏)나라 때는 훈육(薰鬻), 은(殷)나라 때는 귀방(鬼方), 주(周)나라 때는 험윤(獫狁), 한(漢)나라 때는 흉노(匈奴)로 불렸다.

12) 『詩經』「豳風」〈七月〉 편의 "칠월엔 화성이 서쪽으로 내려오고 구월엔 겹옷을 준비하네. 동짓달엔 찬바람 일고 섣달엔 추위가 매서워진다네. 옷 준비 없다면 어떻게 이 해를 넘길 수 있는가(七月流火 九月授衣 一之日觱發 二之日栗烈 無衣無褐 何以卒歲)"에서 인월(寅月)로 세수(歲首)를 삼은 사실이 확인되는데, 이로 미루어 이때까지도 주족이 하나라의 문화권에 있었다고 짐작할 수 있다.

13) 『史記』「周本紀」：於是古公乃貶戎狄之俗, 而營築城郭室屋, 而邑別居之. 作五官有司。

14) 상나라 21대 군주로 묘호는 高宗이다. 59년간의 재위기간(기원전 1250~1192년 : 갑골 복사를 근거로 하상주 단대공정에서 공인)동안 서쪽의 공방(邛方),

다. 귀방을 정벌하는 일에 고심했던 상나라는 주방(周方)의 파병과 도움으로 3년여에 걸쳐 귀방을 정복하고 상의 번(藩)에 편입시킬 수 있었다. 이 일을 계기로 주나라는 무정의 신임을 얻고 공납을 통해 사실상의 주종관계를 맺고 적대적 정복 대상에서 벗어남으로써 국력의 소모를 가져오는 침탈을 피할 수 있었다.15)

> 다자족과 대후에게 주(周)를 침공하도록 명하면 왕이 부여한 이 일을 잘 해낼까요?(令多子族暨大侯璞周, 叶王事) [갑골문합집] 6,813편
>
> 계미일에 점을 쳐 쟁이 묻습니다. □에게 다자족을 이끌고 주방을 치라고 명하면 잘 할까요? (癸未卜 爭貞 : 令□以多子族璞周, 叶王事) [갑골문 합집] 6,814편
>
> 무자일에 의(疑)가 묻습니다. 왕께서 다윤 중에서 상사와 창후 두 제후에게 주방을 치도록 명할까요? (戊子卜, 疑貞 : 王曰, 余其曰多尹令二侯, 上絲暨倉侯 其璞周) [갑골문합집] 23,560편

위 복사를 보면 무정의 귀방 정벌에 참여하여 공을 세우기 전까지 주나라는 상나라의 정복 대상으로 적대적 관계에 있었던 사실이 확인된다. 이처럼 주방에 대한 정벌 복사가 자주 나타나는 것은 무정의 치세에 당시 주방의 세력이 상의 침략에도 쉽게 복속 당하지 않을 정도로 세력을 유지한 채 상나라와 적대적 관계에 있었다는 사실을 말한다. 〈표 2〉에서 보듯, 현재까지 발굴된 갑골 복사의 약 50% 이상이 제1기 무정의 치세(治世)16)에 제작된 점, 무정 시기 이후에 주방을 정

남쪽의 호방(虎方), 동쪽의 이방(夷方), 북쪽의 귀방(鬼方) 및 강방(羌方)과 주족(周族)에 대해 대규모 정벌을 단행하여 '武丁盛世'를 이루었다.
15) 楊善群·鄭嘉融, 『創世在東方』, 246~247쪽 참조.
16) 童作賓은 1933년 이전까지 출토된 갑골복사를 근거로 1) 世系 2) 稱謂 3) 貞人 4) 坑位 5) 方國 6) 人物 7) 事類 8) 文法 9) 字形 10) 書體 등으로 분류

벌한 복사를 확인하기 어렵다는 점 등을 고려하면, 무정이 귀방을 정벌하기 이전까지 주나라는 상나라의 정복 대상이었다가 귀방 정벌에 용병으로 참전한 일을 계기로 종속적 우호 관계를 맺고 상나라의 지배권 내로 편입된 것이 분명하다. 이러한 사실은 무정 32년에 귀방 정벌에 나섰고, 34년에 귀방 정벌을 확인하는 『죽서기년』의 기록,[17] 「기제괘」 구삼의 "고종이 귀방의 정벌에 나서 3년 만에 이를 이루었으니, 소인을 쓰지 않음이라"[18] 등으로 알 수 있다.

특히 주나라의 교학 체계인 『주역』에 귀방 정벌의 고사를 인용한 점은 역(易)을 지은 주나라의 지배계층이 상나라 왕조를 우호적으로 인식했다는 사실로 볼 수 있다. 『서경』 「군석(君奭)」 편에 주공이 이윤과 같은 명신의 도움을 받아 상나라의 치세를 연 성탕, 태갑, 태무 등을 칭송한 것은 기본적으로 상 왕조는 배척이 아닌, 상황에 따라 존숭의 대상임을 인식한 것으로, 위 『주역』의 관점과 부합한다.

〈표 2〉 甲骨文 時期 구분과 貞人 數 추이

구분		제1기	제2기	제3기	제4기	제5기	비고
갑골문합집	帝	盤庚·小辛 小乙·武丁	祖庚·祖甲	廩辛·康丁	武乙·文丁	帝乙·帝辛	1기 ~ 5기 모본 : 39477 ~ 41956
	片番	1~ 22536	22538~ 26878	26879~ 31968	31969~ 35342	35343~ 39476	
	比率	57.1	11	12.9	8.5	10.5	
	時期	1250~ 1192	1191~ 1171	1170~ 1147	1146~ 1102	1101~ 1046	
貞人		70명	22명	18명	1명	6명	

하여 비교·분석한 후에 갑골문 시기를 제1기에서 제5기로 구분하였다. 〈표4 참조〉 (董作賓, 『甲骨文斷代研究例』, 中央研究院歷史言語研究所集刊, 外編, 第 1種, 上册, 1933)

17) 『竹書紀年』: 武丁 三十二年, 伐鬼方。次于荊。三十四年, 王師克鬼方。

18) 『旣濟卦』九三 : 高宗伐鬼方 三年克之 小人勿用。

이후 27대 무을(武乙)은 고공단보의 선정으로 급속히 성장하는 주족을 회유하고자 그를 제후로 책봉하고, 기산을 봉지로 하사하기에 이르렀다.[19] 이처럼 책봉과 봉지를 매개로 하는 관계는 정치적 주종관계를 공인할 뿐만 아니라, 문화적으로 상나라의 핵심 문화를 수용하면서 융적(戎狄)의 문화권에서 벗어나 중원문화로 편입되기 시작했음을 의미한다. 주원갑골(周原甲骨)의 복사에서 확인한 것처럼 상나라의 상제와 조상신에게 제사를 지내고, 국가의 중대사를 결정하는 수단으로 거북점을 이용한 사실[20] 등은 정치적·문화적 종속 정도를 알려주는 중요한 지표이다. 이와 같은 종속관계는 목야전투로 상나라가 멸망하는 시점까지 외관상 지속되었다.

2-2. 독립단계

주족(周族)의 극상(克商)은 상 왕조의 책봉을 수용한 고공단보 시기부터 사실상 시작되었다. 그 근거로, 첫째는 책봉과 봉지의 하사는 서쪽의 변방 소국에 불과했던 주나라가 제도적으로 편입하지 않으면 안 될 정도로 세력이 강해졌음을 시사한다. 제후국으로의 편입은 외관상 종속관계를 공인하지만, 실제는 사전에 제도적으로 관리해야 할 정도로 세력의 확장을 의미한다. 둘째는 책봉과 봉지의 하사는 주나라가 서쪽 변방의 패자임을 공인한 것과 같다. 서쪽 변경까지 통치할 여력이 부족했던 상 왕조는 주나라를 제후국으로 세워 간접 지배의 방법을 택한 것이다. 반면에 주나라는 서토(西土) 일대의 정벌과 통치를 위임

---

19) 楊善群·鄭嘉融,『創世在東方』, 252쪽 참조. (※『竹書紀年』: 武乙 三年, 自殷遷于河北。命周公亶父賜以岐邑)

20)「大雅」〈綿〉편은 태왕 고공단보의 치적을 노래한 시가이다. "古公亶父 陶復陶穴 未有家室. 爰契我龜 曰止曰時 築室于玆(고공단보는 굴을 파고 살았으니, 집이 없었네, 거북으로 점을 쳐서, 이곳에 머물러 살기로 하고, 살 집을 지었네)"의 시구에서 기산에 정주할 당시 주족의 거주상황과 거북점의 이용실태를 단편적으로 확인할 수 있다.

받은 것과 다르지 않다. 실제로 고공단보를 이은 계력(季歷)은 상왕의 지원 아래 동쪽의 협서성 함양지역, 북쪽의 감숙성 경천 일대를 정벌하며 서북지역의 패권을 장악해갔다.[21] 주나라의 세력이 강해지면서 상 왕조의 필요성에 의해 주나라와 우호적 종속관계를 유지하려는, 이른바 관계 유지 필요성의 역전 현상이 일어난 것이다.

이러한 우호 관계는 28대 문정(文丁)에 이르러 훼손되었다. 이것을 보여주는 상징적인 사건이 바로 제을귀매(帝乙歸妹)의 고사이다. 이 과정을 살펴보면, 문정은 계력을 백(伯)[22]에 책봉하여 서토 지역 방국(方國)의 수장으로 공인했다. 이와 같은 표면상의 우호 관계는 주나라의 힘이 날로 강해지자 이를 두려워한 문정이 계력을 감금하여 죽인 일을 계기로[23] 사실상 적대적 관계로 돌아섰고, 서백(西伯)의 지위를 계승한 창(昌)에게 극상(克商)을 도모하는 명분을 제공했다. 이러한 역사적 상황을 배경으로 문정을 이은 제을은 서백 창과의 통혼으로 우호관계를 회복하고 서부지역을 안정시키고자 했다.[24]

제을귀매(帝乙歸妹)의 고사는 당시 상주 관계에 내재하는 모순을 말하고 있다. 당시 상나라가 직면한 문제는 두 가지였다. 첫째, 주나라와의 우호 관계가 훼손됨으로써 서북쪽의 정세가 불안해졌고, 둘째, 상나라의 동남쪽 방국(方國), 즉 황하 중하류 남쪽의 인방(人方), 하남성 수현 일대의 우방(盂方), 안미성 풍양 지역의 임방(林方) 등이 상나라에

---

21) 『竹書紀年』 가운데, 武乙 21년에 고공단보가 죽자 뒤를 이은 계력이 무을 시기에 程, 義渠, 鬼方 등을 정벌하여 채지 등을 하사받았고, 문정 시기에 각지의 융적을 정벌하고 '程邑'을 지은 사실이 확인된다.

22) 갑골복사에서 '伯'은 두 가지 의미가 있다. 하나는 방국의 우두머리를 지칭하는 말로, 적이든 우방이든 관계없이 모두 伯이라고 불렀다. 두 번째는 작위의 칭호이다. 복사에서 작위의 칭호로 쓰인 경우는 연구자마다 의견이 다르다. (왕우신·양승남 외 著, 하영삼 譯, 『갑골학 일백 년』 권4, 88쪽 참조)

23) 『竹書紀年』 : 文丁 十一年, 周公季歷伐翳徒之戎, 獲其三大夫, 來獻捷。王殺季歷。

24) 『竹書紀年』에 따르면 제을의 재위 기간은 11년이다. 이를 참고하면 帝乙歸妹가 제을과 제신 중 어느 왕 때에 성사되었는지 분명하지 않다.

공공연히 반기를 들어 동남쪽 정세가 매우 불안해진 점이다. 이러한 상황은 주나라와 우호적 주종관계를 회복해야만 서북방의 안정을 도모함과 동시에 동남지역 방국의 반란을 평정할 여력까지 확보할 수 있다는 점을 보여준다. 반면에 주나라는 서북지방의 패자가 되었으나 상나라는 여전히 전국적 정세를 장악할 수 있는 역량과 세력이 있었기 때문에[25] 당장 극상(克商)을 생각할 수 있는 처지가 아니었다. 이처럼 현실적 문제를 인식하고 주나라는 상나라의 견제를 차단하고 안정적으로 극상을 도모할 수 있도록 힘을 기르는 방향을 모색했을 것이다. 「주본기」 가운데 서백이 인심을 얻고 인재를 널리 영입한 사실[26]은 이러한 역사적 상황이 배경에 있다.

제을귀매(帝乙歸妹)는 양쪽의 이해관계가 맞아떨어져 성사된 정략혼이었다. 이 통혼은 표면상 양쪽이 직면한 문제를 동시에 해결하려는 정략적 차원에서 비롯되었기에 상황이 바뀌면 언제든지 적대적 관계로 돌아설 수 있는 모순을 안고 있었다.[27]

상주의 우호적 주종관계는 제을귀매의 통혼을 기점으로 실질적 대등 관계로 전환되기 시작했다. "서백이 선을 쌓고 덕을 베풀어 제후들이 모두 그에게로 향하니 장차 왕께 이롭지 않을 것입니다"[28]라는 숭

---

25) 伐紂를 위하여 맹진에 집결한 제후가 800명이었다는 『주본기』의 기록은 「伯夷列傳」 편의 古事에서 보듯 상나라를 추종하는 세력은 주나라로 향하고 있었지만, 주나라를 추종하는 세력은 견고하게 결속한 사실을 말하고 있다.

26) 『史記』「周本紀」: 則古公、公季之法, 篤仁, 敬老, 慈少. 禮下賢者, 日中不暇食以待士, 士以此多歸之.

27) 『周易』 泰卦와 歸妹卦에서 '帝乙歸妹'의 古事를 각각 효사로 수용했다. 이와 관련하여 김상섭은 泰卦와 歸妹卦 모두 문왕에게 시집간 제을의 두 딸이 무슨 이유에서인지 친정으로 되돌아옴으로써 상주 관계가 좋아지지 않게 된 사실을 말한 것으로 보고 있다. 이 견해를 참고하면 '제을귀매'는 서백이 극상(克商)을 위하여 정략적으로 받아들인 것으로 이해할 필요가 있다. (김상섭, 「『주역』, "제을귀매(帝乙歸妹)"의 고사를 기점으로 한 은과 주의 관계에 대하여」, 『주역철학과 문화』 3권, 한국역경문화학회, 2005 참조)

28) 『史記』「周本紀」: 崇侯虎譖西伯於殷紂曰 : 「西伯積善累德, 諸侯皆嚮之, 將不利於帝.

후호(崇侯虎)의 모함에서 상나라를 추종하는 세력의 위기의식을 읽을 수 있다. 서백을 유리의 옥에 장기간 감금한 사건은 이러한 위기의식이 반영된 결과이다. 이처럼 서백을 일거에 감옥에 가둘 수 있을 정도로 상나라는 여전히 강한 세력을 유지하고 있었다. 다만, 재사들이 주왕의 신하에게 미녀와 재화를 바쳐 서백을 사면토록 한 일은 주나라를 추종하는 세력의 결집도는 매우 강한 데 반하여 상나라 내부의 인적 충성도는 불안했음을 시사한다. 이 사면을 계기로 서백 창은 주왕의 의심에서 벗어나 서토 지역을 정벌할 수 있는 권한까지 부여받았다.[29] 상나라의 휘하에 있던 제후들까지 천명을 받은 군주로 칭송하며 서백을 중심으로 결집했다. 이를 바탕으로 서백은 단기간에 견융, 밀수(密須), 기국(耆國)은 물론 우(邘)와 숭후호를 정벌한 다음 풍(豐)으로 도읍을 옮기고 조용히 극상의 기반을 다졌다. 이즈음 상 왕조와 달리 독자적으로 법도를 정비하고 달력을 만들었다.[30]

이와 같은 일련의 과정은 주나라의 형세가 상나라에 필적할 정도로 사실상 독립단계에 들어선 사실을 말하고 있다. 문왕의 치세를 이어받은 무왕은 즉위와 동시에 태공망(太公望)을 군사로 삼고 주공(主公) 단(旦)을 천자를 보좌하는 직책에 임명하는 등[31] 태사, 태부, 태보의 삼공체제(三公體制)로 국가 조직을 정비했다. 이로써 사실상 주 무왕을 상왕과 같은 지위로 격상시켰고, 벌주(伐紂)를 단행할 수 있을 정도의 힘을 갖추게 되었다. 이러한 역사적 상황을 전후하여 『주역』의 체계도 정립되고 있었다는 점을 상기할 필요가 있다.

---

29) 紂王이 文王에 대한 경계를 풀었다는 사실은 『史記』「周本紀」: 紂大說, 曰:「此一物足以釋西伯, 況其多乎!」乃赦西伯, 賜之弓矢斧鉞, 使西伯得征伐. 曰:「譖西伯者, 崇侯虎也.」, 『商書』「西伯戡黎」: 西伯旣戡黎 祖伊恐 奔告于王 등의 기록에서 확인된다.

30) 『史記』「周本紀」: 明年, 伐邘. 明年, 伐崇侯虎. 而作豐邑, 自岐下而徙都豐. 明年, 西伯崩…改法度, 制正朔矣.

31) 위 같은 책: 武王卽位, 太公望爲師, 周公旦爲輔, 召公、畢公之徒左右王, 師脩文王緖業.

〈표 3〉 주나라 諸王의 歲次 및 帝名, 기타 참고사항

區分		「周本紀」			記事	備考
歲次	帝次	王	都邑	年代		
0	0	帝嚳			周后稷, 名棄. 其母有邰氏女, 曰姜原. 姜原爲帝嚳元妃	
1	一	后稷	邰		帝堯爲農師. 帝舜封棄於邰, 號曰后稷, 別姓姬氏	
2	二	不窋			不窋末年, 夏后氏政衰, 去稷不務, 不窋以失其官而奔戎狄之閒奔戎狄之閒	
3	三	鞠	戎地			
4	四	公劉			公劉雖在戎狄之閒, 復脩后稷之業. 周道之興自此始, 故詩人歌樂思其德	<公劉>
5	五	慶節			慶節立, 國於豳	<豳風>
6	六	皇僕				
7	七	差弗				
8	八	毀隃				
9	九	公非	豳		특이사항 없음	
10	十	高圉				
11	十一	亞圉				
12	十二	公叔祖類				
13	十三	古公亶父			貶戎狄之俗, 營築城郭室屋, 邑別居之作, 五官有司	武丁-伐鬼方
14	十四	太伯 虞仲 ※季歷	止於岐下		長子太伯、虞仲知古公欲立季歷以傳昌, 二人亡如荆蠻, 文身斷髮, 以讓季歷. ●「竹書紀年」:武乙·太丁 년간 伐戎에 주력했으나 '文丁殺季歷'.	
15	十五	文王	豐邑		伐犬戎. 明年, 伐密須. 明年, 敗耆國. 明年, 伐邘. 明年, 伐崇侯虎 自岐下而徙都豐. 明年, 西伯崩. 西伯蓋卽位五十年. 其囚羑里, 蓋益易之八卦爲六十四卦.	
16	1	武王	鎬京(宗周) 營周居于雒邑而後去(成周)	BC 1046	武王自稱太子發.　會盟津者八百諸侯,∶「女未知天命, 未可也.」乃還師歸. 十一年十二月戊午, 師畢渡盟津. 二月 甲子昧爽, 武王朝至于商郊牧野.　營周居于雒邑而後去.	「泰誓」「牧誓」「武成」「洪範」「旅獒」
17	2	成王		BC 1042	周公攝行政當國.　管叔、蔡叔群弟疑周公, 與武庚作亂. 微子開代殷後, 國於宋. 頗收殷餘民, 以封武王少弟封爲衛康叔. 周公行政七年, 成王長, 北面就群臣之位.	「大誥」「微子之命」「康誥」

						「酒誥」 「召誥」 「洛誥」 「君奭」 「君陳」
18	3	康王		BC 1020	成康之際, 天下安寧. 康王命作策畢公分居里, 成周郊	「顧命」 「康王之誥」 「畢命」
19	4	昭王		BC 995		
20	5	穆王		BC 976	穆王將征犬戎. 祭公謀父諫.王遂征之, 得四白狼四白鹿以歸. 自是荒服者不至.	「君牙」 「呂刑」
21	6	共王		BC 922	共王滅密	
22	7	懿王		BC 899	懿王之時, 王室遂衰, 詩人作刺.	
21	8	▲孝王		BC 891	共王弟辟方立, 是爲孝王.	
23	9	夷王		BC 885		
24	10	厲王		BC 877	厲王卽位三十年, 好利, 近榮夷公. 得衛巫,使監謗者, 以告則殺之. 其謗鮮矣, 諸侯不朝. 乃相與畔, 襲厲王, 厲王出奔於彘.	
-		共和		BC 841	召公, 周公二相行政, 號曰「共和」. 共和十四年, 厲王死于彘. 太子靜長於召公家, 二相乃共立之爲王, 是爲宣王.	
25	11	宣王		BC 827	子靜長於召公家, 二相乃共立之爲王, 是爲宣王. 三十九年, 戰于千畝, 王師敗績于姜氏之戎	
26	12	幽王		BC 781	三年, 幽王嬖愛褒姒. 竟廢申后及太子, 以褒姒爲后, 伯服爲太子. 申侯怒 與繒、西夷犬戎攻幽王. 於是諸侯乃卽申侯而共立故幽王太子宜臼, 是爲平王. 平王立, 東遷于雒邑, 辟戎寇. 平王之時, 周室衰微, 諸侯彊幷弱.	
備考		- 「周本紀」기준 : ※동일 세차 내 왕위 계승자. ▲세차를 거슬러 卽位.				

2-3. 통합단계

한 나라가 망하고 새로운 나라로 대체되면 통합의 문제가 필수적으로 뒤따른다. 통합은 인적 측면에서 동족과 이족 간의 통합, 종족 내부의 통합, 지배자와 피지배자 간의 통합으로 진행되며, 물적 측면에서 제도와 문화 등을 취사선택하거나 융합하는 양상으로 나아간다. 이를 이해하려면 분열의 양상을 먼저 파악해야 한다. 상나라를 해체하고 신질서를 세운 주나라도 어떻게 통합할 것인가의 문제가 당면과제였다. 이러한 문제는 왕조의 흥망사에서 예외 없는 담론으로, 주나라의 정치한 교학 체계인 『주역』에서 이 문제를 가장 중시했을 것으로 여겨진다. 왕조의 교체에 따른 통합의 의지를 직접 확인할 수 있는 괘가 건괘와 곤괘이다. 『주역』의 수괘인 두 괘의 서사에는 상말 주초의 역사적 사실과 통합에 대한 문제의식이 그대로 반영되어 있다. 따라서 통합과 관련한 『주역』의 역사성을 규명하려면 먼저 몇 가지 역사적 사건 중심으로 분열의 실체를 확인하고 그 반작용으로 대두된 통합의 방향성을 읽는 것이 필요하다.

은주의 물리적 교체는 문왕 11년(B.C.1046년) 2월 갑자일 동틀 무렵, 수도인 대읍상(大邑商)의 교외 목야(牧野)의 전투에서 승리함으로써 완성되었다. 시조 설(契)을 기점으로 약 6백여 년, 하나라를 무너뜨리고 상 왕조를 연 성탕(成湯)을 기점으로 약 5백여 년의 왕조가 이날의 전투로 무너졌다. 그 과정을 보면, 문왕 9년[32]에 무왕이 1차 군대를 일으키자 맹진(孟津)에 집결한 제후가 800명에 이르렀으나 아직 천명(天命)이 이르지 않았다는 이유로 회군했다. 2년 뒤인 문왕 11년 12월에 약 5만 명의 병사를 거느리고 맹진을 넘어 제후들과 연합했고, 다음 해인 문왕 12년 2월에 목야에서 주왕의 70만 대군을 격파하

---

32) 문왕은 무왕의 재위 9년 차에 사망했으나 무왕이 문왕의 연호를 계속 사용하여 9년이라고 했다.

고 숙원인 극상을 완성했다. 목야 전투가 임박한 시점의 긴장 상황을 확인하는 대표적인 전거(典據)가 「태서(泰誓)」 3편과 「주본기」의 기록이다. 벌주(伐紂)에 참가한 방군제후(邦君諸侯)를 결속하고자 대의명분을 전파하고, 최후의 결전을 목전에 둔 병사들 앞에서 전투에 임하는 자세와 각오를 강조하는 모습에서 극도의 심리적 긴장상태를 확인할 수 있다.

특히 당시 주왕(紂王)의 심리상태를 확인해주는 유일한 사료인 '제신홍도관명문(帝辛紅陶罐銘文)'33)을 주목할 필요가 있다. 각주 49)에서 확인한 것처럼 목야 전투에 이르기 전까지 주왕은 사실상 주나라의 침입을 경계하지 않았는데, 목야 전투가 임박해서 주왕의 심리상태가 얼마나 절박했는지 홍도관 명문에 나타나 있다.

불길하게도, 금성이 대낮에 나타났습니다. 나(辛)의 군대를 이끌까요? 주후(周侯) 원자 서백의 항오와 그 우군이 주(州)의 서읍으로부터 혁명을 일으키는 일이 없을까요? 승하하신 조왕 문정과 부왕 제을께서 돕고 지켜주실까요? 엄정한 기강이 무너지고 방임되는 일이 있을까요? 과연 서백후로부터 그러한 일이 있었다. (金見. 率辛師? 亡周侯元西伯行 右師田自州西邑? 祖丁乙爪? 有明紀斁任? 允自西伯侯)

조왕 문정과 부왕 제을에게 문(文)의 세력을 치기 위해 사일(癸巳日의 간칭)에 석제를 올리면, 우리 군대가 끝까지 갈 수 있을까요? 정수에 제를 올리면, 짐이 재앙을 막을 수 있을까요? 왕이 성조를 살펴 길흉판단을 하여 가로되, "각성이 밝게 빛나니, 나는 文의 세력을 정벌하

---

33) 무왕과의 목야전투를 앞둔 은왕 제신의 절박한 심정을 명문으로 남겨 놓은 홍도관을 말한다. 대종연구소 소장 박대종은 五星聚房과 이 명문을 근거로 武王克商日을 중국 사학계의 단대공정 결과인 기원전 1046년이 아닌 기원전 1018년 2월 22일로 고증하였다. 과학적 검증, 문헌적 검증 결과 홍도관이 실물이라는 견해가 지배적이지만, 중국 학계에서 공인하지 않고 있다. [박대종, 「从五星聚房與帝辛占星陶文看武王克商日, 公元前 1018年 2月 22日」, 殷都學刊, 2014]

여 배(=나라)를 평안하고 고요하게 이끌 것이고, 정벌한 문의 땅 서읍을 분봉할 것이며, 재앙은 당연히 막을 수 있을 것이다. (祖丁乙! 征文夕祀, 辛丁乙師眉走? 亯井, 朕御蠱? 曰：角明, 有余征導舟O玄, 田封, 它肯御)

-이상 박대종의 번역-

　홍도관 명문의 진위(眞僞)를 떠나서 5백 년 왕조를 무너뜨리려는 자와 무너질 것을 예감하면서 지켜내고자 하는 자의 팽팽한 긴장 상태가 위 명문 내용으로 확인된다. 이러한 심리상태는 곤괘의 서사를 심리적 의식화의 관점에서 해석할 때 중요한 정보를 제공한다는 점에서 의미가 있다.

　여기에서 짚고 넘어가야 할 사항은 은주교체의 역사적 성격이 어떠했는지이다. 혁명 당시 무도한 주왕을 징벌하는 것에서 그치고자 했는지, 아니면 더 나아가 멸은(滅殷)까지 기도했는지 규명할 필요가 있다. 목야의 전투에서 승리한 무왕이 "하늘이 복을 내려주었다"라는 말로 상나라 백성에게 혁명의 정당성을 퍼뜨리면서 도성에 진입한 것은[34] 일견 멸은에 목적이 있었던 것으로 추정할 단서가 될 만하다. 그러나, "도성에 진입한 다음 사당 남쪽을 향하여 대부대의 왼쪽에 서니, 모숙정(毛叔鄭)은 맑은 물을 받쳐 들고, 위강숙(衛康叔)은 자리를 깔았으며, 소공은 비단을 바치고, 사상보(師尙父)는 제물을 이끌고 갔으며, 윤일(尹佚)은 축문을 읽었다."[35]라는 기록은 상나라의 상제와 선왕에 대한 존숭의 마음을 담고 있어 이때까지 멸은을 의도하지 않았을 것으로 짐작게 한다.

　이러한 사실은 은주의 무도함을 은나라의 최고신 상제에게 고한 윤

---

34) 『史記』「周本紀」：武王至商國，商國百姓咸待於郊. 於是武王使群臣告語商百姓曰：「上天降休!」.

35) 위 같은 책：旣入，立于社南大卒之左，右畢從. 毛叔鄭奉明水、衛康叔封布茲，召公奭贊采，師尙父牽牲，尹佚策祝曰.

일의 축문 내용36)에서 확인된다. 아울러 무왕이 상나라의 상제와 선조를 모신 사당에서 두 번 절하고 머리를 조아려 "잘못을 고치라는 대명에 따라 은나라를 변혁(革殷)시켰으며, (앞으로도) 하늘의 명을 받들겠습니다"라고 고한 후 두 번 절하고 물러났다37)는 대목은 혁명의 초기 목적이 멸은이 아니라 벌주의 혁은임을 말하고 있다.

혁명에 성공한 이후 주왕의 아들 녹보(祿父)에게 은나라 백성을 다스리게 함과 동시에 관숙(管叔)과 채숙(蔡叔)을 남겨 그를 감시하도록 했다. 멸은에 혁명의 목적이 있었다면 이처럼 주벌(誅伐)의 대상이었던 자의 아들을 제후로 세워 은의 세력을 존치하는 일이 없었을 것이다. 아울러 주왕의 형제인 기자(箕子)에게 치도(治道)의 방책을 구하지도 않았을 것이며, 또 다른 형제 미자계(微子啓)를 살려두었다가 후에 송(宋)에 봉하여 후대를 잇게 하지 않았을 것이다. 이처럼 혁명을 성공시킨 후에도 은나라의 인적, 물적 핵심 자산을 남겨두고 서쪽으로 물러간 사실까지 고려하면 초기 혁명은 폭정을 일삼은 주왕(紂王) 개인에 대한 주벌(誅罰)의 성격이 강하다. 이러한 사실은 『주서』 「무성」38)편의 "조상의 올바른 도를 계승한 주왕 발(發)은 장차 상나라를 크게 바로 잡으려 합니다."39)라는 말에서 거듭 확인된다. 무왕이 상나라를 치는 것은 상왕 수(受)의 죄를 물어 이를 징벌하고, 상나라를 '바로 세우는(大正=革殷)' 벌주에 목적이 있음을 분명하게 밝혔다.

그러나 무왕 사후에 일어난 '삼감(三監)의 난(亂)'40)을 계기로 멸은

---

36) 위 같은 책 : 殷之末孫季紂, 殄廢先王明德, 侮蔑神祇不祀, 昏暴商邑百姓, 其章顯聞于天皇上帝.

37) 위 같은 책 : 武王再拜稽首, 曰:「膺更大命, 革殷, 受天明命.」武王又再拜稽首, 乃出.

38) 「武成」 편은 벌주를 단행한 배경과 장차 나라를 올바르게 다스리는 문제를 기록한 것이다.

39) 『書經』 「武成」 : 惟有道曾孫周王發 將有大正于商.

40) 『史記』 「周本紀」 : 成王少, 周初定天下, 周公恐諸侯畔周, 公乃攝行政當國. 管叔、蔡叔群弟疑起周公, 與武庚作亂, 畔周.

이 진행되었다. 무왕이 은주를 벌한 지 3년 만에 병사하자 제후들의 반란을 두려워한 주공은 성왕(成王)이 어린 관계로 섭정(攝政)했다. 이에 관숙과 채숙, 곽숙 등이 불만을 품고 주공이 왕위를 찬탈할 것이라는 말을 퍼뜨리며 무경을 부추겨 반란을 일으켰다. 주공은 소공과 함께 왕실과 제후를 단속하며 반란의 진압에 나섰지만, 동쪽의 회이(淮夷)와 연합한 상나라 유민들의 거센 저항으로 진압에 3년이나 걸렸다. 그 결과 무경은 주살(誅殺)되었으며, 주공의 형 관숙은 처형되었고, 아우 채숙은 유배되었으며, 곽숙도 모든 지위에서 물러났다.

이 난을 진압하고 주공은 삼감을 폐지하였으며 상나라 영토를 둘로 나누어 세력을 분산하여 효율적으로 통제하고자 했다. 무경의 숙부인 미자계를 송(宋, 지금의 河南 商丘)에 봉하여 상나라 왕가(王家)의 명맥을 잇게 했고, 막냇동생 강숙(康叔)을 위(衛)에 봉하여 지금의 하남성(河南省) 북부와 하북성(河北省) 남부 지역을 다스리게 했다. 주공의 봉지인 노(魯, 지금의 山東省 曲阜) 땅에 아들 백금(伯禽)을 파견하여 다스렸다. 그리고 낙읍(洛邑)을 건설하고 상나라 관리와 백공(百工) 등을 그곳으로 이주시켰다.

이후 동이(東夷)의 반란을 계기로 동정(東征)에 나서 서이(徐夷)·회이(淮夷) 등을 정벌하고, 엄(奄)을 멸한 뒤에 그 군주를 박고(薄姑)로 옮겼다. 이러한 동정으로 상나라를 추종하는 세력은 물론 주나라에 저항하는 세력까지 평정함으로써 이른바 멸은을 완성하고[41] 비로소 주왕조 중심의 전일적 봉건 질서로 천하를 통합하게 되었다.

목야 전투에서부터 동정(東征)의 완성에 이르기까지 분열의 양상 및 통합의 방향성은 다음과 같이 네 가지로 집약된다. 첫째, 주족과 상족의 대립과 분열을 극복하기 위해 상나라 왕족과 유민을 어떻게 주나라

---

41) 새로 건설한 낙읍으로 은나라 유민을 옮기고자 주공이 은나라 관리에게 당부한 내용을 담은 『書經』「多士」편 가운데 "왕이 징벌을 단행하고 은나라의 명을 하늘의 뜻에 따라 끝맺게 하였다(致王罰 勑殷命終于帝)"라는 말에서 이를 알 수 있다.

의 신질서에 편입시킬 것인가의 문제, 둘째, 멸은(滅殷)의 과정에서 주나라와 상나라의 세력권으로 분열되었던 제후와 방국을 어떻게 종주(從周)의 기치 아래 통합할 것인가의 문제, 셋째, 삼감의 난으로 심각하게 노출된 주나라 왕실 내부의 분열을 어떻게 수습하고 재발을 방지할 것인가의 문제, 넷째, 5백 년 왕조 상나라의 선진문물을 어떻게 수용하고 변혁시켜 나갈 것인지의 문제가 그것이다.

『주역』의 역사성, 특히 건괘와 곤괘의 역사성을 이해하고자 한다면 주나라 지배계층이 직면했던 이 네 가지 문제를 주목해야 한다. 그 이유는 새 왕조의 교학 체계라고 할 수 있는『주역』의 수괘(首卦)인 건괘와 곤괘에 이 문제와 관련된 역사의식이 집약되어 있으며, 이것을 확인하는 것은 역사적 관점에서 경의를 이해하는 기본이자 핵심 조건이 되기 때문이다. 실제로『주역』의 수괘인 두 괘의 서사에는 상말 주초의 역사적 사실과 통합에 대한 역사의식이 내재한다. 이러한 사실은 몇 가지 역사적 사건 중심으로 분열의 양상을 확인하고 이에 따른 통합의 방향성을 읽어낼 때 확인이 가능하다.

3. 은주교체의 역사적 성격

3-1. 사상적 측면 : 상제(上帝)에서 천명(天命)으로

은주교체는 동북아의 역사시대에 확인할 수 있는 최초의 문명사적 변혁이다. 단순히 왕조의 물리적 교체에 그치지 않고 이후 문명의 방향을 결정하는 사상적 변혁을 동반했다는 점에서 역사적 의의는 지대하다.[42] 은주교체에 따른 사상의 변화를 이해하려면 상나라를 지배한

---

42) 楊照는 은주교체에 대해 고대 중국 문명이 대전환을 맞은 계기로 보았다. 그는 "귀신을 숭배하고 술의 힘을 빌려 광기와 초월을 경험하던 문명이 이성적이고 냉정하며 환란에 대한 경계심을 늦추지 않는 동시에 현세에 관심을 집중하는 문명으로 바뀌었다"라고 했다. 상나라의 무축세계에 대해 부정적 관점

사상적 근원을 먼저 확인하고 주대에 어떤 식으로 변혁되어 갔는지 상호 연관적인 검토가 필요하다. 이러한 작업은 『주역』의 서사에 내재한 사상이나 이념을 이해하는 바탕이 되므로 매우 중요하다.

건괘의 상(象)과 사(辭)는 64괘로 표상한 역사적 세계를 통합하는 보편적 통칙을 제시하고 있다. 그 핵심은 괘사 '원형이정(元亨利貞)'과 구오(九五)의 '비룡재천(飛龍在天)'이다. '원형(元亨)'은 존재 상호 간의 화이부동(和而不同)과 지선(至善)의 일상성을 보장하기 위한 지도원리이며, '이정(利貞)'은 '원형'에 내재하는 존재론적 합일의 경지로 나아가게 하는 실천 원리이다.

"날아오른 용이 하늘에 있다"라는 말은 세상을 경륜하고자 했던 주체적 존재가 천명을 받아 '원형이정'의 이상적 세계를 구현하고 있음을 상징한다. 이런 측면에서 건괘의 '원형이정'과 '비룡재천'이 동양의 물리적 세계와 정신적 세계를 규율하는 천명사상의 시원적 전거(典據)라고 보아도 무리가 없다. 『주역』에 내재한 이 천명사상은 상나라의 신정체제가 존립하는 근거인 상제(上帝)와 밀접한 관계가 있으므로 이에 대한 선행적 검토가 필요하다.

윤이흠은 신을 사실상의 '궁극적 실재(Ultimate Reality)'로 보는 것이 종교 사상사에서 주류를 이룬다고 했다. 아울러 이 실재가 인식되어 하나의 전통이 형성되는 과정에 대해 일차적으로 초월적 힘을 경험하고, 다음 단계에서 이 경험을 해석하며, 그 결과 경험한 내용이 존재(Being)와 규범(Norm)으로 나누어진다고 보았다. 여기서 존재로서의 신은 기본적으로 인간 외적인 인격적 존재가 되고, 우주적 규범으로서의 궁극적 실재는 자연과 인간, 그리고 인간 내면의 정신세계라는 서로 다른 3차원적 질서를 통합하는 원리가 된다고 했다.[43]

을 드러냈으나 문명의 대전환과 변화의 양상에 대해서 비교적 정확하게 설명하고 있다. (楊照 著, 김택규 譯, 『시경을 읽다』, 92쪽 참조)

43) 윤이흠, 『신화와 역사』 중 「신관의 유형」, 6~7쪽 참조.

이 견해는 상나라의 상제와 주나라의 천명 간에 존재하는 본원적 차이의 규명에 중요한 단서를 제공한다. 역사적 흐름이라는 측면에서 존재로서의 신이 태동하고, 여기에서 규범이 파생한다는 사실을 고려하면, 주재적 인격체인 상제와 규범을 제공하는 신적 이념으로서의 천명이 어떤 과정을 거쳐 형성되었는지 정확하게 짚어주고 있다.

변혁의 대상이었던 상나라에 대해서 한 마디로 규정하면, 그것은 바로 '상제(上帝)가 주재(主宰)하는 신 중심의 세계'였다. 복사로 확인된 상제는 나라의 큰일에서부터 일상의 소소한 일에 이르기까지 만사를 주재하는 실체로, 전능한 신이면서 구체적인 인격체였다. 인간의 감성적 경험의 세계에 존재하면서 그 세계를 초월한 경지에 머무는 초자연적 존재자이기도 했다. 자연신을 부리며 천지자연의 변화를 주재하며 인간의 길흉화복까지 결정했다. 심지어 선공·선왕은 물론 자연신을 비롯한 제신(諸神)에 대한 제사를 지낼 것인지의 여부 및 제물의 종류와 수량까지 결정했다.

그러나 상제 자신은 숭앙(崇仰)의 대상일 뿐 봉제(奉祭)의 대상이 아니었다. 세계를 주재하는 현실적 존재이면서 그 모든 것과 분리된 채 초월적인 존재였다. 이러한 상제는 직접 지칭되거나, 또는 지칭되지 않은 채로 모든 복사에 나타나고 있으며, 복사에 지칭되지 않은 경우에도 점복의 예지적 주체성은 상제에게 귀결하고 있다. 아래에 예시한 복사를 통해서 상제가 주재하는 상나라의 세계의 양상을 살펴보면 다음과 같다.

병인일에 점을 치다. '쟁'이 묻습니다. 이번 11월에 상제께서 비가 오게 할까요? (丙寅卜,爭貞, 今十一月帝令雨) [갑골문합집] 5,658편

상제의 사관인 풍신에게 개 2마리를 제물로 바칠까요? (于帝史風二犬) [복사통찬] 3,094편

위 복사에서 상제는 비, 구름, 바람, 천둥, 태양 등과 같은 모든 자연신을 주재하며, 이들에게 올리는 제사와 제사용 제물까지 관장하는 존재로 등장한다.

공방을 정벌하는데, 상제께서 우리를 도와주실까요? (伐工方, 帝受我佑) [갑골문합집] 6,723편

경오일에 점을 쳐서, 내(內)가 묻습니다. 왕께서 성을 짓는데, 상제께서 순조롭게 하실까요? 8월이었다. (庚午卜, 內貞, 王作邑, 帝若, 八月) [갑골문합집] 14,201편

상제는 방국에 대한 정벌 전쟁과 승패, 상성(商城)의 건립과 같이 상왕이 주관하는 국가적 대사도 주재한다고 인식한 사실이 위 복사에서 확인된다. 또한, 왕이 점복을 관장하는 정인(貞人)과 상제의 중간에 위치함으로써 왕의 권력이 신의 대리인으로서 신이 명한 바를 실행하는 특별한 존재성에서 나온다는 사실을 알 수 있다.

을유일에 점을 치다. 해가 뜨고 해가 질 때 '유제'를 지낼까요? (乙酉卜, 侑出日入日) [화이트] 1,569편

해가 뜨고 질 때 '세제'를 지내는데 소 여러 마리의 목을 잘라 쓸까요? 쓰지 말까요? (出入日, 歲卯[多牛], 不用) [소둔남지갑골] 890편

위 복사 중 '출일(出日)'과 '입일(入日)'이 단순한 시간 개념이라는 견해와 제의의 대상으로서의 신의 개념이라는 견해로 구분된다. 지배적 의견은 태양을 숭배한 상족이 위의 '유제사', '세제사'를 비롯한 약 7종의 제사를 올렸던 사실로 미루어 제의의 대상으로 보고 있다.[44] 『서

---

44) 王宇信·楊升南 외, 『갑골학 일백 년』 권4, p.26~27 참조.

경」「요전(堯典)」 편에 '떠오르는 해를 공손하게 맞이한다(寅賓出日)', '지는 해를 공손하게 전송한다(寅餞納日)' 등의 내용을 보면 적어도 황하 유역과 동북지방을 중심으로 중국의 고대문명이 형성되는 과정에서 태양을 숭배하였고, 동북지방에 문명의 기원을 둔 상족도 태양신을 숭배하고 제사 지낸 것으로 보는 것이 타당하다.

계묘일(에 묻습니다), 고조이신 왕해께 'ㅁ제'를 드리는데, '료제'로 지낼까요? (癸卯, 貞亘 , 唯古祖王亥ㅁ, 唯燎) [갑골문합집] 32,083편

갑신일에 점을 치다. 을유일에 '조을'께 '유제'를 지낼 때 양 3마리, 소 30마리를 쓸까요? (甲申卜, 乙酉侑祖乙三羊, ㅁ三十牛)

ㅁ미일에 점을 치다. 상갑·대을·대정·대갑·대경·대무·중정·조을·조신·조정에게 10시(示)를 기원하는 '솔제'에 양을 쓸까요? (ㅁ未卜, 求自上甲·大乙·大丁·大甲·大庚·大戊·中丁·祖乙·祖辛·祖丁十示, 率羊) [갑골문합집] 32,385편

위 복사는 선공과 선왕에게 제사 지낼 때 제사의 종류와 죽은 왕의 일명(日名), 단제(單祭)를 지낼 때 제물의 종류와 수량, 합제(合祭)를 지낼 때 제물 종류 등을 어떻게 정할 것인지 점을 쳐서 상제의 뜻을 확인한 사실을 말하고 있다.

왕께서 멀리 미로 사냥을 떠나는데, 낮에 재앙이 없겠습니까? (王其田遠湄, 日亡災) [소둔남지갑골] 3,759편

묻습니다. 장딴지의 병이 나을까요? (貞. 疾腓) [갑골문합집] 13,693편

위 복사에서 보듯 상제에 대해 일상의 소소한 걱정거리, 가벼운 질병에 대해서도 해결책을 제시하는 존재로 인식했다. 이처럼 장딴지 종

기의 치유 여부를 알고 있다고 인식할 정도로 상제는 인간의 삶 속에 존재하면서 일상을 주재하는 존재성이 있었다.

지금까지 발견된 복사의 내용을 종합하면 상제는 제사, 전쟁, 군사, 형벌, 방역, 교육, 농업, 수렵과 목축, 천문기상, 건축, 음악, 질병 등 인간이 살아가는 가운데 일어나는 모든 일을 주재하는 존재자였다. 자연신을 부리고 제사에 쓸 제물을 결정하며, 심지어 일상의 소소한 걱정거리와 가벼운 질병까지도 주재했다. 이러한 사실은 상제를 벗어나서 인간의 삶을 영위할 수 있는 세계가 없다는 것을 의미한다. 문제는 상나라의 '상제'가 건괘 구오에서 드러난 천명으로서의 '천(天)'과 어떻게 다른가 하는 점이다. 두 개념이 사실상 차이가 없다면 은주교체를 계기로 사상적 변혁이 일어나 천명사상이 정립되었다는 주장을 논증할 필요가 없으므로 이 문제는 반드시 규명해야 할 정도로 중요하다.

이 문제와 관련하여, 시라카와 시즈카(白川靜)[45]는 은주교체로 말미암아 세계를 통일하는 은 왕조의 인격자로서 상제의 관념은 통일자(統一者)의 지위를 잃어버림과 동시에 주 왕조의 비인격적인 천(天)으로 이를 대신하여 '천 사상'이 생겨난 것으로 보았는데,[46] 그 배경에 은주교체의 역사가 있음을 명시했다.

갈조광(葛兆光)은 은나라를 정벌한 일과 관련하여 열한 차례 '상제'를 언급한 『상서』의 기록 등을 근거로 "'제'는 '천'에서 살면서 신기(神祇)로 구성된 세계에서 일체 모든 것을 주재한다고 믿었음을 알 수 있다."[47]라고 말했다. 그의 견해는 '천'이 상제가 거주하는 신성한 공간 개념에서 비롯된 것임을 말하고 있다.

---

45) 일본의 한문학자·한자학자. 중국과 일본이 동아시아 지역에서 문화적 유형성을 공유하고 있다는 관점하에 은주시대의 갑골문과 금문에 대한 자형 분석 등의 방법으로 체계적으로 연구하여 초창기 한자 성립에 있어서 종교적, 주술적 배경이 있음을 밝혀냄으로써 '시라카와 문자학'을 정립했다.

46) 시라카와 시즈카 著, 고인덕 譯, 『漢字의 世界』, 562쪽 참조.

47) 葛兆光 著, 이등연 외3 譯, 『중국사상사』, 242쪽 참조.

김충렬(金忠烈)은 '천'은 하나라의 중심개념, '제'는 은나라의 중심개념으로 각 분리하여 '천'과 '제'를 각기 독립된 별개의 원개념(原概念)으로 보았다. 나아가 자기 원인으로서의 '자연천(自然天)'이 상의 종교사상과 결탁하면서 일체를 지배하는 권위적 씨족신(氏族神)인 '제'로 탈바꿈한 것으로 보았다.[48]

노사광(勞思光)은 '제'와 '천'에 관한 가장 이른 시기의 개념을 보여주는 『시경』과 『서경』 두 문헌에 원시 신앙의 신이며 인간을 주재하는 최고의 신인 '인격천(人格天)' 관념이 공통으로 존재하지만, 『서경』에서 인격천을 언급할 때는 '天'자를 사용하고, 『시경』에서는 '帝'자를 사용하여 주재적 의미의 천을 일컫는다'[49]라고 했다. 이로 미루어 '천'이나 '제' 모두 물리적 자연의 개념이 아닌 인격을 지닌 신적 존재로 보아 사실상 동질성을 인정하고 있다.

유문영(劉文英)은 "은대 갑골복사에 천신에게 제사를 지낸 사실이 발견되지 않은 것을 근거로 갑골문 상의 '천'은 신을 의미하지 않았으며, 자연의 변화와 인간의 길흉화복을 주재하는 '제'는 다른 민족의 천신에 해당하며, '천'이 신격화되고 최고신이 된 것은 대체로 은대 후기에 시작되어 주대 초기에 완성되었다."[50]고 했는데, 주족이 상족의 신을 계승하여 천신으로 변용했다는 관점을 취했다.

위 몇 가지 견해는 신격화의 배경이나 공능에 따른 호칭 등에서 차이를 인정할 뿐 대체로 '제'는 인격을 지닌 구체적 존재 개념으로, '천'은 '제'가 머무는 공간적 신성에서 권위를 인정받은 일종의 추상적 개념으로 인식했다. 은주교체의 역사를 계기로 '천'이 '제'의 신성을 계승 또는 대체한 것으로 보아 둘 사이에 밀접한 관계가 있음을 인정하고

---

48) 金忠烈, 『중국철학사·1』, 120쪽, 146쪽 참조.
49) 勞思光, 『新編中國哲學史』 1권, 91쪽 참조.
50) 劉文英, 「중국 고대철학의 天 학설」, 『인간과 문화 연구』 제3집, 동의대학교 인문과학연구소, 1998. 8쪽 참조.

있다. 즉 '제'와 '천'은 상나라와 주나라의 서로 다른 문화에 기초하여 형성된 개념이지만 은주교체를 계기로 계승과 대체 과정을 거쳐 개념적 통일을 이루었다는 이원론적 관점으로 접근하고 있다.

『시경』과 『서경』에 치우쳐 '제'와 '천'을 인격천, 주재천의 관점에서 서로 다를 것이 없다고 보는 일부 견해에 동의할 수 없다. 앞의 복사에서 확인한 상대의 '상제'와 주대에 정립된 천명 개념으로서의 '천'은 전화 과정을 거친 전혀 다른 개념이다. 이러한 관점은 종족의 시원적 토대와 배경, 복사의 실증적 객관성이라는 두 가지 측면에서 검토하면 받아들일 수 있다.

첫째, 상족과 주족의 문명의 시원과 배경을 고찰하고 이것을 바탕으로 두 종족의 신관과 형성 배경을 확인하는 것이다. 상족(商族)이 기원한 곳은 발해 연안 북부지방인 요하(遼河) 유역이다. 이 일대 객좌현 동산취(喀左縣 東山嘴), 건평현 우하량(建平縣 牛河梁) 등의 홍산문화 유적지에서 대규모 신전과 제단, 용 돌무덤 등이 발굴되었다. 이는 상족의 기원유적인 하가점하층문화(夏家店下層文化)[51]의 선진문화로 상족의 신관에 결정적 영향을 끼쳤을 것으로 짐작된다.

상제(上帝)가 상족의 관념체계에서 최상위에 자리한 배경은 두 가지로 생각할 수 있다. 그 하나는 홍산문화의 신관을 계승하여 상족의 수호신

---

51) 중국 동북지방의 청동기시대 전기 문화로 최초로 內蒙古 赤峰 夏家店 유적 하층에서 발견되어 이름이 붙여졌다. 방사성탄소연대측정 결과에 의하면 연대는 대체로 B.C. 2000~1500년에 해당한다. 하가점하층문화(夏家店下層文化) 유적은 주로 燕山을 중심으로 남북 지역에서 모두 발견되는데, 북으로는 西拉木倫河 유역, 동으로는 예巫閭山 서쪽 기슭, 서로는 河北省 張家口地區, 남으로는 河北省 承德-唐山-天津地區에 분포한다. 하가점하층문화는 紅山文化보다 시기적으로 늦으며, 연산 이북 지역에서는 '하가점상층문화'에 의하여 대체된다. 하가점하층문화의 종교활동과 관련된 증거로는 점복술(占卜術)을 들 수 있는데, 동물의 어깨뼈나 다리뼈 등을 사용하여 길다란 판을 만든 뒤 소형의 원형 홈을 파는 등의 준비를 하였다. 하가점하층문화의 채색토기에서 보이는 동물 얼굴 문양은 商周 청동기에 보이는 饕餮文 도안 및 그 분할 및 배치, 문양의 배합 등에서 유사함을 보이지만 그 정확한 의미는 아직 알 수 없다. (출처 : 『한국고고학사전』, 학연문화사, 2001)

으로 재구성하면서 수용하는 과정을 거쳤다는 관점이다. 신석기 시대로 접어들면서 형성되기 시작한 소박한 샤머니즘의 신앙체계가 종족을 결집하는 집단적 신념 체계로 특화·발전되었고, 이 체계 위에 세계를 주재하는 궁극적 실재를 세움으로써 동북지방의 기원신앙이 되었으며, 상족(商族)이 이를 계승한 것으로 볼 수 있다. 이러한 관점은 홍산문화를 지배한 신의 실체가 무엇인지 구체적으로 알 수 없는 상황에서 고대의 신관이 형성되는 일반적 인식을 바탕으로 상족의 상제를 설명한 것이다.

다른 하나는 상제를 동북지방의 제 부족을 아우르는 시조신(始祖神)으로 볼 수 있다는 관점이다.

> 깊고 밝은 상나라에 오랜 세월에 걸쳐 상서로움이 있었네. 홍수가 범람하여 우임금이 하토(下土)의 지방을 다스리고, 밖으로 큰 나라를 강역으로 삼아 나라가 커졌네. 유융방의 딸을 맞아, 제(帝)의 아들을 세워 상나라가 생겨났네.[52]

위 시구는 상나라가 그 이전의 오랜 역사적 세계와 무관하지 않으며, 그 세계를 주재했던 제(帝)가 아들 설(契)을 세움으로써 나라가 시작되었다는 사실을 말하고 있다. 상제는 상족이 독자적으로 관념화한 신이 아니라 오랜 세월에 걸쳐 동북지방에 전승된 신이 기원임을 시사한다. 아울러 "外大國是疆, 幅隕既長(밖으로 큰 나라를 강역으로 삼아 나라가 커졌다)"은 선진문화인 홍산문화의 기반 위에서 상나라가 성립한 사실을 말한 것으로 짐작된다. 제곡이 정실인 유태씨(有邰氏)의 딸 강원(姜原)을 맞아 주나라의 시조인 후직 기(棄)를 낳았고, 후실인 유융씨(有娀氏)의 딸 간적(簡狄)을 맞아 상나라의 시조인 설(契)을 낳았다는 『사기』의 기록과 비교하면[53] 위 시가의 제(帝)는 제곡(帝嚳)을 말한 것이 분

---

52) 『詩經』 「商頌」 〈長發〉 : 濬哲維商, 長發其祥. 洪水茫茫, 禹敷下土方, 外大國是疆, 幅隕既長. 有娀方將, 帝立子生商.

53) 李峰은 '姜嫄을 첫째 부인으로, 簡狄을 둘째 부인으로 설정한 것은 周가 유리

명하다.54) 역사적으로 주족은 서북부 융적의 땅에서 기원했고, 상족은
발해 연안 북부의 동북지방에서 기원했음에도 제곡을 기원시조(起源始
祖)로 공유한 이 사실은 대륙의 동북부를 아우르는 광범위한 기원문화
가 존재했고, 이 문화를 제 부족이 공유한 후 이합집산하는 과정에서
독자적인 방식으로 전개하는 과정이 있었음을 시사한다.

상족과 주족이 기원시조를 공유할 배경이 있음에도 불구하고 주족
이 상나라에 예속되기 전까지 신관(神觀)은 확연하게 달랐는데, 그 이
유는 다음과 같이 생각할 수 있다.

주족은 시조가 하나라의 제후로 농사일을 관장했으며, 대대로 농업
을 내림했다. 서북부 융적의 영향력에 따라 그 이동이 있었을 뿐 일찍
이 빈과 기산 일대에 정주하며 농업을 주업으로 부족이 성장한 것이
다. 농업 위주의 정주 생활은 천지자연의 조화(造化)에 순응하는 가운
데 온갖 자연현상을 일으키는 하늘을 우러러보는 관념을 형성하기 마
련이다. 자연의 변화와 인간의 희구가 조화롭기만 하면 다른 그 무엇
이 들어설 여지가 희박하다. 실제로 상나라에 복속되기 이전 주족의
역사에서 일종의 조상신이라고 할 수 있는 농업의 신 후직(后稷) 또는
제준(帝俊)55)에게 풍년을 기원하는 제사를 지낸 것 외에 절대적 신성
을 지닌 존재로서의 신을 섬긴 적이 없다.

한 지위를 차지하기 위한 것이며, 이러한 조정은 장자 상속의 주나라 관습에
영향을 받은 것'으로 보았다. (李峰 지음, 李淸圭 옮김, 『中國古代史』, 170쪽
참조)

54) 시라카와 시즈카는 夔를 은의 시조로 여겨지는 순(舜)과 같은 신으로 보는 왕
국유의 견해를 전제하고, 『국어』「魯語」 상편의 "은나라 사람은 舜에게 禘祭
를 지낸다"라는 기록, 『예기』「祭法」의 "은나라 사람은 嚳에게 禘祭를 지낸
다."라는 기록에 근거하여 복문의 '夔를 舜 또는 嚳과 같은 신으로 보았다.
(시라카와 시즈카 著, 윤철규 譯, 『한자의 기원』, 308쪽 참조)

55) 시라카와 시즈카는 고대의 신화적 세계에 광범위하게 등장하는 帝俊을 제곡,
순과 같은 신으로 보고 있다. (시라카와 시즈카 지음, 윤철규 옮김, 『한자의
기원』, 308~309쪽 참조) 이 견해에 따른다면 帝俊은 주족의 농경문화와 연
결되면서 소박한 農神으로 변모한 것으로 여겨진다.

반면에 잦은 이주는 외부 세력과의 투쟁, 이동에 따른 예측불허의 상황 등이 수시로 발생하므로 물리적 위험과 심리적 불안이 가중된다. 목축을 주업으로 했던 초기 상족의 잦은 이주는 바로 이런 사실을 대변한다. 이러한 상황은 부족의 정체성을 확립하고자 강한 집단적 선민의식을 요구한다. 이런 의식이 세계를 주재하는 힘을 지닌 구체적 존재를 끌어내어 부족 전체가 공유하고,56) 여기에 의지하는 경향을 더욱 강화함으로써 신적 의지가 생동하는 배타적 세계관을 형성한 것으로 보아야 한다.

이런 상황에서 주족이 상족의 지배권 내로 편입되었다. 그 결과 이 민족의 수호신 상제를 비롯하여 기타 조상신까지 부득이 섬겼을 것으로 여겨진다. 그렇다면‘상제’를 받아들여 심리적으로 공명하는 정도가 상족과 주족 간에 현저한 차이가 있을 수밖에 없다. "귀신은 종류를 달리하면 흠향하지 않고, 백성은 종족이 다르면 제사를 지내지 않는다."57)라는 말은 상족과 주족의 관계에도 통하기 마련이다.

이러한 관념으로 은주교체와 더불어 주족을 예속하던 상제의 사당도 의미가 퇴색했다. 상제를 떠나보낸 공허한 자리에 상제를 대체하여 세계를 결집할 수 있는 신성한 무엇이 필요했을 것이다. 이러한 역사적 필요 때문에 주족의 농경문화를 지배한 소박하고 순응적인 자연주의 세계관에 오랜 세월 타율에 의해 경험했던 상제의 주재적 권위를 더하여 천명(天命) 관념을 형성한 것으로 보아야 한다.58) 즉 하나라의 자연주의를 바탕으로 상나라 무축 문화를 체득한 주족이 신의 세계도

---

56) 상나라의 시조 설(契)에 대한 추앙의식이 상족을 주재하는 존재로서의 신적 관념으로 확장·진화했을 것이라는 추론도 가능하다.

57) 『春秋左傳』僖公 10년 : 神不歆非類 民不祀非族.

58) 李峰은 "주나라가 신에 대해 어떠한 태도이던 상나라를 정복한 주나라의 지배층이 그들 자신의 정치적 목적에 맞추어 신에 대한 개념을 상당한 수준으로 재조정한 것으로 보인다"라는 관점에서 天命 관념을 이해하고 있다. (李峰 著, 李淸圭 譯, 『中國古代史』, 169쪽 참조)

자연의 이치에 바탕을 둔 소박한 신관과 절대 신성에 기반한 무축의 신관을 융합하여 '천' 개념을 정립한 것으로 보아야 한다.59) 이 '천'은 상제와 같은 구체적 존재로서의 신이 아닌 세계를 규율하는 신적 이성으로서의 천명(天命)으로, 이 점에서 '제'와 확연히 다르다.

둘째, 상제와 확연히 다른 천명 관념은 복사와 『주역』의 서사를 비교하면 더욱 명확해진다.

앞에서 확인한 것처럼 상족의 세계를 주재하는 존재는 상제이다. 상제는 세계의 바깥에서 세계의 모든 일을 주재한다. 이 세계는 인간의 질문과 상제의 대답이라는 형식으로 존재한다. 세계 밖에 있는 상제가 인간세계에 가치를 제공한다. 이처럼 상나라의 천하는 인간이 주체적으로 생각하고 이 생각을 바탕으로 스스로 가치를 부여하는 공간이 아니었다.

이에 반하여 건괘의 천(天)은 상나라의 상제와는 전혀 다른 개념이다. "나는 용이 하늘에 있다(飛龍在天)"라는 말은 용으로 표상된 주나라의 천자가 초구의 잠룡에서 구사의 약룡에 이르는 과정을 거쳐 천명을 받고 비로소 세상을 경륜하는 것을 의미한다. 이것은 건괘의 천(天)이 구체적인 존재성을 지닌 실재가 아닐뿐더러 인간을 맹목적으로 구속하는 존재자도 아니라는 점을 말한다. 천(天)은 물질계의 자연을 말함도 아니며 만사를 주재하는 종교적 절대자도 아니다. 인간의 사유에 기반한, 인간의 자율적 판단의 준거가 되는 불변의, 최고의 덕성으로서의 신적(神的) 이념과 같은 것이다.

---

59) 『禮記』「表記」편 가운데 "하나라의 도는 천명을 높인 결과 귀신을 섬기고 신을 공경하되 멀리하고, 사람을 가까이하여 진심으로 대했다. (중략) 은나라 사람은 신을 숭상한 탓에 귀신을 섬기는 일로 백성을 다스렸다. (중략) 주나라 사람은 예를 높여 남에게 베푸는 일을 숭상했다. 귀신을 섬기고 신을 공경하되 멀리했으며, 대신 사람을 가까이하며 진심으로 대했다. (子曰 :「夏道尊命, 事鬼敬神而遠之, 近人而忠焉 (중략) 殷人尊神, 奉民以事神, (중략) 周人尊禮尚施, 事鬼敬神而遠之, 近人而忠焉)"라는 구절에서 하나라의 자연과 상나라의 귀신을 바탕으로 주나라의 천명 관념이 형성된 사실을 확인할 수 있다.

이처럼 상족과 주족의 점서체계 속에서 상제와 천을 비교하면 그 개념은 완전히 달라진다. 이런 현상은 은주교체의 역사적 격변에 상응하여 인간을 예속하던 상제가 주족의 세계에서 점차 사라지면서 대체하는 과정에서 관념적 '천' 개념이 형성되었다고 보는 것 외에 달리 설명하기 어렵다. 건괘의 '천'에 대해서는 위의 두 가지 관점만으로도 상나라의 '제'와 주나라의 '천'은 그 존재성이나 공능이 확연히 다르다. 상제는 절대적 신성으로 인간의 세계를 주재하지만, 천은 자율적 규범성으로 인간의 세계를 그물질한다. 예속성과 자율성은 서로 다른 이 두 세계를 살아가는 각 인간의 속성이기도 하다. 이처럼 은주교체의 역사를 배경으로 세계를 규율하는 방식이 존재에서 이념으로 전환되기 시작한 것이다.

3-2. 제도적 측면 : 신정(神政)에서 왕정(王政)으로

복사를 통해서 확인한 상나라는 신의 나라이다. 이 신의 나라는 독특한 연관구조를 이룬 채 존속했다. 인간의 사유는 신의 주재(主宰)에 예속됐으며, 지배계층의 통치는 신의 의지를 구현하고 권위를 높이기 위한 점복(占卜)과 제의(祭儀)가 근간이었다. 제의는 단 하루도 단절되지 않았고 모든 국가적 통치행위의 중심에 있었다. 이 제의의 신성함에서 소수의 권력이 나오고 유지되었다. 권력을 장악한 계층이 바로 제사장인 왕과 정인(貞人), 무축(巫祝) 등의 신정적(神政的) 문화권력자들이다.[60] 이들은 거북점을 통해 신의 뜻을 받아서 인간에게 전달하는 신의 대리인이면서, 신의 뜻에 따라 제의를 주재하는 제사장 그룹이다.

---

60) 王進鋒은 상대의 점복과 제사와 관련한 종교문화 관련 직관(職官)으로 巫, 貞人, 作册 등을 들면서 多尹 등의 정무직과 구분하고 있는데, 제정일치 시대의 정무가 사실상 종교적 문화권력자의 수중에 있었던 사실을 참고하면 이러한 구분은 특별한 의미가 없다. (王進鋒, 『殷商史』, 15쪽 참조)

신과 그 뜻을 대리하는 지배계층의 권위를 계속 유지하기 위해서는 방대한 규모의 노예와 재물을 공급받는 것이 필수적이었다. 고대사를 통틀어 노예 없이 신정체제가 유지된 적이 없었다. 상나라도 예외가 아니었다. 노예제 사회를 존속하기 위해서는 선민의식으로 무장한 군대를 동원하여 이민족을 정복하고 사람과 물자를 조달하는 일이 불가피했다. 상나라도 내부의 경제적 역량만으로 엄청난 인적, 물적 자원을 요구하는 점복과 제의의 신정적 통치제도를 지탱할 수 없었기에 이방에 대한 정복과 약탈을 정당화하고 경제적 수요를 충족시키는 약탈 경제의 양상으로 나아갈 수밖에 없었다.

이와 같은 상나라만의 특유한 신정체제를 이해하면 극상(克商)을 완성한 주나라의 왕정체제를 이해할 공간이 생긴다. 신정체제의 연관구조를 구체적으로 살펴보면 다음과 같다.

첫째, 신정을 유지하는 핵심 제도는 신에 대한 제사의례 중 조상신을 모시는 주제(周祭)[61]이다. 상제를 정점으로 그 아래 질서정연한 위계를 이룬 조상신, 천지자연의 변화를 주재하는 자연신 등에 대한 존숭과 외경(畏敬)을 표출하는 것이 제사 의례이다. 이 제의는 신과 소통하는 점복을 바탕으로 신과 교류하고 교감하는 의식으로, 대내적으로 상족의 결속을 도모하고 대외적으로 이방(異方)의 종족과의 관계에서 상족의 선민적 특별함을 보여주는 데 주된 목적이 있다.

1930년대 진몽가(陳夢家)가 밝힌 통계에 의하면 복사에 나타난 제사의 명칭은 약 37가지이며, 1950년대 도방남(島邦男)의 통계에 의하면 이미 200여 가지에 이를 정도이다.[62] 복사에서 확인된 제사를 보

---

61) '周祭'는 董作賓이 가장 먼저 확인했다. 제사의 대상인 조상에 신파와 구파가 있으며, 이들에 대한 사전(祀典)을 연구하는 과정에서 선왕과 선비에 대한 제5기 때의 제사는 언제나 그 세차(世次)와 일간(日干)에 따라 '祀典'에 배열하여 따로따로 제사를 지냈으며, 그 순서가 질서정연하여 조금도 뒤섞이지 않은 사실을 확인했다. (왕우신·양승남 외 著, 하영삼 譯, 『갑골학 일백 년』 권4, 53~55쪽 참조)

62) 王宇信·楊升南 외 지음, 하영삼 옮김, 『갑골학 일백 년』 권4, 17쪽 참조.

면 자연신을 모신 제사도 많았지만, 주기적으로 조상신에게 올리는 제
사가 대다수를 차지했다.

시라카와 시즈카(白川靜)는 조상신에게 올리는 제사는 주기적인 체
계에 따라 거행되었음을 밝혔다. 이러한 '주제(周祭)'는 상왕 및 왕실
귀족이 융(肜)·익(翌)·제(祭)·재(裁)·협(劦) 등의 5가지 사전(祀典)에
따라 순서를 지어 하나의 주기를 이루면서 현재 왕의 세계(世系)에서
다음 왕의 세계로 이어져 단 하루도 빠짐없이 거행됐다. 조상신에 대
한 제사 이외에 직계 왕만을 모시는 '의사(衣祀)'라는 제사도 있었다.
조상에 대한 이 두 가지 계보의 제사를 통해서 상나라 왕의 세계(世
系)를 정확히 복원하였음은 물론이다. 상나라 마지막 왕 제신(帝辛) 시
기에 이르면 처음 융제사를 끝내는데 12순(旬),[63] 즉 120일이 걸렸
고, 나머지 제사를 순서에 따라 같은 방법으로 모두 지내면 35순, 곧
350일이 걸렸다. 상나라에서 1年을 '1祀'라고 칭한 것은[64] 이 주제에
서 비롯된 것이다.[65]

이처럼 체계적으로 1년 내내 제사를 지냈던 목적은 기본적으로 조
상의 영혼과 소통하고 조상의 보호를 받는 데 있었다. 체계적인 제사
로 집단적 선민의식을 결집하고, 이를 바탕으로 세계의 질서를 세우고
나라를 안정시키고자 했다. 따라서 제의는 신정체제인 상 왕조의 정치

---

63) 제1순 : 上甲·報乙·報丙·報丁·示壬·示癸, 제2순 : 太乙·太丁, 제3순 : 太甲·
外丙·大庚, 제4순 : 小甲·大戊·雍己, 제5순 : 中丁·外壬, 제6순 : 戔甲·祖乙·
祖辛, 제7순 : 羌甲·祖丁·南康, 제8순 : 陽甲·般康·小辛, 제9순 : 小乙·武丁·
祖己·祖康, 제10순 : 祖甲·康丁, 제11순 : 武乙·文丁(帝乙時代), 제12순 : 帝
乙(帝辛時代) (시라카와 시즈까 지음, 윤철규 옮김, 『한자의 기원』,
115~116쪽 참조) (※제사의 순서를 두고 다소의 견해차가 있다)

64) 상말 제신 때 제작된 〈四祀邲其卣〉의 '隹王四祀羽日', 강왕 때 제작된 〈大盂
鼎〉의 '隹王什又三祀' 등의 명문과 『書經·洪範』의 '惟王十有三祀 王訪于箕
子' 등의 용례는 주초까지 '祀'를 '年' 개념으로 사용한 사실을 말하고 있다.
이는 곧 상말 주초에 언어의 계승 관계를 보여주는 하나의 예로써 『주역』의
서사를 이해하는데 시사하는 것이 있다.

65) 시라카와 시즈까 著, 윤철규 譯, 『한자의 기원』, 114~117쪽 참조.

권력을 지탱하는 중요한 수단으로서 점차 그 규모가 확대되었다고 보아야 한다.

둘째, 종교적 문화권력 집단이 신정을 떠받치는 역할을 담당했다. 제사를 통해 지배 논리를 세웠던 만큼 점복으로 제사에 관한 일체를 결정하는 정인(貞人)과 제사를 관장하는 사자(使者) 그룹 등의 문화권력이 핵심 지배계층으로 올라서는 것은 자연스러운 일이다.

정인은 상나라의 신정을 상징하는 핵심적인 지표이다. 이들은 점복이라는 종교활동에 전문적으로 종사하며 왕실의 점복 사무를 주관했던 성직자 그룹이다. 상나라 후기 반경이 은(殷)으로 천도한 후 멸망할 때까지 273년 동안 복사에서 확인된 정인은 〈표 2〉에서 보듯 128명이다. 『서경』「군석(君奭)」편에 등장하는 이윤, 무함, 무척 등은 점복과 제의를 주관한 성직자 계열의 무(巫)로 이들 정인과 무관하지 않다. 이외에 제의를 주관한 사자(使者)로 신에 대한 축고(祝告)를 담당하는 축(祝), 제사와 점복의 의례와 내용을 기록하는 사(史), 제사의 대상인 조상의 계보와 종법을 관리하는 종(宗) 등이 있었다. 이들은 당대의 종교권력, 문화권력을 장악한 최고의 지식인 그룹이었다. 점복과 제의가 상나라 신정체제의 핵심축이었듯이 여기에 상응하여 이들 종교적 문화권력자들이 신정체제를 떠받치고 있었다. 이 정점에 제사장 신분인 왕이 자리했음은 물론이다.

셋째, 상나라의 상부구조를 떠받치는 힘은 노예제에서 나온다. 복사를 통해서 지배계층이 제의와 점복에 사용한 인적, 물적 자산의 규모를 살펴하면 이러한 사실이 확인된다.

작인이 귀갑 150판을 바쳤다. (雀人百五十) [갑골문합집] 14,210편

주인이 귀갑 10판을 바쳤다. (周人十) [갑골문합집] 3,183편

위 복문은 작방, 주방 등에서 공납 받은 귀갑의 수량을 반대쪽 갑교(甲橋)에 새긴 기사각사(記事刻辭)로,66) 점치는 용도인 귀갑을 타방의 공납으로 충당한 사실을 말하고 있다. 귀판은 한 번에 500판, 1,000판 등의 규모로 진상되기도 했는데, 이로 미루어 당시 공납 규모가 어느 정도였는지 짐작할 수 있다.67)

소 천 마리와 사람 천명을 쓰도록 책명을 내리지 말까요? (不其降冊千牛千人) [갑골문합집] 1,027편

소 일백 마리를 들여올까요? (以百牛) [갑골문합집] 8,966편

무인일에 점을 치다. 亘이 묻습니다. 소를 취하는데 재앙이 없겠습니까? (戊寅卜, 亘貞, 取牛不齒) [갑골문합집] 8,803편

위 복사는 제사용 희생으로 쓸 소의 공급과 관련된 것이다. 한 번의 제사에 소 1천 마리를 쓸 것인지에 대해 점친 내용을 보면 제사용 희생에 공여된 가축의 수량과 제사의 규모를 가늠할 수 있다. 특히 벌제(伐祭)에 대량의 인생(人牲)까지도 공여한 사실은 신을 위한다는 명목의 제사 의례가 현재의 관점으로 얼마나 극으로 치달았는지를 대변한다.68) 상나라의 다양한 유적과 화려한 유물을 보면 지배계층이 극도

---

66) '記事刻辭'는 점복과는 관계가 없는 점복 관련 사건을 새긴 것이다. 일명 '非卜辭'라고 하는데, 제1기 무정 시기에 집중적으로 쓰였으며, 이후의 복사에는 거의 나타나지 않고 있다. 대외적인 정복이 활발해지면서 점복과 제의의 수요가 급증함에 따라 갑골을 체계적으로 관리할 필요성 때문에 새겨넣은 문자이다. (梁東淑, 『갑골문 字典을 겸한 甲骨文 解讀』, 119~120쪽 참조)

67) 지금까지 수집한 갑골편 중 귀갑과 우골의 수량의 비율은 약 7:3인데, 이것을 기준으로 희생된 거북과 소의 마릿수를 추정하면 귀갑은 거북이 약 16,000 마리, 우골은 소 수천 마리로 추정된다. (최영애, 『漢字學講義』, 231~232쪽 참조)

68) 무정(武丁) 시기의 복사 중에 1회당 100명 이상의 인생(人牲) 쓴 경우가 흔히 보이며 최대 2,556명까지 희생으로 쓴 사례도 있다. 통계에 의하면 사람을

의 사치와 향락에 젖었다는 사실이 짐작되는데,[69] 이는 1년 365일 막대한 규모의 제물을 동원하는 제의 문화의 결과로 보아야 한다.

상층부 문화를 이처럼 조직적으로 뒷받침하고자 수많은 인적 자원을 동원했으며, 제의에 필요한 물자는 주로 정벌과 공납에 의존했다. 정복으로 1차 약탈을 감행한 다음에 예속적 우호 관계를 맺는 조건으로 일종의 순화된 약탈이라고 할 수 있는 정기적 공납을 요구한 것이다.

강족 노예 9백 명을 들일까요? (□示九百羌) [갑골문합집] 1,038편

卽이 목축 노예 506명을 들여올까요? (卽以芻不其五百隹六) [갑골문합집] 93편

須에게 많은 여인을 공납하게 할까요? (令須供多女) [갑골문합집] 675편

위 복사의 예에서 보듯 제후국과 방국의 공납 물품은 각종 농산물과 축산물, 수공예품, 점복용 귀갑, 장인, 노예, 읍(邑) 등 그 종류와 수량이 이루 헤아리기 어려울 정도였다.[70] 상나라와 적대관계 또는 주종관계에 있는 방국, 제후 등이 겪었을 고통은 이로 미루어 짐작할 수 있다. 이와 같은 노예제 사회를 유지하기 위해서 대규모 살육과 가혹한 형벌이 뒤따랐다.

강인 9명을 바칠까요? 아니면 소 9마리의 목을 잘라 지낼까요? (九羌, 卯九牛) [갑골문합집] 358편

제물로 사용한 제사와 관련한 갑골 1,350편에 나타난 인생(人牲)의 총수가 최소 14,000여 명에 이른다. (尹乃鉉, 『商周史』, 66~67쪽 참조)

69) 『史記』 「殷本紀」 내용 중 紂王의 황음과 향락에 관한 기록은 상나라의 번잡하고 사치스러운 제의문화의 말기적 현상을 말한 것으로 볼 수 있다.

70) 양동숙, 『갑골문 字典을 겸한 甲骨文解讀』, 487쪽 참조.

묻습니다. □인 80명의 발목을 자르면 죽는 자가 없을까요? (貞, 刖□
八十人不殪) [갑골문합집] 580편

위 복사는 이방의 노예를 주제와 순장 등의 희생으로 공여한 사실을
말하고 있다. 선민의식의 결집, 동해보복(同害報復), 대량 유입에 따른
통제 불능 방지, 식량 부족 문제의 해결 등의 차원에서 주기적으로 의
도적인 대량 살육이 자행된 것으로 짐작된다.[71] 대규모 노동력을 요
구하는 농경이 정착되지 않아 노예노동력이 남아도는 현상이 이러한
살육을 조장하는 중요한 원인 중의 하나였을 것이다. 이외에도 수갑,
죄수, 형벌 등에 관련된 다양한 복사는 상나라의 노예 관리 방식이 얼
마나 가혹했는지 실증하고 있다.[72]

이처럼 점복과 제의를 근간으로 상족의 배타적 선민의식을 고양하
는 신정체제는 이방과 이민족에 대한 정복과 약탈, 그리고 노예보다
나을 게 없는 이민족의 공납 등의 고통 위에서 성립되었다. 이 체제를
유지할 목적으로 행해진 가혹한 통치는 은주교체라는 상황에 직면하여
민심이 상나라를 떠나는 중요한 원인으로 작용했다.[73] 상나라의 신정
체제는 상나라 후기 26대 무을(武乙)에 이르러 해체되기 시작했다.

---

71) 노예가 전체 인구의 2/3를 차지했던 스파르트에서 헤일로타이의 증가로 인한
    통제 불능을 방지하고 소년의 군사 훈련 목적으로 거의 매년 이들을 대상으로
    대량 살육을 감행하였는데(Krypteia제도) 한 번에 2천여 명을 살해한 적도 있
    었다. 상나라의 대규모 살육에도 이와 같은 목적이 있었을 것이다. (윌 듀란트
    著, 김운한 외1 譯, 『문명이야기·2-1』, 162쪽, 170~171쪽 각 참조)

72) 수갑과 관련하여 수갑의 모양, 양손에 수갑을 찬 모양(拳), 수갑을 차고 꿇어
    앉은 모양(執), 수갑을 차고 꿇어앉은 죄인을 손으로 붙잡고 있는 모양(報),
    죄인을 옥에 가둔 모양(圉), 수갑 찬 포로를 새끼줄로 묶어 잡아 오는 모양
    (褻), 발에 족쇄를 채운 모양(桎) 등이 있다. 형벌로는 주대의 五刑에 해당하
    는 墨·劓·刖·宮·殺의 형벌이 모두 있었으며, 이외에 民·臧·夬·童·辛·宰·
    僕·縣 등은 모두 상대의 형벌과 관련된 문자들이다. (양동숙, 『갑골문 字典을
    겸한 甲骨文解讀』, 415~425쪽 참조)

73) 『史記』 「周本紀」 중에 "紂의 군대는 비록 수는 많았지만 모두 싸울 마음이 없
    이 무왕이 빨리 쳐들어오기를 바라고 있었다"라는 기록에 미루어 알 수 있다.

첫 번째 증거는 왕위의 승계가 직계로 정착되었다는 점이다. 시라카와 시즈카(白川靜)는 "은나라 초기에는 유약한 상속자보다 실력이 있는 사람에게 지배권을 맡기기 위하여 형제가 왕위에 오르는 제도를 취했고, 뒤이어 왕실의 권위가 명목적인 상속자에 의한 통치가 가능해지자 직계로 이행되는 과정을 거치게 되었다."[74]라고 함으로써 왕위의 형제상속을 능력주의 관점에서 파악했다. 이에 대해 다르게 생각할 여지가 있다.

상나라의 초·중기 왕위의 형제상속 제도는 방계 씨족과 여기에 연관된 외척 세력과의 힘의 균형 위에서 씨족공동체를 결속하는 방안으로 정립되었다고 보는 것이 타당하다.[75] 왕의 세계(世系)를 바탕으로 하는 조상신에 대한 주제는 방계혈족 간 상속의 당위성에 대한 공감대를 형성하고 학습하게 하는 효과가 있다는 점에서 형제상속을 제도적으로 안착시키는 밑바탕으로 보아도 무방할 것이다. 무을에 이르러 씨족 내 힘의 균형을 깨고 왕권이 강화된 현상을 보여주는 상징적인 고사가 '사천(射天)' 행사이다.[76] 왕이 상제를 조롱한 이 고사는 왕권(王權)이 신권(神權)의 시녀가 아니라는 인식하에 직권으로 왕위를 부자상속으로 전환할 정도로 왕권이 강화되는 가운데 상대적으로 신정체제가 무너지고 있음을 시사한다.

두 번째 증거는 제4기 무을에 이르러 복사가 현저하게 줄어들고, 이에 상응하여 점복을 주관한 정인 역시 제1기 이후 전체 128명 중 단

---

74) 시라카와 시즈카 著, 고인덕 譯, 『漢字의 世界』, 523쪽 참조.

75) 은나라를 유지한 핵심 세력으로 '多子'와 '多婦', '貞人' 그룹이 있다. '多子'는 좁은 의미로 하조(夏朝)로부터 '子'씨 성을 부여받은 은나라의 왕족(좁게는 왕자)으로 군대를 관장하며 중요한 지역의 통치를 맡았던 사람들이다. '多婦'는 은나라 왕족과 혼인을 한 왕비나 왕자비를 말하며, 이들의 배후에 혼인으로 인척 관계를 맺은 유력자까지 포함하는 개념으로 보는 것이 타당할 것이다. (왕우신·양승남 외 著, 하영삼 譯, 『갑골학 일백 년』 권4, 44~58쪽 참조)

76) 『史記』「殷本紀」: 帝武乙無道, 爲偶人, 謂之天神. 與之博, 令人爲行. 天神不勝, 乃僇辱之. 爲革囊, 盛血, 卬而射之, 命曰「射天」.

1명만 보인다는 점이다.[77]

정인의 수가 획기적으로 줄어든 사실은 정인을 비롯한 종교적 문화권력자에게 권력을 의탁하거나 분점했던 왕이 이들과의 정치적 경쟁에서 주도권을 장악하고 왕에게 권력이 집중되었음을 설명하는 중요한 증거이다. 특히 마지막 제을과 제신에 이르러 '칭제(稱帝)'를 왕명으로 삼은 점은 신정체제의 붕괴와 왕권의 강화를 보여주는 상징적 지표이다. 주나라 지배계층이 혁명의 핵심적 명분으로 내세웠던 부제(不祭)나 불신(不神), 폭정(暴政) 등은 상말에 왕권이 강화되면서 신정체제가 해체되는 현상을 말하고 있다. 상말의 이러한 현상이 은주교체를 완성한 주나라가 조기에 왕정을 안착시킬 수 있도록 사전에 여건을 조성한 요인으로 볼 수 있다.

상나라와 달리[78] 주족은 시조 후직(后稷) 이래 권력의 승계를 형제상속이 아닌 사실상 부자간의 직계로 일관했다. 이러한 전통이 은나라 후기의 체제변화와 맞물려 적장자가 왕위를 계승하는 왕정체제를 안착시키는 밑바탕이 되었다. 아울러 전통적으로 자기들만의 선민의식을 고양할 목적으로 배타적 신을 받들며 전승하지 않았고, 상나라에 예속된 제후국으로 어쩔 수 없이 대국 상나라의 신과 조상을 섬겼기 때문에 이미 해체되기 시작한 상나라의 신정체제를 그대로 계승할 이유도 없었다.

다만, 혁명으로 세계를 장악한 주나라 지배계층은 역취(逆取)를 정당화하는 대의명분을 세우기 위하여 절대적·구체적 존재로서 세계를 주재한 상제 대신에 인간의 사유에 기반한 신적 이성인 천명사상(天命

---

77) 제신 때 제작된 〈四祀邲其卣〉의 명문 중 왕이 직접 제사의 종류를 결정하고 시행토록 명한 사실은 상말에 이르러 종교적 문화권력이 왕에게 집중되는 현상을 말하고 있다. 아울러 왕이 직접 점복을 행하거나 아니면 점복의 절차를 생략하고 직권으로 결정한 사실은 상대적으로 정인과 같은 종교문화 권력이 약해졌다는 사실을 시사한다.

78) 상나라의 왕위계승은 시조 契에서 主癸까지 13대는 부자간 계승이 있었고, 상나라를 개조한 成湯에서 후기 武乙 이전까지는 형제상속 중심이었다.

思想)을 정립하고 세계를 통합하는 최고의 이념으로 삼았다. 이러한 사상적 기반 위에서 주나라의 왕정체제가 성립한 것이다. 이후 중국 왕조사에서 왕권과 천명이 불가분의 관계를 유지한 것은 은주교체의 역사를 계기로 세계를 장악하는 사상이 근본적으로 변혁된 결과이다. 아울러 상제가 주재하는 상나라의 신정체제가 해체되고 천명을 내세워 통치에 정당성을 부여한 주나라의 왕정체제가 성립한 이후에 천명을 떠나서 통치의 대의명분으로 삼을 수 있는 이념적 가치를 달리 찾기 어려운 현실적 이유도 작용했을 것이다.

3-3. 점서적 측면 : 무축(巫祝)에서 인문(人文)으로

존재자로서의 상제가 이념적 준거로서의 천명으로 대체되기 시작하면서 주나라의 문명은 상대의 무축 세계와는 확연히 다른 인문적 세계를 지향했다. 은주교체 이후에 주나라는 천명을 받은 천자를 정점에 둔 종법제(宗法制)로 왕조의 법통과 신분질서를 세우고, 이를 근간으로 분봉(分封)과 정전(井田)의 방식을 통해 왕조를 떠받치는 이상적인 봉건체제를 확립했다.

이러한 체제는 강력한 신권과 특별한 선민의식으로 세계를 지배한 무축세계(巫祝世界)와 근본적으로 달랐다. 대규모의 인생과 희생을 요구했던 제의를 간소화하되 의식은 왕조의 품격을 높이는 방식으로 변모하고 있었다. 분봉의 결과 상읍(商邑)을 거점으로 하는 정복과 약탈은 원천적으로 차단되었고, 천하가 천자의 것79)이나 그 쓰임은 백성을 위한 것이라는 정전(井田)의 가치가 공유되었다.

이와 같은 변화는 점서적 사유체계 속으로 유입되었다. 기제괘(旣濟卦) 구오의 "소를 잡아 지내는 동쪽 이웃의 성대한 제사가 간소한 제

---

79) 『書經』「君奭」편의 "바닷가 해가 떠서 비추는 곳이면 어디든 따르고 순종하지 않는 곳이 없도록 해야 한다(海隅日出 罔不率俾)"라는 인식에서 西周 初의 王土 관념을 확인할 수 있다.

사로 복을 받는 서쪽 이웃의 것만 못하다."[80]라는 말은 폭압적 고비용 구조의 제의에 바탕을 둔 동쪽 상나라의 맹목적인 신정에 대한 인문적 성찰의 결과이다. 또한, "술을 마시는데 절제의 믿음을 두면 허물이 없다. 만일 음주가 지나치면 올바름을 상실한다."[81]라는 미제괘(未濟 卦) 상구는 상말의 주지육림(酒池肉林)의 폐단에 대한 반성적(反省的) 사유의 결과로 음주에 대한 자기 경계를 촉구한 말이다.[82]

이처럼 옳고 그름의 자기 경계를 요구하는 점서적 사유는 복사에서 확인했듯이 상나라의 점복 문화에서는 볼 수 없는 현상이다. 거북점이 인문적 사유의 세계로 뛰쳐나오지 못한 것과는 다르게 주역점이 시대를 초월하여 보편적 인문성을 획득한 이유는 거북점에 내재하는 특성과 비교하면 명확해진다.

첫째, 배타성(排他性)이다. 상나라의 거북점은 상제의 절대 신성과 상족의 지배계급 사이를 매개하는 수단이었다. 이민족의 처지에서 상나라의 제의 문화는 끊임없는 희생과 고통을 강요하는 가운데 상족의 선민의식을 고양하고 안녕을 보장하기 위한 배타적인 문화에 지나지 않는다. 거북점은 이러한 제의 문화의 전단에서 그 방향을 결정하고 집행을 정당화했다. 이러한 점복과 제의는 상족에게는 신의 은총을 약속받는 수단이었으나 이방과 이민족에게는 노예의 삶을 강요하는 방편이었다. 이런 측면에서 이민족에게 있어서 거북점은 상족이 세계를 장악하기 위한 독특한 점법(占法)에 지나지 않았다. 따라서 이러한 거북점은 상족의 신정적 세계관을 넘어서는 보편적 인문의 가치를 생산하고 확장하는 데 한계가 있었다.

이에 반하여 주역점은 64괘를 미리 설정하고 각각의 상(象)마다 사

---

80) 旣濟卦 九五 : 東鄰殺牛 不如西隣之禴祭 實受其福.

81) 未濟卦 上九 : 有孚于飮酒 无咎 濡其首 失是.

82) 삼감의 난을 평정한 이후 은나라의 백성을 이주시키고 나머지 백성이 사는 위나라를 강숙에게 봉하면서 절주(節酒)를 당부한 『書經』「酒誥」 편의 내용은 위 未濟卦 上九 효사와 부합한다.

(辭)를 매달아 점치는 사람이 누구든 상관없이 50개의 시초만으로 신의 뜻을 헤아릴 수 있도록 길을 열어 놓았다. 점치는 일과 관련하여 그 어떤 희생과 번잡함도 요구하지 않았다. 이 특별함이 오히려 보편성을 띰으로써 거북점을 밀어내고 대체하는 근본적 힘으로 작용했다. 그 결과 문제가 생길 때마다 고비용의 지출과 번잡한 과정을 거치지 않고 '지금 당장에 누구나' 점을 쳐서 적중 또는 정중의 해결책을 찾을 수 있게 되었다. 이러한 주역점의 개방성(開放性)과 간이성(簡易性)이 점서적 사유체계의 혁명적 변화를 가능하게 한 것이다.

둘째, 예속성(隸屬性)이다. 상대의 거북점은 만사를 신에게 묻고 신의 대답에 따라 실행할 것을 요구했다. 점친 결과는 인간이 주체적으로 해석하고 판단하는 대상이 아니라 신의 뜻에 따라야 하는 이유 그 자체였다. 갑골에 나타난 복조로 신의 뜻을 헤아려 만사를 결정하는 구조 아래서는 점친 결과를 놓고 어떻게 받아들일지 생각할 여지가 사실상 허용되지 않았다. 신이 인간에게 허용한 단 하나의 행위는 의심스러우면 다시 신에게 질문하라는 것이다.[83] 전능한 신의 권위 앞에서 인간의 사유는 맹목적 추종으로 대체되었고, 신의 대답을 확인하는 일도 왕과 제사장 그룹의 특권으로 인식되었다. 이러한 세계에서 인문세계의 전제조건인 인간의 사유가 주체적으로 발휘되기는 어렵다고 보아야 한다. 신이 선민(選民)을 회의하지 않는 대신 인간도 신의 뜻을 회의하지 않는 쪽으로 고착되었다.

반면에 『주역』의 서사는 신의 예지는 인정하되 인간의 판단이 필요한 사유의 공간을 열어 두었다. 점을 쳐서 얻은 점사와 점을 치게 된 사안을 비교하여 신의 뜻이 무엇인지 인간이라면 누구든지 주체적으로 해석하고 판단할 수 있는 여지를 허용했다. 이것은 예속이 아니라 교

---

83) 갑골복사를 보면, 동일한 사안에 대해서 최대 12회까지 반복하여 점을 친 사례도 있으며, 긍정과 부정의 질문을 교차하여 점치는 것은 일반적으로 행해진 점법이었다.

감이다. 신의 예지적 권능과 인간의 주체적 사유가 만나 서로 교감하되 신의 권위와 인간의 자율이 조화를 이루도록 했다. 점의 관점에서 은주교체로 인한 가장 중요한 변화는 이처럼 신에 대한 예속적 점서체계가 변혁되기 시작했다는 점이다.

셋째, 경제성(經濟性)이다. 거북점은 점의 전단과 후단의 양쪽에서 감당하기 힘든 고비용을 요구했다. 점을 치기 위해서 수많은 귀물(鬼物-거북이)과 귀물(貴物-소)의 공납을 강요했고, 점친 결과를 바탕으로 약탈적 공납과 노예적 노동을 요구하는 제사가 뒤따랐다. 제사를 지내기 위해서 거북점은 필수적 선행 의례였다. 그 결과 상족을 제외한, 상족과 관계를 맺는 모든 세계는 정복과 약탈의 대상이며, 공납을 빙자한 수탈의 대상으로 전락했다.

점복과 제의 문화는 상족의 신을 위한 것이지 만민을 위한 것이 아니었다. 이러한 고비용 구조의 신전이 무너지는 것은 필연적이다. 상 말에 이르러 상제에 대한 왕권의 도전과 전횡은 이처럼 고비용의 신정체제에 대한 반감과 피로에서 비롯된 말기적 현상이나 다름없다.

주역점은 이에 비해 점을 치는 일과 관련하여 경제적 희생을 요구하지 않았으며, 점을 친 이후에도 고비용의 제의가 필요하지도 않았다. 점을 치기 위한 고비용 구조에서 완전히 벗어남으로써 점서체계속으로 인간의 사유가 드나들 틈새가 생겼고, 점차 인문적 사유의 경계를 확장하는 공간이 열렸다. 쉽게 구할 수 있는 시초 50개만으로 64개의 상과 사, 384개의 상과 사를 각각 헤아려 신의 뜻(=的中)을 확인하고 동시에 인간의 길(=正中)까지 판단할 수 있게 됨으로써 점은 맹목적 무축세계에서 자율적 인문세계로 나아가는 힘으로 작용했다. 문제가 있는 곳이면 어디든 매우 간편한 방법으로 신의 대답을 구함으로써 점의 예지적 힘이 신의 제단이 아닌 인간의 초막에서도 발휘되기 시작한 것이다.

이처럼 주역점이 보편성과 인문성을 획득한 결과 『주역』은 단순한 점서에 그치지 않고 동양철학의 시원적 전거(典據)가 되었다. 「계사전」의 "역은 진실로 지극하구나"[84]라는 말은 『주역』에 내재하는 형이상학적 숭덕(崇德)과 형이하학적 광업(廣業)의 위대함을 압축한 표현이다.[85] 신성을 드높여 인간의 사유에 한계를 설정했던 거북점의 인식 체계를 벗어나 인문적 성찰이 가능하게 된 것은 은주교체의 역사적 전환, 즉 '세계를 주재하는 무축(巫祝)의 시대'에서 '세계를 사유하는 인문(人文)의 시대'로 전환된 결과이다.

4. 은주교체의 역사적 지향

4-1. 역취(逆取)의 정당성

은주교체의 역사적 실상은 역취(逆取)이다. 상나라의 지배권 내로 편입되었던 주족이 오랜 기간 내부 역량을 축적한 다음 상나라의 천하를 뒤엎고 종주(宗周)의 신질서를 세운 것이다. 600여 년의 역사를 지닌 왕조를 몰아내고 그 자리를 대체한 만큼 거센 저항과 다양한 도전이 뒤따랐다.

고죽국(孤竹國)의 왕자 백이(伯夷)·숙제(叔齊)의 고사[86]는 상나라를 뒤집어 취한 주나라에 대한 저항의 실체와 견고함을 극명하게 보여주는 하나의 예이다. 무왕의 벌주(伐紂)를 원천적으로 거부하는 세력이 견고했을 뿐만 아니라 벌주를 완성한 이후에도 상나라를 추종하는 세력의 끈질긴 저항이 이어졌다는 점을 시사하고 있다. "폭력으로 폭력을 바꾸었건만 무왕은 그 잘못을 알지 못하네"[87]라는 시구(詩句)는 상

---

84) 「繫辭傳·上」 第7장 : 子曰 易 其至矣乎
85) 金碩鎭, 『주역강의(3)』, 66~67쪽, 南懷瑾, 『周易繫辭講義』, 173~174쪽 참조.
86) 『史記』 「伯夷列傳」 : 武王已平殷亂 天下宗周 而伯夷·叔齊恥之 義不食周粟 隱於首陽山 采薇而食 及餓且死 作歌.
87) 『史記』 「伯夷列傳」 〈采薇歌〉 中 : 以暴易暴兮 不知其非矣.

나라를 추종하는 세력의 보편적 인식을 대변한다. 이와 동시에 주왕의 폭정을 종식하는 일로 혁은(革殷)의 명분으로 내세웠던 무왕과 그 추종 세력에게 또 다른 폭력을 행사하는 집단이 될 수 있음을 상기시켰을 것이다.

은주교체의 전개 과정에서는 물론 완성한 이후에도 한동안 주나라 지배계층은 자신들의 역취가 '정당한 혁명'이냐, 아니면 '무도한 반역'이냐의 이율배반의 문제에 직면했다. 이에 대한 대답을 안팎으로 제시해야 하는 중대한 역사적 과제를 떠안은 것은 분명하다.

이런 문제의식을 전제하고 주나라 지배계층이 은주교체를 정당화하기 위하여 어떤 길을 걸었고, 무슨 고민을 했는지 몇 가지 전적 중심으로 살펴보면 다음과 같다.

첫째, 「주본기」를 살펴보면 주나라 지배세력이 은주교체를 정당화하는 노선은 두 가지로 집약된다. 우선 벌주에 동참한 세력으로부터 주족의 선민적 우월성을 인정받는 일이었다. 1차 맹진에 집결한 800명의 제후가 은주를 징벌하자고 했으나, 천명(天命)이 이르지 않았다는 이유로 회군한 사실[88]이 여기에 해당한다. 벌주는 천명(天命)에 따라 결정할 문제이며, 힘의 우위를 믿는 제후들과 달리 자신은 그 천명을 내세움으로써 벌주의 명분과 무왕의 차별적 위상을 확실하게 정립하고자 했다. 벌주에 대한 대의명분과 이 명분을 배타적으로 장악하지 않고서는 벌주를 단행하고 신질서를 세워도 제대로 다스릴 수 없다는 인식하에 자신과 천명의 특별하고도 배타적인 관계를 대외적으로 과시하고자 의도했던 것이 분명하다.

2년 뒤 다시 벌주에 나설 무렵 주왕(紂王)의 폭정이 극으로 치달아 천명이 자연스럽게 무왕의 수중에 들어갔다. 그 결과 그의 정벌이 힘의 우위에 의한 무도한 폭력이 아닌 천명을 따른 정당한 혁명임을 대

---

88) 『史記』「周本紀」: 諸侯不期而會盟津者八百諸侯. 諸侯皆曰:「紂可伐矣.」 武王曰:「女未知天命, 未可也.」 乃還師歸。

내외적으로 표방함으로써 대의명분을 장악할 수 있었다. 목야전투에서 승리한 후 상나라의 민심을 얻는 방법이나,[89] 벌주(伐紂)가 천명에 따른 것이 맞는지에 대한 고뇌[90] 등은 역취의 대의명분을 세우는 일로 깊이 고민했음을 시사한다.

다음으로 은주교체를 정당화하기 위하여 주왕의 폭정을 확대재생산해 나갔다. 주지육림(酒池肉林), 멸신불사(蔑神不祀), 혼폭상백(昏暴商百) 등은 주왕(紂王)을 무도한 군주로 몰아가는 장치로써 상대적으로 주(周) 무왕의 혁은이 정당했음을 확인하는 불변의 명분이 되었다. 이후의 왕조사는 벌주(伐紂)를 일러 잔적지인(殘賊之人)의 필부(匹夫)를 벤 사건으로 규정[91]하는 데 주저하지 않았다. 이러한 인식은 선악의 기준에 따라 역취의 대의명분을 세우는 이른바 규범적 역사관으로 정립되었다.

둘째, 『서경』에 편제된 여러 기록 가운데 벌주에 관한 내용은 「주본기」에서 확인한 내용과 다르지 않다. 「태서(泰誓)」3편은 벌주의 명분과 목적이 어디에 있는지, 벌주에 임하는 방군제후(邦君諸侯)의 각오와 태도가 어떠해야 하는지 절절하게 밝혔다. 「태서」3편이 벌주를 완성하기 전 혁은의 정당성을 널리 알린 것임에 반하여 「대고(大誥)」편 가운데 "은나라의 작은 임금이 감히 그의 왕조를 크게 바로 세우겠다고 하고 있소, 하늘이 위엄을 내려 우리 주나라에 잘못이 있어 백성이 편하지 않다고 하며, '내가 상나라를 회복하겠다'라고 떠들면서 도리어 우리 주나라를 넘보고 있소."[92]라는 구절은 상나라의 왕족과 그 추종 세

---

89) 『史記』「周本紀」: 於是武王使群臣告語商百姓曰:「上天降休!」

90) 『史記』「周本紀」: 維天建殷, 其登名民三百六十夫, 不顯亦不賓滅, 以至今. 我未定天保, 何暇寐!

91) 『孟子』「梁惠王章句·下」: 賊仁者 謂之賊, 賊義者, 謂之殘, 殘賊之人 謂之一夫, 聞誅一夫紂矣, 未聞弒君也.

92) 『書經』「大誥」: 殷小腆 誕敢紀其敍. 天降威 知我國有疵 民不康 曰 '子復' 反鄙我周邦.

력으로부터 혁은의 정당성이 심각한 도전에 직면했음을 말하고 있다.

이에 대해 "하늘을 믿고 있을 수만 없으니 우리 백성을 살펴서 하늘의 뜻을 헤아려야 하오. 내 어찌 나라를 편안히 하고자 했던 선왕의 일을 끝맺지 않을 수 있겠소."93)라는 말로써 반란을 일으킨 은나라의 잔여 세력을 몰아내고 멸은(滅殷)에 대한 의지를 드러냈다. 위에서 예시한 바와 같이『서경』의 여러 편에는 천명을 내세워 멸은의 정당성을 확보하고 이 토대 위에서 주나라를 새롭게 세우고자 하는 지배계층의 의지와 고뇌가 점철되어 있다.

셋째,『시경』가운데「대아(大雅)」나「주송(周頌)」에 편제된 시가를 보면 그 주제는 멸은의 정당성에 대한 노래로 일관한다. "주나라가 비록 오랜 나라이기는 하나 하늘로부터 받은 명이 새롭기만 하네."94)의 구절에서 오랜 역사를 지닌 주나라가 문왕에 이르러 천명을 받았고, 이후 무왕의 극상(克商)을 천명에 따른 역사적 소명으로 인식한 사실이 확인된다. "상나라의 자손은 헤아릴 수없이 많지만, 하늘이 새로이 천명을 내려 주나라에 복종케 함으로써"95)함으로써 "땅 위에는 (문왕의 덕이) 한없이 밝고, 하늘에는 (주나라가 받은 명이) 밝게 빛난다."96) 등의 시구는 극상(克商)이 천명의 결과임을 인식한 것이다. 이러한 인식은「주송(周頌)」가운데서도 그대로 유지되고 있다. "우리 무왕이 은나라를 쳐부수고 세상을 안정시키니 이것은 주나라가 받은 천명이네, 잘해야 할 것이로다.",97) "천명은 아름답기 그지없어 문왕이 지닌 덕의 순수함을 한없이 밝게 한다."98) 등은 천명에 따라 멸은(滅殷)을 추진했으므로 은주교체는 무도한 반역이 아니라는 점을 천명(闡明)하고 있다.

---

93)『書經』「大誥」: 天棐忱辭 其考我民 予曷其不于前寧 人圖功攸終。

94)『詩經』「大雅」〈文王〉: 周雖舊邦 其命維新。

95)『詩經』「大雅」〈文王〉: 商之孫子 其麗不億 上帝既命 侯于周服。

96)『詩經』「大雅」〈大明〉: 明明在下 赫赫在上。

97)『詩經』「周頌」〈賚〉: 我徂維求定 時周之命 於繹思!

98)『詩經』「周頌」〈維天之命〉: 維天之命 於穆不已 於乎不顯 文王之德之純。

지금까지 살펴본 바와 같이 역취(逆取)에 대한 저항을 극복하고자 주나라 지배계층은 천명을 대의명분으로 내세웠다. 상나라에 복속된 수많은 방국 중의 한 나라가 세력을 키워 그 힘을 믿고 상나라 왕조를 뒤엎은 것이 아니라, 천명이 무도한 상나라를 떠나 주나라에 이르렀고, 이 천명에 따라 그들을 몰아냈다는 논리로 혁명의 정당성을 표방했다. 은주교체의 역사적 격변기에 정립된 『주역』 속에 이러한 인식이 투영되는 것은 자연스러운 일이다.

건괘 구오의 "나는 용이 하늘에 있다"라는 말은 '천명이 주나라에 이르렀다'라는 역사적 정당성에 대한 상징적 표현이다. 적어도 건괘의 괘·효사는 은주교체의 명분을 정당화하고 종주(宗周)의 신질서를 확립하고자 천명을 내세운 시대적 상황과 밀접하다. 대국 상나라를 뒤집어엎은 혁명을 정당화하고자 심혈을 기울였던 정황이, 비록 축약과 상징으로 일관하지만, 건괘의 서사에서 구체적으로 확인할 수 있다.

4-2. 순수(順守)의 영속성

역취는 대의명분이라는 외피만으로 정당화될 수 없다. 여기에 더하여 순수가 뒤따를 때 정당성이 보장된다. 따라서 대의명분을 앞세워 역취를 단행하면 이후에 순수를 고뇌하기 마련이다. 벌주(伐紂)를 단행하여 혁은을 완성했으나 '삼감의 난'이 일어나는 등 주초의 정세는 극도로 불안했다. 「빈풍(豳風)」〈치효(鴟鴞)〉[99]편에 "부엉아, 부엉아! 내 자식 이미 잡아갔으니 내 둥지까지 부수지 마라. 이제 너희들은 낮은 백성이니 누가 감히 나를 업신여기는가. 내 둥지는 아직도 위태롭게 비바람에

---

99) 무왕 사후에 주공이 어린 성왕을 대신하여 섭정하자 관숙을 비롯한 형제들이 주공이 천자의 자리를 넘본다며 모함하자 성왕도 여기에 편승하여 의심을 거두지 않아 주공이 지어서 바쳤다는 시이다. 『書經』「金縢」편에 이와 같은 사실이 기록되어 있다.

흔들리니 나는 오직 두려움에 우네."100)라는 노래는 '삼감의 난' 등으로 흔들리는 주초의 실상을 말하고 있다. 관숙을 비롯한 형제들이 무경을 부추겨 난을 일으켜 나라가 위기에 처한 상황에서 성왕까지 주공의 충심을 의심하며 두려워하는 모습이 이 시에 나타나 있다.

은주교체를 단행했으나 극도의 혼란과 불안을 떨쳐내고 나라를 반석 위에 올리는 일은『주역』이 정립된 그 시기에 주나라 지배계층의 최대 과업이었다. 주초의 시대적 상황이 요구하는 순수의 요체는 '천하를 안정시키고 백성을 새롭게 하는 것'101)이다. 이른바 천하의 공준(公準)으로서의 천명이 안정될 때 백성이 편안해지고, 그 결과 천하가 바르게 다스려진다는 점을 인식한 것이다.

앞에서 인용한「주송」〈뢰(賚)〉편에 "우리 무왕이 가서서 은나라를 쳐부수고 세상을 안정시키니 이것은 주나라가 받은 천명이네, 잘해야 할 것이로다!"102)라는 말은 역취의 명분과 순수의 고뇌를 집약한 말이다. '잘해야 할 것'이라는 말은 "벌주를 단행한 후에 풍(豊)으로 돌아와 무(武)를 거두고 문(文)으로 다스리고자 말은 화산의 남쪽 기슭으로 돌려보내고, 소는 도림의 들판에 풀어놓아 다시는 천하에 사용하지 않을 뜻을 밝혔다."103)라는「무성(武成)」편의 내용을 함축한 것과 같다.

이처럼 천명을 받아 천하를 취하는 일에 그치지 않고 말과 소를 산과 들로 보내고 문(文)으로 순하게 잘 다스려야 한다는 역사의식은 역대 중국 왕조가 교체될 때마다 내세우는 불변의 명분이 되었다. 무력으로 뒤집어 취한 명분이 천명이라면 문명(文明)으로 순하게 지켜내는 일 또한 천명이라는 인식이 누대로 전승되는 계기가 되었다. 천명을

---

100)『詩經』「豳風」〈鴟鴞〉: 鴟鴞鴟鴞 旣取我子 無毀我室 今女下民 或敢侮予 予室翹翹 風雨所漂搖 予維音曉曉。

101)『書經』「康誥」: 宅天命 作新民。

102)『詩經』「周頌」〈賚〉: 我徂維求定。時周之命, 於繹思。

103)『書經』「武成」: 王來自商 至于豊. 乃偃武修文 歸馬于華山之陽 牧牛于桃林之野 示天下弗服。

안정시키고 백성을 새롭게 하는 순수가 따르지 않으면 역취는 무도한 반역으로 귀결되므로 혁명을 주도한 세력에게 순수는 가장 중요한 과업이 될 수밖에 없다.

은주교체를 단행한 이후 순수를 향한 주나라 지배계층의 지향성은 실질적 개조(開祖)인 문왕의 치적을 노래한 「대아(大雅)」〈문왕(文王)〉편에 명시되어 있다. "마땅히 은나라를 거울로 삼을지니 위대한 천명은 지키기 쉽지 않다."[104]라는 구절은 600년 왕조의 상나라가 주나라에 복속된 이유는 '천명을 한결같이 지키지 못했기 때문'[105]이라는 반성적 역사의식과 관련이 있다. 이에 따라 주나라도 천명을 잃을 수 있다는 위기의식하에 순수를 지향해야 함을 시사하고 있다.

벌주를 단행하고 서쪽으로 복귀한 후 잠을 이루지 못하는 무왕을 보고 주공 단(旦)이 그 연유를 묻자, '하늘이 은나라를 돌보지 않아 마침내 주왕을 징벌할 수 있었지만, 지금은 하늘이 우리를 돌보고 있는지 알 수가 없으니 잠을 이룰 수 없다'라고 말한 대목은[106] 혁명의 완성은 벌주에서 그치는 것이 아니라 천명이 주나라를 떠나지 않도록 하는 데 있음을 뜻하고 있다. 이는 건괘 구삼의 "군자가 종일토록 강건하게 힘쓰고 저녁이 되어서도 부족함이 없었는지 두려워하는 바가 있으면 허물이 없다."[107]는 말과 상통한다. 특히 『서경』「무일(無逸)」편을 보면 순수를 위한 방법론적 원칙을 제시한 사실이 확인된다. 즉 상나라의 현군인 중종(中宗), 고종(高宗), 조갑(祖甲)이나 주나라의 문왕처럼 천명에 따라 안일함을 멀리해야만 오랫동안 나라를 제대로 다스릴 수

---

104) 『詩經』「大雅」〈文王〉: 宜鑑于殷 駿命不易。

105) 『詩經』「大雅」〈文王〉: 侯服于周 天命靡常。

106) 『史記』「周本紀」: 武王至于周 自夜不寐. 周公旦即王所, 曰:「曷爲不寐?」王曰:「告女: 維天不饗殷 自發未生於今六十年 麋鹿在牧 蜚鴻滿野. 天不享殷 乃今有成. 維天建殷 其登名民三百六十夫 不顯亦不賓滅 以至今. 我未定天保 何暇寐!」

107) 『周易』「乾卦」 九三: 君子 終日乾乾 夕惕若 无咎。

있다고 자기 경계를 촉구하고 있다.

『서경』의 담론을 지배하는 명제는 '서(誓)'와 '명(命)'과 '고(誥)'이다. '서(誓)'는 순수를 저버린 은주(殷紂)를 치는 일로 대의명분을 세워 반사적으로 역취의 정당성을 확보하고자 한 것으로, 「태서(泰誓)」3편과 「목서(牧誓)」편의 내용이 그러하다. '명(命)'은 역취로 세계를 장악한 주나라 지배계층이 후왕(後王)을 비롯한 상주(商周)의 신하에게 내린 일종의 훈령으로, 〈미자지명(微子之命)〉, 〈다사(多士)〉, 〈군진(君陳)〉, 〈채중지명(蔡仲之命)〉, 〈고명(顧命)〉, 〈필명(畢命)〉 편 등의 내용이 그러하다. '고(誥)'는 순수에 대한 주나라 지배계층의 의지와 그 실천적 강령을 널리 표방한 것으로 〈대고(大誥)〉, 〈강고(康誥)〉, 〈주고(酒誥)〉, 〈소고(召誥)〉, 〈낙고(洛誥)〉 편 등에서 이러한 사실이 확인된다.

서(誓)와 명(命), 고(誥)의 내용을 살펴보면 한결같이 최종적으로 지향하는 바는 순수(順守)이다. "하늘을 믿을 수만은 없습니다. 나의 길은 오직 나라를 편안하게 만든 무왕의 덕을 계승하고 문왕께서 받은 천명을 하늘이 도로 거두지 않도록 하는 것입니다."[108]라는 주공의 말에서 순수에 대한 주나라 지배계층의 확고한 의지를 읽을 수 있다. 천명은 선민적 시혜의 약속에 있지 않고 오직 무일(無逸)과 종일건건(終日乾乾), 석척약(夕惕若) 등의 노력으로 지켜내는 것이며, 그 끝에서 주나라 중심의 전일적 통합으로 순수가 보장된다는 인식이 밑바탕에 있다.

위 사실을 참고하면 "날으는 용이 하늘에 있다(飛龍在天)"라는 건괘의 핵심 명제는 순수의 조건이 완결되어 경세의 뜻을 펼치는 상태를 상징한다. 잠룡의 미숙함을 '견대인(見大人)', '종일건건 석척약(終日乾乾 夕惕若)' 등으로 극복하면서 그 역량을 축적하고, 약룡의 교만과 미혹까지도 물리친 다음에야 비로소 순수의 경지로 나아간 사실을 말하고 있다. 이는 극상 이후 주나라 지배계층이 한결같이 지향했던 핵심

---

108) 『書經』「君奭」: 天不可信 我道 惟寧王德延 天不庸釋于文王受命。

가치이기도 하다.

이처럼 건괘가 은주를 교체한 주나라 왕족에게 순수에 대한 자율적 자기 경계를 말했다면, 곤괘의 괘·효사는 주나라에 복속된 상족과 그 추종 세력, 주나라 왕실 내의 신하에게 타율에 의한 자기 통제를 강조했다는 점에서 대비된다. 곤괘의 담론을 지배하는 역사의식은 주나라의 통치에 저항하는 세력을 주나라의 지배권 내로 편입하여 통합할 때 비로소 순수의 시대를 영속적으로 열어갈 수 있다는 인식과 연관되어 있다.

은주교체를 단행한 역사 주체가 내세운 대의명분과 그들이 지향한 세계에 대한 통찰이 없으면 건괘와 곤괘의 서사에 대한 역사적 관점의 이해는 한계에 부딪힐 수밖에 없다. 따라서 『사기』를 비롯하여 『시경』과 『서경』 등에서 확인한 역취의 정당성과 항구적 순수에 대한 역사적 지향성이 『주역』의 수괘인 건괘와 곤괘의 서사 가운데 어떻게 반영되어 있는지 주목해야만, 역사적 관점에서 이해하고 해석할 공간이 열리게 된다.

Ⅲ. 『주역』의 세계관

1. 서사적(敍事的) 세계관

　서사(敍事)는 인간의 삶 가운데서 일어나는 사건과 생각을 시간의 흐름에 따라가며 서술하는 것이다. 사건이 대상이 된다는 측면에서 경험적이며, 생각을 서술한다는 측면에서 관념적이다. 이처럼 서사의 세계는 경험과 관념이 중첩되어 있다. 경험적 서사는 인간의 감성을 통해서 수용한 사건이나 대상에 의미를 부여하고 서술하는 것이다. 이와 달리 관념적 서사는 상상이나 추리를 바탕으로 허구의 세계를 가공하고 다시 인간의 삶에 유용하도록 접목하여 이야기를 풀어내는 것이다. 경험적 서사가 시간의 흐름에 따라 축적되면 역사성을 응집하게 되며, 관념적 서사는 인간의 경험을 넘어서는 픽션(fiction)이나 신화의 세계로 인간을 인도함으로써 인간의 사유함을 미학이나 형이상학의 경지로 확장해 준다.

　서사의 양태는 서사가 지향하는 보편적 가치인 인문성과 직결된다. 인간의 경험과 사유가 서사의 본질적 대상이므로 서사는 기본적으로 보편적 인문성을 지니고 있다. 경험적 서사나 관념적 서사는 별개의 영역을 확보하고 독립적으로 존재하는 것이 아니라, 상호 중첩적, 보완적으로 어우러져 인문성을 드러낸다.

　인간은 특정한 사건이나 대상을 시공간적으로 서열을 부여한 후 이것을 의미 연관적으로 배치하고 구성하여 줄거리가 있는 이야기로 만들어 세계를 표현하는 능력이 있다. 서사는 인문세계를 표현하는 가장 보편적인 형식이다. 이와 같은 인간의 능력을 인문적 서사능력[1]이라고 규정한다면, 일반적으로 그 능력은 서사를 구성하는 주체, 이야기 (談話), 시공간, 플롯(plot)2) 등의 요소를 유기적으로 결합한 형식으로 발휘된다. 그러므로 서사에서 사건이나 생각을 의미 연관적으로 배치하는 것은 의도적이다. 이러한 유형의 서사로 역사의 기록, 문학의 창작 등이 대표적이다.

이와 달리 대상(對象)을 보이는 그대로 표현하는 기법은 묘사이다. 묘사는 서사의 부분적 형식으로 수용될 수는 있어도 의도가 없으므로 서사 그 자체는 아니다. 역사와 서사의 동일성을 인정한다면 서사에서 의도는 역사 주체의 역사의식과 통한다. 역사는 본질상 경험적이며 사실적이다. 이에 반하여 문학적 서사에서 경험적 사실은 상상과 허구의 이야기를 창작하는 소재가 된다. 역사적 담화에 역사의식이 반영된 경우가 역사적 서사이며, 경험과 사유를 바탕으로 작가의 의도가 개입하여 픽션의 세계를 서술한 경우라면 문학적 서사가 된다.

결국 서사는 인간의 경험과 생각을 서술한 것이다. 인간은 자기의 삶에 대한 서사적 세계를 표현할 수 있는 능력을 지님으로써 생물학적 존재를 넘어서 인문적 존재로 거듭날 수 있었다. 따라서 서사적 세계가 존재함으로써 인간의 존재 양식을 결정하는 인문성의 시원과 전승 관계가 존재하며, 이것을 통해서 시대를 초월하는 보편성과 그 시대의 특수성을 공유할 공간이 있음을 의미한다. 『아이네아스』, 『신곡』, 『파우스트』의 전승 관계에서 그 시원은 『오딧세이아』이다. 여기에서 발원한 서사적 세계는 서사에 그치지 않고 서양문명의 보편성을 결정해 왔

---

1) 정대성은 "만약 인문 존재의 핵심에 의미 창출의 문제가 놓여 있고, 의미를 가장 잘 드러내는 형식이 서사라고 한다면, 서사능력(narrative competence)은 인문 존재를 규정하는 핵심능력"이라고 한 다음 이러한 서사능력이 "인간이 인문 존재이기 위한 선험적 조건, 혹은 우리 사고에 내장된 '심층구조'(deep structure)"라고 정의했다. (정대성, 「서사」의 철학적 의미와 독일철학에서의 연구 경향」, 카톨릭철학 제22호, p.106 참조)
2) 플롯(plot, 그리스 원어로는 mythos)은 이야기를 엮는 구조나 틀을 말하며, 건괘의 서사적 담화의 플롯은 점진과 점층의 상승구조를 이루고 있다.

으며 시대적, 문화적 특수성의 근원이 되었다. 『오딧세이아』의 서사적 세계와 파급의 양상을 이해하지 못하면 서사적 측면에서 서양문명의 보편성과 특수성을 파악하고 설명하는 일에 한계가 있기 마련이다.

건괘의 서사성을 탐구하는 이유도 이런 관점과 맥락이 닿아 있다. 『주역』의 상(象)과 사(辭)는 동양적 탈(脫) 신화, 탈(脫) 상제의 경계에서 정립된 결과로서 서사적 요소가 다분하다. 특히 『주역』의 수괘인 건괘는 육룡(六龍)의 등천이라는 장엄하고 신비한 이야기가 존재하기에 형식과 내용에 있어 서사적 성격이 농후하다. 문제는 그 서사성이 어떤 형식과 내용으로 담겨있는가 하는 점이다. 이 문제를 중심에 두고 건괘가 지닌 서사적 세계의 실체를 논증하면 『주역』의 통칙과 대의가 한결 명료하게 모습을 드러낼 것이다. 이 작업은 동양적 교학체계와 사유체계의 근원을 규명한다는 점에서도 중요한 의미가 있다.

1-1. 서사의 담화와 구조

1) 담화(story)

가) 점서적(占筮的) 관점

점에는 두 가지 지향하는 것이 있다. 그 하나는 적중(的中)으로, 인간이 안고 있는 문제에 대해 '수(數)를 추극(推極)해서 알아채는 것'[3]을 말한다. 이것은 점을 쳐서 신의 뜻을 곧장 가로채는 것을 의미한다. 점의 본질을 적중의 문제로 받아들이면 점사로서의 서사(筮辭)는 그 자체로 완성된다. 점친 결과에 대해서 인간의 가치판단은 무의미하다. 점을 치는 나는 신계(神界)에 접근하여(=極數) 신의(神意)를 알려주는(=知來) 전달자로서의 무축(巫祝)의 처지에 있을 뿐, 신의 뜻을 평가하거나 재구성하는 일이 허용되지 않는다. 이것은 점이 지닌 가장

---

3) 「繫辭傳·上」 제5장 : 極數知來之謂 占.

원초적이며 직관적인 모습이다.

다른 하나는 정중(正中)이다. 이것은 극수지래(極數知來)에서 멈추는 것이 아니라, 신이 답한 내용을 어떻게 받아들여서 올바르게 행동할 것인지 선택의 문제로 나아간다. 인간이 직면한 하나의 문제를 매개로 신의 답과 인간의 판단이 연결되어 있다. 점으로 신의 대답을 들은 인간에게 가장 적절하게 구현할 수 있는 방향을 선택하고 실행하도록 요구한다는 점에서 적중의 문제와 다르다. 이 경우 점은 신의를 따르는 것에 그치는 것이 아니라, 신의를 바탕으로 최적의 행동 양태를 선택하고 실천하는 데서 끝이 난다. 초자연적인 점의 영역에서 인간의 계몽, 인문적 사유가 일어나는 시점은 바로 신의 뜻을 받은 인간이 문제가 되는 사안과 연계하여 다시 생각하고 행동으로 옮기는 때이다.

이러한 점의 지향성을 바탕으로 건괘에서 상(象)과 사(辭)를 의미를 연관시켜서 배치한 후 추출할 수 있는 담화는 두 가지로 나누어진다.

첫째, 괘상(卦象)과 효상(爻象)에서 추출한 담화로 일종의 기호나 그림에 바탕을 둔 것이다. 이 점과 관련하여 "기호는 이미지와 같이 구체적인 존재이지만 지시 능력을 갖추고 있다는 점에서 개념과 유사하다."[4]라는 말을 참고할 필요가 있다.

『주역』의 상(象)은 방소(方所)가 없는 신의 세계와 몸체가 없는 역의 세계에서[5] 신의(神意)를 전달하는 기호적 서사로 상징과 유사하다. 즉 상이 지향하는 것은 표상을 통해서 개념화하고 외부에 그 뜻을 전달하는 것이다. 순양(純陽)으로 이루어진 건괘의 괘상에서 끌어낼 수 있는 개념은 변화무쌍한 역의 세계를 경륜하려면 천하를 포용하는 하늘의 이치를 본받아 강건하고 진취적인 기상을 지녀야 한다는 것이다. 이것이 상에 담겨있는 서사의 담론이다.

이 담론에서 파생하는 이야기는 점을 통해서 인간이 직면한 상황

---

4) 레비-스트로스(C. Levi-Strauss) 著, 안정남 譯, 『야생의 사고』, 72쪽 참조.

5) 「繫辭傳·上」 제5장 : 通乎晝夜之道而知 故 神无方而 易无體.

만큼이나 다양하게 전개된다. 변화에 방소가 없다는 말은 신의(神意)가 무궁하다는 것을 의미하며, 동시에 인간의 무수한 고뇌에 대한 신의 헤아림이 끝이 없다는 것을 시사한다. 이것은 곧 신은 전지전능하다는 말과 통한다.

괘상은 추상적 기호를 통해서 신의를 구체적으로 드러내어 인간의 문제에 대한 서사적 담화를 제공한다. 이러한 담화의 구체적인 전개 양상이 각각의 효상이다. 각 효상은 전일적 질서를 구성함으로써 존재론적 가치를 지닌다. 동시에 개체 환원의 독자성을 유지함으로써 전일적 질서에 편입되지 않는 점서적 가치를 유지한다. 이것은 각 효상이 점서 체계 내에서 시공간적으로 독립하여 자기만의 계시(啓示)를 담화의 형태로 간직하고 있음을 의미한다. 단순히 하나의 이야기에 그치지 않고 인간의 문제만큼이나 다양하게 이야기를 전개할 수 있다는 점에서 괘상과 그 공능(功能)을 같이한다. 각 효상은 신의의 확장성을 보여주는 보편적 상징이다. 동시에 신의를 수렴하여 간직한 독립적 표상이기도 하다. 이처럼 추상적 기호를 통해서 구체적 서사를 풀어내고, 인간이 직면한 무수한 문제에 대한 대안적 담화를 추상적 기호 안에 모두 수렴한 것은 『주역』의 서사적 세계에서만 볼 수 있는 특별함이다.

둘째, 괘사(卦辭)와 효사(爻辭)는 본질상 상과 유기적으로 연계된 점서적 담화이다. "그 상을 보고 그 말을 음미한다."6)는 말은 상(象)과 사(辭)의 연계성을 구체적으로 적시한 것이다. 여기서 다시 "개념도 기호도 그 자체에 한정되어 있지 않고 다른 것으로 대체할 수가 있다. 개념은 이 점에서 무한한 능력이 있지만, 기호는 그렇지 못하다."7)라는 말을 참고하면 상에 말을 맨 이유가 이해된다. 여기서 상(象)은 인간이 처한 상황에 대한 표상이며, 사(辭)는 그 상황과 관련하여 상이 지시하는 것을 서술하는 대안적 서사이다.

---

6) 「繫辭傳·上」 제2장 : 是故 君子 居則觀其象而玩其辭.

7) 레비-스트로스(C. Levi-Strauss) 著, 안정남 譯, 『야생의 사고』, 72쪽 참조.

이런 측면에서 건괘의 괘사 원형이정(元亨利貞)[8]은 점서적 측면에서 최고의 수사(修辭)로써 64괘의 수괘인 건괘의 괘상에 내재한 이야기를 언어적으로 풀어낸 것이다. 이 괘사를 통해서 건괘가 왜 '역지문(易之門)'[9]인지 이유를 알 수 있다. 점을 쳐서 이 괘사를 점사(占辭)로 취한 경우 그 자체로 점이 완성된다. 여기에 덧붙여 더 이상의 가치판단이나 행동의 양태를 결정할 필요가 없다. 크고 형통하며, 곧고 바르다는 말속에 인간이 지향하는 핵심 가치가 수렴되어 있고, 인간이 희구하는 보편적 염원이 모두 담겨있다.[10] 그러므로 나머지 괘의 세계로 들어가는 통로가 된다.

이런 인식을 바탕으로 담화를 풀어내면 모든 일이 크게 좋고, 형통하며, 이롭고, 바르니 조금도 걱정할 필요가 없다는 신의 뜻이 확인된다. "만일 세계와 구별되는 근본적인 존재자가 없다면, 우리의 의지가 자유롭지 않고 정신이 질료와 마찬가지로 가변성과 소멸성을 갖고 있다면, 도덕적인 이념이나 원칙이 타당성을 모두 상실할 것"[11]이라는 칸트의 말을 참고하면, 원형이정은 역(易)의 세계를 주재하는 존재의 존재성에 대한 언어적 표현으로, 인간의 규범과 가치에 타당성을 제공하는 근원적 서사이다. 이처럼 괘사 원형이정은 신계에서 대답한 최고의 점사(占辭)이다. 64괘로 표상한 역의 세계와 384개의 효로 나타낸 낱낱의 사태는 원형이정의 근원적 가치가 반영된 현실적이며 실천적인 점사(占辭)와 연계된 것들이다.

이처럼 초효부터 상효까지의 여섯 효사는 원형이정의 근원적 점사

---

8) 건괘의 괘사 '元亨利貞'은 64괘로 표상되는 전체 세계를 주재하는 중심원리(元亨은 지도원리, 利貞은 실천원리)이며, 존재론적 실재로서 윤리적 행위의 보편적 규범, 인식론적 지식의 대상, 의미의 근거가 되는 플라톤의 이데아(idea)에 비견할 수 있다.

9) 「繫辭傳·上」 제6장 : 乾坤 其易之門邪.

10) 「文言傳」의 "元者 善之長也 亨者 嘉之會也 利者 義之和也 貞者 事之幹也"에서 구체적 실상을 볼 수 있다.

11) 임마누엘 칸트(I. Kant) 著, 전원배 譯, 『純粹理性批判』, 362쪽 참조.

에서 파생된 개별적 점사의 성격이 있다. 예컨대 초구의 "잠룡물용(潛龍勿用, 잠룡은 쓰지 말라)"에는 원형이정의 이상적 인문 세계는 미숙한 자의 힘으로 이룰 수 없다는 의미가 내포되어 있다. 동시에 역(易)의 세계는 천변만화의 가변성이 있으므로 인간의 한계성을 겸허하게 인식하고 늘 경계하라는 점서적 경고가 숨어있다. 장차 세상을 경륜하고자 하는 주체에게 원형이정을 지향하는 실천적 원칙으로 제시한 말로, 정언적(定言的) 명령의 형식을 통해 그 중요성을 특별히 강조하고 있다.

나머지 효사도 원형이정을 향한 담화 주체의 조건, 방법, 태도, 본분 등은 물론 담화의 지향성을 말하고 있다. 각 효사는 괘사 원형이정을 지향하되 인간이 직면한 문제에 대한 개별 독립의 점서적 대안들이다. 저마다 그 자체만으로 점서적 완전성을 유지한 채 인간의 물음에 대한 신의 대답을 들려주는 담화의 성격을 띠고 있다.

점에 대해 적중의 문제로 받아들이면 상과 사의 담화는 신계(神界)로 확장된다. 신의 뜻을 배제하고 적중의 담화를 구성하는 일이 불가능하기 때문이다. 인간의 고뇌에서 점서적 담화가 비롯되며, 고뇌에 찬 인간을 구원의 길로 인도하는 신의 뜻이 이 담화에 내재한다. 여기서 신화와 어우러진 서사적 세계, 신에게 모든 것을 의지했던 무축 세계의 잔영을 확인할 수 있다.

이처럼 신계와 소통하고 신의 뜻을 헤아리지 못한다면 점의 효용은 달리 찾기 어렵다. 점을 정중의 문제로 이해하더라도 서사적 담화의 양태는 달라지지 않는다. 다만, 점이 지향하는 바가 정중에 있다면 신의 뜻은 계시이며, 이 계시에 따라서 최적의 행동을 결단하는 일은 인간의 문제가 된다. 그렇다면 정중은 신의 뜻에 인간의 바람직한 행동 양태를 일치시키기 위해서 인간의 사유가 필요하다는 점을 시사한다. 이것은 적중으로서의 점이 인문적으로 진화된 모습이며, 신계에서 인간의 사유로 신의 뜻을 헤아리도록 허락했음을 의미한다.

『주역』이 거리의 점서에 머물지 않고 인문성(人文性)의 원형을 간직한 것으로 평가받는 이유가 바로 여기에 있다. 신에게 예속된 '인간을 위한 담화'가 아닌 신의 뜻을 인간의 사유의 힘으로 판단하고 최적의 길을 모색하는 '인간의 담화'가 성립함으로써 『주역』은 적중에 매몰된 점서적 가치를 뛰어넘어 인간의 삶 속에서 인문적 가치를 제공하게 되었다. 이에 따라 『주역』을 동양적 인문 세계의 양태를 결정하는 시원적 서사의 전범으로 규정할 수 있게 되었다.

나) 문학적 관점

『주역』은 본질상 점서(占書)이다. 점이 문학의 소재가 될 수 있지만, 점서인 『주역』의 상과 사를 통해서 문학적 담화를 확인하는 일은 특별하다. 만일 건괘를 통해서 그러한 담화를 풀어낼 수 있다면 『주역』에 내재한 인문성은 더욱 풍부해질 것이다. 문학의 개념을 언어예술이라고 정의한다면, 언어적 상징성을 지닌 상이나 여기에 연계된 괘·효사도 모두 문학적 성격과 무관하지 않다. 다만 그것이 어떤 형식과 이야기로 존재하며, 문학적 담화를 볼 수 있는 구체적 내용이 무엇인지 규명할 필요가 있다. 이러한 문제의식을 전제로 64괘의 수괘인 건괘에 담긴 특유의 문학적 담화 요소는 다음과 같다.

첫째, 건괘는 문학적 시가에서 볼 수 있는 운율, 즉 음악성을 풍부하게 지니고 있다. 우선 초구에서 상구에 이르는 상향적 상승구조 자체가 음악적 리듬감을 담아내는 음계(音階)와 닮았다. 음의 고저를 집약한 '궁상각치우(宮商角微羽)'는 자연계에서 추출한 음으로, 인간의 복잡미묘한 원초적 정서를 정제된 율(律)로 오르내리며 가다듬게 한다. 이런 측면에서 단계적 상승구조를 취한 건괘의 여섯 효는 인간의 정서를 고양하는 음악적 장치와 부합하는 면이 있다.

이러한 틀 안에서 괘사 '원형이정(元亨利貞)'은 네 개의 글자가 수평적 동등함을 유지한 가운데 '亨'과 '貞'에서 같은 음운을 이루어 비록 짧은 서사임에도 운율이 살아있게 했다. 이처럼 음악성을 가미함으로써 이 간명한 서사에서 장엄미(莊嚴美)가 고양되는 가운데 인간의 정서를 한층 더 생동하게 함으로써 괘사의 권위를 드높이는 실질적 효과를 가져왔다.

운율은 효사에서 더욱 두드러진다. 우선 초구에서 상구에 이르는 여섯 효사를 살펴보면 구이의 현룡재전(見龍在田), 구삼의 종일건건(終日乾乾), 구사의 혹약재연(惑躍在淵), 구오의 비룡재천(飛龍在天)에서 '재(在)'를 반복하는 가운데 전(田), 건(乾), 연(淵), 천(天)으로 운율이 살아있게 했다. 또한, 언어의 음악성이 반복 효과로 생동하듯 표현되어 있다. 초구의 잠룡, 구이의 현룡, 구오의 비룡, 상구의 항용, 용구의 군룡으로 언어적 반복은 물론 음운을 일치시킴으로써 시가(詩歌)의 음악성을 확연하게 표출했다. 또한 이견대인(利見大人)을 구이와 구오에서, 무구(无咎)를 구삼과 구사에 각각 배치함으로써 음절의 반복으로 건괘 전체의 음악성을 드높이고 있다.

이러한 음악성은 작역자(作易者)가 의도한 결과로 단정하기에는 근거가 없다. 씨족공동체 사회의 제례에서 행하는 축고의식(祝告儀式)이나 공동체의 결속을 다지는 집단적 원시무가(原始巫歌)의 형식이 점서인 『주역』의 건괘에 스며들었다고 보는 것 외에 달리 설명하기 어렵다. 건괘의 서사가 새로 개국한 주나라의 시원적 정당성과 항구적 번영에 대한 축원을 담고 있다면 그 형식은 송영(誦詠)의 형식이 될 것이며, 이 경우 축고의 장엄미를 더할 수 있는 음악성은 필수적 요소일 수밖에 없다.

서양의 서사문학의 전범(典範)인 『일리아드』와 『오딧세이아』[12]의 첫

---

12) 기원전 9세기 경 그리스의 음유시인 호머(homer)가 쓴 서사시. 『일리아드(Illiad)』가 트로이에 대한 정복전쟁을 노래했다면 『오딧세이아(Odisseia)』는 전쟁에 참여했던 이타케의 왕 오딧세이의 귀향을 노래했다. 『주역』이 지어진 시기와 시대적으로 근접할 뿐만 아니라 동양과 서양이라는 장소적 상대성까지 갖춤으로써 건괘의 서사성을 논증하는데 비교의 대상으로 삼기에 적합하다.

행을 보면, "노래하소서, 여신이여! 펠레우스의 아들 아킬레우스의 분노를."13), "들려주소서, 여신이여! 트로이의 신성한 도시를 파괴한 뒤많이도 떠돌아다녔던 임기응변에 능한 그 사람의 이야기를."14)이라고 각각 노래했다. 시가(詩歌)의 여신 무사(mousa)의 말을 빌려 영웅들의 서사적 행적을 노래하는 가운데 행마다 운율을 살림으로써 서사시의 성격을 분명하게 드러냈다. 이처럼 운율이 단조로운 서사에 역동성을 불어넣는 힘으로 작용한다는 점을 고려하면, 이러한 유형의 음악성이 건괘에도 스며들어 『주역』의 수괘로서 그 위상에 걸맞게 점서적 경건함과 서사적 장엄미를 더했다고 보는 것이 마땅하다.

둘째, 건괘의 담화를 지배하는 문학적 서사의 장치는 메타포(metaphor)15)이다. 우선 괘상과 효상은 그 자체가 이미 은유적이다. 상을 통해서 말하고자 하는 것이 무엇인지 점서적 관점에서 이미 살펴보았다. 「계사전」의 "천하의 심오함을 봄에 있어 그 형용에 비겨서 그 사물에 마땅하게 형상하였으니 이런 까닭으로 상이라고 이른다. 천하의 움직임을 봄에 있어서 그 모이고 통함을 보아서 그 전례를 행하며, 거기에 말을 매어서 그 길흉을 판단하였으니 이런 까닭으로 효라고 이른다."16)라는 말은 『주역』이 일차적으로 그 상을 통해서 역의 이치를 밝혔다는 점을 말하고 있다. 이것은 '상'이라는 은유적 표상을 떠나서 『주역』의 담화를 이해하는 것이 불가능하다는 점을 시사한다.

---

13) 호메로스 지음 천병희 옮김, 『일리아스(ILIAS)』, p.25 참조.

14) 호메로스 지음 천병희 옮김, 『오뒷세이아(ODYSSEIA)』 p.23 참조.

15) 은유를 뜻한다. 전이(轉移)의 뜻을 어원으로 하며, '숨겨서 비유하는 수사법'이라는 뜻이다. 'A는 B와 같다'식의 비유가 아닌, 오히려 '~와 같다'는 비교를 직접 명시하지 않고 'A는 B다'라는 형식의 어법을 취한다. 어떤 언어 표상을 본래의 의미와는 별도로 전화(轉化)된 의미로 사용함으로써 본래 표현되어야 할 내용을 간접적으로 명시하는 것이다. (『세계미술용어사전』, 월간미술, 1999. 참조)

16) 「繫辭傳·上」 제8장 : 有以見天下之賾 而擬諸其形容 象其物宜 是故謂之象. 有以見天下之動 而觀其會通 以行其典禮 繫辭焉 以斷其吉凶 是故謂之爻.

괘·효사와 관련한 담화를 살펴보면 담화의 화자(話者)도 은유적이다. 건괘의 바깥에서 행역(行易)의 주체인 군자에게 누군가가 들려주는 형식을 취하고 있다. 앞에서 언급한 호머(homeros)의 서사시에서 서사의 주체는 영웅들이지만 화자의 주체는 시가의 여신 무사(mousa)를 빌린 경우와 유사하다. 화자는 존재하지만 구체적 모습을 드러내지 않음으로써 건괘의 서사는 점서적 신비와 의리상의 경건을 더하고 있다. 나아가 세계를 초월한 신계에서 행역(行易) 주체인 군자에게 순천휴명(順天休命)의 경세를 당부하는 존재가 있음을 상정함으로써 주족(周族)이 선민(選民)의 계보임을 은연중에 드러냈다.

이러한 신비적 권위는 육룡을 통해서 더욱 고양된다. 용에 대해 "비늘이 있는 짐승(蟲)의 우두머리이다. 숨을 수 있고 나타날 수도 있다. 작아질 수 있고 커질 수도 있다. 짧아질 수 있고 길어질 수도 있다. 춘분이면 하늘에 오르고, 추분이면 연못에 잠긴다. 비늘과 껍질을 가진 모든 것은 용을 조상으로 하고 있다"[17]라는 『설문해자』의 설명만으로도 건괘에서 용의 신화적 권위를 차용(借用)한 의도가 명백하게 확인된다.

용은 경세의 시공간에서 일어나는 변화를 주재하는 상징물이며, 역(易)의 이치에 따라 경세의 대의를 펼쳐가는 군자의 표상이다. 일반적으로 원시 씨족공동체 사회에서 상징은 신화적 담화를 풀어내는 장치이며, 토템은 씨족의 선민의식을 공유하는 장치이다. 이러한 장치로써의 육룡이 건괘 속으로 잠입하여 건괘의 서사를 범접하기 어려운 경지로 끌어 올리고 있다.

다음으로 메타포와 관련하여 눈여겨볼 효사는 재전(在田), 재연(在淵), 재천(在天)이다. '재전'은 군자가 미숙한 상태(=잠용)에서 벗어나 경세의 경지로 진입한 사실을 은유하며, '재연'은 종일건건(終日乾乾)과 석척약(夕惕若)으로 능력을 기른 군자가 혹시라도 구오지존을 탐내

---

17) 『說文解字』: 鱗蟲之長. 能幽能明. 能細能巨. 能短能長. 春分而登天. 秋分而潛淵. 凡龍之屬皆從龍.

는 미혹에 빠지더라도 그 본분에서 벗어나지 않아야 한다는 점을 은유하고 있다. '재천'은 마침내 천명을 받은 군자가 경세의 공간에서 자기의 뜻을 펼치는 것을 은유한다. 이처럼 메타포는 건괘의 서사적 담화에 문학성을 더하는 중요한 요소로 작용하고 있다.

이러한 사례 외에도 각 효에 포진한 용은 변화의 상징, 군자의 표상이기에 앞서 각 효에 담겨있는 서사의 주체로서 존재성이 명확하다. 잠용은 미숙함을, 현룡은 미숙함에서 벗어났음을, 척용은 자기를 끊임없이 도야함을, 약룡은 미혹을 경계함을, 비룡은 올바르게 천명을 수행함을, 항룡은 무회지도(无悔之道)를 고뇌함을 표상하는 상징물로 각각의 존재성을 드러냈다. 이들을 유기적으로 연결하면 '육룡의 등천(登天)'이라는 은유적 형식으로 경세의 도상을 표상하고 있음이 확인된다. 이것은 건괘의 문학적 서사성이 신화적 무축세계와 연관되어 있다는 점을 의미한다.

다) 역사적 관점

『계사전』 가운데 "역(易)이 흥한 것은 은나라의 말세(末世)와 주나라의 성덕(盛德)의 때이며, 문왕과 주왕(紂王)의 일에 해당한다."[18]라는 말은 『주역』의 작역 시점이 상말 주초임을 명시적으로 밝힌 것이다. 이런 언급이 없어도 『주역』 64괘의 괘·효사를 살펴보면 은주교체기 전후의 역사적 사실과 그 시대를 감당했던 역사 주체의 역사의식이 반영되어 있다는 사실이 확인된다.[19]

'거슬러 취한' 이후 가장 중요한 문제는 '어떻게 바르게 지켜낼 것인가'이다. 이것이 역사 주체가 지닌 고뇌의 근원이다. 『주역』의 근간은

---

18) 「繫辭傳·下」 제11장 : 易之興也 其當殷之末世周之盛德耶 當文王與紂之事耶.

19) 상 왕조의 멸망과 주 왕조의 창업에 관한 일을 직접 명시한 명이괘(明夷卦)는 주역의 역사성을 보여주는 대표적인 예이다. 이외에 각각의 괘·효사를 상말 주초의 역사와 비교하면 '숨겨진 역사'라는 사실이 확인된다.

점서 체계이지만 그 의리는 정치한 교학 체계나 다름없다. 그렇다면 은주교체의 혁명과 관련하여 역사 주체의 고뇌가 교학 체계 속으로 투영되었다고 보는 것은 상식적이다. 그렇다면 '순수(順守)'라는 역사 주체의 거시적 담론이 교학 체계로서『주역』의 첫머리에 편제했다고 보는 것이 마땅하다. 건괘의 괘상 자체도 강건한 자의 진취적 기상을 표상한다는 점에서 역사적 소명을 짊어진 역사 주체들의 거시적 담론을 담기에도 그만이다.

이런 점들이『주역』64괘의 수괘인 건괘의 담화 속에 은주교체의 혁명을 완성한 주나라 지배계층의 역사적 고뇌가 담겨있음에 대한 근거이며, 건괘의 담화가 역사적 서사의 형식으로 존재한다고 판단하는 이유이다. 실제로 건괘의 괘사 원형이정(元亨利貞)을 정점에 두고 각각의 효사를 의미와 연관시켜 배치하여 하나의 이야기로 구성하면 역사적 서사의 형식을 띤 담화임이 명료하게 확인된다.

건괘의 괘·효사를 점서적 측면에서 자의(字義)에 충실하게 해석하면 다음과 같다.

> 건(乾)은 크고 형통하며 곧고 이롭다. 잠룡은 쓰지 말라. 용이 밭에 있으니 대인을 만나면 이롭다. 군자가 종일토록 강건하게 힘쓰고 밤이 되어도 부족함이 없었는지 두려워하면 위태로움이 있더라도 허물이 없다. 혹 연못에서 뛰어오르더라도 벗어나지 않으면 허물이 없다. 용이 하늘에 있으니 대인을 만나면 이롭다. 끝에 이른 용은 후회함이 있다. 용들이 나타났으나 서로 머리를 내밀지 않으면 길하다[20]

위 해석 내용을 점진과 점층의 시공간적 틀 속에서 역사적 서사의 형식으로 의미를 연관하여 재구성하면 아래와 같이 역사성을 내포한

---

20)『周易』乾卦 : 乾, 元亨利貞. 爻辭 : 初九, 潛龍勿用. 九二, 見龍在田, 利見大人. 九三, 君子 終日乾乾 夕惕若, 厲, 无咎. 九四, 或躍在淵, 无咎. 九五, 飛龍在天, 利見大人. 上九, 亢龍有悔. 用九, 見群龍 无首 吉.

거시적 담화가 추출된다.

　　천명을 받아 개국한 우리 주나라가 지향하는 바는 원형이정(元亨利
貞)을 중심원리로 하는 대동세계이다. 대동세계를 지향하는 주체인 주
나라의 군자는 미숙한 상태에서 세상을 경륜할 수 없다는 사실을 인식
하고, 때를 기다리며 역량을 길러야 한다. 마침내 때가 되어 세상 밖으
로 나오면 능력 있는 인재(=能臣)를 널리 구하여 세상을 이롭게 해야
한다. 이를 위해 밤낮을 가리지 않고 쉼 없이 갈고닦으며 고민한다면
난세의 위기가 닥쳐도 능히 극복할 수 있다. 혹시라도 섣불리 경세의
경지를 넘보는 일이 있어도 군자의 본분을 잊지 않으면 그 경지로 나아
갈 수 있다. 마침내 천명을 받아 세상을 경륜하게 되면 널리 인재(= 直
臣, 賢臣)를 구하여 순천휴명(順天休命)의 뜻을 펼칠 수 있어야 세상을
이롭게 할 수 있다. 이러한 경륜도 끝에 이르면 어지러워져 회한을 남
긴다는 점을 인식하고, 군자가 서로 다투지 않으면 주나라는 영원히 번
영할 것이다.

　『주역』의 모든 괘사와 효사가 그러하듯이, 건괘의 괘사와 효사 역시
저마다 완전한 의리를 지니고 있을 뿐만 아니라 신의 대답을 전달하는
점서적 독자성을 유지하고 있다. 다만 이야기 구조로 배치하여 의미를
유기적으로 연결하면 간결하면서도 장엄하기 그지없는 역사적 담화로
풀어낼 수 있다.

　괘사 원형이정은 극상(克商)을 완성한 역사 주체가 지향하는 이상적
세계에 대한 술어이다. 이 술어에는 64괘로 표상되는 천변만화의 세
상을 전일적으로 통합하고자 하는 지배계층의 의지가 함축되어 있다.
이것은 역사적 담화의 최종 주제이며, 세계를 규율하는 최고의 원리이
다. 역(易)의 세계를 밝히는 모든 의리는 여기에서 발원(發源)하며, 인
간사에 가치를 부여하는 순천휴명(順天休命)의 정신과 천명의 당위도
여기에서 나온다. 상나라가 상제(上帝)라는 초월적 존재를 통해 세계

를 주재의 대상으로 삼은 것에 반하여 주나라는 초월적 인식을 통해서 세계를 사유의 대상으로 삼기 시작했다는 관점도 여기에 근거가 있다. 이처럼 역사적 서사의 측면에서 '원형이정'은 은주교체를 완성한 역사 주체의 역사의식을 결집한 최고의 강령으로 보아 마땅하다.

한편 각 효에 포진한 육룡의 행적은 원형이정의 이상적 세계를 지향하는 군자의 실천적 도상(途上)이 어떠해야 하는지를 보여준 것과 같다.

초구의 잠룡은 미숙함과 나태에 대한 엄중한 경계를 상징하는 대상이면서 역사 주체로 성장할 잠재태(潛在態)이기도 하다.

구이의 현룡은 상말의 난세에 뛰어든 군왕의 표상으로 능신(能臣)의 보좌가 있을 때 제대로 성장할 수 있는 가능태(可能態)이다. 따라서 이 단계에서 대인의 보좌는 필수적이다.

구삼의 척룡은 역사적 도상(途上)에서 자칫 흐트러질 수 있음에 대한 반성적 역사의식을 인식하는 존재이다. 경세의 도상에서 일어나는 모든 위험은 자기를 방관할 때 일어나므로 자강불식(自强不息)의 자세를 견지하라는 것이다.

구사의 약룡은 구삼의 과정을 거쳐 완전태(完全態) 직전에 있는 존재의 마지막 미완(未完)인 자만과 미혹을 경계하고 있다. 혹여 자만에 빠져 섣불리 구오의 자리를 넘보는 경우가 있더라도 자기의 본분에서 벗어나지 않도록 해야 허물을 남기지 않고 구오의 경지로 나아갈 수 있음을 뜻하고 있다.

구오의 비룡은 경세의 측면에서 천명을 받아 세상을 경륜하는 존재로 성장한, 완전태에 도달한 존재이다. 이러한 역사를 주재하는 자로서 세상을 경륜하는 일이 간단치 않으므로 대인의 보좌는 구이와 같이 필수적이다. 다만, 이 경우 대인은 구오의 존위를 고려할 때 세상의 이치를 꿰뚫고 지혜롭게 경륜을 제시하는 현신(賢臣)이나 직언을 서슴지 않는 강직한 직신(直臣)을 말한다.

상구의 항룡은 무회지도(无悔之道)를 실천하도록 경계한 것으로, 은

주(殷紂)를 돌아보며 천명이 늘 주나라에 머물지 않을 수도 있음[21]을 자각해야 한다는 반성적 역사의식과 연결되어 있다.

용구의 군룡은 군자의 뜻이 아무리 좋더라도 구오의 존위를 두고 다투지 않아야 주나라가 항구적으로 번영할 수 있음을 시사한다.

『주역』이 역사 주체의 역사의식을 거시적 담론으로 삼았다면 건괘에 내재한 담화는 지금까지 살펴본 것처럼 역사성을 지닐 수밖에 없다. 점서체계를 그 시대의 중요한 교학(教學)의 틀로써 받아들이면 건괘의 담화에는 대외적으로 왕조의 정당성을 전파하고 내부적으로 지배계층을 결속하려는 교학적 의도가 있었음이 분명하다. 이처럼 은주교체의 역사적 과업을 완결지으는 주나라 지배계층의 역사의식이 이러한 역사적 담화에서 근간이 되고 있음은 물론이다.

2) 구조(plot)[22]

가) 본유적(本有的) 구조

『주역』은 상(象)이라는 추상적 기호체계에 말(辭)을 매달아 정립한 점서(占書)이다. 따라서 괘상과 효상은 단순히 추상적 기호에 머물지 않고 그 상을 통해서 말하려는 것이 있다. 따라서 『주역』의 담화를 이해하기 위해서는 상의 구성 체계를 확인할 필요가 있다. 이것은 서사 이전에 존재하는 본유적 구조로써 내용은 다음과 같다.

첫째, 상을 이루는 가장 기본적인 형태로 음과 양이 대칭하는 구조이다. 작역 당시에 음양에 대한 개념이 정립되었다고 말하기가 어렵

---

21) 『詩經』 「大雅」 〈文王〉 : 天命靡常 … 駿命不易. (하늘의 명은 한결같이 않아 … 그 명을 지키는 일이 쉽지 않다)를 인용한 것으로, 왕조의 몰락 가능성을 경계하는 역사의식을 내포하고 있다.

22) 서사에서 담화가 시간적 순서에 따라 일어난 사건을 나열하는 것임에 반하여 플롯은 서사를 구성하는 다양한 요소를 결합한 이야기의 틀, 사건의 틀이라고 할 수 있다. 이 책에서 말하는 구조(plot)는 건괘의 서사적 담화를 담고 있는 시공간적 구조 내지는 전모(全貌)로서의 틀이라는 관점에서 접근한 개념이다.

다. 다만 오랜 세월 '관천문(觀天文)하고 찰지리(察地理)'[23]한 결과 만물과 만사에 상반하는 두 기(氣)의 상호 작용이 있음을 명확하게 인식한 것이 분명하다. 성격이 다른 두 기가 상반(相反)의 대대(待對)와 상성(相成)의 유행(流行)으로 서로 교호(交互)하면서 변화가 일어난다는 사실을 인식하고, 작역 시점 이전에 이미 음과 양을 상징하는 두 개의 기호로써 하나의 도상(圖像)으로 정립한 다음 점치는 일에 이용한 것이 분명하다.

한 번 음하고 한 번 양하는 가운데 천지가 그 도를 이룬다는 철학적 담화를 (--)과 (ー)의 상징 부호만으로 나타낸 것은 매우 중요한 의미가 있다. 이것은 경험적 현상계(現象界)에 멈춰있던 인간 삶의 양태가 선험적이며 추상적인 사유 모델을 찾아서 자기의 삶에 적용할 줄 아는 방향으로 초월 또는 확장되기 시작했다는 것을 말한다. 두 개의 부호만으로 천지 만물의 이야기를 구성하고 변화를 예측하는 것은 경험적 직관을 통해 예지적으로 판단하는 일로써 신의 능력을 훔쳐 신을 닮은 인간의 계몽을 향해 첫걸음을 내디딘 것과 같다는 점에서 그 의미가 특별하다.[24]

이처럼 (--)과 (ー)이 상호 작용하는 대칭적 구조는 역의 세계를 떠받치는 기본적 바탕이며, 점의 체계에 내재하는 가장 핵심적인 사유모식(思惟模式)이기도 하다. 순양으로 이루어진 건괘에 (--)과 (ー)이 대칭을 이루어 상호 작용하는 구조가 있는지 의문을 제기할 수 있지만, (--)과 (ー)이 서로 맞물려 있고 서로 숨겨놓고 있다[25]는 사실을 참고

---

23) 「繫辭傳·上」 제4장 : 仰以觀於天文, 俯以察於地理, 是故, 知幽明之故.
24) 최정준은 "신(神)으로 올 것을 알고 지(知)로서 지난 것을 감춘다."(「繫辭傳·上」 제11장 : 神以知來 知以藏往.)에 대해서 음양의 측면에서 지(知)와 신(神)으로 인식 작용을 구분한 후 과거를 저장하며 정리하는 인식과 미래를 예지하며 열어가는 인식으로 해석하고 있다. (최정준, 『주역 개설』, 151쪽 참조.)
25) 漢代의 대표적 역학자인 경방(京房)이 팔궁괘설을 설명하기 위하여 도입한 비복(飛伏)의 개념을 참고하였다. 괘상과 효상은 모두 '드러난 괘효((飛)'의 배후에 '숨어있는 괘효(伏)'가 있다는 것으로, 이에 따르면 순양의 건괘의 배후

하면 아무런 문제가 없다. 순양의 배후에서 순음이 도사리는 방법으로 이미 대칭 구조가 형성되어 있는 것이다. 이처럼 간명하게 서로 대칭하는 구조가 됨으로써 상반의 대대가 상성의 유행을 일으키고, 상성의 유행이 상반의 대대로 돌아가는 불변의 이치가 정립되었다. 역(易)의 세계를 창조하는 힘도 여기에서 나온다.

둘째, 건괘는 상과 사를 통해서 원시반종(原始反終)[26]의 종시구조(終始構造)를 이루고 있다. '시작에 근원이 있고 마침에 돌아간다'라는 말은 『주역』을 관통하는 철리(哲理)이다. 만사와 만물은 이 이치에 따라 영허소식(盈虛消息)을 반복하고 생사를 넘나든다.

건괘의 초효(初爻)는 시작이라는 시간적 의미가 있고, 상효(上爻)는 일의 마침이라는 공간적 의미가 있다. 첫 효에 시간개념인 '초(初)'를 붙여 초구(初九)라 하고, 마지막 효에 공간개념인 상(上)을 붙여 상구(上九)라고 칭한 이유는 종시구조 속에 우주의 시공간적 변화의 이치가 모두 내재한다고 보았기 때문이다. 초효의 시작은 상효의 공간적 마침을 예고하며, 상효의 마침은 초효의 시간적 시작으로 돌아감을 전제한다. 시작과 끝이 있으나 그 시작에서 잠룡의 사시(俟時)와 회양(晦養)이 일어나며 그 끝에서 항용의 반성적 사유가 있게 된다. 이처럼 초구의 잠(潛)은 시작의 근원(根源)이며, 상구의 항(亢)은 돌아감의 소이(所以)이다. 시작 단계에 머문 것은 쓰일 수가 없고, 일을 마치는 단계에서 일어나는 회(悔)는 초심을 향한 반상(反常)[27]의 성찰과 연계되어 있다.

64괘로 표상한 역(易)의 세계에서도 원시반종에 기반한 거시적 종시구조를 취하고 있다. 만물의 시원적 원인자를 상징하는 건괘로 역(易)

순음의 곤괘가 잠복한다는 설명이 가능하다. (京房 撰, 崔廷準 譯注, 『京氏易傳』 참조)

26) 「繫辭傳·上」 제4장 : 原始反終 故 知死生之說.

27) 이 말은 '떳떳함으로 돌아간다'라는 뜻으로, 屯卦 六二 효사 "女子 貞 不字 十 年 乃字" 중 '십 년 만에 시집간다'에 대한 「象傳」의 해석을 참고했다.

의 세계를 열었으나 그 마침은 '대소와 강유가 각각 바른 자리에 있어 모두가 제 자리를 얻어서'[28] 마침내 모든 일이 이루어진 기제괘(旣濟卦)에서 끝내지 않고, 모든 자리가 다시 흐트러진 미제괘(未濟卦)로 끝마쳤다. 이러한 모습은 돌아감이 곧 종(終)이라는 개념에 상응하는 것으로, 종(終)이 끝마침이라는 일반적 인식에서 벗어났다. 「서괘전(序卦傳)」의 "사물의 변화는 끝이 없다. 그러므로 미제(未濟)로 받아서 끝맺었다."[29]라는 말은 이러한 종시구조의 실상을 밝힌 것과 같다. 세계가 내적 직관으로서의 감성 형식인 시간과 외적 직관으로서의 감성 형식인 공간이 어우러진 것임을 받아들인다면 이러한 종시구조는 끊임없이 변화하는 세계를 담아내는 하나의 도구적 틀로 생각할 수 있다.[30]

공간이 시간을 떠나지 못하고 시간이 공간에 의지함으로써 사물은 그 존재성을 드러낼 수 있고 각자의 존재가치를 증명하는 일이 가능해졌다. 이것은 시작과 끝을 알 수 없는 불교의 윤회(輪回)와 다르며, 신계에서 종말에 이르는 기독교적 시공간 개념과도 확연하게 구분된다. 윤회의 시간성과 종말론적 시공간 개념이 하나의 이념(理念)을 반영했다면, 건괘의 종시구조는 천지자연의 이치(理致)를 반영한 시공간적 상합구조(相合構造)라고 할 수 있다.

셋째, 건괘의 본유적 구조로 일정팔회(一貞八悔)의 본말구조(本末構造)가 있다. 역의 세계를 표상하는 64괘는 팔괘의 상탕(相盪), 즉 일정팔회의 원리에 따라 형성되었다.

이에 따르면 64괘의 내괘에 해당하는 하괘는 바른 본체로서 움직이

---

28) 孔穎達, 『周易正義』: 則大小剛柔各當其位 皆得其所.

29) 「序卦傳·下」: 物不可窮也 故 受之以未濟 終焉.

30) 칸트는 "모든 감성적 직관의 본질적 형식인 공간과 시간의 종합이 동시에 모든 현상, 즉 모든 외적 경험, 경험의 대상에 관한 모든 인식을 가능하게 하는 것이다"라고 함으로써 시공간을 존재개념이 아닌 인간의 외적 경험을 받아들이는 선험적 형식 또는 틀로 이해하는데, 『주역』의 종시구조를 이해하는데 참고할 만하다. (임마뉴엘 칸트 (I. Kant) 著, 전원배 譯 『純粹理性批判』, 183쪽 참조)

지 않고(貞), 외괘에 해당하는 상괘는 여덟 개의 단괘가 뉘우치듯 움직이는(悔) 과정을 거쳐서 생성된 것이다.[31] 이것은 근본을 세워서 말단을 가지런히 하는 방법으로 역의 세계가 탄생했다는 사실을 말한다. 점서체계를 이용하여 인사의 근본을 세워 흐트러짐을 바로 잡겠다는 『주역』의 교학성(敎學性)은 이러한 본말구조의 쓰임(用)과 관련이 있다.

건괘를 보면 이러한 본말구조의 체용관계(體用關係)가 더욱 분명해진다. 괘사와 각 효사와의 관계를 보면 괘사 원형이정은 세계를 지도하는 중심원리로서 천하의 대본(大本)이며, 각 효에 포진한 육룡은 각자의 위치에서 그 말단을 가지런히 함으로써 대본을 실천하고자 노력하는 존재이다. 각 효 사이에도 본말구조의 이치가 존재한다. 잠(潛)과 항(亢)과의 관계가 그러하다. 근본부터 미숙한 상태에 있으면 그 끝에 이르러 유회(有悔)에서 벗어날 수 없다. 따라서 대본이 바로 서고 말단이 상성(相成)의 조화를 이룰 때 천하가 바로 다스려진다는 이치가 그 속에 담겨있다. 앞에서 언급한 역사적 담화의 내용을 살펴보면 이러한 사실에 대해 더욱 분명하게 알 수 있다.

나) 서사적 구조

건괘는 점진과 점층의 시공간적 상승이라는 독특한 형식의 서사적 구조를 취하고 있다. 이것은 소성괘(小成卦)의 중첩이나 여섯 효의 중첩으로 이루어진 괘상과 밀접한 관련이 있다. 동시에 괘상의 구성원리를 반영한 본유적 구조는 이러한 서사적 구조를 제공하는 기본 틀이기도 하다. 원시반종의 이치가 내재한 괘상은 추상적 사유모식과 관련되며, 근본을 세워 말단을 가지런히 하는 일정팔회의 원리는 서사(筮辭)의 의리적 사유모식과 관련되어 있다. '육룡의 등천'이라는 경세적 도상은 이러한 점진과 점층으로 상승하는 구조의 구체적 실상이다.

육룡이 초구에서 상구로 나아가는 과정은 점진적이며, 육룡이 포진

---

31) 최정준, 『주역 개설』, 80~81쪽 참조.

한 각 효는 저마다 개별 독립성을 유지하면서 단계적으로 상승한다는 점에서 점층적이다. 시간적 점진과 공간적 점층의 상승구조가 맞물려 지향하는 것은 괘사 원형이정으로 표상된 대동세계이다. 이러한 지향성은 이 서사적 구조에 생동감을 불어넣는 요소이며, 동양적 인문성을 지배하는 근원이기도 하다.

"나는 열다섯 살에 배움에 뜻을 두었고, 서른 살에 홀로 설 수 있었으며, 마흔 살에는 미혹에 빠지는 일이 없었고, 쉰 살에는 하늘이 내게 명한 바를 알았으며, 예순 살에는 무슨 이야기를 들어도 마음을 평온하게 유지했고, 일흔 살에는 마음이 가는 대로 쫓아가도 법도에서 벗어남이 없었다."[32]라는 공자(孔子)의 이 명쾌한 회고는 육용의 등천을 표상한 건괘의 점진과 점층의 서사적 지향성을 그대로 취한 것이다.

또한, 『장자』「소요유」편 수구(首句)에서 볼 수 있는 대붕(大鵬)의 장도에 관한 담화 역시 건괘의 서사적 상승구조를 모사한 결과로 보아도 지나치지 않다. 소지(小智)의 잠재태에서 벗어나 대지(大智)의 경지로 나아가는 붕(鵬)의 모습은 잠(潛)의 미숙함에서 벗어나 비(飛)의 경세의 경지로 나아가는 건괘의 용(龍)과 다르지 않다. 이처럼 서사적 담화를 결정하는 시원적 형식은 『오딧세이아』가 서양의 서사적 인문세계의 양태를 결정하는 데 깊은 영향을 준 것과 마찬가지로[33] 『주역(周易)』동양의 인문적 삶의 양태를 결정하고 전승하는 밑바탕이 되었다는 점에서 매우 중요한 의미가 있다.

은주교체는 점서체계에도 근본적인 변화를 일으켜 복사에서 확인했듯이 상제의 예속적 주재를 벗어나 인간의 사유할 수 있는 공간을 열어젖혔다. 상제를 대신한 구오의 천(天)은 인간을 주재하는 존재자로

---

32) 『論語』「爲政」: 子曰, 吾十有五而志于學, 三十而立, 四十而不惑, 五十而知天命, 六十而耳順, 七十而 從心所欲 不踰矩.

33) 호머(Homeros)의 서사시 『오딧세이아』는 베르길리우스의 『아이네아스』, 단테의 『신곡』, 괴테의 『파우스트』로 이어지는 서사문학의 시원이며, 서양 문화의 전 분야에서 깊은 영향을 주었다.

서의 신성을 벗어던지고 인간의 주체성과 자율성을 중시하는 하나의 이념으로서 원형이정(元亨利貞)을 상징한다. 이러한 천이 지향성의 측면에서 경천(敬天)으로, 실천적 측면에서 배천(配天)으로, 규범적 측면에서 순천(順天)으로 인간의 세계를 규율하게 된 것은 괘사 '원형이정'과 구오의 '비룡재천'에 그 준거가 있다. 점진과 점층의 서사적 도상에서 육용이 만들어 가는 건괘의 세계는 바로 구체적인 실상과 같다.

육룡(六龍)이 육위(六位)의 시공간에서 시중(時中)과 정중(正中)으로 처세하여 마침내 천명을 얻어 뜻을 펼친다는 건괘의 서사구조는 인간의 삶이 하늘의 시혜와 땅의 품덕(品德)에 의해서 결정된다는 자연주의 세계관에 바탕을 두고 있다. 이것은 격랑을 헤치며 전진을 요구하는 바다가 배경이었던 『오딧세이아』의 세계관과 근본적으로 다르다.

건괘의 지향성이 잠(潛)의 미숙함에서 원형이정의 대동세계로 '상승하는' 수직의 모습임에 반하여, 『오딧세이아』의 지향성은 고립과 미혹의 상징인 무수한 섬을 매개로 바다의 저항을 극복하며 고향 이타케로 '나아가는' 수평의 구조를 취한 것은 이러한 서사적 구조의 차이에서 기인한다. 지향성을 결정하는 하늘과 바다라는 자연적 환경이 수직적 상승구조의 인문세계와 수평적 평등구조의 인문세계로 갈라놓은 것이다.

인간의 계몽과 관련하여 전자는 순응과 조화를 중시했고, 후자는 정의와 합리를 지향했다. 통치구조에 있어 전자가 격물(格物)을 근간으로 평천하(平天下)에 이르는 전일적 세계를 모색했으나 후자는 평천하를 바탕으로 격물을 추구하는 개체중심의 세계를 주목했다. 서사적 담화 구조의 다름에서 서로 다른 성격의 문명이 기원한다는 사실을 받아들이면 적어도 동양의 인문적 서사의 시원으로 『주역』 건괘 외에 다른 자료는 찾기가 어렵다. 이처럼 『주역』 건괘는 동양의 인문적 양태를 결정하는 서사적 세계를 구체적으로 보여주는 최초의 문헌적 근거라는 점에서 문명사적 중요성이 있다.

1-2. 서사의 주체와 역사의식

1) 주체

건괘의 담화를 끌고 가는 주체는 군자이다. 다만 『주역』의 괘·효사 가운데 등장하는 군자의 개념이 역(易)이 지어진 시기와 무관하게 공자 이후 유가에서 정립한 군자의 개념과 일치하는지 그 여부가 문제가 된다. 일반적으로 유가에 의해 『주역』이 육경(六經)으로 편제되는 과정을 거치면서 역(易)이 지어진 상말 주초의 시대적 상황과 시간적 원근(遠近)을 고려하지 않고 『주역』에 등장하는 군자의 개념이 유가에서 정립한 군자의 개념과 대체로 일치한다고 보고 있다. 이러한 인식은 분명히 문제가 있다.

행역(行易)의 주체로서 『주역』에 등장하는 군자가 개체의 인격을 중시하는 군자의 개념과 무관하다고 단정하기 어렵다. 그렇지만 씨족공동체를 중심으로 하는 무축시대의 유습이 농후한 상말 주초에 정립된 군자의 개념에는 개체중심의 인격 관념으로 설명할 수 없는 개념의 시원성, 개념의 집단성이 스며들어 있다. 이런 문제의식을 바탕으로 건괘의 군자에 대해 개체성의 측면, 집단성의 측면, 상징성의 측면으로 각 접근함으로써 행역의 주체인 군자에 대한 개념을 명확히 정리하고자 한다.

가) 개체성의 측면

군자는 유가에서 추구하는 이상적 인간상이다. 안으로는 수기(修己)로써 유덕자(有德者)를 추극(推極)하고, 밖으로는 치인(治人)으로 위정자(爲政者)를 지향하는 인간군을 말한다. 장자가 말한 '내성외왕(內聖外王)'[34]의 개념은 군자의 성격을 압축하여 표현한 말로 이러한 관점을 뒷받침한다. 유덕자의 관점에서는 전인적 인격체(內聖)를 지향하

---

34) 『莊子』「天下」: 是故內聖外王之道, 闇而不明, 鬱而不發.

고, 위정자의 관점에서는 정치적 신분(外王)을 추구한다는 점에서 인격개념과 신분개념을 융합하고 있다.

육룡을 군자의 표상으로 이해할 때 건괘의 각 효사에는 수기(修己)의 관점에서 접근할 수 있는 내용이 다분하다. 초구의 잠룡은 수신(修身)의 필요성을 역설하며, 구삼의 군자는 '종일건건(終日乾乾)'과 '석척약(夕惕若)'이라는 수신의 전범(典範)을 직접 보여준다. 구사의 군자는 본분을 지킬 것을 강조하며, 상구의 항룡은 반성적 인격을 갖추도록 역설하고 있다. 군자다움을 추동하는 좁은 의미로서 학(學)의 개념이 빠져있지만,35) 전체적인 맥락에서 유덕자의 전단(前段) 조건인 수신을 강조한 사실이 분명하게 드러난다.

또한, 치인(治人)의 견지에서 구이의 군자는 경세의 공간으로 뛰어들어 인재를 구하는 모습을 보여주며, 구오의 군자는 천명을 받아 세상을 경륜하는 위정자의 경지에 올라선 사실을 말하고 있다. 이러한 모습은 창업과 수성이라는 경세의 난제(難題)를 마주한 위정자의 모습과 별반 다르지 않다. 이처럼 수기와 치인의 관점에서 건괘의 담화 주체인 군자는 후대의 유가에서 정립한 개체중심인 군자로서 개념적 특성을 드러내고 있다.

이로 미루어 공자 이후 유가에서 정립한 군자는 건괘의 군자가 개념적 원형임을 알 수 있다. 그렇다면 건괘의 군자의 개념은 인격개념과 신분개념을 명확하게 구분하여 정립한 것 아니라 불명확하게 혼재되어 있다고 보는 것이 타당하다.36) 앞서 검토한 역사적 서사의 관점

---

35) 『論語』「學而」편 수삼구(首三句)는 군자라는 전인적 인격체로 나아가는 도상을 밝힌 통론으로, 그 과정에서 가장 기본으로 삼은 개념이 학(學)이다. 따라서 유가에게 학(學)은 시대를 초월하여 수신과 치인의 일관 주제가 되었다고 말할 수 있다.

36) 「周書」 중에 군자를 지칭한 경우는 두 번(「泰誓·下」: 嗚呼! 我西土君子 天有顯道 厥類惟彰. 「여오(旅獒)」: 狎侮君子 罔以盡人心 狎侮小人 罔以盡其力.) 있고, 나머지는 冢君, 邦君, 君 등으로 부르고 있다. 직접 지칭한 2편은 전국시대 이후에 편집한 것으로 추정된다는 점을 참고할 필요가 있다. 반면에 『詩經』에

에서 건괘의 담화를 이해하면 수기(修己)의 관점에서 접근한 유덕(有德)의 요소는 경세의 주체가 갖추어야 할 차별화된 도구적 덕목의 성격이 짙으며, 치인(治人)의 관점에서 접근한 위정(爲政)의 요소는 유가에서 지향한 민본적 개념이 아닌 피지배계층에 대한 주재적 개념에 근접한다.

따라서 건괘의 군자를 개체성의 측면에서 접근하면 유가에서 정립한 군자의 속성이 다분하지만, 인격개념과 신분개념으로 분화가 이루어지지 않은 채 후대에 유가에서 정립한 개체중심의 인격적 존재로서 군자의 원형으로 보아야 마땅하다.

나) 집단성의 측면

건괘의 군자의 개념 가운데 집단성이 내재하는지 확인하려면 용(龍)과 대인의 개념을 선행적으로 이해할 필요가 있다. 여기서 용은 씨족공동체 사회의 신화적 세계를 지배한 토템의 산물로, 담화의 주체인 주족(周族)의 선민적 권위를 고양하기 위한 상징물이다. 왕대유(王大有)의 "인류사회가 씨족에서 포족(胞族)으로, 다시 부락에서 부락연맹을 거쳐 민족으로 발전해 나가는 과정에서 원시 토템의 형상은 자연스럽게 하나의 집단이 다른 집단과 구별되는 표지로서 그 집단의 상징물이 된다."[37]라는 말은 이러한 관점을 뒷받침한다.

한편 대인은 신화와 현실이 혼재한 원시공동체 사회의 무축세계(巫祝世界)에서 제의와 점복을 주관한 제사장 그룹이 정치권력의 확장, 사회경제적 영역의 팽창 등으로 다양하게 재편되는 과정에서 정치적

는 군자를 지칭한 용례가 풍부하지만, 押韻을 거의 하지 않고, 글귀에 옛 티가 많아 『시경』 중에서도 가장 오래된 것으로 평가받고 있는 「周頌」 31편에는 군자의 개념이 쓰인 예가 없다. 이러한 사실을 고려하면 건괘의 군자는 인격적인 면과 정치적인 면이 혼재된 것으로, 후대에 유가에서 정립한 군자의 개념과 일치한다고 말할 수 없다.

37) 王大有 著, 林東錫 譯, 『龍鳳文化源流』, 45~46쪽 참조.

보좌그룹을 형성함으로써 정립된 개념으로 보는 것이 마땅하다. 이런 관점에서 은대(殷代)의 종교적 문화권력자인 무(巫)·축(祝)·사(史)·종(宗) 등의 계열이 대인의 시원적 존재라면, 『주례』, 『예기』 등에 등장하는 육전(六典)의 수장인 육대(六大 : 大宰, 大宗, 大史, 大祝, 大士, 大卜)는 주대(周代)에 정립된 대인의 구체적 유형이라고 말할 수 있다. 이런 측면에서 「문언전」에서 말한 대인의 개념에는 육대의 공능을 포괄하는 원형적 성격이 있다.38)

이 사실을 전제하면 건괘의 군자는 용(龍)으로 표상된 존재이며, 대인의 보좌를 받는 존재이다. 그렇다면 건괘의 군자는 씨족공동체 사회의 신화적 토템의 권위를 계승한 자이면서 신정적 무축세계에서 군림한 정치적 군장의 성격이 강하다. 이것은 곧 제정일치 사회에서 제의와 점복, 정치를 총괄하던 제사장이 제의와 점복의 외피를 벗어던지고 정치적 모습으로 변신하는 단계에 있음을 시사한다.

씨족공동체 사회의 개념이 남아 있다는 측면에서 개체의 수신을 강조하는 유가의 군자와 달리 건괘의 군자는 이미 그 속에 집단성을 내포하고 있다. 상대(商代)의 복사 가운데 정치적, 군사적 지배그룹으로 보이는 다자(多子)39)가 등장하는데, 이를 참고하면 건괘의 군자도 주나라의 정치적 지배계층을 총칭하는 집단적 개념으로 생각할 여지가 있다. 이런 측면에서 『서경』에 등장하는 총군(冢君), 방군(邦君), 군(君) 등을 구체적인 유형으로 보아도 무리가 없다.

이런 관점으로 접근하면 수기의 덕목인 유덕(有德)은 씨족공동체의 우월적 선민의식의 내재적 현현(顯現)으로, 유덕을 바탕으로 하는 위정(爲政)은 씨족공동체의 권위와 안녕을 위한 외재적 주재(主宰)로 대체할 수 있으며, 이것이 건괘의 군자의 개념을 결정하는 요소가 된다. 또

---

38) 이에 대해서는 제Ⅳ장의 1-3에서 상술할 것이다.
39) 다자족은 子氏 성을 가진 상족의 왕족 집단 추정되지만, 이에 대해서 다양한 견해가 있다. (왕우신·양승남 著, 하영삼 譯, 『갑골학 일백 년 4』, 54~58쪽 참조)

한 서사의 주제가 공동체의 집단적 성격을 드러내고 있다는 점을 전제한 후 문학적 서사의 관점으로 접근하더라도 건괘의 괘·효사는 원시공동체의 결속과 번영을 축원하는 축고의식(祝告儀式)에 등장하는 무가(巫歌)의 성격이 짙다. 이 점에서 건괘의 담화는 장엄한 원시무가의 형식으로 주족(周族)의 선민의식을 고양하는 집단기억과 유사하다.[40]

그렇다면 건괘에서 풀어낸 서사적 담화의 주체인 군자는 개체적 인간으로서의 군자가 아니라 원시적 씨족공동체의 선민의식을 공유·계승한 집단적 성격의 인간군에 가깝다고 말할 수 있다. 따라서 건괘에서 말한 군자의 인격성은 주나라 지배계층이 갖추어야 할 집단적 덕목과 같다.

다) 상징성의 측면

역사적 시원의 측면에서 용(龍)은 황하문명(黃河文明)의 주류인 복희족(伏羲族)의 토템으로 인식되고 있다. 우주 만물의 생성원리를 담은 하도(河圖)를 짊어진 용마가 황하에 출현하자 복희씨가 이것을 보고 팔괘를 그렸다는 이야기는 단순하게 『주역』의 기원을 말한 것이 아니라 용을 토템으로 하는 복희족(伏羲族)이 황하 유역의 중원지방을 장악하고 점복과 제의에 기반한 신정적 씨족공동체를 건설한 것으로 해석할 수 있다.

『춘추좌전』 소공(昭公) 17년(B.C.525) 조에 "태호씨는 용을 벼리로 삼았기에 용의 이름을 빌린 용사라는 관직을 두었습니다."[41]라는 말을 분석하면 용은 황하 유역의 중원지방 일대를 장악한 종족의 토템으로 정치적 지배권을 상징하는 가운데 종족의 표지로 인식된 것이 분명

---

40) 종족의 형성과 분화, 과거의 재구성에 집단기억과 역사기억이 존재한다면, (王明珂, 『중국 화하 변경과 중화민족』 97~114쪽 참조) 건괘의 서사성은 은주교체의 정당성과 주 왕조의 영속성에 대한 집단기억, 역사기억의 측면으로 이해할 수 있다.

41) 『春秋左傳』 昭公 17년 : 太昊氏以龍紀, 故爲龍師龍名。

해 보인다. 일찍이 중원지방의 문명을 계승한 주족에게 이러한 용의 기원과 상징성은 특별한 의미가 있으며, 그 역사성이 내림하여 구체적으로 반영된 곳이 건괘라고 할 수 있다.

건괘의 용은 행역의 주체인 군자를 상징한다. 그렇다면 군자는 용을 통해서 자신의 실체를 드러내는 셈이다. 용에 대한 『설문해자』의 풀이에 따르면 용은 자유자재로 변할 수 있고, 등천(登天)할 수 있는 능력이 있으며, 동류(同類)의 우두머리가 된다는 특성이 있다. 이러한 특성은 건괘의 군자를 표상하는 핵심적인 요소나 다름없다. 자유자재로 변화하는 능력은 『주역』이 상정하는 세계가 끊임없는 변화의 도상에 있다는 점을 드러내기에 적합하고, 등천할 수 있는 능력은 천명을 받아서 경세의 대의를 펼치려는 군자의 이상을 드러내기에 타당하며, 동류의 우두머리라는 특성은 군왕의 정치적 권위와 위상을 상징하기에 마땅하다.

이 점에서 건괘의 용은 변화무쌍한 세계를 주재하는 존재로서의 변화지상(變化之像)이며, 육위(六位)에 시승(時乘)한 군자가 천행건(天行健)의 기상으로 변화를 주재하며 세상을 경륜하는 모습을 상징하는 군자지상(君子之像)이기도 하다. 아울러 건괘의 담화를 역사적 서사의 관점에서 접근하면 용은 은주(殷紂)를 징벌한 주족(周族)의 혁명을 정당화하고 새롭게 개조(開祖)한 주 왕조의 권위를 대내외적으로 과시할 수 있는 최적의 물상(物象)이다.

이러한 사실을 종합하면 변화의 궁리(窮理)를 궁구(窮究)하고 경세(經世)의 이치를 추극(推極)함으로써 원형이정의 인문세계를 구현하겠다는 집단적 의지가 용의 상징성 안에 투영되어 있다는 사실을 확인할 수 있다. 신화적 세계에서 종족의 특별함을 상징하는 표지(標識)인 용은 『주역』이 무축이 지배하는 신화적 세계에서 인간이 주체가 되는 인문적 세계로 거듭나는 단계에서 정립된 사유체계임을 증명하는 단서이기도 하다. 『주역』으로 말미암아 신이 주재하는 세계에서 탈피하여 인

간이 주체가 되는 인문적 서사의 세계가 열렸다는 사실관계가 건괘의
용을 통해서 확인된 셈이다.[42]

2) 역사의식

가) 우환의식

모종삼(牟宗三)은 「계사전」 가운데 "역(易)을 지은 사람은 우환에
처하여서 이를 지은 것 같다."[43]라는 말에서 중국인에게 특별히 강렬
한 우환의식(憂患意識)을 볼 수 있다고 했다. 이러한 우환의식은 긍정
적인 면으로서 도덕의식이며, 덕을 닦지 않은 채 학문을 이야기하지
않는 일종의 책임감이라고 규정한다. 맹자의 "우환에서 살고, 안락에
서 죽는다."[44]라는 말도 역(易)의 우환의식이 바탕이며, 이로부터 경
덕(敬德), 명덕(明德), 천명(天命) 등의 관념이 나온다고 보았다.[45]

위 모종삼의 견해를 따르면 우환의식은 죄의식, 공포의식, 허무의식
등과 같이 자기를 부정하거나 자기를 절대자에게 예속하는 의식이 아
니다. 근심과 걱정 가운데서도 자기를 긍정함으로써 자아의 주체성을
단련하는 의식이다.

이를 전제하면 격변의 역사가 조장한 우환 속에서 평온한 일상으로
돌아가고자 하는 인간의 모습을 건괘에서 만날 수 있다. 건괘 구삼의
'종일토록 강건하게 노력하고 저녁이 되어서도 혹 부족함이 없었는지
두려워하며 돌아보는 것'은 격변하는 역사의 무대에서 몸부림치는 군

---

42) 하버마스의 "오디세이의 모험들에는 신화적 힘들로부터 해방되는 주체성의 시
    원적 역사가 반영되고 있다."라는 말을 참고하면, 용으로 비유되는 건괘의 군
    자에는 신화적 세계에서 탈피하여 인문적 세계를 여는 시원적 존재성이 있음
    을 알 수 있다. (위르겐 하버마스(Jurgen Habermas) 著, 이진우 譯, 『현대
    성의 철학적 담론』, 138쪽 참조)

43) 「繫辭傳·下」 제7장 : 作易者 其有憂患乎。

44) 『孟子』「告子·下」 : 生於憂患 死於安樂.

45) 牟宗三 著, 김병채 외 譯, 『중국철학 강의』(原題 : 『中國哲學的特質』), 37~49
    쪽 참조.

자의 책임의식과 관련이 있다. 이런 측면에서 구삼의 군자는 자기가
처한 상황(見龍在田)과 자기가 나아가서 천명을 펼쳐야 할 세상(飛龍
在天) 사이에서 우환의식으로 자신을 돌아보며 끊임없이 고뇌하고 노
력하는 존재이다. 이처럼 건괘 구삼은 군자의 우환의식이 구체적으로
현현한 것으로 보아도 지나침이 없다.

　이외의 효사에도 각각 다른 우환의식이 내재한다. 초구는 군자의 미
숙함과 나태함을, 구이는 난세를 헤치고 경륜하는 문제를, 구사는 경세
의 때를 목전에 두고 미혹으로 본분을 망각함을, 구오는 천명에 따라
세상을 올바르게 경륜하는 문제를, 상구는 경세의 말단에서 초심이 흐
트러지는 것을, 용구는 패권을 두고 분열하고 대립하는 문제를 두고 우
려하고 있다. 건괘에 내재한 우환의식은 이러한 우려가 '원형이정'의 대
동세계를 이루고자 하는 소명의식 내지는 역사의식으로 전환된 것이다.

　『주역』은 그 전단에서 인간이 고뇌하는 바를 주시하고 점을 매개로
덜거나 가라앉히는 일에 주안점을 두고 있다. 일을 행함에 있어서 신
의 뜻에 맡기는 것에 그치지 않고 인간이 주체적으로 걱정하고, 생각
하며, 판단하면서 정중의 길을 찾아가도록 여지를 남겼다. 우환의식을
바탕으로 서사적 인문세계를 열어가는 『주역』의 힘은 여기에서 비롯
된다.

나) 역사의식

　건괘의 담화를 역사적 서사의 형식으로 재구성하면 건괘에 내재한
우환의식은 역사의식으로 전환된다. 역사의식으로 전환되기 전의 우환
의식은 인간의 고뇌와 관련이 있는 점서적 일반의식이며, 우환의식에
서 전환된 역사의식은 시대적 상황이 요구하는 소명이 반영된 특수한
의식이다.

　서사의 담화가 역사적인 계기와 맞물려 있으면 그 담화에는 역사 주
체의 역사의식이 내재한 채 서사의 전반을 지배하기 마련이다. 예를

들면, 선조(先祖)인 목조에서 태종에 이르는 육조(六祖)의 행적을 "해동의 육룡이 나르샤 일마다 천복(天福)이시니"로 노래한 『용비어천가(龍飛御天歌)』46)가 대표적이다. 외관상 고려를 무너뜨리고 역성혁명에 성공한 조선왕조의 개국을 송영(頌詠)했지만, 이 시를 지배하고 있는 것은 왕조를 안정적 궤도 위에 올려놓고 항구적인 번영을 이루겠다는 지배계층의 집단적 역사의식이다.

이 서사시 중에 주목할 대목은 "옛적에 주나라 태왕이 빈곡(豳谷)에 거주하며 제왕의 업적을 쌓으시고, 우리 시조께서는 경흥(慶興) 땅에 거주하며 군왕의 업적을 쌓으시니"47)라는 구절이다. 주나라 태왕 고공단보의 치적과 조선왕조의 시조인 목조의 치적이 같음을 송영한 것으로, 조선왕조의 시원(始原)이 인문세계의 기틀을 다진 주나라의 시원과 다르지 않다고 인식한 사실이 확인된다. 특히 "상나라의 덕이 쇠하여 장차 천하를 맡으려 하시니 저수의 강가가 저자처럼 붐비고, 고려의 운이 쇠하여 장차 나라를 맡으려 하시니 동해 바닷가의 저자처럼 따르니"48)라고 노래함으로써 축고창조(逐高創朝)의 혁명을 은주교체의 역사적 당위와 연계하여 정당화하고 있다.

은주교체의 역사적 당위성과 그 주체의 특별함에 대해 인용한 것을 보면 『용비어천가』의 육룡은 건괘의 각 효에 포진한 육룡을 모사한 것이 분명하다. 이것은 곧 조선왕조를 연 주류 세력이 건괘의 괘·효사에 대해서 점서적 관점 이외에 역사적 관점으로 접근하고 이해했다는 사실을 말하고 있다. 따라서 『용비어천가』는 단순히 왕조 창업을 송영하

---

46) 『용비어천가』는 1445년(세종 27) 4월에 편찬되어 1447년(세종 29) 5월에 간행된, 조선왕조의 창업을 송영(頌詠)한 노래이다. 목판본 10권 5책의 125장에 달하는 서사시이다. 조선 건국의 과정과 조상들의 성덕을 찬송하고, 태조(太祖)의 창업이 천명에 따른 것임을 밝힌 다음 후세의 왕들에게 나라를 보호하고 번창하게 할 수 있도록 경계하는 내용으로 구성되어 있다.

47) 『龍飛御天歌』 제3장 : 昔周大王 于豳斯依 肇造丕基 今我始祖 慶興是宅 肇開鴻業.

48) 『龍飛御天歌』 제6장 : 商德之衰 將受九圍 西水之滸 如市之歸 麗運之衰 將受大東 東海之濱 如市之從.

는 문학적 서사에 그치지 않는다. 역사적 존재로서의 현존재가 역사의 먼 지평에 있는 은주교체의 혁명에서 전범(典範)이 되는 점을 확인한 후에 서술한 역사적 서사이기도 하다.

역사적 서사에서 역사의식은 필수적 요소이다. 과거의 사실을 드러내는 데 그치는 '사실로서의 역사'이든 아니면 과거의 사실에서 미래를 보아야 한다는 '계몽으로서의 역사'이든 역사 주체의 역사의식을 배제하고 그 시대의 역사를 제대로 조망할 수 없다. 이런 관점으로 『용비어천가』에서 확인한 역사성을 참고하면, 은주(殷紂)를 몰아낸 주나라 지배계층이 『주역』의 수괘(首卦)인 건괘에서 장엄한 서사구조의 담화를 남겨49) 대내외적으로 그들의 우환을 공유하는 가운데 새로운 세계의 건립에 대한 역사적 의지를 표방한 사실이 확인된다. 점서적 측면에서 『주역』이 추상적인 상(象)과 구체적인 사(辭)를 연계한 정교한 인식체계이지만, 역사적 측면에서 평천하를 지향한 목적론적 교학성을 지닌 것은 역사 주체의 우환의식 내지는 역사의식이 반영된 결과로 보아야 한다.

건괘에 내재한 서사적 세계관은 매우 독창적이며, 그 자체로서 후대의 세계관에 지대한 영향을 끼친 전범(典範)으로 자리매김했다. 후대의 철학적 인식체계, 규범적 사유체계, 정치적 통치체계 등은 건괘의 점진과 점층의 서사적 상승구조를 떠나서 그 근원을 찾기 어렵다. 이것은 은주 교체로 말미암아 상제의 주재에서 벗어난 인간이 천명을 본받아 '원형이정'의 대동세계를 건설하려는 주체적 인간으로 변모한 결과이다. 하늘이 열리면서 서사의 길이 뚫리고, 서사가 있는 곳에 독자적 인문이 형성된다. 역(易)이 지어진 지 5백여 년이 지난 시점에서 분출한 백가쟁명(百家爭鳴)은 건괘의 서사적 세계가

---

49) 서주 시기에 제작된 〈대우정〉이나 〈모공정〉 등의 명문을 보면 중요한 역사적 사건을 배경으로 천명을 숭상하고 덕을 본받겠다는 뜻을 밝힌 경우가 많은데, 건괘의 서사에도 이런 예가 반영된 것으로 볼 수 있다.

그 모태이다. 아울러 이들 백가(百家)의 사상적 자유도 이러한 서사적 구조의 공간을 열었기 때문에 가능했다.

2. 규범적(規範的) 세계관

2-1. 규범 일반

제Ⅱ장에서 『주역』의 역사적 배경을 다르면서 은주교체의 역사를 계기로 세계를 지도하는 보편적 원인자가 주재적 존재로서의 상제에서 신적 이념으로서의 천명으로 대체되기 시작했음을 논증했다. 이처럼 인간을 지도하는 최고이념의 변화로 인간은 신을 위한 기능적 존재에서 신과 짝하고자 하는 자율적 존재로 변해갔다.50) 그 결과 세계는 신이 주재하는 무축세계에서 인간이 중심이 되는 인문세계로 나아갈 수 있었다. 이러한 인문세계를 증명하는 구체적 양태 중의 하나가 규범적 세계관이다.

규범은 신화적 맹신에서 벗어난 인간이 자기의 주체성과 고유가치를 확인할 때 성립하는 일종의 자아 입법이다. 이 자아 입법은 인간의 자유에 기반한 주체적 자기 규율이다. 인간이 신의 절대 의지에서 벗어날 수 없는, 이른바 주재의 대상으로 예속된 경우는 물론, 보편 이성으로서의 신의 의지를 부인하는 곳에서는 성립할 수 없다.51) 인간

---

50) '以德配天' 사상은 존재로서의 상제에게 예속된 상대의 기능적 인간에게 기대할 수 없다. 인간을 지도하는 하나의 이념으로서 천명을 받아들일 때 이것을 본받고자 하는 인간의 자율적 규범성이 태동하게 된다.

51) '윤리적인 공동체가 존립하려면 윤리적인 의무가 동시에 그의 명령으로 표상될 수 있는 최고 입법자의 존재가 필요하며, 입법자는 각 개인의 마음속 깊은 곳을 통찰하고 그의 행위에 합당한 대가를 부여받을 수 있도록 해주는 마음의 통찰자인데, 이와 같은 존재가 도덕적 세계를 통치하는 자로서의 신의 개념인 것이다'라는 칸트의 말을 참고할 필요가 있다. (임마뉴엘 칸트(Immanuel Kant) 著, 신옥희 譯, 『이성의 한계 안에서의 종교』, 113~115쪽 참조)

을 주재하고 예속하는 존재로서의 신에게서 벗어났거나, 인간에게 선의지를 제공하는 준거로서의 신의 의지를 받아들일 때 인간의 규범이 태동하고 정립될 수 있는 조건이 충족된다.

자아 입법의 이념적 준거로서의 자유는 인간의 감성이나 지성에 의한 증명을 초월해 있으면서 보편 입법의 원리를 제공하고 개체의 실천적 자각을 촉발하는 선의지의 근인(根因)이며, 구체적 표출이 의지의 자율이다. 이러한 자유가 존재 그 자체가 무한자유인 신의 속성에서 비롯된다면 보편적 규범성을 제공하는 신은 우리 외부의 존재가 아니라 우리 안에서 무한 자유의 공간을 열어주는 일종의 이념으로, 자아 입법의 본원적 원인자나 다름없다.

이런 관점에서 은주교체 과정에서 정립된 천명은 하나의 이념으로서의 신적 이성과 유사한 개념이다. 이 천명은 인간을 예속하는 존재로서 신의 명령이 아니라 경천(敬天)의 방식으로 도덕적 선의지를 추동하고, 순천(順天)의 형식으로 자아 입법의 준칙을 실천하는 준거가 된다.

이러한 천명의 구체적 실체가 바로 건괘의 괘사 '원형이정(元亨利貞)'이다. 이것은 인간의 감성에 기반하여 정립한 경험적 개념이 아니라 인간의 경험 세계를 규율하는 선험적 원리이며 초월한 이념이다. 『주역』 64괘가 이 세계가 안고 있는 문제에 대한 담론 전체의 표상이고, 384효가 그 담론을 전개하는 낱낱의 실상(實相)이라면, '원형이정(元亨利貞)'은 넓게는 64괘 384효로 표상한 세계를 규율하는 지도원리이며, 좁게는 건괘의 육룡이 경세적 의지를 추동하는 실천적 준거이다.

이런 인식은 "순수실천이성은 대전제(도덕원리)의 보편적인 것에 출발하여 소전제에서 가능한 (선·악의) 행위들을 저 대전제 아래 포섭시킴을 거쳐 결론, 곧 주관적인 의지규정(실천적으로 가능한 선과 이에 기초한 준칙에 관한 관심)으로 나아간다."[52]라는 칸트의 말을 참고하

---

52) 임마뉴엘 칸트(I. Kant) 著, 백종현 譯, 『실천이성비판』, 176쪽 참조.

면 명확해진다. '원형이정'이라는 보편적 지도이념이 존재함으로써 건괘 내 각 효사의 육룡이 포섭되어 각자의 의지를 펼치게 되며, 64괘의 핵심 담론과 384효의 실천적 명제가 잡다한 점사로 추락하지 않고 세계를 규율하는 규범적 독자성을 유지하게 된다.

따라서 건괘의 괘사 '원형이정(元亨利貞)'은 모든 괘와 효의 이념적 지향성을 펼치는 원인자이며, 건괘 내 육룡의 경세적 상승 의지를 고무하는 최종적 보편개념이라는 위상이 있다.[53] 이것은 '하늘의 변함없는 윤리가 베풀어지는 이치'[54]를 말함이며, '세상을 다스리는 아홉 조목을 규율하는 위대한 원리이자 지도이념'[55]과 다르지 않다. '원형이정'이 세계를 지도하는 이념, 세계를 펼치는 원인자로 자리함으로써 세계는 이것을 실천하려는 의지로 충만하게 된다. 이 의지가 바로 선을 향한 의지이며, 자아 입법인 규범의 형식으로 표출된다.

이러한 선의지는 은주교체를 완성한 주나라 지배계층의 순수(順守)에 대한 역사의식이 담긴 건괘의 서사에서 읽을 수 있다. 괘사 '원형이정(元亨利貞)'은 『주역』 전반을 관통하는 규범적 대의(大義)를 밝히고 있으며, 초구의 '잠긴 용이니 쓰지 말라(潛龍勿龍)', 구삼 효사의 '종일 건건(終日乾乾)하고 석척약(夕惕若)하라', 구사의 '미혹에 빠지더라도 근본을 벗어나지 말라(或躍在淵)'는 말 등은 모두 점사(占辭)임과 동시에 선의지에 기반한 실천적 도덕률을 제시했다. 초구 "잠룡은 쓰지 말라"는 비록 표현 자체는 은유적이지만 형식과 내용에 있어서 직접적이고 단호한 규범적 명령의 형식으로 미숙함을 경계했다. 구이에서 상구에 이르는 나머지 효사도 규범적 관점에서 그 내용을 파악하면 규범적 선의지가 당연히 내재함은 물론이다.

---

53) 「文言傳」의 '元者 善之長也(元은 善의 으뜸이다)'의 개념을 참고하면 『周易』의 首辭인 '元'은 인간의 선의지와 이를 실천하는 규범이 조화를 이룬 최고선의 개념과 상응하는 면이 있다.

54) 『書經』「洪範」: '我不知其彝倫攸叙' 참조.

55) 『書經』「洪範」: 天乃錫禹洪範九疇 彝倫攸叙 참조.

자유에 기반한 의지의 자율로서의 규범적 선의지가 개체성을 속성으로 한다면, 건괘의 효사에 내재한 선의지는 여기에 더하여 역사성과 집단성이 강하다. 역사성은 600여 년을 내려온 상 왕조를 무너뜨린 주족의 역사적 소명의식과 관련하며, 집단성은 극상 이후의 순수(順守)에 대한 주나라 지배계층이 지닌 의지의 결집이라는 형태로 나타난다. 상나라의 멸망은 상제의 힘을 배경으로 전제적 신권을 행사하던 세계의 몰락과 같다. 이러한 절대 신성의 세계를 무너뜨리고 탄생한 세계는 존재로서의 상제에게 인간의 운명을 맡기는 대신에 인간의 자율적 선의지를 추동하는 신적 이념으로서의 천명을 지도이념으로 삼았다.

천명 관념은 상나라 왕조를 무너뜨린 주나라 지배계층의 역사의식의 근원이며, 순수에 대한 집단의지를 결집하는 준거이다. 따라서 천명의 구체적 현현(顯現)인 '원형이정(元亨利貞)'과 이것을 실천하려는 육룡의 지향적 의지는 개체의 자유에 기반한 선의지이기에 앞서 은주 교체 이후에 분열된 세계를 통합하고 새로운 인문 세상을 열고자 하는 주나라 지배계층의 집단적 역사의식이 그 바탕이다. 이와 같은 역사적, 집단적 선의지가 규범적 일반의지로 나아가고, 이 의지에 기반하여 규범적 세계로서 주나라의 천하가 열린 것이다.

1) 정언적(定言的) 규범성

선(善)에 대한 인간의 의지는 일정한 법칙에 따라 전개되는 자연의 의지와 달리 '마땅히 무엇을 해야 한다'라는 당위의 형식으로 표출된다. 이 당위에서 객관적 법칙이나 원리에 맞게 어떤 것을 행하거나, 아니면 행하지 않도록 지시하는 명령이 나온다. 칸트에 의하면, 모든 명령은 가언적이거나 정언적이다. 전자는 가능한 행위의 실천적 필연성을 사람들이 의도하는 어떤 다른 것에 도달하기 위한 수단으로 표상하는 것이며, 후자는 하나의 행위를 어떤 다른 목적과 관계없이 그 자

체로서 객관적 필연성을 표상한다.[56)

이에 따르면 어떤 행위가 의도하는 다른 목적을 위하여 수단으로서 선하다면 가언적이며, 반면에 어떤 행위가 다른 목적과 관계없이 그 자체로서 절대적으로 선하다면 정언적이다. 의지의 자율로서의 도덕명령은 이 정언명령에서 나온다. 정언명령은 언제, 어느 곳이든, 누구에게나 타당한 보편적인 준칙이며, 어떤 전제나 조건도 없이 즉시 실천해야 하는 절대적 명령이다. 그러므로 인간의 선에 대한 의지는 인간의 이성에서 유래하는 절대명령으로서의 도덕적 명령에 무조건 복종하는 것과 같다.

이런 전제하에 규범적 관점으로 건괘의 괘사와 효사를 살펴보면, 괘사 '원형이정'은 규범적 준거로서의 지도이념이며, 각각의 효사는 정언적이거나 가언적 형식의 규범으로 이 지도이념을 구현하려는 선의지를 드러내고 있다. 다시 말해 인간의 선의지를 추동하는 '원형이정'은 그 자체로서 최고선의 가치를 표방하고 있으며, 각각의 효사는 이를 실천하려는 인간의 규범적 의지를 반영하고 있다.

이와 관련하여 먼저 검토할 사항은 '잠룡은 쓰지 말라(潛龍勿用)'고 말한 초구의 정언적 규범성에 관한 것이다. 무방무체(无方无體)인 역(易)의 세계를 표상하는 384개의 효사 중에서 '잠겨 있는 용은 쓰지 말라'는 효사를 왜 절대명령의 형식으로 '제1의 효사'로 내세웠는지 그 이유에 대한 규명은 『주역』에 내재하는 규범성의 실상을 확인하는 측면에서 매우 중요하다. 두 가지 관점에서 정리하면 다음과 같다.

첫째는 역리적 관점이다. 역의 세계는 변화무쌍하다. 이러한 변화는 인간의 인식, 인간의 예지에 의한 예측 가능성을 무력화함으로써 인간의 일상을 불안하게 만든다. 『주역』이 궁극으로 지향하는 것은 이처럼 천변만화의 세계와 예지력이 미약한 인간과의 괴리에서 발생하는 문제를 해결하는 데 있다. 각정성명(各正性命)과 보합태화(保合太和)의 일

---

56) 임마누엘 칸트(I. Kant) 著, 백종현 옮김, 『윤리 형이상학 정초』, 154쪽 참조.

상적 함녕(咸寧)57)이 보장되는 세상을 열고자 한다면 이처럼 변화무쌍한 세계를 주체적으로 경륜할 수 있어야 한다. 그렇다면 미숙함은 반드시 극복해야 할 문제이며, 이것을 해결하는 것이 가장 중요한 실천 덕목이 될 수밖에 없다. 미숙한 자는 세상을 바꿀 수 없고, 명분을 세워도 실질에 이를 수 없으므로58) 미숙한 상태에서 절대로 세상을 경륜하지 않아야 한다는 정언적 당위가 성립한다.

역(易)의 세계가 세상을 경륜하는 주요 담론으로서의 괘와 실천적 준칙으로서의 효로 표상됐다면, 건괘의 괘사 '원형이정'은 모든 담론을 지도하는 보편적 입법의 준거이며, 초구의 '潛龍勿用'은 역의 세계를 규율하는 제1의 실천적 준칙이 된다. 그 이유는 앞에서 말했듯이 변화무쌍한 역(易)의 세계에서 미숙함은 그 어떤 것에도 비견할 수 없는 절대적 금기이며, 미숙한 자를 절대로 쓰지 않아야 한다는 의지의 준칙은 보편 입법의 준거인 '원형이정'에 비추어도 타당하기 때문이다.

따라서 '잠룡은 쓰지 말라'는 말은 적어도 변화무쌍을 속성으로 하는 역(易)의 세계에서 그 자체로서 선한 절대적 명령으로 그 어떤 가치판단도 필요치 않은 정언적 규범성을 띨 수밖에 없다.

둘째는 역사적 관점이다. 은주교체의 혁명은 본래 무도한 주왕을 징벌하고 상나라를 바로 잡는 데 목적이 있었다. 은주교체의 직접적 원인은 은주(殷紂)의 무도함이다. 주왕의 폭정으로 상나라가 천명을 잃고 문왕의 선정으로 그 천명을 받은 주나라가 왕조를 교체한 것이다. 무왕의 징벌로 상나라가 망한 일은 주왕의 자멸적 행위를 형식적으로 확인한 것과 같다. 이처럼 무도한 주왕을 징벌하고 주나라를 세운 혁명의 주체들이 '천명이 한결같지 않다'라는 말로 스스로 경계한 것은 미완(未完)의 군주가 6백 년 왕조를 무너뜨린 사실을 생생한 현실로 경험했고, 새로이 건국한 주나라도 예외가 될 수 없다고 자각한 결과이다.

---

57) 「乾卦·象傳」: 乾道變化 各正性命 保合太和 乃利貞 首出庶物 萬國咸寧.
58) 「乾卦·文言傳」: 不易乎世 不成乎名.

'세상을 다스리는 위대한 원리를 실천하는 아홉 가지의 덕목(洪範九疇)'은 경세(經世)의 대범(大範)이면서, 동시에 군왕이 된 자, 군왕이 되고자 하는 자에게 미숙함을 경계하도록 촉구하는 교학적 규범의 성격이 짙다. '하늘이 내린 일정한 윤리'를 알아야만 '서로 돕고 살아가는' 세상을 만들 수가 있으며[59], 만일 이러한 이치를 무시하고 세상을 경륜하면 백성이 도탄에 빠지고 급기야 주왕처럼 망국을 자초한다. 이러한 인식하에 군왕이 되고자 하는 자는 반드시 미숙함에서 벗어나야 한다는 규범적 당위가 성립된 것이다.

변화무쌍한 역(易)의 세계를 보합태화의 세계로 전환하는데 미숙함을 제1의 금기로 삼은 역리적 관점과 통한다. 일개 군왕의 미숙함 때문에 6백 년 왕조가 무너지는 역사적 사실을 경험하였기에 또 다른 천년 왕조를 꿈꾸는 역사 주체에게 '잠룡이 되지 말라'[60]라는 절대적 명령을 세상을 경륜하는 제1의 실천 덕목으로 받아들이도록 했다.

이와 같이 초구를 절대적 실천명령으로 제시한 다음, 능신(能臣)을 구하여 난세를 평정하는 구이의 인사(人事)를 요구했고, 종일 강건하게 노력하고 밤이 되어도 부족함이 없었는지 두려워하는 구삼의 무일(無逸)을 강조했다. 또한 존위에 오르고자 하는 자의 마지막 미완인 미혹을 극복하기 위해 구사에서 인격적 완성을 요구했으며, 치세의 군왕이 범하는 독주와 안일을 깨우치고자 직신(直臣)과 현신(賢臣)을 구하도록 구오에서 요구했다. 모두 미숙함에 대한 경계, 미숙함이 불러올 파국에 대한 자각과 직접 관련이 있다. 결론적으로 『주역』이 정립된 그 시대의 역사적 관점에서 초구는 더 이상의 가치판단이 필요 없는 절대적 자기 명령으로, 은주교체의 혁명으로 나라를 새롭게 연 주나라 지배계층이 제1의 실천적 준칙으로 삼기에 부족함이 없다.

---

59) 『書經』「洪範」: 惟天陰騭下民 相協厥居 我不知其彝倫攸叙.

60) "잠룡은 쓰지 말라"는 말은 역사적 측면에서 주나라의 군왕이 될 자들에게 "잠룡이 되지 말라"는 자기 경고이며, 殷紂처럼 미숙해지는 것을 정언명령의 형식으로 강조한 말이다.

2) 가언적(假言的) 규범성

건괘 초구를 제외한 나머지 효사는 그 형식에 있어 가언적이다.

구이의 '용이 밭에 나타났다. 대인을 만나야 이롭다'[61]라는 말은 군왕이 될 자가 세상으로 나아가 경륜하고자 한다면 대인을 찾아서 쓰는 것이 이롭다는 뜻으로, 앞단과 후단이 조건 관계에 있다. 역사적 측면에서 구이는 군왕이 될 자가 은주(殷紂)가 조장한 난세(亂世)로 뛰어들었으니, 비범한 인재를 발탁하여 도움을 받아야만 이로움이 있음을 뜻하고 있다. 이에 따르면 구이는 상말의 난세에 등장한 문왕이 산의생, 굉요, 여상 등 극상에 쓸 인재를 영입한 사실과 관련이 있다고 보아도 무리가 없다.

이에 따르면 구이에는 두 가지 규범적 의무가 내재한다. 난세를 평정할 의무와 난세를 평정하는 데 쓸 인재를 찾아야 하는 의무가 그것이다. 난세를 방관하면 애당초 군왕의 자격이 없으며, 사람을 찾아서 쓰지 못하면 군왕의 존재가치가 없다는 점에서 이러한 의무는 중요할 수밖에 없다.

마찬가지로 구삼의 "군왕이 될 자가 날마다 강건하게 노력하고 밤이 되어서도 부족함이 없었는지 돌아보며 애를 쓴다면, 비록 위태롭더라도 허물이 없다."[62]라는 말도 가언적 형식을 취하고 있다. 세상을 다스리고자 한다면 부단하게 갈고 닦아야 한다는 규범적 의무를 군왕에게 요구하고 있다. 이러한 의무는 자기를 세우지 못하면 천하도 세울 수 없으므로 "백성을 다스리는 사람은 편하게 지내지 않아야 한다."[63]는 규범적 당위에서 비롯됐다. 『서경』「무일(無逸)」 편의 "주나라의 태왕과 왕계는 스스로 겸손하고 두려워했으며, 문왕은 아침부터 해가 지기까지 밥 먹을 겨를도 없이 만백성을 두루 화평케 했습니다."[64]라

---

61) 『周易』 乾卦 九二 : 見龍在田 利見大人。
62) 『周易』 乾卦 九三 : 君子 終日乾乾 夕惕若 厲 无咎。
63) 『書經』「無逸」: 嗚呼 君子所其無逸。

는 구절은 구삼의 내용과 일치한다.

　구사의 "뛰어오른 용이 연못에 있으니 허물이 없다."65)라는 말도 군왕이 될 자에게 본분을 상기시켜 미혹되지 않도록 경계한 것이다. 역사적 관점에서 은주를 벌하고자 800명의 제후가 맹진에 집결했으나 천명이 이르지 않았다는 이유로 스스로 회군한 무왕의 행보를 '혹약재연(或躍在淵)'의 구체적 사례로 보아도 무리가 없다. 따라서 천하를 경륜할 수 있는 구오지존(九五之尊)을 목전에 둔 자는 본분을 잊고 성급하게 미혹되는 일이 없어야 한다는 규범적 당위가 구사에 내재한다.

　구오의 비룡(飛龍)은 초구의 미숙함을 극복하기 위하여 구이에서 구사에 이르는 수신의 과정을 거쳐 비로소 세상을 경륜하게 된 군왕을 상징한다. 역사적으로는 덕을 베풀어 천명을 얻은 문왕과 이 천명을 바탕으로 무도한 주왕을 징벌하고 주나라의 천하를 연 무왕과 관련이 있다. 이 단계에서도 대인을 만나라고 말한 이유는 세상을 제대로 다스릴 의무가 있는 군왕에게 강직하고 현명한 신하가 필요하다고 보았기 때문이다. 구이와 마찬가지로 구오에도 세상을 잘 다스려야 하는 본래의 의무와 이 의무를 다하고자 인재를 구해야 하는 파생적 의무가 담겨있다. 무왕이 패망한 상나라의 왕족 기자(箕子)를 찾아 세상을 바로잡는 위대한 원리를 물은 것은 군왕이 된 자가 자기의 의무를 다하고자 함이며, 이러한 이치를 꿰고 있는 대인을 찾아야 하는 자기의 의무를 실천함에 있다.

　상구의 '항룡유회(亢龍有悔)'는 은주(殷紂)의 난맥상을 돌아보며 자기 경계를 촉구하는 하나의 경구이다. 이른바 무회지도(無悔之道)의 실천을 요구한 것과 같다. 천명이 변함없이 주나라에 머물지 않을 수 있으므로 군왕이 된 자는 그 천명이 떠나지 않도록 군왕의 도리를 다

---

64) 『書經』 「無逸」 : 厥亦惟我周太王王季 克自抑畏, 文王 自朝至于日中昃 不遑暇
　　食 用咸和萬民。
65) 『周易』 乾卦 九四 : 或躍在淵 无咎。

해야 마땅하다는 당위가 성립한다. 군왕이 된 자가 은주(殷紂)처럼 무도하면 주나라도 무너지게 된다는 역사적 인식하에 끝까지 최선을 다해야 한다는 규범적 당위와 끝까지 최선을 다하라는 지시적 명령이 상호 맞물려 있다는 사실이 확인된다. 이런 측면에서 상구는 단순하게 회한을 토로하는 자리가 아닌 역사적 소명의식을 완수하는 자리가 되었다.

용구(用九)의 "용(龍)이 여럿이 나타났으나 머리가 없으면 길하다."[66] 라는 말은 군왕의 자질을 갖춘 자들이 패권을 탐하여 서로 다투지 않으면 길하다는 뜻이다. 주 왕실 내부의 분열을 막고자 권력의지의 절제와 조화를 요구한 가언적 규범성이 내재한다. 무왕 사후에 일어난 왕실 내부의 권력투쟁인 '삼감(三監)의 난(亂)'을 생각하면 왕실 내부에서 권력의지를 드러내어 서로 의심하고 다투면 나라가 큰 위기에 봉착하므로 하나로 결속하고 화합해야 한다는 규범적 당위가 정립된 사실을 확인할 수 있다.

2-2. 규범의 특수성

1) 규범의 단서로서의 '재(在)'

일반적으로 규범은 가치의 내재화를 통해서 정립된다. 가치의 내재화는 마땅히 지켜야 하고, 마땅히 본받아야 하는 당위(當爲)가 일상적으로 반복하는 영역에서 일어난다. 당위의 영역은 신념의 결집, 권위의 발현(發顯), 신성(神聖)의 존숭(尊崇) 등이 존재하는 영역이다. 이러한 당위가 성립하는 곳에서 지켜야 할 다양한 가치가 형성되고, 이 가치를 공유하는 과정을 거치면서 사회적, 집단적 규범으로 자리 잡게 된다.

---

66) 『周易』乾卦 用九 : 見群龍 无首 吉.

이런 전제 아래 건괘의 괘·효사를 살펴보면 괘사 원형이정(元亨利貞)은 『주역』 전반을 관통하는 규범적 대의를 밝히고 있으며, 각 효사도 '원형이정'을 실천하고자 하는 도덕률을 간직하고 있다.

건괘 자체가 규범적 가치체계이지만, 여기에서 특히 주목할 점은 건괘 구이, 구사, 구오 중 '재전'(在田), '재연'(在淵), '재천'(在天)에 내재한 규범의 본원적 특수성에 관한 것이다. 이들 효사는 건괘에서 시공간적으로 특별한 의미를 지닌 효(爻)와 연결되어 있고,67) 그 말에 담겨있는 규범성은 심원한 역사성까지 내포하고 있다. 먼저 '재(在)'에 내재하는 당위의 문제를 규명함으로써 논증하기 위한 단서로 삼고자 한다.

시라카와 시즈카(白川靜)는 "문자가 성립하기 이전에 불특정 대상에 대한 의사전달 방법이었던 표지(標識)나 기호는 사물에 의한 상징의 방법으로 신성·금지·소유·소속·신분 등을 나타냈으며, 그 상징적 의미가 고정되고 보편적인 것이 되었을 때 기호적인 표기(表記)가 그것을 대신하고 문자에 가장 근접한다."68)라는 말로 표지나 기호가 문자화되는 과정을 설명하고 있다.

그 한 예로서 '在'자를 들었는데, 존재(存在)의 '재(在)'자는 갑골문상 십자가처럼 가로와 세로로 짜 맞춘 모양의 나무가 그 기본형이며, 이후의 금문에서 교차한 부분이 볼록한 모양으로 변했는데, 그 모양은 주술적 축문을 담는 그릇을 형상화한 것이라고 말했다.69)

『설문해자』에서 "재(在)는 존(存)이다. 토(土)의 뜻을 따르고 재(才)의 소리를 취한다."70)라고 해석하고 있다. 시라카와 시즈카는 여기에

---

67) 單卦에서 초효가 땅(地), 이효가 사람(人), 삼효가 하늘(天)을 각 상징하고, 이를 바탕으로 음양이 분화하여 重卦가 된 사실을 참고하면 구이, 구사, 구오는 地, 人, 天의 공간개념과 관련이 있다.

68) 시라카와 시즈카 著, 고인덕 譯, 『漢字의 世界』, 69쪽 참조.

69) 위 같은 책, 70쪽 참조.

70) 『說文解字』 : 在 存也. 從土, 才聲.

덧붙여 복문(卜文)이나 금문(金文)에서 재(才)는 재(在)의 초기문자이고, 재(在)는 그것에 사(士)의 신분을 나타내는, 칼날을 밑으로 한 의식용 도끼를 첨가한 것이라고 했다. 이 모든 것을 종합할 때 '在'자는 주술적인 기호로서 축문에 사(士)의 신분을 상징하는 주술적인 도구인 도끼를 더하여 존(存)의 성역(聖域)을 나타내는 것에서 출발했고, 부정하거나 불안한 것을 몰아내는 신령의 보호 아래 있는 곳을 가리키는 뜻이 내재한다고 말했다.71)

『논어』「헌문(憲問)」편의 "마땅히 그 자리에 있지 않으면(不在) 그 정사를 도모하지 말라."72)거나, 간괘(艮卦)「대상전(大象傳)」의 "군자는 지위에 맞게 처신하여 본분에서 벗어나지 않도록 해야 한다."73)라는 말 등을 참고하면, 재(在)는 위(位)의 마땅함을 드러내며, 동시에 위(位)는 재(在)의 당위를 통해서 그 존재성과 권위를 갖춘다는 점을 뜻하고 있다. 사물이 있고 없음을 의미하는 사실로서의 유무(有無)가 아닌 사물이 마땅히 갖추어야 할 당위로서의 존재함이 곧 '재(在)'의 뜻인 것이다.

이처럼 규범은 사실의 영역에서 직접 파생하는 것이 아니라 당위의 영역으로 전화된 이후에 정립된다. 따라서 '재(在)'의 시원적 의미는 신성하고 권위적인 무엇인가가 마땅히 내재함으로써 존귀(尊貴)의 권위를 드러내는 것이라고 할 수 있다. 『주역』이 작역(作易) 시점인 상말 주초의 세계관을 반영하고 있다는 점을 고려하면, 구이의 재전(在田), 구사의 재연(在淵), 구오의 재천(在天)의 '재(在)'에는, 시라카와 시즈카가 말한 것처럼, 그 시대가 요구하는 신성하고 존귀한 그 무엇이 내재하고 있다고 보아도 무리가 없다.

이런 생각을 전제하면 '재(在)'에 뒤따르는 '전(田)', '연(淵)', '천(天)'

---

71) 시라카와 시즈카 지음, 고인덕 옮김, 『漢字의 世界』, 71쪽 참조.
72) 『論語』「憲問」 : 不在其位 不謀其政.
73) 「艮卦 · 大象傳」 : 君子以思不出其位.

을 '신성하고 존귀한 그 무엇'으로 마땅하게 볼 수 있는 여지가 있는지, 볼 수 있다면 당시의 사람이 일반적으로 받아들이고 후대까지 전승한 규범적 가치가 그 속에 존재하는지의 문제가 대두된다.

2) '재전(在田)'의 규범성

복사에서 전(田)은 두 가지 의미로 쓰였다. 우선 전(田)은 경작지를 뜻했다.

> 정사일에 점을 치고, □이 묻습니다. 밭에 기장을 심으면 풍년이 들까요? 사월에. 여섯 번 물었다. (丁巳卜, □貞 : 黍田年魯. 四月. 一 二 三 四 五六) [갑골문합집] 10,133편

> 갑인일에 점을 치고, 古가 묻습니다. 조상 을이 기장을 심으면 풍년이 들도록 도와줄까요? 다섯 번 물었다. (甲寅卜, 古貞 : 乙保黍年. 一二三 四五) [갑골문합집] 10,133편

> 계미일에 점을 치고, 쟁이 묻습니다. 벼를 심으면 풍년이 들까요? (癸未 卜, 爭貞 : 受稻年) [갑골문합집] 10,047편

기장과 벼의 풍성한 수확을 기대한 복사가 많은 것으로 보아 상대에 경작된 주요 농작물이 무엇인지 알 수 있다. 씨를 뿌리기 전에 상제에게 풍년이 들지를 묻고, 여러 번 점을 쳐서 상제의 대답을 구한 사실은 농경이 대단히 중요한 일이며, 조상신이 풍년을 도와줄 능력이 있다고 인식한 사실이 확인된다.

> 습지에 경작하면 계속 풍년이 들겠습니까? 크게 길하다. (惠濕田□, 延 受年. 大吉) 이상 [小屯南地甲骨] 715편

계묘일에 점을 치고, □가 묻습니다. 필에게 京畿 지역의 밭을 개간하게 할까요? (癸卯卜, □貞 : □畢壅田于京) [갑골문합집] 9,473편

왕이 많은 사람이 힘을 합쳐서 농사를 짓도록 크게 명령을 내리셨다. 풍년이 들까요? 11월에. (王大令衆人曰 : 劦田. 其受年. 十一月) [갑골문합집] 1편

갑오일에 점을 치고, □가 묻습니다. 서쪽 지역에 풍년이 들겠습니까? 일곱 번 물었다. (甲午卜, □貞 : 西土受年. 一 二 三 四 五 六 七) [갑골문합집] 9,742편

위 복사를 보면 좋은 땅, 습한 땅 등으로 전을 다양하게 구분했으며, 여러 가지 방법으로 농지를 관리하되 이와 관련된 인적, 물적 관리체계가 정비된 사실을 알 수 있다. 특히 왕기(王畿)인 중상(中商)[74]을 중심으로 동토·서토·남토·북토로 사방을 구분하고 지역별 풍작 여부를 점쳐서 확인하거나 왕이 직접 명을 내려 조직적으로 농사를 짓도록 한 것은 풍성한 수확이 상나라의 경제와 직결되는 중대 관심사임을 말하고 있다.

이처럼 전(田)은 그 시대의 사람에게 나라를 떠받치는 경제적 생산력의 근원이며, 백성의 생존을 결정하는 신성한 공간적 의미를 지니고 있었다. 전의 생산력을 높이고자 전을 관리하는 일은 개인은 물론 공동체의 존망이 걸린 중대사이므로 중요성은 배가될 수밖에 없다.

이러한 인식은 주대에도 예외가 아니었다. 특히 주족의 경제적 기반은 상족과 달리 본래 농경이었다. 대대로 시조 후직을 농신(農神)으로 모셨고, 농사에 관한 일과 의례를 관장하는 후직(后稷)이라는 관직을

---

74) 상대에는 商·大邑商·中商을 王畿라고 하였는데, 이것은 왕궁으로부터 5백여 리 내외의 땅으로 상왕이 직접 통치하였다. 상 왕실은 자신들의 국호를 복사에서 中商·商方·中方 등으로 칭했다.

두고 해마다 미리 정해진 복잡한 의례에 따라 땅의 신인 사(社)와 곡물의 신인 직(稷)에게 제사를 지냈다.[75]

전(田)에서 생산되는 곡식의 총칭인 화(禾)에 대해 『설문해자』는 '품종이 우수한 좋은 곡식(嘉穀)'이라고 풀이했다. 후직(后稷)의 문덕(文德)을 칭송한 「주송(周頌)」〈사문(思文)〉 편 가운데 "우리에게 보리와 밀의 씨앗을 안겨 하늘의 명으로 백성들 두루 기르셨네. 이곳저곳을 막론하고 온 중원에 바른 도를 펴시었네."[76]라는 구절을 참고하면 가곡(嘉穀)이 주나라의 흥기에 어떤 영향을 주었는지 알 수 있다. 이처럼 서역에서 도입한 품질이 좋은 곡식(嘉禾)으로 농업 생산력을 높인 결과 극상의 힘을 비축할 수 있었다.

전(田)은 하부구조로서의 경제적 공동체를 결속하는 터전인 동시에 통치행위를 관장하는 정치권력, 제의를 관장하는 종교적 문화권력(文化權力) 등의 상부구조를 떠받치는 근간이다. 이런 점을 고려하면 단순한 경작지를 뛰어넘어 신성한 공간적 의미로 전화(轉化)되었다고 짐작하는 것이 어렵지 않다.

이상의 내용은 역(易)이 지어진 그 시대에 농경을 신성시하는 오랜 전통이 이어졌고, 농경의 근간인 '전(田)'에 대해 나라를 안정시키고 백성을 편안케 하는 신성한 터전으로 인식했음을 말하고 있다.

다음으로 전(田)은 수렵, 사냥의 의미로도 쓰였다. 시라카와 시즈카는 "田이라는 글자는 은대의 복사에서 대체로 수렵이란 뜻으로 사용되

---

75) 융적을 피하여 처음으로 정주한 하나라 때의 빈(豳 : 岐山의 북쪽 지역)에서 채취한 「豳風」〈七月〉 편은 일 년 동안의 농경 생활이 소재이다. 월별 천문과 기후를 고려하여 농경의 내용을 달리하였고, 세시풍속을 월별로 구분하여 행하였으며, 양잠, 길쌈, 월동준비 등 현대의 농경 생활에서 일어나는 거의 모든 일을 노래하고 있어 '농가월령가'에 준할 정도이다. 이 시에 농사를 관장하는 신 전준(田畯)이 등장하는데, 이로 미루어 사직(社稷)을 관장하는 신의 원형이 빈(豳) 땅에 정착한 시점에서 형성되기 시작한 것으로 짐작된다. 「小雅」〈甫田〉 편에 田畯至喜 攘其左右 嘗其旨否,〈大田〉 편에 以其婦子 饁彼南畝 田畯至喜 등의 시구는 주족이 농업을 중시한 사실을 말하고 있다.
76) 『詩經』「周頌」〈思文〉 : 貽我來牟 帝命率育 無此疆爾界 陳常于時夏。

었고, 경작지를 나타내는 문자는 田보다 더 복잡한 토지구획의 형태로
표기하는 경우가 많았다."77)라고 했다. 복사에서 사냥의 용례를 보면,

무오일에 점을 치고, □가 묻습니다. 우리가 □에서 사냥하면 짐승을
잡겠습니까? 점을 친 그날 사냥했는데 과연 잡았다. 호랑이 한 마리,
사슴 40마리, 여우 264마리, □ 159마리를 잡았다. 열 번 점을 쳤다.
(戊午卜, □貞：我狩□禽. 之日狩, 允禽, 集虎一, 鹿四十, 狐二百六十
四, □百五十九, 一二三四五六七八九十) [갑골문합집] 10,198편

계해일에 점을 치고, □가 묻습니다. 열흘 동안 재앙이 없겠습니까? 왕
이 점친 결과를 보고 말하였다. (5일 뒤) 정묘일에 왕이 폐에서 사냥했
는데, 극영의 수레가 충돌해 전복되었고, 필의 수레도 넘어졌다. (癸亥
卜, □貞：旬亡災. 王占曰 □丁卯, 王狩敝克永車□, □在車畢馬亦□)
[갑골문합집] 584편

□□일에 점을 치다. 오늘 무일(戊日)에 왕께서 사냥하는데, 비를 만나
지 않을까요? 그날 과연 만나지 않았다. (□□卜：今日戊王其田, 不毒
雨. 玆允不(雨)) [갑골문합집] 28,535편

묻습니다. 왕께서 계에서 사냥하려는데 오고 감에 재앙이 없겠습니까?
크게 길하다. 이 점 괘대로 행하라. 여우 86마리를 잡았다. (貞：王田于
雞, 往來亡災. 引吉. 玆御. 集狐八十又六) [갑골문합집] 37,471편

상대에는 중요 행사에 택일하는 관례가 있었다. 사냥은 대게 무일
(戊日)에 행해졌다.78) 대규모 사냥을 노래한 「소아」〈길일(吉日)〉편

---

77) 시라카와 시즈카(白川靜) 著, 고인덕 譯, 『漢字의 世界』, 469쪽 참조.
78) 제사복사의 경우 갑 조상은 갑일(甲日)에, 을 조상은 을일(乙日)에 제사하는
    일정한 규칙이 있었고, 교육에 관한 의식은 대부분 정일(丁日)을 택하였다.
    또한, 갑일(甲日)에는 거의 사냥하지 않았다. (梁東淑, 『갑골문 字典을 겸한
    甲骨文解讀』, 589쪽 참조)

의 "좋은 날 무일(戊日)을 택하여 말의 조상(=伯)에게 제사하며 사냥 잘 되길 비네."79)라는 구절은 무일을 택하여 사냥하는 일이 주대까지 전승되었다는 사실을 말하고 있다.

위 복사에서 보듯이 전투용 수레를 동원하여 하루에 여러 종의 짐승을 대규모로 포획한 경우가 많았다. 이로 미루어 볼 때 사냥에 동원된 인력의 규모는 물론 전쟁을 대비한 군사 훈련의 목적을 짐작할 수 있다. 사냥 관련 복사가 수천 편에 이르는 점을 고려하면 사냥은 상왕의 가장 중요한 행사 중의 하나였음이 분명하다.

상대의 사냥 방법은 10여 가지가 있었다. 비교적 자주 쓰는 방법으로 田, 省, 步, 逐, 射, 焚 등이 있었으며, 이 중에서 '田'은 사냥터를 일정한 구획으로 갈라놓고 사냥하는 것을 말한다.80) 이를 참고하면 수렵사회의 사냥을 뜻한 '田'이 농경사회가 중심이 되면서 경계가 있는 농토를 뜻하는 말로 주로 쓰인 것으로 짐작된다. 또한 택일 이후에도 날씨에 관해서 걱정하고, 오가는 길에 왕에게 변고가 생기지 않을지 염려하여 점친 사례로 보아 부수적인 일까지 관심을 기울일 정도로 사냥을 중시했음을 말한다.

이러한 사냥의 전통은 주대(周代)로 전승되어 하나의 의례로 더욱 세밀하게 정립되었다. 『예기』「왕제(王制)」편의 "천자와 제후는 일이 없으면 한 해에 세 차례 사냥하는데, 그 목적으로 첫 번째는 제기에 담을 마른고기를 마련하기 위해서, 두 번째는 빈객을 접대할 음식을 마련하기 위해서, 세 번째는 군주의 푸줏간을 채우기 위함이다."81)라는 대목은 천자가 사냥하는 시기와 횟수는 물론 사냥의 목적까지 구체적으로 명시하고 있다. 여기서 '일이 없다'라는 말은 정벌(征伐)과 출행(出行), 상흉(喪凶) 등의 큰일이 없는 것을 말한다.

---

79) 『詩經』「小雅」〈吉日〉: 吉日維戊 既伯既禱。
80) 梁東淑 著, 『갑골문 字典을 겸한 甲骨文解讀』, 585~589쪽 참조.
81) 『禮記』「王制」: 天子諸侯無事, 則歲三田, 一爲乾豆, 二爲賓客, 三爲充君之庖。

또한 "특별한 일이 없음에도 사냥하지 않으면 불경(不敬)이라 하고, 사냥을 예(禮)로 하지 않으면 '천물(天物)을 난폭하게 대한다'라고 했다. 천자는 사냥할 때 사방을 둘러싸서 포위하지 않고, 제후는 짐승의 무리를 몰래 습격하지 않는다."[82]라고 했다. 천자가 사냥할 때는 정해진 일정과 일정한 예(禮)에 따라야 하며, 몰이꾼은 물론 짐승까지도 어진 마음을 베풀어야 한다는 점을 밝혔다.

『예기』의 주석서 『예기집설대전(禮記集說大全)』을 보면, 춘수(春蒐), 하묘(夏苗), 추선(秋獮), 동수(冬狩) 등 철마다 행하는 사냥이 있었다. 사냥할 때는 일반적인 사냥인 전(田)의 방법을 따르기 때문에 네 가지 사냥 모두를 전(田)으로 불렀다고 한다. 아울러 '田'에는 상살(上殺), 차살(次殺), 하살(下殺)의 세 가지 예가 있는데, 이를 삼전(三田)이라고 했다.[83] 위 내용을 보면 전(田)은 고대국가의 지배계층이 행하는 국가적 중대사로, 엄격한 의례(儀禮)에 따름으로써 왕을 비롯한 지배계층의 위엄과 덕성을 보여주고자 한 사실을 알 수 있다.

『주역』 서사 중 전(田)은 실제로 거의 모두 사냥의 의미로 쓰였는데, 『주역』이 사냥을 전유적(專有的)으로 행할 수 있는 지배계층의 지식체계임을 시사한다.

건괘 구이의 "현룡재전(見龍在田)" 이외에 '田'을 명시한 각각의 효사를 살펴보면, 사괘(師卦) 육오의 "전유금(田有禽, 밭에 짐승이 있다)"은 나라에 적이 침범한 사실을, 항괘(恒卦) 구사의 "전무금(田无禽, 밭에 짐승이 없다)"은 사냥했으나 잡지 못했다는 뜻으로 자리가 마땅하지 않으면 노력해도 성과가 없음을 의미한다. 해괘(解卦) 구이의 "전획삼호(田獲三狐, 밭에서 여우 세 마리를 잡다)"은 간사한 소인배를 척결함을, 손괘(巽卦) 육사의 "전획삼품(田獲三品, 사냥으로 삼품을 얻다)"은 사냥

---

82) 『禮記』「王制」: 無事而不田, 曰不敬, 田不以禮, 曰暴天物. 天子不合圍, 諸侯不掩君.
83) 『禮記集說大全』: 長樂陳氏曰 蒐苗獮狩, 必法於田, 故皆謂之田. 田有三禮 故謂之三田 … 祭祀賓客以上殺次殺, 充庖以下殺, 厚所養而薄所自養也.

으로 필요한 물품을 충당했음을 뜻한다. 여기서 삼품(三品)은『예기』「왕제(王制)」편의 건두(乾豆), 빈객(賓客), 충군지포(充君之庖)이다.

'田'을 명시하지는 않았으나 사냥과 관련된 효사를 보면, 비괘(比卦) 구오84)는 군왕이 몰이꾼과 짐승에게 덕을 베푸는 삼구(三驅) 사냥이 소재로, 『예기』「왕제(王制)」편의 "사방을 포위하지 않고 사냥한다 (天子不合圍)"라는 말과 상응한다. 기타 명이괘(明夷卦) 구삼85)의 "남수(南狩)"는 정벌을, 해괘(解卦) 상육86)의 "사준(射隼)"은 전횡을 일삼는 간신배를 척결함을, 여괘(旅卦) 육오87)의 "사치(射雉)"는 뜻한 바를 실행하는 것88)을 의미한다.

이상 검토한 내용을 정리하면 '田'은 본래 사냥터, 또는 사냥하는 행위를 뜻했으나 점차 농경지, 농경을 주로 뜻하게 되었다. 사냥과 농경은 군왕의 통치행위와 밀접하며 군왕의 덕을 보여주는 중요한 의식으로 진화된 사실을 확인할 수 있다. 이것은 단순한 유희나 의식에 그치지 않고 군왕에게 필요한 규범적 당위의 영역으로 확장되었음을 알 수 있다. 따라서 '田'에 대해 규범을 생성하는 근원으로 보아도 마땅하다.

이러한 관점에서 "현룡재전(見龍在田)"은 세상을 경륜할 군왕이 마침내 출현했거나, 군왕이 세상을 경륜하고자 처음으로 등장했음을 은유한 말이다. 상징과 사실, 신화와 역사가 어우러지게 군왕의 출현을 은유적으로 표현함으로써 신성함과 마땅함을 드높였다. 이런 측면에서 '전(田)'은 군왕이 경륜할 대상으로서의 세계이고, '재전(在田)'은 뜻을 품고 출현한 군왕이 세상을 경륜하기에 마땅한 명분이 있음을 말하고

---

84)『周易』比卦 九五 : 顯比 王用三驅 失前禽 邑人不戒 吉.

85)『周易』明夷卦 九三 : 明夷于南狩 得其大首 不可疾 貞.

86)『周易』解卦 上六 : 公用射隼于高墉之上 獲之 无不利.

87)『周易』旅卦 六五 : 射雉一矢亡 終以譽命.

88) 여기서는 '射雉一矢亡'을 '활을 쏘아 꿩을 잡았으나 화살 한 개를 잃었다'라는 일반적 해석 경향을 따랐지만, 필자는 흉부에 화살 한 발을 맞고 죽거나 도주했다는 뜻으로 본다는 점을 우선 밝힌다. 자세한 내용은 여괘의 괘·효사를 해석할 때 상술할 것이다.

있다.

결국 '현룡재전(見龍在田)'에는 때가 되어 경륜할 세상에 처음으로 나왔으니 마땅히 그 방도를 찾아서 실천해야 한다는 규범적 당위가 내재한다. 주왕의 무도함에 맞서 덕을 베풀고 민심을 모으며 난세에 뛰어든 문왕을 생각하면 '재전(在田)'은 농경과 사냥의 신성함을 상징한다. 이에 따라 장차 천명을 받아 세상을 바르게 다스릴 수 있도록 노력해야 한다는 규범적 당위를 제공하고 있음이 분명하다.

3) '재연(在淵)'의 규범성

건괘 구사의 "혹약재연(或躍在淵, 혹여 뛰어올라도 연못에서 벗어나지 않는다)"에도 구이와 유사한 의미의 규범성이 내재하는지 문제이다.

『한전(漢典)』의 풀이에 따르면, '연'(淵)은 '깊은 물'(深水), '깊은 못'(深潭) 등의 본뜻에서 근원(根源), 본원(本源)의 추상적 의미가 더해졌다. 이러한 추상적 뜻을 바탕으로 인사(人事)에 마땅한 근본, 본분 등 규범성이 담긴 뜻으로 확장되었다. 구사는 미혹하여 구오의 존위에 오르고자 성급하게 욕심을 부리는 일이 있더라도 끝내 근본이나 본분에서 벗어나지 않으면 허물이 없다는 뜻이다. 이른바 군왕이 되어 세상을 경륜하고자 하는 자의 마지막 미완을 경계하면서 그 상황에서 지켜야 할 마땅한 도리를 밝힌 것이다.

800명의 제후가 벌주(伐紂)를 단행하고자 맹진에 집결했으나 천명이 이르지 않았다는 이유로 회군(回軍)한 역사적 사건을 참고하면 그 뜻이 명료해진다. 당시 주나라의 군세(軍勢)를 믿고 당장 주왕을 징벌해야 한다는 제후의 주장을 '혹약(或躍)'에, 천명이 이르지 않았다는 이유로 회군한 일을 '재연(在淵)'에 비유할 수 있다. 천명이 따르지 않는 주벌(誅伐)은 대의명분을 상실한 폭거로 구사의 뜻에 반하며, 천명이 없음을 내세워 군대를 물린 일은 군왕의 본분을 지킨 것이 되어 구사의 뜻에 부합한다. 미혹되어 섣불리 행동하더라도 자기의 본분을 생각하고 이를 지킨다면 일을 이룰 수 있음을 의미하면서 인사에서 근본으로 돌아가는 일의 중요성을 말한 셈이 된다. 세상을 경륜할 수 있는 구오의 존귀한 자리를 눈앞에 둔 자가 미혹에 빠지더라도 끝내 자기의 본분을 지키면 허물이 없다는 점서적 경고가 구사에 내재한다.

왕필은 구사에 대해서 "하체의 극을 떠나 상체의 아래에 자리 잡으니, 건도(乾道)가 변하는 때"[89]임을 전제하고, "고요하게 있고 싶어도 편안히 있을 수가 없다. 그러므로 의심하여 머뭇거리며 감히 뜻을 정하지 못한다."[90]라고 풀이했다. 아울러 이와 같은 처지에 있는 구사가 취할 올바른 행동 양태로 "공적인 데에 마음을 두고 사적으로 행동하지 않으며, 신중히 의심해보고 너무 과감하지 않아야 함"[91]을 말하고 있다. 자기 자신이 처한 현실을 직시하고 그러한 상황에서 지켜야 할 대의가 무엇인지 정확히 파악하고 신중하게 행동하되 거기에서 벗어나지 않아야 한다는 취지로, 한결같이 규범을 강조하고 있다.

「소아(小雅)」〈소명(小明)〉편 가운데 "아, 그대들 높은 관리들이여! 언제나 편히 놀려고만 해서는 안 되네. 일을 처리할 때는 그대들 자리 삼가며 바르고 곧음을 좋아하고 신중히 법도를 따르면서 그대들의 큰 복을 추구하기를 비네."[92]라는 구절은 어려운 처지에도 자신의 자리를 삼가며, 바르고 곧음을 좋아하고, 신중히 법도를 지켜야 한다는 말로, '재연(在淵)'의 뜻이 무엇인지 알려주는 하나의 예이다.

「문언전」은 "위로는 하늘을 공경하지 않으며 아래로 땅의 덕을 본받지 아니하고 그 중간에서 사람의 도리를 잊게 되니 미혹함이 있게 되며, 미혹에 빠진 자가 그 미혹함을 의심하고 바로 잡으면 허물이 없

---

89) 王弼, 『周易注』: 居下體之極, 居上體之下, 乾道革之時也.

90) 王弼, 『周易注』: 欲靜其居, 居非所安, 持疑猶豫, 未敢決志.

91) 王弼, 『周易注』: 用心存公 進不在私 疑以爲慮 不謬於果 故无咎也.

92) 『詩經』「小雅」〈小明〉: 嗟爾君子 無恒安息. 靖共爾位 好是正直 神之聽之 介爾景福.

다."93)라는 말로 구사의 뜻을 밝혔다. 혹시라도 미혹이나 자만에 빠져 잠시 본분을 망각하고 욕심을 부려도 결국 자기의 본분을 알고 대의에서 벗어나지 않으면(在淵) 허물이 없다는 것이 취지이다. 천명유업(天命有業)의 성취를 목전에 두고 조바심이 발동하여 앞당기고 싶은 욕망을 경계하는 의미도 있다. 이익을 탐하다 본분을 망각하는 지점에서 '그런 짓을 하면 안 된다'라는 보편적 규범이 성립하고, 이에 따라 자기의 본분을 지켜야 마땅하다는 규범적 당위가 따르게 되는데, 구사에도 이러한 이치가 반영되어 있다.

이처럼 구사는 인간 내면의 본성인 근본이나 본분을 반드시 지켜야 한다는 강한 규범성을 보여주는 전거(典據)이다. 하늘이 천도를 쉼 없이 강건하게 행하듯이 종일 강건하게 노력하고 저녁에도 혹 부족함이 없었는지 두려워했던 군자가 자기의 수양의 정도를 가늠하는 지점이 바로 '재연(在淵)'이다. '재연'은 규범적 가치가 내재한 공간이며, 갖은 유혹으로부터 자신을 지키는 준칙을 제공하는 공간이기도 하다. '재연(在淵)'에는 행역(行易) 주체로서의 군자를 비롯하여 인간이라면 누구나 따라야 마땅한 규범적 당위가 내재한다. 이른바 미혹에 빠져 본분을 망각하지 말라는 규범적 명령이 구사에 존재하며, 이 명령에 따를 때 구오의 존위에 오를 수 있음을 시사하고 있다.

4) '재천(在天)'의 규범성

'재천(在天)'에 내재한 규범성을 확인하기에 앞서 은주교체를 전후하여 규범적 준칙을 제공하는 근원인 '천명(天命)으로서의 천(天) 관념'이 어떻게 형성되었는지 먼저 논증이 필요하다.

은주 교체기에 인간은 상(商)·주(周) 두 세계의 교차 지점에 있었다. 아울러 구체제인 상나라의 사상적·문화적 토대 위에 성립된 세계

---

93) 「文言傳」: 上不在天 下不在田 中不在人 故或之 或之者 疑之也 故无咎.

관에 젖어 있었다. 이를 고려하여 '천(天)' 관념도 두 가지 측면에서 살펴보아야 한다.

첫째는 상나라의 사상을 지배한 최고신 '제(帝)'와 주나라가 규범의 준거로 삼은 추상적 '천(天)' 개념 간의 이동(異同), 그리고 개념적 승계 여부를 규명하는 것이다.

둘째는 이러한 측면에서 규명한 '천' 개념을 근거로 구오의 '재천(在天)'에 규범적 세계관의 준거인 '천명' 개념이 내재하는지 그 상관을 밝히는 것이다.

동양사상의 본원적 준거인 '천명관념(天命觀念)'을 논증하면서 이 관념이 구오에 어떻게 투영되었는지, 규범적 당위와 어떻게 연관되었는지 밝히는 일이므로 이 문제는 가볍지 않다. 따라서 『시경』과 『서경』, 복사와 금문 등을 중심으로 상세하게 검토하고자 한다.

가) 『시경』과 『서경』에 나타난 천(天) 관념

① 『시경』의 천(天) 개념

「대아(大雅)」〈운한(雲漢)〉편을 보면 '천(天)'이 여러 개념으로 쓰인 사실이 확인된다. 이를 살펴보면 다음과 같다.

> 저 높디높은 은하수는 하늘에서(于天) 밝게 휘돌아 흐르네. 왕이 말하였네. 아, 지금 이 사람들에게 무슨 죄가 있는가? 하늘(天)이 환난을 내려, 기근이 닥쳤네. 신에게 제사를 지내지 않은 적이 없고, 제물을 아까워하지 않고, 규벽(圭璧)의 옥까지 다 바쳤거늘, 내 말은 들어줄 생각 조차 없네. (중략) 상하로 제물을 바치고 묻으며, 신이란 신 섬기지 않은 적이 없었네.

> 후직(后稷)은 환난을 헤칠 힘이 없고, 상제(上帝)는 강림하지 않네. (중략) 가뭄은 이미 극심하여 피할 수가 없네. 두렵고 불안하기가 천둥이 울고 벼락이 치는 것 같네. 두루 둘러보니 남은 백성들도 살아남기

어려울 지경이네. 하늘(昊天)에 계신 상제(上帝)는 내게 백성조차 남기
지 않으려 하네. (중략) 넓은 하늘(昊天)만 쳐다볼 뿐, 어찌할 줄 모르겠
네. 넓은 하늘(昊天) 쳐다보니 뭇별들만 반짝이네.94)

　전체적인 맥락이나 내용으로 보아 이 시의 화자(話者)는 군왕으로
보인다. 처음 단락에 등장하는 '천(天)'은 은하수가 흐르는 공간으로서
하늘이 분명하지만, 그 속에 자연에 대한 일종의 외경(畏敬)이 스며
있다. 다음에 등장하는 '천'은 인간에게 죽음과 환난을 내리는, 두려움
의 대상으로서의 하늘이다. 나아가 극심한 가뭄을 조장하여 백성이 굶
어 죽는 지경으로 몰아 인간의 원성을 살 정도로 존재성이 있다.
　이러한 '천'이 내린 재앙을 막아줄 신으로 '후직(后稷)'과 '상제(上帝)'
가 있으나 후직은 능력이 부족하고, 상제는 외면한다. 이로 미루어 보
면 '천'과 '상제'는 표면상 다른 개념이다. '천'은 재앙을 내리는 존재이
며 '상제'는 재앙에서 인간을 구원하기 위해 강림하는 존재로 인식한
점이다. 도덕적 측면에서 '천'은 악에 가깝고, '상제'는 선에 가깝다.
　문제는 마지막에 등장하는 '호천(昊天)'을 어떻게 이해할 것인지이
다. 첫 단락의 '천'과 마찬가지로 상제가 거주하는 공간으로서의 '천'으
로 보아야 할지, 아니면 상제와 유사한 개념으로 받아들여야 할지 표
면상 모호하다. 하지만 마지막 구절 '첨앙호천 유혜기성(瞻卬昊天 有
暳其星)'을 참고하면 '호천'은 상제의 별칭이 아닌 별이 반짝이는 장소
적 공간인 하늘을 뜻한 것이 분명하다. 다만, 이 구절을 '昊天上帝'와
연계하여 '상제가 거주하는 공간인 넓고 큰 하늘을 우러러보니'로 풀이
하면, '호천'도 간접적으로나마 공간적 신성함을 뜻하게 된다.
　그러나 〈절피남산(節彼南山)〉편의 "…무정하구나, 하늘(昊天)이여!

---

94) 『詩經』「大雅」〈雲漢〉: 倬彼雲漢 昭回于天 王曰於乎 何辜今之人 天降喪亂 饑
　饉薦臻 靡神不擧 靡愛斯牲 圭璧旣卒 寧莫我聽 (중략) 上下奠瘞 靡神不宗 后稷
　不克 上帝不臨 (중략) 旱旣大甚 則不可推 兢兢業業 如霆如雷 周餘黎民 靡有孑
　遺 昊天上帝 則不我遺. (중략) 瞻卬昊天 云如何里 瞻卬昊天 有暳其星.

우리 백성이 곤궁하지 않도록 하기를. (중략) 하늘(昊天)은 범상치 않아 이토록 무겁게 추궁하시네, 하늘(昊天)이 은혜를 베풀지 않고 이토록 큰 환난을 내리셨네. (중략) 무정하구나, 하늘(昊天)이여! 혼란으로 안정되지 못하고"[95]의 구절에서 '호천(昊天)'은 공간적 개념을 털어내고 인간에게 은혜를 내리거나 세상을 안정시켜야 함에도 도리어 환난을 내려 인간의 원성을 사는 신적 개념으로 전환되어 있다.

「우무정(雨無正)」편의 "크고 넓은 호천(昊天)은 그 덕이 한결같지 않네."[96]의 구절에서 '호천'은 공간개념에서 완전히 벗어나 덕을 베푸는 추상적 단일개념으로 전환되었다. 「소아(小雅)」〈소민(小旻)〉편의 "높은 하늘(旻天)은 천벌을 온 땅에 내리셨네. 나라를 다스리는 것이 오히려 그릇되게 돌아가니 언제 천벌이 그치겠는가?"[97]라는 구절을 보면, '민천(旻天=높디높은 하늘)'은 〈운한〉편의 '호천(昊天=넓디넓은 하늘)'과 마찬가지로 하늘의 공간성을 반영하고 있다. 그렇지만 인간 세상인 하토(下土)에 천벌을 내리는 공능을 발휘한다는 점에서 〈절피남산〉편의 '호천'과 그 개념이 다르지 않다. 사실상 '상제'의 별칭 개념에 근접했다.

한편, 「소아(小雅)」〈신남산(信南山)〉편, 『대아(大雅)』〈문왕(文王)〉편 등에 '상천(上天)'이라는 말이 보이는데, 두 가지 개념으로 쓰였다. "하늘(上天)에는 구름이 덮이고 눈이 펄펄 내렸네"의 구절에서 하늘은 단순히 공간을 말하지만 "증손자는 오래오래 살며 하늘(上天)의 복을 받겠네"의 구절에서는 복을 내리는 신적 개념으로 쓰였다.[98] 또한 "하늘(上天)이 하는 일은 소리도 없고 냄새도 없네. 문왕을 본받으면 온 세상이 믿고 따를 것이네"[99]에서 '상천'은 문왕에게 천명을 내

---

95) 『詩經』「小雅」〈節彼南山〉: …不弔昊天 不宜空我師 (중략) 昊天不傭 降此鞠訩 昊天不惠 降此大戾 (중략) 不弔昊天 亂靡有定.

96) 『詩經』「小雅」〈雨無正〉: 浩浩昊天 不駿其德.

97) 『詩經』「小雅」〈小旻〉: 旻天疾威 敷于下土 謀猶回遹 何日斯沮.

98) 『詩經』「小雅」〈信南山〉: 上天同雲 雨雪雰雰 … 曾孫壽考 受天之祜.

린 그 하늘과 같은 개념이다.

'호천', '민천', '상천'은 모두 하늘이 갖는 공간성에 대한 직관적 인식을 바탕으로 인사의 마땅함을 재단하는 관념적 개념으로 진화된 것이다. 나아가 은주교체의 역사적 당위와 그 주체인 문왕의 공덕을 노래한 〈문왕〉 편에서는 일종의 신적 이념인 '천명(天命)' 관념으로 전환되어 있다.

　　문왕은 위에 계시는데 아, 하늘(天)에서 빛나도다. 주나라가 비록 오랜 나라이지만 하늘의 명은 오직 새롭기만 하네. 주나라는 크게 드러나고 하늘(帝)의 명은 때맞춰 내려졌네. 문왕은 하늘을 오르내리며 제(帝)의 곁을 떠나지 않네. (중략) 덕이 많은 문왕이여, 아! 변함없이 공경하셨네. 위대한 하늘의 명(天命)이 상나라의 자손에게 내렸다네.

상나라의 자손들은 그 수를 헤아릴 수 없건만, 상제(上帝)가 명을 새로이 내려 주나라에 그들이 복종케 되었네. 그들이 주나라에 복종케 되었으니 하늘의 명(天命)은 한결같기만 한 것은 아니라네. (중략) 그대들 조상을 생각지 않는가. 그분들같이 덕을 닦아야 하네. 영원히 하늘의 명을 따라 스스로 많은 복을 누렸었네. 은나라가 민심을 잃지 않았을 적에는 상제(上帝)의 뜻에 따랐다네.[100]

이 시의 특징을 살펴보면, 첫째, 구체적 공간인 '천'이 추상적인 '천명' 개념으로 변했고, 다시 사람이 마땅히 지녀야 할 '덕(德)' 개념과 연결되어 있다. 새롭게 천명을 받아 하늘과 짝함으로써 문왕의 덕이 빛나게 되었고, 천명이 상나라를 떠난 이유에 대해 그들의 조상과 달리 덕을 닦지 않은 탓으로 돌렸다. 덕을 베풀지 않으면 덕을 갖춘 사람에게 천명이 옮겨간다고 인식함으로써 '천명(天命)'과 '인덕(人德)'이

---

99) 『詩經』「大雅」〈文王〉: 上天之載 無聲無臭 儀刑文王 萬邦作孚.

100) 『詩經』「大雅」〈文王〉: 文王在上 於昭于天 周雖舊邦 其命維新 有周不顯 帝命不時 文王陟降 在帝左右 (中略) 穆穆文王 於緝熙敬止 假哉天命 有商孫子 商之孫子 其麗不億 上帝旣命 侯服于周 侯服于周 天命靡常 (中略) 無念爾祖 聿脩厥德 永言配命 自求多福 殷之未喪師 克配上帝.

불가분의 관계임을 규정했다. 「황의(皇矣)」 편의 "하늘은 밝은 덕을 지닌 사람에게 그 명을 옮긴다"101)라는 구절에서 이러한 관념을 명쾌하게 밝혔다.

둘째, '천(天)'과 '제(帝)'를 같은 개념으로 혼용하고 있다. 문왕이 하늘의 명을 새롭게 받았음을 밝힌 구절에서는 '천'을, 문왕이 나라를 크게 다스릴 수 있었던 것은 천명이 시의적절하게 내려진 결과임을 밝힌 구절에서는 '제'를 각각 인용했으나 사실상 개념적 차이가 없다. 〈운한〉 편에서 '천'이 재앙을 내리는 무서운 존재이고 '제'는 이 재앙으로부터 인간을 구원하는 존재성이 있다. 하지만 이 시에서는 둘 다 왕조의 흥망에 관한 명령을 내릴 수 있으며, 계속 흥하기 위해서는 그 명에 따라 덕을 닦아야 한다는 규범적 준거가 되고 있다. 이 시 가운데 '극배상제(克配上帝)'의 시구는 '이덕배천(以德配天)'과 사실상 같은 개념으로, '천'과 '상제'는 그 공능까지 같음을 알 수 있다.

이런 관념은 문왕의 덕을 칭송한 「주송(周頌)」 〈유천지명(維天之命)〉 편의 "하늘(天)의 명은 아름답기 그지없네. 아, 크게 드러나도다, 문왕의 맑은 덕이여! 크게 우리를 이롭게 하셨으니"102)라는 구절, 〈호천유성명(昊天有成命)〉 편의 "하늘(昊天)의 명이 있어 문왕과 무왕께서 받으셨네"103) 등의 구절로 이어지는데, 모두 공간적 개념의 '천'이 관념적인 '천명' 개념으로 완전하게 전환되어 있다. 「주송」104) 31편 가운데 '천' 개념은 14회 쓰였고, 이 중 '호천'은 2회이다. 반면에 '상제'

---

101) 『詩經』「大雅」〈皇矣〉: 帝遷明德.

102) 『詩經』「周頌」〈維天之命〉: 維天之命 於穆不已 於乎不顯 文王之德之純 假以溢我.

103) 『詩經』「周頌」〈昊天有成命〉: 昊天有成命 二后受之.

104) 「周頌」은 대부분 押韻하지 않고 글귀에도 옛 티가 많아 『詩經』 가운데서 가장 오래된 작품으로 평가된다. 鄭玄은 『詩譜』에서 '주송은 주나라 왕실이 공을 이루어 태평하고 덕이 성하던 때의 시로, 周公이 섭정하던 成王 즉위 초의 작품'이라고 했지만, 성왕 이후의 작품도 있다고 보는 것이 일반적 견해이다. (金學主 譯著, 『새로 옮긴 詩經』, 849쪽 참조)

는 3회로 상대적으로 매우 적은 편인데, 이러한 현상은 '천'과 '호천', '상제'의 개념이 점차 '천' 관념으로 통합되는 과정에 있었다는 점을 시사한다.

특히 천명을 받은 존재를 의미하는 '천자(天子)'가 1회 등장하는데,[105], 이 개념은 천명 관념을 전제로 성립하기 마련이다. '천' 또는 '상제'와 관계를 맺음으로써 왕의 종교적, 정치적 권위가 성립한다는 인식이 '천자(天子)'의 개념적 근간이 되는 셈이다.

『춘추좌전』 성공(成公) 7년(B.C.584) 조에 "윗사람이 있어도 선하지 않으니 그 누가 난을 당하지 않겠는가?"를 말하면서 〈절피남산〉 편의 '不弔昊天 亂靡有定'의 시구를 인용했다.[106] 주나라 중기 이후에도 '호천'이 인간의 선의지를 추동하는 도덕적 근원으로 인식했음을 보여주는 구체적 사례이다.

위에서 검토한 시가는 주나라 지배계층이 대상이거나 그들이 부른 노래를 정리한 것이다. 그렇다면 민간에서 채취한 160편의 「풍(風)」에서는 '천'을 어떻게 인식했는지 확인할 필요가 있다.

은주 교체기에 근접한 시가로, 주초 기산과 그 남쪽에서 채취한 것으로 평가받는 「주남(周南)」 11편과 「소남(召南)」 14편, 벌주(伐紂) 직후 무경, 관숙, 채숙에게 분봉한 지역에서 각각 채취한 「패풍(邶風)」 19편과 「용풍(鄘風)」 10편 및 「衛風」 10편, 공류에서 고공단보에 이르기까지 10세에 걸쳐 거주했던 빈(豳) 지역에서 채취한 「빈풍(豳風)」 7편 등 모두 71편 등이 거론되지만, 이 가운데 '천(天)' 개념이 확인되는 시가는 아래와 같이 단 2편에 지나지 않는다.

북문을 나서니 근심이 끊이지 않네. 궁색하고 가난하기 그지없지만, 내 어려움 알아주는 이 하나 없네. 아서라, 실로 하늘이 하는 일이니 말

---

105) 『詩經』 「周頌」 〈雝〉: 有來雝雝 至止肅肅 相維辟公 天子穆穆.

106) 『春秋左傳』 成公 七年: ≪詩≫曰 "不弔昊天 亂靡有定" 其此之謂乎 有上不弔 其誰不受亂.

한 들 무슨 소용 있으리!107)

　　저 잣나무 배 황하 가운데 둥실 떠 있네. 다팔머리 늘어뜨린 사내 실
로 내 배필이니, 나 죽는 한이 있어도 다른 마음 갖지 않으리라. 어머니
는 하늘 같으신 분인데, 내 마음 헤아리지 않으시네!108)

　처음 시구는 왕사(王事)를 떠맡은 탓에 집안이 궁핍해도 돌보지 못
하는 하급 관리의 어려운 처지를 노래했다. 화자가 관리인 만큼 왕사
는 하늘이 내는 일임을 인식하고 있지만, 그 하늘은 자조(自嘲)의 대
상에 가깝다. 신성한 권위를 부여하고 왕권의 정당화에 이용되는 지배
계층의 '천' 관념과는 인식의 차이가 현격하다.
　다음 시가는 죽은 약혼자를 잊지 못해 어머니의 재촉에 죽어도 시집
을 가지 않겠다는 여자의 마음을 표현했다. 이 시구도 통상적으로 어
머니의 마음을 넓은 하늘에 비유하는 것에서 벗어나지 않았다. 두 편
에서 확인한 '천'은 모두 일상적 삶 가운데 소박한 심성으로 찾는 대상
일 뿐 지배계층이 표방하는 중후하면서 추상적인 천명 관념과는 비교
할 수 없을 정도로 직관적 개념에 가깝다.
　「풍(風)」에 편제된 160편 전부를 보아도 대부분 있는 그대로의 자연
과 그 속에서 살아가는 사람들의 소박한 정감을 다양한 유형으로 노래
한 사실이 확인된다. 왕권의 권위, 왕조의 정통성 등과 직결되는 「아
(雅)」나 「송(頌)」의 시편 가운데 등장하는 거시적 담론으로서의 '천'이나
'천명' 관념은 확인되지 않는다. 이러한 사실은 천명이 소수의 지배계
층이 만들어낸 정치적 지배이념이며, 하민의 세계에서는 천명 개념으
로서의 '天'이 인식의 대상, 관심의 대상조차 아니었음을 시사한다.

---

107) 『詩經』「邶風」〈北門〉: 出自北門 憂心殷殷 終窶且貧 莫知我艱 已焉哉 天實
　　 爲之 謂之何哉.
108) 『詩經』「鄘風」〈柏舟〉: 汎彼柏舟 在彼中河 髧彼兩髦 實有我儀 之死矢靡他
　　 母也天只 不諒人只.

150　　易과 史(상)

이상 검토한 내용을 참고하면, 『시경』에서 '천'은 순수한 자연적 공간인 하늘, 인간에게 재앙을 내리는 하늘, 인간을 재앙으로부터 구해주는 존재로서의 상제, 왕조의 흥망을 좌우하는 덕(德) 개념의 준거가 되는 하늘 등 다의적 개념으로 나타난다.

천명 관념의 형성에 있어서 선후를 따지면, 각종 천문현상으로 인간의 외경을 불러일으키는 자연적 공간으로서의 '천(天)'이 선민적 시혜를 베푸는 구체적 존재로서 상제가 머무는 신성한 공간(이른바 昊天, 旻天, 上天 등)으로 인식되는 과정을 거쳐 점차 '상제'와 유사한 개념으로 전화되었다. 여기에 더하여 덕을 베풀고 모범이 되는 추상적 개념으로 정립되었고 최종적으로 도덕적 정당성의 준거인 '천명' 관념으로 귀결하였다. 감각기관을 통해 구체적으로 경험한 대상이 인간의 인식 작용으로 추상적 개념화 과정을 거친 뒤 경험적 감성과 추상적 지성을 초월한 관념이 형성되는 일반적 인식체계가 '천' 개념에도 적용된 것으로 볼 수 있다.

②『서경』의 천(天) 개념
『시경』의 '천' 개념은 『서경』에서도 같은 개념으로 쓰였다.

> 주공(周公)이 말하였다. "군석이여! 하늘(天)이 은나라에 파멸을 내리셨고, 은나라가 받은 명이 다하자 우리 주나라가 그 명을 받았다. (중략) 우리 역시 감히 상제(上帝)의 명을 편안하게 누리되 하늘(天)의 위엄과 우리 백성을 생각지 않는 일이 영원히 없어야 원망하는 사람이 없어질 것입니다. (중략) 천명을 지키는 일이 쉽지 않으며 하늘(天)을 믿기만 해서는 안 된다는 점을 알지 못하면 그들은 하늘의 명을 잃어 앞사람의 공경한 마음과 밝은 덕을 계승하여 다스리지 못할 것입니다".[109]

---

109)『書經』「君奭」:周公若曰 君奭 不弔 天降喪于殷 殷旣墜厥命 我有周旣受 (中略) 我亦不敢寧于上帝命 弗永遠念天威越我民 罔尤違惟人 (中略) 不知天命不易 天難甚 乃其墜命 弗克經歷嗣前人恭明德.

앞서 검토한 시 〈운한〉 편에서 확인한 '천'과 위 「군석(君奭)」 편의 '천'을 비교하면 표면상 의미가 다르지 않다. 여기서도 '천'은 무정하게 파멸을 내리는 존재이고, 상제는 인간을 편안하게 해주는 존재로 인식했다. 다만, 은나라에 내려진 명을 거두고 주나라로 명을 옮길 수 있는 시혜적 존재라는 점에서 다른 듯하지만, 그 차이가 명확하지 않다. 『시경』과 마찬가지로 구별하는 기준 없이 '천'과 '상제'를 혼용하고 있다. 천명이 떠나지 않도록 공손하고 밝은 덕을 오래도록 계승해야 한다는 인식은 천명과 인덕이 불가분의 관계임을 확인시켰던 「주송」의 인식과도 다르지 않다. '덕으로써 천명에 짝한다'라는 '이덕배천(以德配天)'의 천명 관념이 주초에 이미 정립된 것이 분명하다. 여기서 천명을 내리는 실체가 '천'과 '상제' 가운데 누구인지, 아니면 개념적 차이 없는 혼용에 불과한지 좀 더 살펴보자.

> 우리 주나라는 오직 고비마다 의지하며 나아갔다. (이러한 모습이)
> 상제(上帝)에게 이르렀고 상제가 아름답게 여기셨다. 이에 하늘(天)은
> 문왕에게 대명을 내려 은나라를 멸하게 했다.110)

위 「강고(康誥)」 편의 인용문에서 '상제'는 주족의 아름다운 모습을 가상하게 여기는 존재이고, '天'은 이러한 모습에 호응하여 대명을 내리는 존재이다. 굳이 다른 점을 찾자면 '천'은 상제의 지시에 따라 대명을 내리는 위치에 있다. 이 경우 인간 세상의 일을 수렴하는 '상제'는 구체적 존재 개념이고, 명령을 내리는 '천'은 추상적인 존재 개념으로 볼 여지도 있다. 그러나 이러한 생각은 위 「군석」 편 가운데 '寧于上帝命(상제의 명에 따라 편안하게 누린다)'에서 보듯 명령을 내리는 상제가 『서경』의 여러 곳에 등장한다는 점을 참고하면 억지스럽다.

---

110) 『書經』 「康誥」 : 我西土 惟時怙冒 聞于上帝 帝休 天乃大命文王 殪戎殷

하늘은 마냥 믿을 수만 없습니다. 나의 길은 오직 영왕의 덕을 계속 넓히는 것입니다. 그리하여 문왕께서 받은 천명을 하늘이 도로 거두지 않도록 하는 것입니다. 공은 말하였다. 군석이여! 내가 들으니, 옛날 성탕(成湯)이 명을 받았을 때 이윤(伊尹) 같은 사람이 있어서 (왕의 덕이) 황천(皇天)에 도달했고, 태갑(太甲)에 이르러서는 보형(保衡) 같은 사람이 있었으며, 태무(太戊)에게는 이척(伊陟)과 신호(臣扈) 같은 사람이 있어서 상제(上帝)의 뜻에 이를 수 있었고, 무함(巫咸) 같은 사람이 있어서 왕가를 잘 다스렸습니다. 조을에게는 무현(巫賢) 같은 분이 계셨고, 무정에게는 감반(甘盤) 같은 분이 계셨습니다.111)

위 「군석」편의 말은 이윤의 도움으로 성탕의 덕이 황천(皇天)에 도달하고 이척, 신호 같은 신하의 도움으로 태무의 덕이 상제(上帝)에게 도달했듯이, 주공도 성왕을 잘 보좌하여 영왕(寧王)의 덕을 이어감으로써 천명이 주나라를 떠나지 않도록 신하의 도리를 다하겠다는 것이 취지이다.

여기서 주목할 사항은 성탕의 경우에는 '황천'에, 태무의 경우에는 '상제'에게 이르겠다고 구분한 점이다. 내용상 뛰어난 신하의 도움을 받아 하늘이 명한 것에 이르도록 하겠다는 뜻을 밝힌 것으로, 그 뜻이 서로 일치한 점을 고려하면 명칭을 구분한 이유가 분명하지 않다. 「강왕지고(康王之誥)」편의 "그리하여 상제(上帝)에게 명을 받아 다스리기 시작했다. 황천(皇天)은 올바른 도를 가르치며 사방을 우리에게 맡기셨다."112)라는 구절까지 참조하면 황천과 상제를 굳이 구분한 이유가 명확하지 않아 단지 혼용했다고 보는 것 외에 달리 설명하기 어렵다.

여기서 '황천(皇天)'은 『시경』에서 보았던 '호천' 또는 '민천'과 같은

---

111) 『書經』「君奭」：又曰, 天不可信 我道 惟寧王德延 天不庸釋于文王受命. 公曰, 君奭, 我聞 在昔成湯旣受命 時則有若伊尹 格于皇天. 在太甲 時則有若保衡, 在太戊 時則有若伊陟臣扈 格于上帝；巫咸乂王家.在祖乙, 時則有若巫賢。在武丁, 時則有若甘盤.

112) 『書經』「康王之誥」：用端命于上帝 皇天用訓厥道 付畀四方.

개념이지만, 하늘의 공간성을 나타낸 '호(昊, 넓은)'나 '민(旻, 높은)' 등의 직관적 개념이 '황(皇, 존엄한)'의 추상적 개념으로 확장된 것일 뿐, 특별히 다른 의미는 없다. 「중훼지고(仲虺之誥)」편이나 「탕고(湯誥)」편 등에서 이들과 유사한 개념으로 '상천(上天)'이 여러 차례 등장하는데113) 「시경」의 '천' 개념에서 검토했던 '상천'과 같은 개념이다. 여기서 '상(上)'은 위에서 언급한 유사 개념에 비하여 '天'의 어원에 가장 근접한 개념이면서 가장 직관적으로 특징짓는 공간개념이다. 이러한 예들은 수식하는 문자가 그 대상 문자와 결합하여 단일개념을 형성한 것으로, 호칭에 있어 '상제'의 개념에 가장 근접했다.

상제(上帝)가 백성을 둘러보니 덕향(德香)은 없고, 형벌에서 나는 비린내만 있었소. 황제(皇帝)는 죄없이 죽은 사람을 불쌍히 여겨 포악한 자들을 징벌로 갚아주고, 묘나라 백성들은 멸망시켜 땅에서 대를 잇지 못하게 하였소. (중략) 상제(上帝)는 묘나라를 용서하지 않고 벌을 내렸소. (중략) 바라는바 그대들은 하늘의 명(天命)을 공경하게 받아들여 나한 사람을 잘 받들어 주오.114)

크게 드러나신 문왕과 무왕께서는 삼가 덕을 밝히시니 위로 하늘까지 밝게 이르고, 아래로 온 세상에 널리 알려졌소. 그리하여 상제(上帝)는 때맞춰 그의 명을 문왕에게 내렸던 것이오. (중략) 아, 가엾은 이 작은 사람이 임금 자리에 올라 하늘(天)의 큰 벌을 받았소. 백성들의 재물은 모두 없어지고 견융의 침입으로 나라가 어렵게 되었소.115)

---

113) 『書經』「仲虺之誥」: 夏王有罪 矯誣上天 以布命于下. 「湯誥」: 敢用玄牡 敢昭告于上天神后 請罪有夏 (中略) 上天孚佑下民 罪人黜伏.

114) 『書經』「呂刑」: 上帝監民 罔有馨香德 刑發聞惟腥 皇帝哀矜庶戮之不辜 報虐以威 遏絶苗民 無世在下 (中略) 上帝不蠲 降咎於苗 (中略) 爾尚敬逆天命 以奉我一人.

115) 『書經』「文侯之命」: 丕顯文武 克愼明德 昭升于上 敷聞在下 惟時上帝集厥命于文王 (中略) 嗚呼 閔予小子嗣 造天丕愆 殄資澤于下民 侵戎 我國家純.

위 첫 구절은 금전으로 형벌을 대속하던 하나라의 법을 교훈으로 삼고자 5대 목왕(穆王, B.C. 1001~952)의 명에 따라 여후(呂侯)가 지은 「여형(呂刑)」편에서 일부 인용한 것이다. 무왕 이후 5대를 내려온 시대의 일을 기록했으나 전대(前代)의 일을 기록한 내용 중에 나타난 '천' 개념과 다르지 않다. 아울러 '상제'와 '천'이 개념적 차이 없이 여전히 혼용되고 있다.

특히 「여형(呂刑)」편에는 '황제(皇帝)'가 두 차례 나타나는데, 아마도 '황천'과 '상제'를 융합한 개념으로 보인다. 이처럼 '상제'와 '천'을 혼용하는 가운데 두 호칭이 융합된 현상을 보이는 것은 상주(商周) 두 나라의 세계관이 통합되었음을 시사하고 있다.

두 번째 구절은 견융의 침입으로 낙양으로 천도하여 동주시대(東周時代)를 열었던 평왕(平王, B.C. 770~718)이 문후(文侯)에게 내린 훈령으로, 앞의 「여형」편보다 200여 년이 더 지난 후대의 일과 관련이 있다. 목왕 이후 일곱 왕을 거쳐 평왕에 이르렀으나 『주서(周書)』 가운데 이들 일곱 왕의 재임 중에 일어난 일에 관한 기록이 없다. 시대적 간극(間隙)이 상당함에도 여전히 '상제'와 '천'은 호칭만 달리한 채 혼용되고 있다. 견융의 침입으로 나라가 위기에 처했던 이유는 문왕과 무왕처럼 덕을 쌓지 않아 하늘이 벌을 내렸기 때문이라는 대목에서 하늘의 명(命)과 군왕의 덕(德)을 나눌 수 없는 관계로 인식한 사실도 알 수 있다.

한대의 경학자 정현(鄭玄, 127~200)은 『주례』 「춘관종백(春官宗伯)」편의 대축(大祝)의 직무로 예시된 '호(號)'에 대해 "호(號)는 이름을 존경하여 따로 만든, 아름다운 칭호를 말한다. 신(神)의 호로 황천상제(皇天上帝)라고 말한 것과 같다."[116]라고 주석함으로써 황천과 상제가 같은 개념임을 시사했다. 주희(朱熹, 1130~1200)는 "'상제'는 하늘의 신이다. 정자(程子)는 형체의 측면에서 '천'이라 부르고 주재의

---

116) 『周禮』「春官·大祝」, 鄭玄注 : 號, 謂尊其名更爲美稱焉. 神號若云皇天上帝.

측면에서 '제'라고 불렀다."[117]라고 말했다. 그의 견해에 따르면 상제에 대한 관념적 인식과 주재적 공능에 따라 구분될 뿐 결국 '천'과 '제'의 실체는 하나인 셈이다. 따라서 『서경』 가운데 등장하는 '천'과 '상제'는 『시경』에서 검토한 것처럼 서로 같은 개념이며, 명칭만 달리했을 뿐 같은 뜻으로 혼용했다는 결론에 이르게 된다.

『주서(周書)』 32편 중 제(帝)와 상제(上帝)가 20여 회 언급되었는데, 쓰임을 살펴보면 '천'과 '상제'는 특별한 구별 기준 없이 일관하여 혼용했으며, 개념상 실질적 차이를 인정할 용례도 찾기 어렵다. 이러한 사실은 「주서」가 대체로 동시대에 편찬되었거나, 아니면 주초에 천명 관념이 형성된 이래로 상제와 천, 천명을 같은 뜻으로 혼용했음을 의미한다.

나) 복사와 금문에 나타난 천(天) 관념

① 복사의 제(帝)와 천(天)

위 전적(典籍)에 등장하는 '제' 또는 '상제'가 복사에서 확인한, 상나라를 주재했던 '상제'와 같은 개념인지 살펴볼 필요가 있다. 『시경』이나 『서경』에 등장하는 '상제'는 '천' 개념과 그 공능에 별다른 차이가 없이 혼용했음을 확인했다. 상나라의 상제와 주나라의 상제가 차이가 없다면 은주교체에도 사상적 변화가 없다는 결론에 이르게 된다. 그 결과 천명에 기반한 주나라의 규범적 세계관도 상나라의 주재적 세계관을 모사한 것에 지나지 않는다는 결과를 낳게 된다.

은주교체를 분기점으로 절대 권능을 지닌 구체적 존재로서의 상제를 정점에 둔 상나라의 신정체제가 인간의 선의지를 추동하는 추상적 천명 개념에 기반한 주나라의 왕정체제로 변혁한 역사적 사실을 생각하면 상나라의 상제와 주나라의 상제는 존재 개념이 달라야 마땅하다. 사상적 핵심 토대가 변하지 않은 채 세계의 근원적 변혁은 기대할 수

---

117) 朱熹, 『詩經集傳·卷十一』「小雅·正月」注 : 上帝 天之神也. 程子曰, 以其形體謂之天, 以其主宰謂之帝.

없기 때문이다. 이런 생각을 전제하고 고고학적 실증을 가능케 하는 복사와 금문을 통해서 상주(商周) 두 시대에 걸쳐 존재했던 '상제'에 대해 같음과 다름을 확인하고자 한다.

갑골문에서 '帝'자는 화체(花蔕 : 꽃자루), 즉 꽃이 근본적으로 존재하는 곳을 뜻했다. 이것이 일반적 견해[118]이다. 역사적 견지에서 '제'는 『은본기』에 등장하는 상족의 시조 설(契)을 낳은 간적(簡狄)의 남편 제곡(帝嚳)을 상족의 인식체계 속에서 신격화한 것이라는 견해[119]도 있다.

그렇다면 '제'는 어원상 만물의 시원이라는 의미가 있고, 역사적 관점에서는 상족을 낳은 시원적 존재성이 있다. 어느 견해이든 제(帝)는 이 세계의 시원적 존재 원인으로서 존재자이다. 개념의 형성 배경을 보면 먼저 변화무쌍한 자연과 교감하는 가운데 인간의 감각을 초월한 영적인 존재성을 인식했다. 이를 다시 세계를 주재하는 근원적 힘을 지닌 존재자로 구체적으로 개념화하고 그 후에 씨족공동체를 결속하는 수호신으로 받아들였다. 그 과정이 고대의 일반적 인식과 다르지 않아 보인다.

제(帝)가 풍년에 해를 줄까요? (隹帝害我年) [갑골문합집] 10,124편

묻습니다. 동방의 신 석(析)과 바람의 신 협(劦)에게 '체제'를 지내면 풍년이 들까요? (貞帝于東方曰析, 風曰劦, 口年) [갑골문합집] 14,295편

신미일에 묻습니다. 고조인 하(河)에게 수확을 구하는데 신사일에 '주제(酒祭)'와 '요제(燎祭)'를 지낼까요? (辛未, 貞求禾高祖河, 于辛巳酒燎) [갑골문합집] 32,028편

---

118) 송의 정초, 청의 오대징, 현대의 왕국유나 곽말약 등이 이러한 견해를 취했다.

119) 白川靜, 『甲骨門の世界』, 71쪽 참조.

묻습니다. 메뚜기의 피해가 없도록 제(帝)의 다섯 신하에게 낮에 '고제'
를 지낼까요? (貞, 其寧秋于帝五丰臣于日告) [소둔남지갑골] 930편

위 복사를 보면 '제'는 자연신, 조상신처럼 농사의 수확에 결정하는
존재로 인식되었다. 특히 마지막 복사는 '제'가 해, 달, 성신(星辰),
비, 바람의 다섯 신을 거느린 최고신임을 복사 자체로 실증하고 있
다.[120] 모든 복사의 내용이 '제'의 등장 여부와 관계없이 항상, 무슨
문제이든 '제'에게 묻고 있는 것을 보면 비단 농사에 국한하지 않고 만
사를 주재하는 존재자로 인식한 것이 분명하다.

한편, 갑골문에서 '天'자는 네 가지로 쓰였는데, '사람의 꼭대기',
'크다', '지명', '인명' 등이다.[121] 이 중에서 '사람의 꼭대기'와 '크다'는
의미가 결합하여 높은 하늘이나 우주의 궁극을 뜻했고, 다시 상제가
거주하는, 광대하고 신성한 공간개념으로 인식의 범위를 확장했다.

『설문해자』는 '天'에 대해 "전(顚)이다. 지극히 높아서 위가 없다.
一과 大의 뜻을 따른다."[122]라고 풀이했는데, '天'이 신체의 가장 높은
부위인 정수리에서 지극히 높은 하늘을 뜻하는 개념으로 전화되었음을
시사한다.

시라카와 시즈카(白川靜)는 갑골문의 '天'은 아래는 두 팔과 두 발을
벌리고 선 사람의 모습을 하고 있으며, 이 글자의 윗부분은 원래 一
이 아닌 □나 ○모양으로 사람의 머리나 꼭대기(巓) 등 가장 높은 곳
을 뜻한다고 했다. 또한 『산해경』「해외서경(海外西經)」편에는 '형천
(刑天)의 신'이 있었는데 옛날에 상제와 신이 되는 것을 다투다가 패하

---

120) 시라카와 시즈카는 '帝는 神鳥를 사자로 삼았지만, 직접 거느리는 부하로 五
臣·五工 등의 여러 신하를 두었는데, 이는 제의 위치와 사방을 염두에 둔
신화적 세계관에 따른 것'으로 보았다. (시라카와 시즈카 著, 고인덕 譯, 『
漢字의 世界』 142쪽 참조)

121) 孫志明, 『華夏文明之源』, 88쪽 참조.

122) 『說文解字』 "顚也. 至高無上. 從一大"

여 그 머리가 잘려 상양(常羊)의 산에 매장되었다고 전해지며, 이것이 소위 착전(斲顚)의 형벌로 형천의 '天'은 하늘이 아닌 사람의 머리를 가리키는 것으로 보았다.[123]

실제로 은허에서 수십 개의 두개골이 있는 대묘(大墓)나 두부가 없는 유골들이 방치된 제사갱(祭事坑)의 발굴은 위 신화가 현실과 무관하지 않다는 점을 보여준다. 이처럼 복사에서 '天'의 자의(字意)는 본래 사람의 머리나 신체의 가장 높은 부위를 뜻했을 뿐, 하늘을 뜻하지 않았다. 이는 상대에는 천명을 내리는 추상적인 '천' 관념이 형성되지 않았고, 주재적 인격자로 수용된 '제'가 천하를 장악했음을 말한다.

지금까지 검토한 것처럼 '제'는 만물을 주재하는 시원적 존재성을, '천'은 가장 높은 곳을 각각 나타내어 최종, 최고라는 측면에서 일맥통하지만, 어원상으로는 어떤 동질성도 찾기 어렵다.

그렇다면 '제'와 '천'이 어떤 과정을 거쳐 나란히 천명을 내리는 '상제'와 '천'(天, 昊天, 旻天, 上天, 皇天 등) 개념으로 전화(轉化)·혼용(混用)되었는지 살펴볼 여지가 있다. 이 문제와 관련하여 우선 복사에 등장하는 '천읍상(天邑商)'의 개념에 주목하고자 한다.

> 을묘일에 점을 치고 쟁이 묻습니다. 왕이 읍을 조성하는데, 제가 순조롭게 할까요? 다섯 번 물었다. (乙卯卜, 爭貞, 王作邑 帝若. 一 二 三 四 五) [은허문자을편] 570편

> 신유일에 점을 치고 □가 묻습니다. 조상을 모신 천읍상(天邑商)의 궁실에서 의제(衣祭)를 지내고자 하는데 당일 저녁에 재앙이 없고, 평안하겠습니까? (辛酉卜, 貞在□, 天邑商公宮衣茲夕亡□, 寧) [갑골문합집] 36,541편

> 을미일에 상갑에게 10점을, 보을·보병·보정·시임·주계에게 각 3점을,

---

123) 시라카와 시즈카 著, 고인덕 譯, 『漢字의 世界』, 562쪽 참조.

대을·대정·대갑·대경에게 각 10점을, 소갑에게 3점을, 대무·중정에게 각 10점을, 전갑에게 3점을, 조을에게 10점을, 강갑에게 3점의 제수품을 바치고 주제·계제를 지낼까요? (乙未酒系品上甲十, 報乙三, 報丙三, 報丁三, 示壬三, 示癸三, 大乙十, 大丁十, 大甲十, 大庚十, 小甲三, 大戊十, 中丁十, 戔甲三, 祖乙十, 羌甲三) [갑골문합집] 32,384편

위의 복사에 등장하는 상대의 '읍(邑)'은 인구 일백여 명 정도가 거주하는 촌락을 말한다. 이러한 읍은 성루와 관련된 서읍(西邑), 우읍(右邑), 수를 밝힌 십읍(十邑), 이십읍(二十邑) 등 다양한 유형으로 나타난다.[124]

복사에서 상나라의 왕도는 상(商), 중상(中商), 대읍(大邑), 대읍상(大邑商), 천읍상(天邑商) 등으로 불린 것으로 보아 상나라의 국호는 읍(邑)과 관련이 있음이 분명하다. 아래 〈표 4〉에서 보듯 종백생(鍾栢生)은 복사의 시기별로 '상(商)'에 대한 명칭을 분류했다. 제1기에는 상(商), 구상(丘商)으로, 제2기에는 상(商)으로, 제3·4기에는 상(商), 대읍(大邑)으로, 제5기에는 상(商), 대읍상(大邑商), 천읍상(天邑商)으로 불렸다.[125] 여기서 주목할 점은 대읍상, 천읍상의 명칭이 은주교체 직전인 제5기 제을, 제신 때에 쓰였다는 점이다.

시라카와 시즈카(白川靜)는 '천읍상'에 대해 상제의 신성한 도읍(都邑)으로 규정하고, 이때부터 '천'이 하늘을 뜻한 것으로 보고 있다.[126] 아울러 이러한 도읍은 단순하게 사람이 거주하는 장소가 아니라 조상의 영혼, 씨족의 수호신이 함께 거주하는 공간이었으며, 도읍의 멸망은 씨족은 물론 그들의 정신적 거처를 상실한 것과 같다고 보았다.[127]

---

124) 梁東淑 著, 『甲骨文解讀』, 781쪽 참조.
125) 鍾栢生, 『殷商卜辭地理論叢』, 藝文印書館, 1989, 48쪽 참조.
126) 시라카와 시즈카 著, 고인덕 譯, 『漢字의 世界』, 562쪽 참조.
127) 白川靜, 『甲骨門의 世界』, 平凡社, 57쪽 참조.

구분	제1기	제2기	제3 / 4기	제5기	비고
諸王	盤庚·小辛 小乙·武丁	祖庚·祖甲	廩辛·康丁/ 武乙·文丁	帝乙·帝辛	董作賓 분류법
河南省 商丘縣	상(商) 구상(丘商)	상(商)	상(商) 대읍(大邑)	상(商) 대읍상(大邑商) 천읍상(天邑商)	鍾柏生의 구분 참조
河南省 小屯村	자읍(玆邑) 중상(中商)	읍(邑)	중상(中商)	상(商)	

이러한 관점으로 접근하면 대읍상의 '대(大)'는 '크다, 위대하다'는 뜻이고, 천읍상의 '천(天)'은 '가장 높다'는 뜻으로, 두 개념 모두 불가침의 신성을 내포한 채 그 의미가 서로 통한다. 상왕 29명 중에서 5명만이 '대(大)'로 묘호에 썼는데, 위 세 번째 제사 복사 가운데 제1대 대을(大乙)에서 제9대 대무(大戊)에 이르는 직계 왕 5명이 바로 그들이다. 위 복사는 상나라 말기인 제5기 제을·제신이 재임하던 시기에 점친 것으로, 언급된 제수품의 규모에서 '대(大)'자 묘호를 사용한 이유와 이들의 위상을 짐작게 한다. 앞에서 검토했듯이 상나라의 도읍을 씨족의 수호신이나 조상신이 함께 머무는 공간으로 보면, '대읍상'은 조상신 중 주제계보(周祭系譜)에서 가장 앞서는 위 다섯 왕의 신위를 모신 곳으로 추정된다.

마찬가지로 두 번째 복사의 '천읍상'도 씨족 수호신인 상제 또는 가장 높은 위치인 조상신[128]을 모신 사당이 있는 성읍이 분명하다. 이 복사 중 천읍상 안에 '조상을 모신 궁실'이 있음을 명시한 점이 이를 대변한다. 따라서 '천'은 상제나 조상신이 거주하는 공간으로서의 하늘을 뜻하며, '대'와 더불어 위엄과 권위를 나타내는 개념으로 추상화가 진행된 상태였다고 할 수 있다.

---

128) 「殷本紀」에서 개국 시조 성탕(成湯)의 묘호를 '天乙'로 기록한 것을 참고할 필요가 있다.

적어도 은나라 후기에 이르러 '천'은 '제' 또는 '대'가 묘호인 조상신의 신성한 공간이라는 인식하에 숭앙의 대상으로 개념적 전화가 진행되고 있었다는 결론에 이르게 된다.

② 금문의 천(天) 개념

상주의 금문(金文) 가운데서도 '천' 개념의 변천 과정을 추적할 단서가 있는지 확인이 필요하다. 문자의 바탕인 재질의 특성, 청동기 제작 기술의 전승 관계, 전적(典籍)과 달리 고증(考證)의 정확성, 복사의 대체 수단으로 기능하는 서주시기 문자 상황 등은 은주교체기를 전후한 문자의 변화와 그 속에 담긴 정보를 실증적으로 제공한다는 점에서 이러한 검토는 매우 중요하다.

> 병오일에 왕께서 수사자에게 패화 이십 붕을 하사하시고, 관 땅의 종묘에 계셨다. 이에 부계를 위하여 보배로운 솥을 만드노라. 왕께서 관 땅의 태실(大室)에서 완제사를 지내시니, 9월이었다. 견어(犬魚) (丙午, 王商戍嗣子貝二十朋, 才管宗. 用作父癸寶餗. 隹王宛管大室, 才九月. 犬魚) 〈戍嗣子鼎〉[129]

> 을해일에 왕께서 대풍에 계셨다. 왕께서 사방을 둘러보시고 천실(天室)에서 제사를 지내시고 내려오셨다. 크게 드러나신 부 문왕께 성대하게 의제를 지내고 상제에게 흡족하게 사제를 지내는데 천망(天亡)이 보좌했다. 문왕께서 위에서 보시니, 크게 치적을 쌓은 왕께서 성찰하여 문왕의 사업을 계속 이으시어 은나라 왕의 제사가 끝나게 했다. (乙亥, 王又大豐. 王般三方, 王祀于天室, 降. 天亡又王, 衣祀于不顯考文王, 事喜上帝. 文王監才上, 不顯王乍省, 不肆王乍庚不克乞衣王祀) 〈天亡簋〉[130]

---

129) 1959년 하남성 安陽 後岡의 殷代 원형 殉葬坑에서 출토되었으며, 내용 가운데 父癸라는 日名과 제작자를 밝힌 씨족 명문이 있는 것으로 보아 상나라 말의 기물로 여겨진다. (왕휘 著, 곽노봉 譯, 『商周金文·上』, 50~52쪽 참조)

130) 『逸周書·度邑解』 편에 "단아, 너는 하늘이 내린 명을 잘 살펴서 하늘의 도

위의 두 명문(銘文) 중 전자는 상말에 제작된 기물에, 후자는 주초 무왕 때 제작된 기물에 각각 새겨져 있다. 궁의 사당을 전자는 '태실(大室)'로, 후자는 '천실(天室)'로 각각 칭했다. 앞의 복사 중 '조상을 모신 천읍상(天邑商)의 궁실에서 의(衣)제사를 지내고자'라는 문구에 비추면 '대읍상(大邑商)'은 태실이 있는 도읍, '천읍상(天邑商)'은 천실이 있는 도읍이다. 그렇다면 상주 두 시기에 제작된 청동기 명문에도 사당을 칭할 때 그 명칭을 각각 구분하여 보편적으로 썼는지 확인할 필요가 있다.

청동제기의 형태와 문양, 명문의 용어, 글자체의 필법에 비추어 상나라 말기에 제작된 것으로 확인된 〈자황준(子黃尊)〉의 명문 가운데 "을묘일에 자(子)가 태실에서 왕을 알현했다(乙卯, 子見才大室)"라는 구절에서는 사당을 '태실(太室)'로 칭했다. 상말 제신(帝辛) 4년 4월에 제작된 〈사사필기유(四祀邲其卣)〉의 명문 중에 "소태정(召大庭)에서 대을(大乙)에게 구(溝)제사를 지내고(才召大庭 溝乙)"라는 구절이 있다. "을사일에 점을 치고 묻습니다. 왕이 소방(召方)에서 오실까요? (乙巳卜 貞 王〇于召)"라는 복사를 참고하면, 이 명문 중의 '소태정(召大庭)'은 '소읍(召邑) 또는 소방(召方)에 있는 태정(大庭)'을 말한다. 이는 대을에게 구제사를 지냈다는 명문 내용으로 보아 〈수사자정(戌嗣子鼎)〉의 '태실'과 같은 개념으로 보는 것이 타당하다. 이처럼 상대에 제작된 청동기 명문 중에 종묘를 '태실(太室)'이 아닌 '천실(天室)'로 표현한 예는 보이지 않는다.

왕께서 처음 성주(成周)로 도읍을 옮기시고 무왕의 전례에 따라 천(天)①에서 관제사를 지내셨다. 4월 병술일 왕께서 경실(京室)②에서 종소자(宗小子)에게 뜻을 밝히셨다. "지난날 너의 조상은 문왕을 잘 보필

움으로 나라를 안정시키고 천실에 의지하라. (旦, 子克致天之明命, 定天保, 依天室)"라는 기록을 고려하면 무왕 때 제작된 기물로 여겨진다. (왕휘 著, 곽노봉 譯, 『商周金文·上』, 86쪽 참조)

하여 문왕이 대명③을 받으셨다. 무왕께서 대읍상을 정복하시고 사당에서 천④에 고하셨다 : '저는 장차 이 중원에 도읍을 정하고, 이곳에서 백성을 다스리겠습니다.' 오호라, 너희는 어려서 식견이 없으므로 너의 부공씨(公氏)의 노고를 본받으면 하늘⑤에서 도움이 있을 것이니, 명을 잘 받들어 공경하며 누리도록 하라." 오직 왕께서 덕을 공경하여 하늘에 제사 지내시며,⑥ 나의 불민함을 훈계하셨다. 왕이 훈시를 마치고 하(何)에게 패화 30붕을 하사하시니, 유공(庾公)을 위하여 존귀한 예기를 만드노라. 왕 5년이었다. (隹王初遷宅于成周, 復偁, 武王豊福自天. 才四月丙戌, 王誥宗小子于京室, 曰, "昔才爾考公氏克仇文王. 肆文王受玆大令,隹武王旣克大邑商, 則廷告于天, 曰, 余其宅玆中域, 自之辟民. 嗚呼爾有唯小子亡識, 視于公氏又爵于天徹令,.敬享哉. 叀王恭德谷天, 順我不每, 王咸, 何易貝三十朋, 用作庾公寶彝. 隹王五祀)〈何尊〉[131]

위 〈하준(何尊)〉의 명문은 주초의 '천(天)' 개념과 관련하여 여러 가지 정보를 제공한다. ①의 천(天)은 '관제사를 지냈다'라는 내용으로 보아 '천실(天室)'을 뜻한다. 또한, 무왕이 성주(成周)에 도읍을 정하기 전 주변 지형을 살피고 나서 '왕도를 세우기에 적합하다'라는 말을 '천실이 멀지 않다'[132]라고 표현한 점으로 보아 기존의 도읍인 풍읍(豊邑)에 이미 '천실'이 있었음을 알 수 있다.

②의 '경실'은 경궁(京宮)의 태실(大室)로, 문왕을 낳은 태임(太妊)에 대해 "경실의 며느리가 되었네"[133]라고 노래한 「대아(大雅)」〈사제(思齊)〉 편의 구절로 보아 문왕 이전부터 존재했던 개념으로 여겨진다. 이것이 경궁을 구성하는 일반 궁실(宮室)을 뜻하는지 아니면 태묘의 태실과 같은 개념인지 분명하지 않다. 다만 「대아(大雅)」〈하무(下武)〉 편의 "세 분 선왕께서 하늘에 계시니 왕은 경(京)에서 배향하셨

---

131) 1963년 섬서성 보계시 가촌에서 출토된 것으로, 成周로 천도한 사실을 새긴 점 등으로 보아 성왕 때 제작된 제기로 고증되었다.

132) 『周本紀』: 粵詹雒,伊, 毋遠天室. 營周居于雒邑而後去.

133) 『詩經』「大雅」〈思齊〉: 思媚周姜 京室之婦.

네"134)라는 구절을 참고하면 태실과 같은 개념으로 보는 것이 마땅한 듯하다.

문왕이 받은 ③의 '대명(大命)'은 '대읍상'을 치는 무왕의 대의명분이었던 '천명(天命)'과 같은 개념이다. 아울러 상말의 제5기 복사에서 확인된 '대읍상'이 이 명문상에 확인된 점은 상말 주초에 상나라를 지칭하는 개념으로 통용되었음을 말해준다. 특히 「대아(大雅)」〈대명(大明)〉편에서 상나라를 '대상(大商)'으로 표현했는데,135) 주나라 문화권에서 상나라를 '대읍상'으로 통칭하면서 약칭 또는 별칭까지 사용했음을 말하고 있다.

④의 '천에 고하였다'라는 말은 극상일(克商日)에 무왕이 상나라의 사당에서 제를 올리며 하늘에 고한 사실을 참고하면 '천실에서 제사를 지내며 고하였다'라는 말로 고쳐도 문제가 없다.

⑤는 공씨(公氏)의 공로를 기리고자 제작한 제기 작(爵)을 신성한 '천실'에 비치한 이유를 생각하고 본받으라는 뜻으로 새길 수 있다.

⑤와 ⑥에서 덕(德)과 천(天)을 연결하여 군왕의 통치에 정당성을 부여했는데, 이런 내용은 강왕(康王) 때 제작된 〈대우정(大盂鼎)〉을 비롯한 여러 청동 기물의 명문에도 확인된다. 이러한 예는 『시경』이나 『서경』에서 보았던 천명에 기반한 '이덕배천(以德配天)'의 사상이 주초에 정립되었음을 실증적으로 확인한다는 점에서 중요한 의미가 있다.

한편 이 명문상의 '태실(大室)', '대명(大命)', '대읍상(大邑商)'은 '천실(天室)', '천명(天命)', '천읍상(天邑商)'과 같은 개념으로 은주교체기의 전후에 함께 쓰였다. 특히 '태실'과 '천실'은 복사에서 말한 '조상을 모신 천읍상의 궁'의 구체적 명칭으로 청동기 명문으로 그 실체가 확인된 셈이다. 다만, '천실'. '천명', '천읍상'의 개념은 상족의 인식체계 속에서 정립된 것이 아니라 하늘과 땅을 중시하는 농경문화를 계승한

---

134) 『詩經』「大雅」〈下武〉：三后在天 王配于京.
135) 『詩經』「大雅」〈大明〉：保右命爾 燮伐大商… 涼彼武王 肆伐大商.

주족의 인식체계 속에서 '대(大)'의 개념이 '천(天)'으로 의미가 확장된 결과로 보는 것이 타당하다.

따라서 '천읍상'을 기록한 제5기 갑골복사도 주나라 문화권에 있는 사람이 새겼거나 아니면 주나라 문화권에서 제작되었다고 보는 것이 마땅하다. 주공이 상나라 관리를 성주(成周)로 이주시킬 때 그 당위를 밝힌 『서경』 「다사(多士)」편의 "나는 감히 '상나라의 큰 도읍(天邑商)'으로 와서 그대들 가운데 인재를 구하고 있다."[136]라는 말이 이러한 관점을 뒷받침한다. 이처럼 위 복사나 금문에 등장한 '천읍상'이나 '천실'은 주족 특유의 천명 관념을 추적할 수 있는 가장 기본적인 단서로 보아도 무리가 없다.

> 머리를 조아려서 많은 복을 내려주신 천자(天子)를 따르고, 상하제(上下帝)를 부지런히 섬겨 주나라에 내린 명이 끝나지 않게 할 것이며 (중략) 나는 천자(天子)의 신하가 되어 그 명을 기록하고 부 주공(周公)을 위하여 예기를 만드노라. (拜稽首 魯天子·受厥頻福 克奔走上下帝 無冬令於有周 (中略) 朕臣天子 用典王令 乍周公彝) 〈井侯簋〉[137]

「주송(周頌)」 31편 중 〈옹(雝)〉편에만 확인했던 '천자(天子)'의 개념[138]이 강왕(康王) 초기에 제작된 이 제기의 명문에는 두 차례나 등장한다. 정치적 군장으로서의 왕의 개념에서 한 단계 더 나아가 천명과 군왕의 완전한 합일을 의미하는 '천자'의 개념이 주초에 정립된 사실을 이 명문이 실증하고 있다.[139]

---

136) 『書經』「多士」: 肆予·敢求爾于天邑商。

137) 康王에게 刑侯의 직책을 받은 주공의 아들이 왕의 명령을 기록하고 주공의 공적을 기리고자 제작한 제기로, 康王 전기에 제작된 것으로 고증되었다.

138) 『詩經』「周頌」〈雝〉: 有來雝雝, 至止肅肅, 相維辟公, 天子穆穆。

139) 史實과 記錄이 시대적으로 일치하는지를 실증하기 어려우므로 『시경』이나 『서경』 등에 나타난 천명 개념은 어느 시기에 정립되었는지 논의의 여지가 있다. 하지만 청동기 명문은 모조가 아닌 이상 이러한 문제를 모두 극복한다는 점에

이 가운데 '克奔走上下帝'는 『서경』「무성(武成)」편의 "정미일에 주나라 종묘에 제사를 지내니, 나라의 전복과 후복, 위복이 모두 달려와 분주하게 제기를 날랐다."[140]라는 말과 다르지 않다. 또한 상제(上帝)는 상천(上天)[141]이나 천제(天帝)를 의미하고, 하제(下帝)는 하늘 아래 여러 신을 의미한다. 『서경』〈요전(堯典)〉편의 '격우상하(格于上下 : 하늘과 땅에 나아가다)', 「군석(君奭)」의 '격우황천(格于皇天 : 황천에 나아가다)'이나 '격우상제(格于上帝 : 상제에게 나아가다)' 등과 유사한 표현이다.

지금까지 주나라의 청동 제기 명문에서 확인한 '상제'도 『시경』이나 『서경』에서 확인한 상제와 다를 바 없이 천명을 내리는 추상적 '천' 개념의 범주(예컨대, 상천, 호천, 민천, 황천, 천제 등)에서 벗어나지 않으며, 복사에서 확인한 주재적 성격의 상나라의 '제'와 다른 개념임을 알 수 있다.

다) 『주역』 서사(筮辭) 중의 제(帝)와 천(天)

먼저 『주역』에서 은대의 제(帝)를 수용한 경우를 살펴보면 다음과 같다. 태괘(泰卦) 육오의 "제을이 어린 딸을 출가시켜 복을 얻으니 크게 길하다"[142], 귀매괘(歸妹卦) 구오의 "제을이 어린 두 딸이 출가함에 정실로서의 그의 치장이 소실보다 화려하지 않으니, 기망(旣望)의 달이 꽉 차지 않은 것과 같으니, 길하다"[143] 등에 등장하는 '제을(帝乙)'은 상말에 이르러 스스로 '帝'라 칭할 정도로 왕권이 강화된 사실을 보여주는 상징적 지표이다. 아울러 상나라를 예속했던 '帝'의 신성에서

서 이 명문 내용은 천 관념의 시대적 배경을 실증하고 있다.

140) 『書經』「武成」 : 丁未 祀于周廟 邦甸侯衛 駿奔走 執豆籩。

141) 『書經』「湯誥」 : 敢用玄牡 敢昭告于上天神后 請罪有夏 (中略) 上天孚佑下民 罪人黜伏。

142) 『周易』泰卦 六五 : 帝乙歸妹 以祉 元吉。

143) 『周易』歸妹卦 九五 : 帝乙歸妹 其君之袂 不如其娣之袂良 月幾望 吉。

벗어나 왕이 '帝'의 권위를 대신하겠다는 권력의지를 드러내기 시작한 것과 같다. 따라서 실존했던 인물의 묘호인 '帝乙'에서 상나라의 종교적 실체인 '帝'의 신성과 위엄을 간접적으로 확인할 수 있다.

익괘(益卦) 육이의 "어떤 사람이 뜻지 않게 십붕(十朋)의 값어치가 있는 매우 귀한 거북을 바쳤는데 거절할 수가 없다. 길이 정도를 지키면 길하다. 그 거북을 왕이 '帝'에게 제사를 지내는 일에 쓰니 길하다."144)라는 말은 상나라의 '帝'가 주나라의 주역점 체계에 편입된 사례이다. 이 효사를 통해서 주초에도 여전히 거북을 귀하게 여겨 점복과 제의에 썼으며, '帝'의 신성이 거북점과 함께 유지된 사실이 확인된다. 『서경』「대고(大誥)」편에 "영왕(寧王, 무왕)께서 크고 보배로운 거북을 남겨 주시어 천명을 알아보라 하였소. 이에 점을 치니"145)라는 구절은 상대의 거북점이 은주교체 이후에도 여전히 국가의 중대사를 결정하는 일에 이용됐고, 천명이 거북점과 연계된 상제의 뜻함과 다르지 않다고 인식했음을 말한다. 그렇다면 이 효사에 등장하는 '帝'는 상나라의 주재적 존재로서의 상제가 아니라 추상적 천명을 내는 신적 이념으로서의 상제로, 주초에 정립된 주나라의 '천' 개념이 지닌 범주를 벗어나지 않는다.

이처럼 상대의 주재신 '帝'가 은주교체에 따른 점서적 사유세계의 혁명적 변화를 상징하는 『주역』 가운데 익괘에 유일하게 편입되어 있다. 그렇지만 그 실상은 은주교체의 격변과 더불어 복사에서 보았던 주재적 존재개념을 탈피하고 추상적 규범의 준거가 되는 '천' 개념으로 전화된 것이다.

다음으로 확인할 사항은 『주역』의 서사에 등장하는 '天'에 대해 개념적 추상화의 관점에서 정리하는 일이다. 『주역』의 괘·효사 가운데 '天'은 여섯 개의 괘에 7회 나타난다.

---

144) 『周易』益卦 六二 : 或益之十朋之龜 弗克違 永貞吉 王用享于帝 吉.
145) 『周書』「大誥」: 寧王遺我大寶龜 紹天命. 卽命….

대유괘(大有卦) 상구의 "하늘의 도움이 있으니, 길하여 이롭지 않음이 없다."146)라는 말은 '천명'과 밀접한 관계가 있다. 이 효사는 「대상전(大象傳)」의 "順天休命(천명을 실천하여 그 명을 아름답게 한다)"과 맥락이 닿아 있다. 인간이 천명에 순응하는 것은 스스로 하늘의 도움을 짓는 것이고, 이 경우 길하여 이롭기가 그지없다는 것이다. 괘상 자체도 천명을 받은 문명한 세상이 '대유(大有)'의 실체임을 말하고 있다.147) 따라서 이 효사의 '天'은 신적 이념으로서의 '천명'과 다르지 않다.

대축괘(大畜卦) 상구의 "사방으로 탁 트인 하늘의 큰길이니 형통하도다!"148)라는 말은 덕과 지혜를 크게 축적하는 대축의 도는 형통하기 마련이며, 천명을 따르는 것이 그와 같음을 의미한다. 크게 이루기 위해서는 사방으로 트인 하늘의 길을 가듯 대도를 걸어야 함을 시사하고 있다. 역사적 관점에서 천명을 앞세우고 문왕과 무왕이 걸어간 혁은(革殷)의 길이 바로 그러하다. 따라서 이 효사의 '天'도 단순하게 하늘을 의미하는 것에 그치지 않고 천명 개념과 관련되어 있다.

명이괘(明夷卦)는 직접적으로 상말 주초의 시대를 배경으로 하는 대표적인 경우이다. 상육 효사의 "밝음이 사라지고 어둠이 내린다. 처음에는 하늘에 올랐다가 뒤에는 땅속으로 들어간다."149)라는 말은 상나라의 역사 전체를 고도로 압축하여 은유한 것과 다르지 않다. 성탕이 천명을 받아 성덕(盛德)의 나라를 열어 하늘의 뜻을 밝혔으나, 마지막 제신(帝辛)에 이르러 불경천(不敬天)하고 불보민(不保民)하여 나라가 망한 사실을 은유적으로 표현한 것이다. 「소고(召誥)」편의 "지금의 은나라를 보면 처음에는 하늘이 인도하여 바로잡아 보호하였으나, 뒤에 하늘의 뜻을 어겨 지금은 그들이 받았던 하늘의 명을 잃고 말았습니다

---

146) 『周易』 大有卦 上九 : 自天佑之 吉无不利.
147) 上卦인 離卦는 불·밝음·문명 등을, 下卦인 乾은 하늘·강건함·천명 등을 상징한다는 점에서 이런 관점이 타당하다.
148) 『周易』 大畜卦 上九 : 何天之衢 亨.
149) 『周易』 明夷卦 上六 : 不明 晦 初登于天 後入于地.

."150)라는 말이 이 효사와 상통한다. 「소고」편과 효사를 지은 자가 동시대의 인물일 것이라는 추정까지 가능할 정도이다. 결국, 이곳의 '天'도 표면상 하늘을 의미하나 내포한 의미는 '천명'이다. '초등우천(初登于天)'에 대해 '처음에는 천명을 따랐다'로 해석할 수 있기 때문이다.

규괘(睽卦) 육삼은 "수레를 끄는 소가 버티니, 억지로 끌고 가려는 수레꾼의 모습이 마치 묵형(墨刑)과 의형(劓刑)을 당한 듯하다. 처음에는 좋지 않으나 끝은 잘 마무리될 것이다"151)라는 뜻으로, 말을 듣지 않는 소를 부려 수레를 끌고자 애쓰는 수레꾼의 모습이 생생하다. 여기서 '天'은 이마에 먹물을 넣어 죄인임을 표시하는 형벌로, '의(劓)'와 마찬가지로 고대 형벌의 일종이다. 따라서 이 효사는 천명으로서의 '天' 개념과 무관하고, '사람의 머리'를 뜻한 복사의 흔적으로 보는 것이 타당하다.

구괘(姤卦) 구오는 "구기자나무가 그 아래 참외를 덮고 있듯이 빛나는 덕을 품고 있으니 장차 하늘에서 내려짐이 있을 것이다"152)라는 뜻으로, 군왕의 휘하에 현자(賢者)들이 모여 있으니 장차 천명을 받아 뜻을 이룰 것임을 은유했다. "서백(西伯)이 선을 쌓고 덕을 베풀어 제후들이 모두 그에게로 향하니 장차 왕께 이롭지 않을 것입니다."라는 숭후호(崇侯虎)의 말153)과 주왕을 징벌하고자 제후들이 맹진에 집결했으나 '천명이 이르지 않았다'라는 이유로 회군한 문왕의 고사154)를 연결하면 이 효사에서 '天'도 천명을 말한다. 아울러 경험적 사실을 바탕으로 관념적 추상의 세계를 이처럼 탁월하게 표현할 정도로 작역자(作

---

150) 『書經』「召誥」: 今相有殷 天迪格保 面稽天若 今時旣墜厥命.

151) 『周易』 睽卦 六三 : 見輿曳 其牛掣 其人天且劓 无初有終.

152) 『周易』 姤卦 九五 : 以杞包瓜 含章 有隕自天.

153) 『史記』「周本紀」: 崇侯虎譖西伯於殷紂曰:「西伯積善累德, 諸侯皆嚮之, 將不利於帝.」

154) 『史記』「周本紀」: 是時, 諸侯不期而會盟津者八百諸侯. 諸侯皆曰, 「紂可伐矣.」武王曰, 「女未知天命, 未可也.」乃還師歸.

易者)의 언어 구사 능력이 뛰어났음을 알 수 있다.

중부괘(中孚卦) 상구의 "새 울음이 하늘에 울려 퍼지니 곧아도 흉하다"[155]라는 말은 분수를 모르고 명성을 추구하면 끝내 흉할 수밖에 없다는 뜻이다. '한음(翰音)'을 어떻게 해석할 것인지 여러 견해가 있지만, 대체로 『예기(禮記)』에서 종묘제례에 쓰는 제물에 대해 '닭'을 '한음'이라 칭한 점[156]을 근거로 '닭이 하늘로 날아오르고자 파닥거리는 소리'로 보는 견해[157]와 단순히 새가 '높이 나는 소리'로 보는 견해[158]로 구분된다. 어떤 쪽을 취하든 진실함이 없이 분수를 망각하고 명성을 추구하면 오래갈 수 없다는 것을 말하고 있다. 아울러 역사적 관점에서 이 효사에서 '天'은 '천명' 개념으로 연결할 여지가 충분하다. 즉 건괘 초구의 잠룡(潛龍)처럼 준비되지 않은 자가 천명을 받은 구오의 비룡처럼 높이 날고자 하는 것을 '翰音登于天'으로 비유한 것이다. 미숙한 은주(殷紂)가 천하를 다스리고자 했으니, 마치 높이 날고자 파닥거리는 새처럼 끝내 흉했던 반면에, 덕을 쌓아 천명을 받은 문왕이 팔백 년 왕조의 기틀을 다지고 천제(天帝)에 배향(配享)된 점을 생각하면 이 효사도 결국 은주교체기 당시의 역사와 무관하지 않다.

끝으로 '天'자는 쓰지 않았으나 '천명'을 시사한 효사로 비괘(否卦) 구사가 있다. "명(命, 천명)을 따르니 허물이 없다. 무리(또는 경계)에서 이탈하지 않으니 복이 있다."[159]라는 말은 유리의 옥에 감금되는 등 상나라의 탄압에도 덕을 쌓고 인재를 결집했던 문왕, 이후 천명을 내세우고 벌주에 나선 무왕과 방군제후 등의 행적을 연상케 한다. 꽉 막힌 상황에서도 천명에 따라 결집하고 큰일을 도모하면 허물이 없다는 취지이다. 따라서 역사적 관점에서 이 효사의 '유명(有命)'은 '유천

---

155) 『周易』 中孚卦 上九 : 翰音登于天 貞凶.
156) 『禮記』 「曲禮下」 : 凡祭宗廟之禮, 牛曰 一元大武…鷄曰翰音.
157) 黃台淵, 『실증주역』, 1048쪽 참조.
158) 王弼, 『周易注』 中孚卦 上九 : 翰 高飛也. 飛音者 音飛而實不從之謂也.
159) 『周易』 否卦 九四 : 有命无咎 疇離祉.

명(有天命)'의 축약이나 다름없다.

　이처럼 은주교체 전후의 역사적 상황과 시대적 문제를 염두에 두고 접근하면『주역』서사에 나타난 ‘天’은 규괘 구삼을 제외하고 모두 주초에 정립된 ‘천명’ 관념이 반영되어 있다.

라) 규범의 준거로서의 재천(在天)

　『시경』이나『서경』의 전적(典籍)에서 확인한 ‘천(天)’ 개념과 이를 고고학적으로 뒷받침하는 복사, 금문의 ‘천(天)’ 개념 등을 종합하면 다음과 같은 결론을 내릴 수 있다.

　첫째, 복사에 등장하는 상나라의 ‘제(帝)’와 청동제기의 명문에 보이는 주나라의 ‘천(天)’은 서로 다른 개념이다. ‘帝’가 세계를 주재하는 구체적 존재임에 반하여 ‘天’은 세계를 규율하는 추상적 이념이다. ‘帝’가 그 자체로 선인 절대적 존재 개념이지만 ‘天’은 인간의 덕(德)과 연결되어 있다는 점에서 상대적 관념의 개념이다. 주나라 특유의 ‘이덕배천(以德配天)’ 사상은 주재적 존재로서의 상제에서 신적 이성으로서의 천명으로 세계관이 전환된 결과 나타난 것이다.

　둘째, ‘천명’ 관념은 ‘天’이 사람의 머리 → 가장 높은 곳 → ‘帝’가 거주하는 신성한 공간개념(上, 롯, 昊, 皇 등) → 존재로서의 ‘帝’와 인격적 동화(同化, 皇天上帝) → 대명(大命)을 내는 신적 이념으로서의 하늘로 개념적 전화(轉化) 과정을 거쳐서 정립된 것으로 보아야 한다. 어원상 ‘사람의 머리’를 뜻했던 형상 개념이 사람을 규율하는 추상적 이념으로 진화하여 사람의 머리를 장악하게 된 것이다.

　셋째,『시경』과『서경』에 폭넓게 나타나는 ‘천명’ 관념은 주초(周初)에 정립되었음이 청동 명문으로 실증되었다. 복사에 등장하지 않던 ‘天’이 상말 제5기 복사에서 ‘천읍상(天邑商)’의 형식으로 모습을 드러냈다. 여기서 ‘天’은 주나라의 국력이 팽창하는 과정에 편승하여 주나라의 영향력이 강한 문화권에서 생성한 문자로 여겨진다. 상나라의 복문이나 청동제기의 명문에는 보이지 않던 '천실(天室)' 개념이 주초의 명문상에 나타났다는 점이 이러한 관점을 뒷받침한다.

넷째, 주나라의 전적이나 유물에 등장하는 '상제'는 '천', '호천', '황천' 등과 같은 개념으로 특별한 구별 기준 없이 혼용되었다. 상나라에 예속되어 '帝'를 신봉했던 주나라 지배계층이 '천명' 개념을 정립하는 과정에서 주재자로서의 '帝'의 인격성을 털어내고 신성(神性)만을 이식함으로써 관념적 변화가 일어난 것이 주나라의 '상제'이다. '황천상제(皇天上帝)', '황제(皇帝)' 등의 개념은 상(商)과 주(周) 두 세계가 주나라 중심으로 통합된 사실을 상징한다고 보아도 무리가 없다.

다섯째, 『주역』 서사(筮辭)에 등장하는 '天'은 은주교체기의 역사적 상황을 고려하면 규괘 구삼에 쓰인 '天'을 제외하고 모두 '천명' 관념이 내재한다.

위 내용을 바탕으로 건괘 구오의 '在天'에 내재한 규범성을 정리하면 다음과 같다. 『시경』과 『서경』, 청동제기의 명문 등에서 확인할 수 있었던 통치원리는 문왕이 덕을 쌓아 천명을 받았고 무왕이 이 천명을 내세워 주왕을 징벌하고 주나라를 세웠으나, 천명이 주왕의 무도함으로 상나라를 떠났듯이 주나라를 떠날 수도 있으므로 후대의 왕들이 선정을 베풀어야 한다는 것이다.

역사적 관점에서 '飛龍在天'을 해석하면, 우선 '비룡(飛龍)'은 문왕을 비롯한 주나라의 군왕이다. '비(飛)'는 잠룡(潛龍)의 사시(俟時)와 회양(晦養), 현룡(見龍)의 견대인(見大人), 척룡(惕龍)의 자강불식(自强不息), 약룡(躍龍)의 부동심(不動心)을 단계적으로 거쳐서 도달한 경세의 경지를 말한다. 비룡에 도달하는 이 과정은 극상(克商)의 길을 걸어갔던 역사 주체의 행로를 압축한 것과 같다. '재천(在天)'은 천명이 상나라에서 주나라로 옮겨왔고 이 천명이 떠나지 않도록 '순천휴명(順天休命)'을 그 요체로 삼고, '이덕배천(以德配天)'을 실천 강령으로 삼아 다스리는 것을 의미한다. 따라서 '재천(在天)'에는 상나라를 취한 행위를 천명으로 정당화하고 새롭게 천하의 종주가 된 주나라를 덕(德)으로써 영원히 순하게 다스려야 한다는 집단주의·도덕주의 역사관이 투영되어 있다.

이처럼 주나라에 이르러 절대 권위를 지닌 존재로서의 '제(帝)'가 도덕적 명령의 준거가 되는 '천(天)'으로 대체된 배경에 대해서 제Ⅱ장 제3절에서 이미 검토하였다.

이 문제와 관련하여 현실적인 측면에서 "귀신을 대하는 태도에 있어서 은나라의 경우 잔민사신(殘民事神)의 귀신숭배를, 주나라의 경우 경천보민(敬天保民)의 인간 중시를 추구했다는 점에서 크게 달랐다."[160]라는 갈조광(葛兆光)의 말을 주목할 필요가 있다. 복사에 나타난 인생(人牲)의 규모나 잔혹한 형벌들, 은허의 대묘와 제사갱에서 발굴된 대규모의 순장 노예 및 인생(人牲)의 잔해 등이 이런 관점을 뒷받침한다. 상족의 최고신 제(帝)와 그 아래 조상신 등은 상족을 제외한 이민족에게 잔민(殘民)의 원인자였던 셈이다.

또한, 이택후(李澤厚)의 "덕(德)은 은대의 복사와 『상서(尚書)』 「반경(盤庚)」에서 많이 보이지만, 일반적으로 주요 관념과 중심사상으로 통용된 시기는 주대(周代)이다. 주나라 초기부터 계속 경덕(敬德)과 명덕(明德)을 강조하고 있고, 금문(金文)에서도 '덕(德)'자가 많이 발견되고 있다. '제(帝 : 은나라 시기의 경우)'가 당시의 의식 형태에서 가지고 있던 지위는 주나라 초기에 이르게 되면 이미 천의(天意)와 인사적(人事的) 의미의 덕(德)이 결합하는 것에 의해 대체된다."[161]라는 내용도 '재천'에 내재한 규범성의 실체와 그 배경을 이해하는데 특별하게 참고할 만하다.

이와 같이 상나라의 '帝'는 소수의 상족을 위하여 천하를 주재의 대상으로 삼았다. 이런 세계에서 나타나는 '덕' 관념은 신과 소수의 종교

---

160) 葛兆光 著, 이등연 외3 譯, 『中國思想史』, 236~237쪽 참조.

161) 李澤厚 著, 정병석 譯, 『중국고대사상사론』, 196쪽 참조.

적 문화권력자 간의 내밀한 관계에서 존재하는 일종의 선민적 특혜에 지나지 않는다. 이후 '帝'가 신적 이성으로서의 천명 관념으로 전환됨으로써 ('帝'를 대체한) '天'은 인간에게 자아 입법의 규범적 준거가 되었다. 그 결과 인간이 주재의 대상에서 자율의 주체가 되는 방향으로 나아갈 수 있도록 길을 열었다. 그 길에서 만날 수 있는 세계가 바로 경천보민(敬天保民)과 이덕배천(以德配天)의 규범적 세계이다.

이런 관점에서 구오의 '비룡재천(飛龍在天)'은 단순하게 '나는 용이 하늘에 있다'라는 사실적 의미에 그치지 않고, '천명이 주나라에 있으니 마땅히 순천휴명(順天休命)으로 세상을 다스리도록 하라'는 규범적 명령이 내재함을 알 수 있다. 이처럼 천명에 내재한 강력한 규범성은 역취(逆取)를 정당화하고 순수(順守)의 준거가 된다는 점에서 특별한 의미가 있다.

2-3. 여론(餘論) : 건괘와 삼재사상(三才思想)의 관계

삼라만상의 세계는 위로는 하늘, 아래로는 땅, 그 중간에 사람을 재질(才質)로 삼아 성립한다. 음양의 작용으로 이들에게 각자의 도가 생겨나고 이 도가 상호작용하는 가운데 천지의 이치가 펼쳐진다고 보는 삼재사상(三才思想)은 「계사전(繫辭傳)」 제2장, 「설괘전(說卦傳)」 제2장 등에서 출처를 찾을 수 있다.

우선 「계사전」은 "육효가 동(動)하는 것이 삼극의 도이다."[162]라고 하였고, 「설괘전」은 "옛적에 성인이 역을 지은 것은 장차 본성과 천명의 이치에 따르고자 함이다. 이에 하늘의 도를 세우니 음(陰)과 양(陽)이며, 땅의 도를 세우니 유(柔)와 강(剛)이며, 사람의 도를 세우니 인(仁)과 의(義)이다. 이 삼재를 아울러 둘로 함으로써 여섯 획으로 괘를 이루었고, 음과 양을 나누어서 유와 강을 차례로 쓸 수 있었으니 그

---

162) 「繫辭傳・上」 제2장 : 六爻之動 三極之道也.

결과 역이 여섯 위(位)로 문장을 이룰 수 있었다."163)라고 함으로써 『주역』의 점서적 체계와 교학적 의리를 바탕으로 삼재사상이 성립했음을 밝혔다. 「계사전」은 한 걸음 더 나아가 "역이라는 책은 넓고 크게 모든 것을 갖추고 있어서 그 속에 하늘의 도리가 있고, 사람의 도리가 있으며, 땅의 도리가 있다."164)라는 말로 우주를 구성하는 삼재마다 각각의 공능을 발휘하는 도(道)가 있음을 명시했다. 우주 만물이 움직이며 변화를 일으키는 양상을 본받아서 『주역』에서 효(爻)로 취했고, 이 효가 움직이는데 삼극(三極)의 도(道)가 있다고 보았다.

세 효로 구성된 팔괘에서 삼극(三極)이란 맨 위의 효가 하늘(天)이고 맨 아래가 땅(地)이고 그 중간이 사람(人)임을 밝힌 것으로, 우주 만물을 구성하는 지극히 큰 세 개의 대들보(=準據)를 일컫는다. 이 단계에서 삼극은 천태극(天太極)의 음양, 지태극(地太極)의 음양, 인태극(人太極)의 음양을 속에 가만히 품고 있을 뿐, 아직 구체적으로 분화되지 않은 상태이다. 이 삼극이 발동해서 여섯 효를 갖춘 64개의 대성괘(大成卦)가 되는데, 육효 중 위 오효와 상효는 천태극의 음양이 분화된 것이고, 아래 초효와 이효는 지태극의 음양이 분화된 것이며, 중간의 삼효와 사효는 인태극의 음양이 분화된 것이다.

세상 만물의 변화는 삼극에서 분화된 음양의 상추(相推)와 상탕(相盪)으로 말미암은 것이다. 개별 존재의 역동성을 보장할 때 세계가 유기체적 생명력을 갖는다는 점을 시사하고 있다. 삼극이 음양으로 펼쳐져 세계의 변화를 주재하는 도가 바로 천도(天道)와 지도(地道)와 인도(人道)이다. 이것을 바탕으로 인간은 마땅히 하늘의 명(命 : 本性)을 따르고 유순하고 후덕한 땅의 덕(德)을 본받아서 인간의 도리를 밝혀 실

---

163) 「說卦傳」 제2장 : 昔者聖人之作易也 將以順性命之理 是以立天之道曰陰與陽 立地之道曰柔與剛 立 人之道曰仁與義 兼三才而兩之 故易六畫而成卦 分陰分陽 迭用柔剛 故易六位而成章.

164) 「繫辭傳・下」 제10장 : 易之爲書也 廣大悉備 有天道焉 有人道焉 有地道焉 兼三才而兩之.

천해야 한다는 규범적 세계가 정립되었다. 이러한 사상이 동양의 철학과 과학, 윤리(倫理)와 물리(物理)를 규율하는 직·간접적 토대이다.

『주역』을 지을 때 삼재사상을 염두에 두었다고 볼 근거는 없다. 오히려 후대에 『주역』의 의리와 이치를 궁구하는 과정에서 삼재사상이 정립되었다고 보는 것이 마땅하다. 다만 여기에서 주목할 점은 앞에서 고찰한 바와 같이 삼태극의 사상적 근원이 건괘에 내재한다는 점이다. 그 근원이란 바로 구이의 '재전(在田)', 구사의 '재연(在淵)', 구오의 '재천(在天)'이다. 구이의 '재전'은 초구의 회양(晦陽)과 사시(俟時)를 바탕으로 만물의 품덕(品德)을 품어주는 공간이고, 구사의 '재연'은 구삼의 종일건건과 석척약을 바탕으로 인간의 도리(人道)를 실천하는 공간이며, 구오의 '재천'은 상구의 무회지도(無悔之道)를 생각하며 만국함녕(萬國咸寧)의 천명을 펼치는 공간이다.

이것은 전(田), 연(淵), 천(天)이라는 천지자연을 대표하는 물상을 직관적으로 관찰하고 이것이 인간에게 미치는 영향을 인문적 관점에서 재해석하고 재구성함으로써 성립한 규범적 공간개념이다. 하늘과 왕을 매개하던 추상적 '천명' 관념이 천지자연과 인간을 연결하는 규범적 '천도' 개념으로 확장된 배경에는 은주교체의 역사를 배경으로 하는 건괘의 세계, 즉 '재전(在田)', '재연(在淵)', '재천(在天)'의 세계가 있었다. 이런 측면에서 건괘의 구이, 구사, 구오를 후대에 정립된 삼재사상의 근원으로 보아도 무리가 없다.

3. 철리적(哲理的) 세계관

3-1. 의의

세계가 어떤 양상으로 존재하고 있는지는 철학에서 중요한 담론이다. 세계의 존재 양상에 관한 담론은 주로 전체와 부분, 중심과 주변,

극대와 극미, 신과 인간 등 대립자 간 상호 관계성 측면에서 논의되는 경향이 있다. 특히 모든 존재가 인과의 사슬로 종횡의 그물망을 짜고 전일적(全一的) 성격의 유기체적 실체로서 펼쳐진 것인지, 아니면 낱낱의 개체들이 전일적 질서에 편입하려는 외부의 의지를 거부하고 개체 자신만의 독립적 속성을 간직한 채 기계론적 총합의 관계에 지나지 않는지는 철학이나 과학 등의 분야에서 일반적으로 거론되는 문제이다. 이처럼 전일(全一)과 환원(還元)의 상호관계는 이런 의문에 대한 해답을 찾는 과정에서 문제시되었다.

전일(全一)은 모든 존재를 단계적으로 펼치고 있는 오직 하나의 존재계열(存在系列)을 말한다.[165] 이 전계열(全系列)은 무심하게 펼쳐지지 않고 그 근원으로서 중심원리의 의지에 따른 것이다. 중심원리란 만물을 부챗살처럼 펼쳐냄과 동시에 펼쳐있던 개체를 다시 하나로 통합하는 '이일(理一)'[166]이다. 이러한 전일의 세계는 그 자체가 통합된 하나의 유기체로서 생명력이 있다. 일합(一闔)과 일벽(一闢)[167]의 끊임없는 변화를 통해서 생명력을 유지하는 연속적·통일적 관념체계

---

165) 신플라톤 학파의 태두인 플로티노스(Plotinos, 205~270)가 정립한 개념이다. 그는 모든 존재는 '一者'라고 부르는 중심원리에 의지하여 오직 하나의, 여러 단계의 존재계열로 편입되어 존재한다고 보았다. 이를 고려하면 모든 형태의 이원론, 다원론은 배격된다. 또한 모든 존재는 홀로 완전하게 충족된 '一者'와 수동적 조건 관계에 있으며, 가시적이고 유한한 세계를 유지하고 통할하는 초월적 실재로서의 일자(一者)를 했다. (스털링 P. 램프레히트 지음, 김태길 외2 지음, 『서양 철학사』, 148~151쪽 참조)

166) 理一分殊는 모든 사물을 관통하는 보편적 원리와 사물 개개의 속성을 규율하는 개별적, 구체적 원리 사이에 통일성이 있다는 개념으로, 程頤와 朱熹를 통해서 정립된 이론이다. 여기서 '理一'은 전일론적 존재계열의 중심원리인 '一者'와 유사한 개념으로 인용했다. 이와 관련하여 "朱子의 '理一分殊'는 개별과 전체, 하나와 다수의 논리적 구조를 리일과 분수가 하나로 관통하는 일관(一貫)의 의미로서 파악할 수 있다. 여기서 리일은 분수의 가운데를 관통하므로 양자는 불가분의 상호의존적이며 유기적인 관계를 형성한다"라는 이석주의 견해를 참고할 필요가 있다. (이석주, 「'같음'과 다름의 이중주' – 주자의 理一分殊를 중심으로-」, 284쪽 참조)

167) 『繫辭傳·下』 제11장 : 一闔一闢謂之變。

가 그 바탕이다. 존재들의 맹목적이고 기계적인 혼재(混在)가 아니라, 목적 의지를 가진 일자(一者)를 중심으로 종횡으로 얽혀있는 유기체적 생명 그 자체로 인식된다.

이와 달리 환원(還元)은 세계의 본질이 모자이크(mosaic)라는 점에 주목한다. 세계는 전체로서의 존재계열이기 이전에 개체의 결합이 빚어내는 다원적(多元的) 분수(分殊)의 세계라는 관점으로 접근한 것이다. 이에 따르면 개체는 그 자체로서 완전하고 독립적인 존재이며, 개체 사이에 아무런 관련도 없으며, 전일을 완성하겠다는 목적 의지도 없이 존재한다. 따라서 환원론(還元論)은 세계를 이해하기 위해 세계를 통합하는 질서로서의 전체를 볼 것이 아니라 세계를 구성하는 독립적 존재로서 개체로 환원시켜야 한다고 본다.

이러한 전일과 환원의 문제는 이 세계가 보편적 존재자의 목적론적 의지에 순응하는 하나의 거대한 질서로써 존재하는지, 아니면 그 자체로써 충족되고 독립적인 개체의 의지에 따라 분수의 상태로 혼재하는지의 문제와 밀접하다. 전일의 관점에서 존재를 '전체로서의 부분'으로 이해한다면 부분의 존재성은 전체를 통해서만 의미가 있다. 전체가 의도하는 것에 호응하여 그 방향으로 나아가는 일이 부분에게 허락된 의지일 뿐이다. 반면에 환원의 관점에서 세계를 '부분으로서의 전체'로 이해하면 전체는 하나의 허상일 뿐 그 자체는 실재(實在)가 아니다. 세계는 수많은 개별자로 구성된 오케스트라의 연주에서 흘러나오는 하나의 울림일 뿐, 개별 존재의 손길이 멈추는 순간 웅장했던 화음은 흔적도 없이 사라진다는 취지이다. 이에 따르면 허상에 지나지 않는 전체를 위해 개체를 종속시키는 것은 세계의 근본을 오도하는 허위에 지나지 않는다.168)

---

168) 박재주는 '전체와 부분 간의 관계와 관련하여 전체론적 사고와 개체론적 사고로 구분하였다. 전자에 의하면 전체만이 유일하게 실재하며, 부분들을 초월한 총체라고 본다. 후자에 의하면 유일하게 실재하는 것은 부분(개체)이며, 전체는 부분의 집합체일 뿐이다. 부분을 초월한 전체는 관념적일 뿐 구

전일과 환원은 세계가 어떻게 존재하는가에 대한 존재론적 담론이다. 동시에 이 세계가 펼쳐내는 모든 현상을 어떠한 인식체계 아래 수용할 것인가에 대한 인식론적 담론이기도 하다. 이러한 담론은 본질상 자연의 법칙성과 규칙성을 규명하기 위한 과학의 기계론적 사유와 맞닿아 있기도 하다. 나아가 전체 속에 예속됨으로써 개인이 존엄해지는 것인지, 아니면 본질적으로 전체와 무관하게 개인이 개체로서의 자유를 누림으로써 존엄해지는 것인지, 이른바 인간의 존재 양식에 관한 담론으로 연결된다. 어떤 경우든 전일과 환원은 상호 모순과 대립의 관계에서 정립된 개념임이 분명하다. 신과 인간, 전체와 개체, 이데아와 원자169), 보편과 특수 등 상반(相反)하는 대상과의 관계는 전체와 부분의 범주 안에서 인식된다. 이는 곧 하나의 세계를 이해하려면 전일과 환원의 상호관계를 고려해야 한다는 점을 시사한다.

여기서 철리적 세계관을 검토하는 목적은 건괘의 상(象)과 사(辭)에도 전일과 환원의 측면에서 역(易)의 세계가 존재하는 양상이 있는지, 있다면 구체적 실상은 어떠한지 확인하고자 하는 데 있다. 이 목적에 도달하려면 역(易)이 지어진 시점을 전후한 역사적 상황을 함께 이해하는 것이 필요하다. 왜냐하면 은주교체로 말미암아 상제가 인간의 만사를 주재하는 은나라의 신정일치체제(神政一致體制)에서 경천보민(敬天保民)과 이덕배천(以德配天)을 지향하는 주나라의 인문적 왕정의 세계로 변혁하는 즈음에 『주역』의 상과 사가 정립되었다면, 그 속에는

체적인 것이 아니다. 전체성은 오로지 부분들의 성질들의 무더기에 불과하며, 전체의 변화란 부분들의 변화의 총화이다'라고 말하고 있다. (박재주, 「역(易)의 전일론적(全一論的) 세계관」, 3~4쪽 참조)

169) 이데아(idea)는 플라톤(Platon, 427~347 B.C.) 철학의 중심 개념으로 모든 존재의 근거인 초월적 실재를 말한다. 이 개념을 통해서 전일론적 세계의 실재성을 설명할 수 있다. 데모크리토스(Demokritos, B.C. 460~360)는 세계를 구성하는 원질(原質)을 원자라고 보는데, 이러한 견해는 세계를 하나의 근본적이고 단순한 원리에 따라 해명하고자 한 것으로, 신화적 사유에서 환원적 사유로 전환하는 계기를 제공했다는 데 의의가 있다. (이인식외 17인 지음, 『현대과학의 쟁점』 중 김영건의 「환원론과 전일론」, 250쪽 참조)

천하와 백성을 어떤 관점으로 해석하고 규정했는지의 이야기가 존재하기 마련이며, 주나라 지배계층의 역사의식이 투영된다고 보았기 때문이다.

그러한 역사의식은 두 가지로 집약된다. 첫째는 나라를 어떻게 통합하고 경륜할 것인가에 대한 전일론적 역사의식이다. 둘째는 나라를 통합하는 일에 개체로서의 백성을 어떻게 대하면서 참여시킬 것인가에 대한 환원론적 역사의식이다. 『주역』이 펼치고 있는 세계의 양상이 어떤 모습인지는 그 시대를 살았던 사람의 세계관을 상상하고 그 시대에 일어났던 역사적 상황들이 이 세계관에 어떻게 스몄는지 파악해야 제대로 알 수 있다. 그러므로 역사적 관점의로의 접근은 필수적이다. 이런 측면에서 육룡(六龍)의 승천으로 주나라 지배계층의 역사의식을 구체적으로 표상한 건괘는 전일과 환원의 관점에서 상반(相反)하지만 상성(相成)하는 철리적 세계의 실체적 양상을 규명하기에 최적이다.

3-2. 건괘의 전일성(全一性)

건괘의 전일성을 논증하기 위해서는 건괘 안에 전일론적 양상, 즉 전계열을 펼쳐내는 중심원리, 전계열의 유기체적 관계성이라는 핵심 요소를 포함하고 있는지 규명해야 한다. 이에 대해 두 가지 방향으로 접근하고자 한다.

하나는 『주역』의 생성 또는 구성의 원리적 측면에서 접근하는 것이고, 다른 하나는 『주역』을 탄생시킨 주나라 지배계층의 역사의식과 주나라의 통치제도 등의 측면에서 접근하는 것이다.

1) 역리적 전일성

『주역』은 상(象)과 사(辭)로써 역의 세계를 표현한다. 상은 64괘 각각의 괘상과 각 괘를 구성하는 여섯 개의 효상으로 구분된다. 여기서 상(象)이라는 것은 괘체(卦體)에 내재하거나 사(辭)에 나타나 있는 물상이 아닌 여섯 개의 효로 구성된 괘의 형식적 외관에 국한한 것이다.[170] 사(辭)에는 64개의 거시적 담론을 의미하는 괘사와 각 담론 속에서 구체적, 개별적 사태를 말하는 여섯 개의 효사가 있다. 건괘의 전일성에 대해서 세부적으로 설명하기 위해서는 상(象)과 사(辭)의 측면에서 각각 짚어보아야 한다.

먼저 건괘의 괘상과 나머지 괘상 간의 관계성이라는 측면에서 전일성을 살펴보면 다음과 같다. 역(易)의 세계는 64괘의 상을 통해서 그 모습을 드러낸다. 64괘는 기계론적으로 팔괘를 중첩하여 만든 결과물이 아니다. 괘의 생성순서를 말한 「서괘전(序卦傳)」은 "천지가 있게 된 다음에 만물이 생겼고, 천지에 가득한 것은 오직 만물이다. 그러므로 둔(屯)으로 받으니"[171]라는 말로 둔괘에 대한 서괘의 논리를 밝혔다. 이처럼 「서괘전」은 건괘와 곤괘를 괘의 생성순서에 직접 나열하지 않고 만물을 생성시키는 천지로 표현하였다. 그 결과 건괘와 곤괘는 나머지 괘를 생성시키는 근원이나 원리를 지닌 것으로 인식되어 졌다. 그리고 「계사전」의 "건과 곤은 역의 문이구나?",[172] "건(乾)은 사물의 위대한 창조를 주재하고 곤(坤)은 사물을 완성한다."[173]라는 말은 사물의 시원을 열고 사물을 창조하는 근원으로서의 중심원리가 건괘에 내재함을 밝힌 것이다.

왕부지(王夫之)[174]는 대유괘(大有卦) 상구[175]를 풀이하면서 "『주역』

---

170) 최정준은 '괘상은 괘의 물상을, 물상은 팔괘가 의미하는 각각의 상을, 괘체는 괘의 형체로 전체적인 생김새를 뜻한다'고 정의했다. (최정준, 『주역 개설』 94~95쪽 참조)

171) 『序卦傳』: 有天地然後 萬物生焉, 盈天地之間者 唯萬物. 故受之以屯。

172) 『繫辭傳·上』 제6장 : 乾坤 其易之門邪。

173) 『繫辭傳·上』 제1장 : 乾知大始 坤作成物.。

174) 王夫之(1619~1692) : 명말 청초의 경학의 대가. 그의 역학은 송대 역학의 의리학파 가운데 理學과 氣學의 전통을 계승함으로써 송대의 洛書學과 數學은 물론 한대의 상수학에 대해서도 반대하였다. (朱伯崑 지음, 김학권 외 4

은 하늘의 도를 바탕으로 사람 사는 세상을 다스리는 것이다."176)라고 함으로써 『주역』의 경세적 대의는 천도가 바탕임을 밝혔다. 또한 「계사전」의 "삼과 오로써 변하며 그 수를 착종하고"177)를 풀이하는 가운데 "괘에는 각 육음과 육양이 있어서 음이 드러나면 양은 속으로 숨고, 양이 드러나면 음은 속으로 숨는다."178)라는 점에 착안하여 '건곤병건을 근본으로 삼고, 착종합일을 상의 원리로 삼는'179) '건곤병건설(乾坤竝建說)'180)을 주장하며 역학의 종지로 삼았다. 이로써 팔괘와 64괘의 괘상의 논리적 구조 및 형성 법칙을 설명하고 있다.181)

태극에서 일음(一陰)과 일양(一陽)으로 분화되고 다시 일양과 일음을 수렴하는 반복적 순환을 통해서 역의 세계가 생성되는 원리를 생각하면 왕부지의 설명이 없더라도 순양으로만 구성된 건괘의 괘상은 사물의 시원을 열어젖히는 근원적 힘을 표상하며, 64괘로 펼쳐진 역(易)의 세계를 생성하고 지도하는 중심원리가 담겨있음이 분명하다. 따라서 건괘의 괘상에는 변화무쌍한 세계의 양상을 64괘로 정립하여 하나의 계열로 통괄하는 본원적 중심원리가 내재해 있다.

건괘의 괘상과 효상 간에도 전일적 관계가 존재한다. 음과 양을 의

옮김, 『易學哲學史』 제7권, 22~32쪽 참조)

175) 『周易』 大有卦 上九 : 自天佑之 吉无不利。

176) 王夫之, 『周易內傳』 : 易因天道以治人。

177) 『繫辭傳·上』 제10장 : 參伍以變 錯綜其數。

178) 王夫之, 『周易稗疏』 卷3, 「參伍錯綜」 條 : 卦各有六陰六陽, 陰見則陽隱於中, 陽見則陰隱於中。

179) 王夫之, 『周易內傳發例』 : 以乾坤竝建爲宗, 錯綜合一爲象。

180) '乾坤竝建說'은 팔괘와 64괘 괘상의 형성 및 그 구조를 해설하기 위하여 내세운 이론이다. 팔괘를 바탕으로 하여 복희씨가 그린 64괘를 문왕이 건괘와 곤괘의 두 괘의 竝建의 체계로 통괄함으로써 64괘의 의미를 명확히 하였다. 그는 건괘와 곤괘의 두 괘의 병립을 體로 삼고, 62괘의 효상 변화를 用으로 삼은 결과 두 괘중 어느 하나의 괘라도 없으면 '易'이 존립할 수 없다고 보았다. (朱伯崑 지음, 김학권 외4 옮김, 『易學哲學史』 제7권, 166, 180쪽 각 참조)

181) 朱伯崑 지음, 김학권 외4 옮김, 『易學哲學史』 제7권, 166쪽 참조.

미하는 상징 부호의 구성에 있어서 음의 부호와 양의 부호의 조합이 아닌 여섯 개의 양의 부호만으로 통일을 이룬 상을 취함으로써 건괘의 괘상은 만물의 시원을 여는 강건한 힘을 표상하고 있다. 이러한 괘상을 구성하는 여섯 개의 효는 괘의 구성을 위한 단순한 도구가 아니다. 시간상으로 처음과 끝, 공간상으로 아래와 위에서 각각의 마땅한 순서와 위치를 표상한다. 이처럼 시·공간적 마땅함을 바탕으로 천지와 사람이 변하는 모습이나 세부적이고 구체적인 상황이 전개되는 국면을 나타내고 있다. 특히 건괘의 경우 각 효에 자리한 용(龍)이라는 물상이 점진과 점층의 서사적 구조로 포진하여 유기적인 전계열을 형성하고 있는 모습을 하고 있다. 이처럼 각각 존재하는 여섯 개의 효가 하나의 괘상, 하나의 계열로 통합됨으로써 '강건한 자의 진취적 철학'[182]이라는 전일적 담론을 표방할 수 있게 되었다.

한편 괘·효사의 측면에서도 건괘의 전일성을 파악할 수 있다. 건괘의 괘사 '원형이정(元亨利貞)'은 64괘 전체를 관통하는 중심원리이다. 괘사 "乾, 元亨利貞"은 "건(乾)은 만물을 창시한 위대한 근원이며, 막힘없이 두루 통하며, 이롭되 조화로우며, 곧고도 바르다."라는 뜻으로, 단일(元, 亨, 利, 貞) 또는 조합(즉, 元亨, 利貞 등)의 형식으로 나머지 괘의 괘사에 대부분 반영되어 있다.[183] 이뿐만 아니라 괘사에 담겨있는 괘의(卦義)는 64괘 전체를 통합하는 지도원리의 위상을 지니고 있다. 특히 '원형(元亨)'은 존재 상호 간에 소통과 조화가 이루어지는 지선(至善)의 일상성을 어떻게 보장할 것인지에 대한 지도원리를, '이정(利貞)'은 '원형(元亨)'이 지향하는 존재론적 합일의 세계를 떠받치기 위해 세상을 이롭게 하되 어떻게 하면 의로움으로 조화롭게 수 있는지

---

182) 손영달(孫映達)은 乾卦의 담론을 '강건한 자의 진취적 철학'으로 규정했다. (孫映達·楊亦鳴 지음, 박삼수 옮김, 『周易』, 37쪽 참조)

183) 觀卦, 晉卦, 睽卦, 姤卦, 井卦, 艮卦의 괘사에서는 元·亨·利·貞 가운데 한 자도 쓰이지 않았지만, 그렇다고 하여 이들 괘의 괘의가 元亨利貞의 대의와 무관한 것은 아니다.

그 실천 원리를 표방한다. 이러한 중심원리를 바탕으로 건괘를 제외한 나머지 괘들은 각각의 담론을 지닌 채 역(易)의 세계, 즉 천지 만물과 인간 세상을 구현하는 데 동참하고 있다.

그러므로 『주역』의 세계에서 '원형'과 '이정'의 개념을 버리게 되면 적중(的中)으로서의 점서적 가치는 물론 정중(正中)으로서의 의리상 가치가 사실상 소멸한다. 아울러 건괘의 괘사와 나머지 괘들의 담론 사이에 유기적인 관계성도 모호해지면서 사(辭)의 혼란이 불가피해진다. 중심원리가 무너지면 세상이 혼란에 빠지는 상황과 다르지 않다.

한편 건괘는 각각의 효사를 통해서 '강건한 자의 진취적 철학'이라는 건괘의 총의를 집약하고 있다. 구체적으로 건괘는 '원형이정(元亨利貞)'이라는 『주역』 전반을 관통하는 대의를 천명해 놓았고, 여섯 효사를 통해서 그 대의에 접근하는 개체들의 양태를 밝혔다. 효사의 의미를 살펴보면 각각의 효사는 독립적이며 개별적 사태나 사건에 대해서 말한 것에 지나지 않는다. 그렇지만 여섯 효의 효사 전부를 아우르면 육룡의 등천(登天), 군자의 진취(進就), 경세의 대의(大義) 등을 집약한 서사적 세계를 구축하고 있을 뿐만 아니라 통합된 하나의 질서나 변화의 원리 안에서 개별 존재가 어떻게 시중(時中)하고 정중(正中)해야 하는지를 보여주고 있다.

초구의 잠룡에서 상구의 항룡에 이르기까지 각각의 효사는 개별적이며 독립적인 하나의 사태에 대한 점서적, 의리적 가치를 지니는 것에 그치지 않는다. 전체적인 변화의 양상이나 우주론적 변화의 도상(圖上)이라는 전지적(全知的) 관점에서 여섯 효사는 유기적 관계를 맺음으로써 하나의 존재계열을 완성하고 그 속에서 존재의 의미와 가치를 드러낸다. 여섯 효사를 아우르면 '미숙한 용이 세상에 나와서 함께 세계를 경륜할 대인을 구하고, 종일건건(終日乾乾)과 석척약(夕惕若)으로 미숙함을 극복하며, 본분을 지켜 각종 미혹을 극복한 후에 마침내 구오지존(九五之尊)에 올라 세상을 경륜함으로써 '원형이정'의 세계를 완성한다'라는 서사적 구조의 이야기가 탄생하는 것이다.

만일 각각의 효사가 전계열로 편입되어 의미를 드러낸다는 사실을 부인하면 괘상과 괘의는 담론의 방향성과 주체성을 상실하고 존재가치가 공허해질 수밖에 없다. 이 경우 각각의 효사는 '전체 속의 부분'으로서의 의미를 상실한 채 상호 단절된 '낱낱의 언어'에 지나지 않게 된다. 그렇지만 건괘는 그 자신의 괘상과 괘의에 담겨있는 철학적 담론을 여섯 효의 상과 사를 유기적으로 결합하여 구체적으로 펼쳐내고 있다.

건괘의 괘상은 64괘의 생성과 펼침을 주관하는 중심원리를 표상하며 나머지 괘들은 이 중심원리에 따라 유기적으로 상관하며 전계열을 이루고 있다. 또한 건괘 자체적으로도 여섯 개의 효는 층차(層次)를 이루어 유기적인 계열로 편입되어 하나의 괘상을 완성한다. 이것은 곧 괘상과 괘사에서 드러난 핵심 담론을 뒷받침하기 위하여 구체적이고 세부적인 사태를 전개하고 있다는 것을 의미한다.

건괘의 괘사 '원형이정'은 역의 세계를 표상하는 64괘 전체를 관통하는 중심원리이며, 나머지 괘·효사는 모두 이 중심원리를 펼쳐내기 위하여 유기적인 관계성을 유지하고 있다. 특히 건괘의 여섯 효사는 용이라는 물상을 통해 육룡의 등천이라는 형식으로 유기적이며 서사적인 이야기를 완성함으로써 건괘의 총의(總意)를 드러내고 있다. 역(易)의 원리적인 측면에서 건괘는 전계열적 중심원리와 개체의 유기체적 상관을 속성으로 하는 전일론적 세계관을 표방하고 있다.

2) 역사적 전일성

『주역』은 은주교체기 전후에 정립된 점서이다. 그 시대의 인간사에 점복이 차지하는 비중을 고려하면 『주역』은 주나라 지배계층의 교학적 인식체계를 수용한 것이기도 하다. 이러한 체계의 정립에 주왕을 징벌하고 주나라 왕조를 새롭게 개조한 지배계층의 역사의식이 투영되어 있다. 그 역사의식 중의 하나가 바로 '세계를 어떻게 통합하고 경륜할 것인가'에 관한 것이다.

이러한 역사의식은 세계를 어떤 이념 아래 통합할 것인지, 중심원리의 문제와 세계를 어떤 방식으로 설계할 것인지 등 통치 질서의 문제로 귀결된다. 이러한 문제의식은 전일론적 사유와 관련이 있다. 주나라를 통합하는 전일적 중심원리는 경천(敬天)과 존왕(尊王) 사상이다. 사상은 주초의 시대적 명분과 대의를 반영한 것으로, 은주교체와 맞물려 근본적으로 변하기 시작한 천관(天觀)과 밀접하게 연계되어 있다.

주대에 이르면 인간의 세세한 일상까지 간섭하고 주재하던 상제천184)이 인간의 본원적 덕성에 바탕을 둔 이덕배천(以德配天)의 도덕천으로 대체185)된다. 이러한 관념은 하늘이 부여한 본성을 본받아 따르고(=敬天), 천명과 인간의 품성을 연결하여 세상을 교화하고 화평하게 할 수 있도록 천자를 높임(=尊王)으로써 천명과 천자를 중심에 둔 전일적 통치이념의 바탕이 되었다.

이 통치이념은 주나라의 통치 질서를 설계하고 구축하는데 근본적인 방향을 제시했다. 종법제의 신분질서, 분봉제의 정치질서, 정전제의 경제질서는 이러한 이념에 따라 구축된 기본적 통치질서로써 서로

---

184) 김충렬(金忠烈)은 "고대 중국의 여러 부족 중 殷族이 가장 빨리 이러한 至高神을 받들고, 자기부족의 우두머리를 뽑아 부족의 자존과 번영을 도모한 것 같다. 이렇게 지고신으로 발전해서 생겨난 개념이 '天帝'인데, 처음 은인들은 자기네 조상신이 바로 '천제'라고 믿어 조상신에 대한 숭배가 바로 지고신을 숭배하는 것"이라는 말로 상제의 절대적 신권을 설명했다. (金忠烈 著, 『中國哲學散稿Ⅱ』, 103~104쪽 참조)

185) 이택후(李澤厚)는 "덕(德)은 은대의 복사와 『尚書』의 「盤庚」에서 많이 보이지만, 일반적으로 주요관념과 중심사상으로 통용된 시기는 周代이다. 주나라 초기부터 계속 '敬德'과 '明德'을 강조하고 있고, 金文에도 '德'자가 많이 발견되고 있다. 은나라의 '帝'가 당시의 의식형태에서 가지고 있던 지위는 주나라 초기에 이르게 되면 이미 天意와 人事的 의미의 德이 결합되는 것에 의해 대체된다"라고 함으로써 은대의 상제가 주대에 이르러 덕을 지닌 천으로 일반화되고, 이것은 다시 인사적 의미의 덕과 결합하여 이덕배천의 도덕천으로 정립된 것으로 보고 있다. (李澤厚 著, 정벽석 譯, 『中國古代思想史論』, 196쪽 참조)

유기적인 관계를 맺고 경천사상, 존왕사상을 구현하고 있다. 공간적으로 피라미드형을, 평면적으로 방사형 구조를 이룬 채 경천과 존왕이라는 지도이념 아래 신분적, 정치적, 경제적 계층에 따라 유기적으로 서로 연결된 채 전일적 세계를 완성하고 있다.

역사적 관점에서 검토한 전일적 세계는 원리적 측면에서 접근한 건괘의 전일성과 상호 유사성이 있다. 건괘를 중심으로 펼쳐진 64괘의 유기적인 구조는 신분에 바탕을 둔 봉건제의 통치구조와 닮았다. 건괘의 괘상이 상징하는 천(天)은 주나라의 경천사상을 표상하며, 각 효에 포진한 용(龍)은 경세의 대의를 펼쳐내는 군왕에 대한 존숭을 상징한다. 또한 건괘의 괘사 원형이정은 역의 세계를 관통하는 중심원리로 이덕배천에 바탕을 둔 경천과 존왕의 사상에 맞닿아 있다. 크게 소통하기 위하여 덕의 근원인 하늘과 짝해야 하고, 이때 하늘이 군왕을 내고 천하의 이(利)가 조화롭게 다스리도록 한다는 것이 그 취지이다.[186]

이러한 측면에서 건괘에 내재한, 역(易)의 세계를 가지런히 하는 중심원리와 주나라가 표방한 천하의 질서는 전일성이라는 측면에서 회통(會通)하고 있다. 상말 주초의 혼란을 극복하고 새로운 시대로 나아가고자 지도이념을 새롭게 정립하고, 이것을 바탕으로 통치하고자 했던 지배계층의 역사적 의지가 건괘에 투영된 것이다. 하늘과 천자 중심의 전일적 세계관은 세계를 어떻게 결속하고 통합시킬 것인가의 문제를 담론으로 삼은 췌괘(萃卦)의 괘사에서 구체적으로 확인할 수 있다.

군왕이 종묘에 나아가 제사를 모시는 일에 대인의 도움을 받으면 이롭다. 제사에 큰 희생을 바치니 올바르니 이로우며, 길하여 나아갈 바를 두면 이롭도다.[187]

---

186) 『書經』「大誥」편의 "天休于寧王 興我小邦周"를 참고한 것으로, 이는 천하 만민을 편하게 하고자 하늘이 임금을 내는 것임을 시사하며, 이러한 관념이 尊王의 명분을 제공했다고 말할 수 있다.

187) 『周易』萃卦 卦辭：王假有廟, 利見大人, 亨, 利貞, 用大牲, 吉. 利有攸往。爻

괘사는 군왕이 선왕을 모신 종묘에서 대규모의 제사를 주관함으로써 군왕의 권위를 세우고 민심을 크게 결집할 수 있다는 점을 시사하고 있다. 대제사를 통해서 공동체 내에서 소통의 공간을 열고 대동(大同)으로 결속하는 일은 건괘의 괘사 원형(元亨)의 구체적 모습이다. 또한 이러한 대제전을 치름에 있어서 복잡한 의례를 꿰뚫고 있는 대인을 만나서 도움을 받으면 장차 이로움을 도모할 수 있다고 인식한 점에서 이정(利貞)의 뜻함에 부합한다. 췌괘의 각 효사에 담긴 의미를 종합해보면 신실한 마음을 끝까지 유지하고 뜻을 함께하는 사람과 호응하여 결속함으로써 오래도록 정도를 지키며 '췌'(萃)의 목적을 이룰 수 있다고 인식한 사실을 확인할 수 있다. 이런 측면에서 췌괘의 괘·효사는 건괘에 내재한 경천(敬天)과 존왕(尊王)의 전일적 세계관을 보여주는 전형(典型)인 셈이다.

3-3. 건괘의 환원성(還元性)

건괘에 내재한 세계는 개체 환원의 속성도 간직하고 있다. 이 환원성을 증명하려면 건괘 가운데 전계열을 구성하되 독립된 개체의 실상(實相)이 있는지, 전계열을 지도하는 중심원리에서 독립된 개체 자신만의 말과 속성이 있는지 살펴보는 작업이 필요하다.

1) 역리적 환원성

삼라만상이 변화하는 이치를 밝힌 역(易)은 64개의 상으로 그 실상을 드러낸다. 64괘는 다시 여덟 가지의 물상에서 취한 팔괘를 일정팔회(一貞八悔)의 원리에 따라 중첩한 결과 생성됐으며, 이 팔괘는 음과

辭：初六, 有孚不終 乃亂乃萃 若號 一握爲笑 勿恤 往无咎。六二, 引吉 无咎. 孚乃利用禴。六三, 萃如嗟如 无攸利 往无咎 小吝。九四, 大吉 无咎。九五, 萃有位 无咎 匪孚 元永貞 悔亡。上六, 齎咨涕洟 无咎。

양의 두 기를 표상하는 상징적 부호인 음(--)과 양(—)의 교합으로 성립한 기호적 체계이다. 결국 세계를 구성하는 최소 단위인 음과 양의 두 기는 역리적 개체 환원의 말단이라고 할 수 있다.

역(易)의 세계를 최소 단위로 환원시키면 각 단계의 구성 요소는 상위의 담론을 충족하려는 의지와 관계없이 각각 독립적인 속성을 간직한 채 존재한다. 상위의 담론에 하나의 계열로 편입되기 이전에 각 단계로 분화되면서 그 무엇에도 종속되지 않는 자기만의 개체성과 뜻을 지니고 있다. 세계를 구성하는 최소 단위인 음(--)과 양(—)은 그 성질과 공능(功能)이 상호 대립적이고, 개념상 정반대의 의미를 지닐 정도로 개별적이며 독립적이다. 64괘로 구성된 역(易)의 세계는 원인과 결과의 연결고리로 촘촘히 짜여 있으며 인과의 사슬을 엮는데 음(--)과 양(—)은 잠시도 쉬지 않는다.

이런 가운데서도 두 개의 기는 역의 세계를 구성하는 일에 참여하려는 그 어떤 의지조차 드러내지도, 숨기지도 않고 있다. "존재를 존재답게 하면서 존재 상호 간에 속박하지 않는다."[188]라는 존재의 자유가 그 속성이다. 결국 역의 세계는 음(--)과 양(—)의 개체성으로 환원시킴으로써 그 실상을 볼 수 있다. 64괘는 각각의 괘마다 개별적 사태에 대한 점서적 대답을 의미하는 여섯 개의 효로 구성되며, 64괘로 표상된 역(易)의 세계는 384개의 효로 환원되어 극수(極數)의 경계를 이루고 지신(至神)의 신묘함이 작용하는 공간성이 있다.

「계사전」은 "수를 극해서(極數) 그 오는 것을 아는 것(知來)이 점(占)이다."[189]라고 했다. 그 '오는 것을 아는' 방법과 관련하여 "교감하여 마침내 천하의 연고에 통하니 천하의 지극한 신(神)이 아니면 누가 여기에 참여할 수 있겠는가?"[190]라고 했다. 점으로 천하의 연고를 알고

---

188) 『莊子』「山木」: 物物而不物於物。
189) 「繫辭傳・上」 제5장: 極數知來之謂占, 通變之位事, 陰陽不測之謂神。
190) 「繫辭傳・上」 제10장: 感而遂通天下之故 非天地之神 其孰能與於此。

자 한다면 수를 추극(推極)하여 신명(神明)과 교감해야 한다는 뜻으로, 위에서 언급한 역(易)의 세계에 내재하는 환원적 속성과 관련이 있다. 환원론의 관점에서 극단적으로 이것을 해석하면 '극수(極數)'는 매우 정치(精緻)하게 짜여 있는 인과의 자연적 이치에서 무수한 경우의 수를 궁구하여 하나의 표준을 밝히는 것을 의미한다. 또한 '지신(至神)'은 인간의 감각이나 인식의 경계를 벗어난 신계(神界)에 잠입하여 탐지해내는 것이 아니라, 경우의 수 또는 자연과학적 법칙을 구성하는 핵심적인 요소나 원리들을 추극함으로써 신묘함의 경지에 이를 수 있음을 뜻한다. 이러한 관점은 점으로 신의 뜻을 헤아리는 일에 대해 특별한 직관(直觀)과 과학적 지식의 문제로 받아들인 것인데, 역(易)의 세계를 음(--)과 양(一)의 극미의 세계로 환원한 결과이다. 지극한 정성으로 불가지의 신계에 잠입하여 인간의 감각이나 인식을 초월한 경지에 있는 신의 대답을 포착하는 것이 점복의 공능이라고 보는 일반적 견해와 이 점에서 다르다.

다른 한편 유물론의 관점에서 『주역』을 변증법적 사물 발전의 법칙이나 실용 이성의 변증법의 관점에서 접근하는 경향191)이 있다. 이러한 경향성을 견지하면 점을 통해 지극한 신의 경지에 이르는 일은 장기간에 걸쳐 자연현상을 관찰하여 축적한 지식을 바탕으로 과학적으로 정립한 지식체계나 과학적 원리를 이해하는 것과 같다는 결론에 이르게 된다. 이러한 견해는 환원론적 사유와 맥락이 닿아 있다.

---

191) 李澤厚는 "『老子』와 비교하면 『易傳』의 변증법은 자각적 체계를 가지고 있다"라고 규정하고, "『老子』가 부드러움을 귀하게 여기고 여성적인 것을 지키며 고요한 것을 숭상하는 변증법을 강조하는데 비해서, 『易傳』은 강을 중요하게 여기고 굳셈을 행하며 움직이는 것을 주장하는 변증법을 말하고 있다"라고 했다. 또한 「乾卦·象傳」의 '大哉乾元, 萬物資始, 乃統天' 및 「乾卦·文言傳」의 '大哉乾乎, 剛健中正, 純粹精也'을 두고 "이처럼 『주역』은 다시 한번 '乾'을 찬양하고, 건곤음양이라는 모순된 구성 속에서 乾·陽은 모순의 발전을 이끄는 동력이 된다"라고 했다. 이를 종합하면 그는 변증법적 유물론의 관점에서 『周易』을 이해하고 있다. (李澤厚 著, 정병석 譯, 『中國古代思想史論』, 267, 269, 270~271쪽 참조)

이처럼 환원론적 사유로 역(易)의 세계를 고찰하면 전일적 질서 안에 개체를 편제하기 전에 세계의 변화를 추동하는 기본 요소인 개체의 자유를 보장하는 일과 개체의 아우성에 대해 낱낱이 대답하는 것이 무엇보다 중요해진다. 전일적 질서로서의 역(易)의 세계를 구축하는 일에 동참하겠다는 그 어떤 의지도 없는 두 기(氣)나 그 자체로써 점서적 메시지를 지닌 각각의 효의 존재성을 배제하고 오직 전체의 존재계열로 수용하여 쓰겠다는 발상은 그 내밀한 실상은 팽개치고 외관의 허상에 매몰되는 것과 같다. 격물(格物)이 없는 평천하(平天下)는 허망에 지나지 않으며, 개개의 백성을 보살피지 못하는 천자(天子)는 존재적 가치가 없다는 생각은 결국 자신은 물론 사물을 대함에 있어 궁리진성(窮理盡性)192)으로, 인간 세상의 경륜은 민본(民本)으로 환원시켜야 한다는 환원론적 인식이 그 바탕이다. 이것은 전계열로의 전제적·맹목적 편입을 거부한 결과이기도 하다.

한편, 앞에서 언급했듯이 건괘의 각 효사는 그 자체로 하나의 사태를 말하며, 동시에 낱낱의 사태에 관한 점사(占辭)이기도 하다.193) 또한 역의 세계에서 일어나는 변화의 양상에 따라 어떻게 행동해야 할 것인지에 대한 개별적 준칙이며, 불측의 변화로 조성된 사태에 대한 특별한 대안으로 제시된 것이기도 하다. 효사를 각각 떼어놓고 보면 건괘의 괘사나 괘의에 따르려는 의도가 없다. 세계의 사변(事變)을 보여주되 별개의 메시지(message)로 존재하며, 세계가 조성한 오류와 불안에 대해서 그 자체로써 완전한 구원의 소리를 내고 있다. 『주역』이 점서적 가치를 지니는 이유는 각 효사가 세계에 던져진 질문에 대해 완전한 대답이 되기 때문이다.

이상의 내용을 참고하면, "잠룡은 쓰지 말라, 용이 세상에 나왔으니

---

192) 「說卦傳」제1장 : 化順於道德而理於義, 窮理盡性以至於命。
193) 『周易』의 괘·효사는 점을 친 경우에는 的中을 의미하며, 점을 쳐서 그 뜻한 바를 다시 판단하여 올바른 행동을 결단하는 경우 正中의 의리를 보여준다.

대인을 만나는 것이 이롭다. 군자가 온종일 쉼 없이 노력하고 저녁이 되어서도 부족한 것이 없었는지 걱정하면 위태롭더라도 허물이 없다, 혹 미혹함이 있어도 본분을 잊지 않으면 허물이 없다, 나는 용이 하늘에 있으니 대인을 만나는 것이 이롭다, 끝에 다다른 용은 후회함이 있다"라는 건괘의 각 효사는 육룡의 등천을 통해서 서사적 세계를 완성하는 전일성에 앞서 각각의 독립적인 말로 남아서 개체의 환원성을 증명하고 있다. 이것은 말단이 가지런하지 않으면 근본이 흐트러진다는 이치와 그 맥락이 닿아 있다.

2) 역사적 환원성

각각의 효사가 점사(占辭)로서 완전성을 가진다는 것은 중요한 의미가 있다. 모든 일을 주재하는 상나라 상제의 휘하에서 인간이 할 수 있는 일은 오직 상제에게 묻는 것이며, 동시에 상제가 내린 대답에 따라 행동하는 것뿐이다. 이러한 세계에서 주역점은 개별적, 독립적 점사로 존재할 수 없다. 각각의 효사가 독립적인 메시지를 지닌다는 것은 인간사에 대한 상제의 전권(全權)이 384개로 해체되어 인간의 손에 넘겨졌다는 것을 의미한다. 이것은 곧 역(易)의 세계가 조성한 오류와 불안은 상제의 권능에 의지하여 해소할 수 있는 것이 아니라 인간 자신의 힘으로 정중의 길을 찾아야 한다는 자각이 있었음을 시사한다. 어떤 문제 상황이 생길 때마다 오직 상제에게 묻고 그 대답에 예속되어 해결책을 찾는 것이 아니라, 불가해한 신성에 의지하되 신의 대답을 인간이 해석하고 판단한 후에 결단하고 행동하는 방법을 찾아야 한다는 것이 취지이다.

역(易)의 세계에 일어난 점서적 환원은 주나라 지배계층의 역사의식과 관련이 있다. 은주 교체로 새로운 시대를 연 주나라가 직면한 문제는 환원론적 사유에 바탕을 둔 세계의 구축이라는 일면이 있다. 경천과 존왕을 중심에 둔 전일적 세계의 관점이 아닌 경천과 존왕을 지탱하는 백성을 어떤 관점에서 볼 것인지에 대한 근본적인 물음에서 출발한다.

환원주의에 따라 주나라 지배계층이 지닌 역사의식의 실상을 보려면 은나라의 백성이 어떤 삶을 살았는지 이해할 필요가 있다. "귀신을 대하는 태도에 있어서 은나라의 경우 잔민사신(殘民事神)의 귀신숭배를, 주나라의 경우 경천보민(敬天保民)의 인간중시를 각 추구했다는 점에서 크게 달랐다."[194]라는 갈조광(葛兆光)의 견해를 참고하면, 은나라는 귀신을 앞세워 백성을 잔혹하게 대했고, 주나라는 사람을 소중하게 여겨 하늘에 대한 공경을 바탕으로 백성을 어떻게 보살필 것인지 주목했다. 『예기』「표기(表記)」편은 공자의 말을 빌려 "은나라 사람은 신을 숭상한 탓에 귀신을 섬기는 일로 백성을 다스렸다."[195]라고 했다. 또한 "주나라 사람은 예를 높여 남에게 베푸는 일을 숭상했다. 귀신을 섬기고 신을 공경하되 멀리했으며, 대신 사람을 가까이하며 진심으로 대했다."[196]라고 했다.

결국 주나라의 보민사상(保民思想)은 절대적 신성 상제에게 인간을 예속한 상나라의 신정체제에 대한 피로현상이나 저항심리가 배경이라고 보아야 한다. 인간을 주재의 대상으로 삼았던 상나라의 상제가 인간에게 덕을 베풀어 그들이 짝할 수 있게 하는 도덕천(道德天)으로 대체되면서 독립된 개체로서의 인간을 주목하는 환원적 사유가 가능해짐으로써 일어난 공의(公義)이다. 은주교체를 계기로 복사에서 볼 수 있는 예속형 질문과 그 대답에만 의존하는 인간이 아닌, 신의 뜻을 따르되 자율적으로 판단하고 행동하는 인간이 역(易)의 세계에 등장함으로써 인간을 중시하는 세계로 환원되는 현상이 벌어진 것이다.

이러한 현상은 『주역』의 사유체계에도 영향을 미쳤다. 인간을 신성

---

194) 葛兆光 著, 이등연 외2 譯, 『中國思想史』, 236~237쪽 참조.

195) 『禮記』「表記」: 殷人尊神, 率民以事神。

196) 『禮記』「表記」: 周人尊禮尚施, 事鬼敬神而遠之, 近人而忠焉。

에 매몰시켜 맹목적으로 점친 결과에 따르게 하지 않고 신의 대답을 경건하게 구하되 인간이 주체적으로 정중의 길을 찾도록 하는 일에 무게 중심을 두었다. 64개의 담론으로 분화된 역(易)의 세계가 다시 384개의 효로 해체되어 저마다 점서적, 의리적 독립성을 지닌 것은 인간이 하나의 '전계열 속의 개체', '리일(理一) 속의 분수(分殊)'로 존재하되 각자의 생각에 따라 올바른 길을 모색하고 주체적 존재성을 인정하는 환원적 사유와 닿아 있다.

『주역』에 내재하는 인문적 환원성은 그 근원을 따지면 결국 역(易)을 지어진 시대의 역사적 환원, 즉 신 중심에서 인간중시로 환원하는 천지개변(天地改變)의 시대적 상황과 밀접하다. 모든 일을 주재하는 신의 의지에서 인간이 벗어나기 시작하면서 『주역』도 신의 뜻에 따라 결정되는 점사는 그대로 남겨 두되 신의 뜻을 헤아리고 실행하는 문제는 인간 자신의 주체적 결단에 맡겨둠으로써 개체 환원의 인문적 공간을 열어젖혔다.

3-4. 상반상성(相反相成)의 세계관

건괘는 표면상 양효만으로 괘를 이루어 음효가 없다. 그렇지만 음효로 괘를 이룬 곤괘와 비복(飛伏)의 관계[197]에 있어 음(─)의 뒤에 양(--)이 도사림으로써 상반하는 속성을 이미 그 속에 품고 있다. 이러한 속성은 교변(交變)과 유행(流行)을 통해 나머지 괘로 분화하는 힘으로 작용한다. 이러한 관점을 전제하고 상반된 두 기가 어떤 원리로 상성의 공능을 발휘하고 있는지 역리적 실상을 우선 파악하고, 이러한

---

197) 漢代의 대표적 역학자인 京房이 팔궁괘설을 설명하기 위하여 도입한 개념이다. 괘상과 효상은 모두 '드러난 괘((飛)'의 배후에 '숨어있는 괘(伏)'가 있다는 것으로, 本卦의 괘·효상과 복(伏)의 관계에 있는 다른 괘의 괘·효상으로 늘려가며 길흉을 설명하는 데 목적이 있다.(京房 撰, 崔廷準 譯注, 『京氏易傳』, 참조)

역리가 주나라의 통치제도 가운데 어떤 양상으로 투영되었는지 확인할 필요가 있다. 이른바 상반(相反)하되 상성(相成)하는 역리(易理)가 은 주교체를 계기로 서로 대립했던 상주 두 나라의 통합에 어떻게 작용했는지 실상을 보고자 한다.

1) 상반상성의 역리

음과 양의 상반(相反)되는 요소는 서로 대립하지 않고 각자의 공능을 주체적으로 발휘하여 전일적 질서와 개체의 속성이 상호 조화를 이루는 상성(相成)의 세계를 지향한다. 이러한 세계에서는 전일적 질서에 환원 상태의 개체가 종속당하지 않으며, 환원 상태의 개체는 전일적인 질서를 이탈하지도 않는다. 물리적, 과학적 측면에서 일반적으로 속성이 정반대인 두 물체가 대대(對待)하면 서로 대립하고 충돌하여 파괴적 양상으로 나아가는 요소 환원의 물리력이 작용한다. 하지만 역(易)의 세계에서는 속성상 상극인 음(--)과 양(—)이 오히려 세계를 통합하거나 세계를 확장하는 역리적(易理的) 힘의 근원이 된다.

전일적 통합과 확장의 과정 중에도 음(--)과 양(—)은 개체의 속성을 유지하고 개체의 의지를 간직한다. 대립하면 충돌하고, 충돌하면 파괴하고, 파괴하면 제3의 물질이 생기는 것은 이성적 사유와 과학적 분석으로 찾아낸 보편적 사실이다. 그렇지만, 음(--)과 양(—)의 대립에서는 이러한 이성적 합리나 분석적 증명이 성립하지 않는다. 음(--)과 양(—)이 지닌 각자의 속성과 공능은 그대로 유지하면서 파괴가 아닌 조화를, 퇴행이 아닌 확장을 펼쳐낸다. 이러한 현상은 대립하는 두 속성이나 세계가 공존하기 위한 절충적 대안 모델인 합리(合理)로는 설명되지 않는다.

전일적 속성과 환원적 속성의 독자성은 그대로 두고 대립과 모순이 아닌 조화와 화평을 모색하는 현상은 역(易)의 세계에서 볼 수 있는 특별함이다. 역(易)의 세계를 구성하는 최소 단위인 음(--)과 양(—)은 분화되는 시점부터, 이분법적 대립을 피하는 최선의 모델인 합리(合理)가 아닌, 상성(相成)의 철리(哲理)를 추구함으로써 공간적 존재 양상인 대대(待對)의 상황에도 조화와 정립이 일어나게 된다. 이를 고려하여 건괘에 내재한 세계의 양상을 이해하려면 사유(思惟)가 아닌 사유(思遊)[198]의 관점으로, 이성적 합리(合理)가 아닌 역리적 철리(哲理)의 관점으로 접근이 필요하다.

이런 관점에서 건괘에는 육위(六位)의 전일적 공간이 있고, 육위에 자리한 여섯 용(龍)은 각자의 이름에 맞게 실질적 공능을 발휘하고 있다. 다시 말해 자기만의 명분과 실질을 갖춘 육룡은 그 무엇으로도 대체할 수 없는 고유의 존재성을 지닌 채 강건한 자의 진취적 기상을 표방하고 '원형이정(元亨利貞)'의 중심원리의 실천에 동참하고 있다.

한편, 건괘에는 전일적 시간개념인 크로노스(Chronos)[199]와 개체의 환원적 시간을 의미하는 카이로스(Kairos)가 함께 유행(流行)하고 있다. 크로노스의 시간성은 카이로스의 시간성을 제약하지 않으며, 카이로스의 시간성은 크로노스의 유장한 흐름을 방해하지 않는다. 육위(六位)의 세계를 유행(流行)하는 전일적 시간 속에 개체가 붙잡아 둔 파행(破行)의 시간도 함께 머무는 것이 건괘에 내재한 시간성이다.

정이(程頤)는 건괘의 괘사 원형이정(元亨利貞)에 내재한 사시(四時)의 순행과 그 속성을 다음과 같이 밝혔다.

> 원형이정(元亨利貞)을 일러 네 가지 덕이라고 하는데, 원(元)은 만물의

---

198) '思惟'가 개념, 구성, 판단, 추리 등을 행하는 인간의 이성적 활동이라면, '思遊'는 이성적 판단이나 분별을 뛰어넘는 감성적 정신 활동까지 포함하는 개념으로 보았다.

199) 그리스인이 구분한 시간개념이다. 크로노스(Chronos)는 그리스 신화에 등장하는 태초의 신으로 일상을 다스리는 물리적, 연속적 시간을 의미하며, 카이로스(Kairos)는 기회의 신으로 일상적으로 수없이 일어나는 의식적, 주관적 시간을 의미한다. 크로노스가 불변역(不變易)의 시간이라면, 카이로스는 변역(變易)의 시간인 셈이다.

시초이고, 형(亨)은 만물의 성장이며, 이(利)는 만물의 촉진 과정이고 정(貞)은 만물의 완성이다. 건괘와 곤괘만이 이 네 가지 덕을 갖추고 있다.[200]

그의 견해에 따르면 크로노스의 시간은 사시의 순행으로 나타나고, 사시의 속성인 원형이정(元亨利貞)의 사덕(四德)으로 그 시간성의 존재함이 증명된다. '오직 건괘와 곤괘에만 이 네 가지 덕이 모두 있다'라고 함으로써 건괘의 원형이정(元亨利貞)이 역(易)의 세계에서 존재의 생성과 소멸을 주관하는 시간적 중심원리이며, 이 중심원리에 따라 모든 존재의 시간이 펼쳐진다는 점을 역설하고 있다.

또한 건괘는 잠(潛)에서 항(亢)으로 나아가는 여섯 효로 원형이정(元亨利貞)의 크로노스의 시간을 구체적으로 보여준다. 육룡으로 표상되는 존재가 시간적 점진과 공간적 점층의 형식으로 쉼 없이 도약하며 변화를 주재하는 도상(途上)이 바로 크로노스의 시간, 즉 전일적 시간이다. 이러한 전일적 시간의 도상에는 육룡의 개체적 시간이 함께 하고 있다. 때가 이르지 아니하여 잠복하는 잠룡(潛龍)의 시간, 때가 되어 세상 밖으로 나선 현룡(見龍)의 시간, 재전(在田)의 공간에서 쉼 없이 수양하며 뜻 펼침을 준비하는 척룡(惕龍)의 시간, 구오지존을 눈앞에 두고 발돋움하는 약룡(躍龍)의 시간, 천명에 따라 세상을 경륜하는 비룡(飛龍)의 시간, 이 모든 시간을 뒤로하고 자기를 성찰하며 무회지도(無悔之道)를 고뇌하는 항룡(亢龍)의 시간은 존재의 고유한 시간, 즉 카이로스의 시간이다.

이 시간은 존재가 시중(時中)의 처세로 획득한 시간이며, 존재의 개체성을 지켜내는 시간이기도 하다. 전일적 시간성은 존재의 약동을 보장하고, 개체의 생명을 생동케 하며, 생명의 연속성을 보장한다. 그

---

200) 程頤, 『易傳』 : 元亨利貞謂之四德, 元者萬物之始, 亨者萬物之長, 利者萬物之逐, 貞者萬物之成. 惟乾坤有此四德.

결과 개체의 시간성은 그 무엇과도 바꿀 수 없는 존귀함을 획득하게 된다. 이처럼 건괘에는 전일적 질서로서의 시간과 개체적 속성을 보장하는 환원적 시간이 어우러져 존재들이 영속적으로 순환하는 가운데 낱낱의 생동이 서로 조화를 이루게 하는, 상반하되 상성하는 역리적·철리적 시간성의 힘이 내재하고 있다.

2) 상반상성의 역사적 지향

전일적 질서 아래로 통합된 가운데 개체 환원의 자유가 빚어내는 상성(相成)의 세계는 주나라의 통치구조와 밀접하게 관련이 있다. 서주 초에 적장자 상속의 종법적 신분질서가 확립되었다. 이를 근간으로 분봉제의 정치질서, 정전제의 경제질서가 함께 정립됨으로써 전일적 세계가 완성[201]되었다. 위로 하늘을 공경하고 아래로 백성을 보살피는 경천보민의 사상은 이러한 통치제도의 중심적 지도원리가 되었고, 이 지도원리 아래 천하가 하나의 존재계열을 이루고 펼쳐졌다.

절대적 신성으로 세계를 장악한 상나라 상제의 휘하에서의 세계란 극존위(極尊位)를 정점으로 그 아래 예속된 수평적 세계가 있고, 이 두 세계를 매개하는 소수의 제사장 그룹이 신의 이름으로 종교적 정치권력을 독점하고 있었다. 서주시기의 피라미드형 전일적 세계는 이 점에서 근본적으로 달랐다. 또한 세계를 지도하는 원리적 측면에서 주나라는 종교적 경외(敬畏)가 아닌 규범적 경천(敬天)을, 상제를 떠받드는 맹신(盲信)이 아닌 인간을 중시하는 보민(保民)을 지향했다.

이러한 전일적 통치시스템으로 세계를 구축한 주나라는 인간 중시의 규범과 신분상 지위에 상응하도록 개체의 독자성을 지향했다. 갈조

---

201) 주나라의 통치구조는 공간적 圖象의 측면에서 格物의 개체성·환원성을 바탕으로 점진적, 점층적으로 상승하는 가운데 하늘과 천자를 정점에 둔 피라미드형 구조이며, 평면적으로는 평천하의 방사형 구조이다. 개체에 대한 격물을 바탕으로 평천하에 이를 수 있다는 개체 환원의 서사적 역동성이 내재하고 있다.

광(葛兆光)은 사회적으로 서로 구별되면서 구조적으로 질서가 있고 의식적인 경중의 차등이 형성된 배경에는 혈연의 정을 가진 부자, 형제, 부부 관계가 있다고 했다. 이처럼 가족, 사회, 국가를 규율하는 모든 질서는 개체로서의 개인의 내면적 심리상태인 정(情)에 바탕을 두고 있으며, 이 정에 맞도록 하는 것이 예(禮)라고 했다. 아들의 아버지에 대한, 아우의 형에 대한, 후배의 선배에 대한 자연스러운 감정의 차이에 따라 존숭에 차등을 두었고, 이것이 점차 사회적으로 확대되는 과정을 거쳤다고 보았다. 결국 질서가 있는 구조의 근간이 되는 존경과 숭배, 교감과 사랑은 개체로서 인간 내면에 있는 감정과 덕성으로 환원시키는 데서 비롯된 것이라는 견해를 밝혔다.202) 이러한 관점은 상반하면서도 상성하는 역리(易理)가 인간의 삶 속에 어떤 모습으로 구현되었는지 그 실상을 엿보게 한다는 점에서 의미가 있다.

『예기』「예운(禮運)」 편에서 "무릇 예(禮)란 선왕이 하늘의 도를 이어받은 것으로, 이를 통해 사람의 감정을 순화한다."203)라고 했다. 의도된 분별과 차등으로 성립한 예(禮)의 구조는 천도(天道)에서 비롯된 것으로 천명과 무관하지 않음을 밝힌 말이다. 이처럼 주초에는 천명을 중심원리로 전일적 세계를 구축하였으며, 혈연적 본성에 바탕을 둔 소박한 예(禮)로써 인간 개체의 존귀를 수용하고 전체와 개체가 상호 조화를 이루는 세상을 지향했다. 통치제도의 중심축인 경천(敬天)과 존왕(尊王)의 사상으로 천하의 질서를 세우되 개체 환원의 의지가 구현될 수 있도록 함으로써 역리(易理)와 역리(歷理)가 어우러진, 상반하면서도 상성하는 세계를 열어놓았다. 이것이 건괘에 내재하는 철리적 세계의 실상이다.

---

202) 葛兆光 著, 이등연 외3 譯, 『中國思想史』, 276쪽~282쪽 참조.
203) 『禮記』「禮運」：夫禮 先王以承天之道, 以治 人之情.

Ⅳ. 건괘(乾卦)의 역사성

1. 행역(行易) 주체의 역사성

건괘는 『주역』 64괘의 수괘(首卦)로서 역(易)의 세계를 관통하는 통칙의 성격이 있다. 양효로 구성된 괘상과 원형이정(元亨利貞)의 괘사가 이 사실과 관련이 있다는 점에 대해 이미 검토했다. 외관상 건괘는 육룡(六龍)과 군자(君子), 대인(大人)이 행역(行易)의 주체로서 삼면 관계에 있다. 육룡은 건괘에서만 볼 수 있는 독특한 물상으로 변화의 양상이나 역리의 주재를 상징하며, 군자와 대인에게는 역(易)의 세계에서 일어나는 다양한 변화에 능동적으로 대처할 수 있는 주체적 존재성이 있다.

건괘의 경세적 대의 또는 역사적 대의를 알고자 한다면 그 시대의 관점에서 이들 행역(行易) 주체의 시원적 역사성을 먼저 확인해야 한다. 육룡이 출현한 시점과 상징하는 바가 무엇인지, 작역(作易)의 시대에 군자와 대인은 어떤 존재였으며, 역사적으로 어디서 기원했는지의 등의 문제는 건괘를 비롯해 『주역』 전반의 의리를 시원적으로 통찰할 수 있는 밑바탕이 된다는 점에서 매우 중요하다.

제Ⅲ장 제1절에서 건괘의 서사적 세계를 다루면서 서사 주체의 측면에서 위 행역 주체들에 대해 간략히 개념을 검토하였으므로 여기서는 주로 그 시원을 밝히는 데 집중하고자 한다.

1-1. 육룡(六龍)

건괘에서 용(龍)은 행역 주체인 군자의 상징이다. 아울러 변화를 주재하는 용의 특별한 능력은 세계를 경륜하는 군자의 권능을 표상한다. 용의 상징성은 원시 씨족사회의 토템에서 기원한다. 용을 군자의 상징으로 삼은 이유 및 의미와 관련하여 쿠퍼(Cooper)의 말은 시사하는 바가 있다.

> 상징(symbol)은 개인을 뛰어넘어 보편을 지향하는 것, 정신의 삶에서 고유한 것이다. 상징은 상징이 아니고는 언어의 한계 때문에 그 의미가 모호해질 수밖에 없거나, 적당한 표현법을 찾아내기에는 지나치게 복잡한 어떤 실체의 모습을 소통시키는 수단이다. 따라서 상징은 기호처럼 단순한 형태를 취할 수 없고, 상징의 토양이 되는 종교적인, 문화적인, 혹은 형이상학적인 배경이라고 하는 문맥을 통하지 않고는 이해될 수도 없는 것이다.[1]

상고인은 용(龍)에 대해 조화(造化)를 부리는 신비한 영물 또는 동류의 세계에서 최상의 힘을 가진 영물로 인식했다. 이러한 인식을 바탕으로 용은 변화와 권력을 상징했다. 건괘의 육룡도 이 두 가지 인식의 범주에서 그 쓰임이 있다. 위 인용문을 참고하면 용은 실재하지 않는 관념적 상징임에도 특별한 상징성 때문에 변화무쌍한 역(易)의 세계와 이 세계를 경륜하는 실질적 존재인 군자를 표상하기에 적합하다. 이런 상징성으로 말미암아 그 어떤 언어적 설명보다 간결하고 명확하게 군자의 존재성을 드러내고 있다. 육위에 시승하여 등천(登天)하는 육룡의 모습으로 군자의 경세적 도상까지도 설명이 가능한 이유는 이러한 상징성 때문이다. 군자를 상징하는 물상으로 용(龍)을 취함으로써 군자의 존재성과 지향성이 명확해진다.

왕대유(王大有)의 견해에 따르면, 용(龍)은 각종 수족류(水族類, 뱀, 거북 등)를 주체로 하며, 새와 짐승을 융합하여 토템으로 삼는 씨족

---

1) 진 쿠퍼(J.C.Cooper) 著, 이윤기 譯, 『그림으로 보는 세계 문화 상징 사전』 序文, 1쪽 참조.

혹은 부족의 휘지(徽識)이다. 원시인이 어느 곳에 정착하면 그들과 삶에 해가 되거나 이익이 되는 물건이 있게 마련이다. 이것이 숭배의 대상이 되어 토템이 생겨난다. 원시시대의 자연 숭배물이 일종의 씨족 신앙인 토템으로 발전하고 다른 종족과 구별되는 표지(標識)가 된다는 것이다.[2] 용(龍) 토템도 기본적으로 이런 과정을 거쳐 형성된 것으로 보아야 한다. 이러한 토템은 종족의 배타적 권위와 선민의식을 고양하는 힘의 원천이 된다. 이러한 원초적 힘을 바탕으로 다른 종족과의 관계에서 적대적, 배타적 경향을 보이며 대립과 투쟁의 힘을 생성하게 된다.

이런 관점을 전제하고 건괘의 효사에 육룡이 등장하게 된 시원적 배경을 짚어보면 다음과 같다.

『사기』「오제본기(五帝本紀)」 가운데 '탁록전투(涿鹿戰鬪)'에 관한 기록은 용을 토템으로 하는 황제족(黃帝族)과 뱀을 토템으로 하는 치우족(蚩尤族)이 중원의 지배권을 두고 싸웠으나 치우족이 패배함으로써 용족(龍族)에게 굴복한 사실을 말하고 있다.[3] 또한 만물의 생성원리를 담은 하도(河圖)를 짊어진 용마(龍馬)가 황하에 출현하자 복희씨가 이것을 보고 팔괘를 그렸다는 이야기도 단순하게 『주역』의 시원을 말하는 데 그치지 않고 용을 토템으로 하는 복희족(伏羲族)이 황하 유역에서 중심 세력으로 등장했음을 시사한다.

중화주의(中華主義)는 동이(東夷)의 치우족을 물리치고 용 토템을 장악함으로써 형성된 용(龍) 문화가 배경에 있다. 이처럼 용족(龍族)이

---

2) 王大有 著, 林東錫 譯, 『龍鳳文化源流』, 45, 162쪽 참조.
3) 『산해경』「대황동경」의 "동해의 유파산(流波山)에 짐승이 있는데 모양은 소와 비슷하고 푸른 몸뚱이에 뿔은 없으며 한쪽 발을 가지고 있다. 물속을 드나들 즉시 비바람이 일며 밝기는 해와 달과 같고 소리는 우레와 같다. 이름을 기(夔)라 한다. 황제가 그것을 잡아 가죽으로 북을 만들고, 뇌수의 뼈를 북채로 삼아 소리가 5백 리까지 들리도록 하여 위세를 천하에 떨쳤다"라는 기록은 위 신화적 사건과 맥락이 닿아 있다. (郭璞 注, 林東錫 譯註, 『山海經 ·大荒東經』, 1228쪽 참조)

여러 이족(異族)을 정벌하고 융합함에 따라 용은 최고의 권위를 상징하는 존재성을 지니게 되었다. 중화민족의 문명 기원을 용 문화에서 찾는 이유도 용에 내재하는 시원적, 권위적 존재성이라는 특별함 때문이다.

그러나 황하문명과 전혀 다른 발해만 북부 요하 일대의 사해(查海), 흥륭와(興隆窪) 등의 홍산문화 유적지에서 기원전 6,000년까지 소급되는 용 형상의 돌무더기, 용을 조각한 토기, 옥으로 조각한 용 등이 다양하게 발굴된 사실을 주목할 필요가 있다.[4] 이것은 선사시대의 용 문화가 황하 유역을 장악한 황제족의 전유적·특징적 문화가 아님을 말하고 있다. 그렇다면 황제족이 발해 연안 북부지역에서 앞서 용 문화를 흥성하게 만든 종족과의 투쟁에서 승리함으로써 용 토템을 획득했거나, 아니면 용을 토템으로 삼는 동북지방의 종족이 황하 유역으로 남하하여 그곳을 지배했다고 보면 설득력이 있다.[5]

갑골문에서 용(龍)자는 모두 측시형(側視形)으로 회화성과 추상성을 갖추고 다양한 유형으로 나타난다. 특히 용의 윗부분에 '子'의 모습을 덧붙이고, 그 아래에는 두 손으로 떠받들고 있는 모습을 하고 있는데, 이는 용족(龍族)의 후예들이 조상에게 제사하는 모습을 형상화한 것이다.[6]

시라카와 시즈카는 "용을 두 손으로 받들고 있는 모습이 '龏' 또는 '龔'이며, 복사에서 '공사(龏司)'는 용 모양의 신에게 제사를 지낸 성스

---

4) 이형구·이기환, 『코리안 루트를 찾아서』, 성안당, 2009. 196~199쪽 참조.
5) 王大有는 홍산문화가 흑룡강문화의 정수이며, 이 지역에서 활동하다 남하한 황제·전욱족이 북상하는 남방 민족과 융합하여 중원문화의 번영을 촉진시켰고, 여기서 진일보한 용산문화는 상고시대의 중화문명이라고 말했다. 이처럼 그는 동북지방의 용족인 황제족이 황하 유역으로 남하하여 남방 민족과 융합하는 과정을 거쳤다는 관점을 취하고 있다.(王大有, 『龍鳳文化源流』, 291~292쪽 참조). 그의 견해는 동북지방의 홍산문화를 중화문명의 근원으로 끌어들이기 위한 문화민족주의 경향에 기반한 것으로 받아들이기 어렵지만, 황제족이 중원으로 남하했다는 견해는 타당성이 있다.
6) 王大有 著, 林東錫 譯, 『龍鳳文化源流』, 272쪽 참조.

러운 장소로 추정했다. 또한 '夔'은 도상적(圖象的)으로 그려지는 일이 많았으며, 용을 부리는 무당은 비를 구하고자 기도하는 일을 관장한 듯하며, 나중에는 옥(玉)에 용의 무늬를 더한 '롱(瓏)'을 사용하여 기도했다."[7]라고 했다.

위에서 언급한 사해(査海) 유적지 등에서 발굴된 용 형상의 돌무더기와 옥룡(玉龍) 등의 발굴은 위에서 인용한 왕대유와 시라카와 시즈카의 말을 참고하면 의미하는 바가 있다. 바로 용신문화(龍神文化)가 황하 유역보다 앞서 동북지방에 오랜 세월에 걸쳐 광범위하게 존재했고, 이 문화가 황하 유역으로 전파되었다 점이다.

왕대유는 "상족(商族)의 족휘인 기룡(夔龍)·기리(夔螭)는 서주시대로 이어졌고, 스스로 용족인 염제족의 후예로 생각한 주족(周族)은 상나라를 멸한 후에도 상나라의 용 토템을 그대로 계승하여 새로운 토템 문화를 만들었다."[8]라고 함으로써 주나라의 용 문화가 상나라의 용 문화 위에서 성립한 사실을 인정했다. 실제로 서주 금문(金文)에 나타난 '龍'자의 자형이 복문(卜文)과 같이 모두 측시형(側視形)인데, 언어가 실제 또는 관념을 반영한다는 측면에서 이러한 현상은 상주의 용 문화가 동질성을 지닌 채 시간적 계승 관계에 있음을 말한다.

성왕의 장례 절차를 세밀하게 기록한 『서경』 「고명(顧命)」 편에 "화산에서 나는 대옥(大玉)과 동쪽 지방에서 나는 귀한 옥(玉), 옥으로 만든 천구(天球)와 하도(河圖)를 묘당의 동쪽에 진열하였다."[9]라는 구절이 있다. 여기서 하도(河圖)를 예시한 것은 단순히 점복의 기원을 상징하는 귀한 물품을 의미 있게 썼다는 사실관계를 말한 것이 아니라 황하 유역의 용 토템을 바탕으로 주나라 왕족의 법통과 정치적 권위가

---

7) 시라카와 시즈카 著, 고인덕 譯, 『漢字의 世界』, 153쪽 참조.

8) 王大有 著, 林東錫 譯, 『龍鳳文化源流』, 166~167쪽 참조.

9) 『書經』 「顧命」 : 越玉五重 陳寶赤刀 大訓弘璧 琬琰 在西序 大玉夷玉 天球河圖 在東序。

비롯된 사실을 은연중에 드러내고자 한 것으로 짐작된다.

이처럼 용은 선사시대에 종족의 우월성과 선민의식 드높이고자 신화적·토템적 사유에서 창안된 관념상의 존재 개념이 분명하다. 『초사(楚辭)』 가운데 용은 신의 수레를 끌고 날아다니거나 신의 배를 끌고 물을 거슬러 가는 존재로 그려졌다.[10] 이것은 용이 신화적 상상의 세계에서 신성한 존재성을 지닌 채 인문의 세계에 나타나 오랜 세월에 걸쳐 전승되는 과정이 있었음을 시사한다. 건괘에 등장한 육룡도 주족의 고유한 인식체계 속에서 정립된 개념이 아니라 홍산문화를 배경으로 하는 상나라의 용 문화를 황하 유역의 주족이 계승한 결과 정립된 개념으로 보는 것이 마땅하다. 따라서 『주역』 건괘는 신화적 세계에서 역사적 세계로 넘어온 용(龍)의 실상을 보여주는 가장 이른 시기의 전거(典據)가 되는 셈이다.

한편, 왕대유(王大有)의 견해에 따르면 '갑골문의 상형문자는 객관적으로 존재하는 자연물의 특징을 세련되게 형상화하되 그 원형에 지극히 근접하도록 묘사하는 것을 기본으로 한다. 이에 따라 갑골의 상형문자에서 용의 뿔의 모습을 형상화한 것을 추출해 보면 干, 辛, 且 세 글자가 있으며, 그중에서 干, 辛의 상형은 칼과 창의 모습을 본뜬 것이며, 且는 남성의 성기를 상징하는 것으로 모두 부권(父權)이나 왕권(王權)과 관련이 있는 문자이다. 대부분의 용의 형상에서 뿔을 강조한 것은 신성한 용을 토템으로 삼는 부족의 배타적 권위를 구체적으로 드러내기 위함이다. 이것을 상징으로 이용할 수 있는 자가 곧 帝, 王이 될 수 있음을 말한다. 이것은 용이 특정 부족의 정치적 권위는 물론 남성 중심의 부계사회로 전화되었음을 상징하는 것'[11]이라고 했다.

고대 문헌에서 용과 구름은 자연스럽게 함께 등장하며, 이때 나타나

---

10) 『楚辭』 「九歌·湘君」: 駕飛龍兮北征, 「大司命」: 乘龍兮轔轔, 「河伯」: 駕兩龍兮驂螭, 「天問」: 焉有龍虯 負能以遊 등에서 확인된다.

11) 王大有 著, 林東錫 譯, 『龍鳳文化源流』, 168~169쪽 참조.

는 구름을 경운(慶雲)이라 하여 상서롭게 여겼다. 시라카와 시즈카(白川靜)는 이러한 '雲'의 복문(卜文)은 '云'인데 이 자형(字形)은 두 선을 비스듬히 긋고, 그 두 선의 밑에 꼬리 부분을 안으로 말아 넣은 용의 모양을 표기한 것으로, 「문언전」의 '구름은 용을 따른다(雲從龍)'라는 말이 그 모양을 말한 것이라고 했다. 또한 복문의 자형(字形) '云'과 닮은 것으로 '旬'이 있는데, 이것은 용의 꼬리를 지닌 짐승의 모양이거나 구름 위에 용의 머리가 나와 있는 모양으로 원래 동물의 영(靈)을 나타내는 것이라고 했다. 여기에 덧붙여 "순(旬)에 재앙이 있습니다. 왕은 머리가 아플까요?", "계축(癸丑)에 점을 쳐서 출(出)이 묻습니다. 순(旬)에 재앙이 있습니다. 서쪽으로부터 외족의 침입이 있을까요?"라는 복사의 기록은 왕의 병이나 외족의 침입 등도 순(旬)이라는 동물의 영이 불러일으킨 재앙으로 여긴 것이라고 밝혔다.[12]

위 두 사람의 견해를 참고하면 용(龍)은 원시 씨족사회가 부계사회로 전환되었음을 상징하는 상상의 영물이다. 그 특별한 형상과 능력 때문에 부족의 배타적 권위를 나타내는 토테미즘, 주술적인 영(靈)과 교감하는 샤머니즘 등의 신앙체계를 갖추고 인간의 삶 속으로 깊이 파고든 것으로 볼 수 있다. 각주 3)에서 언급한 '황제가 치우를 상징하는 기(夔)을 잡아 죽여 천하에 위세를 떨쳤다'라는 말은 용이 정치적 권위를 표상하게 된 신화적 배경의 한 예로 보아도 무방하다. 또한, "대황 동경 동북쪽 모퉁이에 흉여토구(凶黎土丘)라는 산이 있는데 응용(應龍)은 이 산의 남쪽 끝에 산다. 하계(下界)에 자주 가뭄이 들었는데, 응룡의 모습을 만들면 많은 비가 내렸다."[13]라는 대목은 앞의 기룡(夔龍)과 같이 용의 자연적 조화(造化) 능력을 말한 것으로, 화룡기우(畫龍祈雨) 등의 용신문화에 대한 설명이 가능하다.

용(龍)이 정치적 권위를 상징하게 된 것은 용을 토템으로 삼은 종족

---

12) 시라카와 시즈카 著, 고인덕 譯, 『漢字의 世界』, 151~152쪽 참조.
13) 郭璞 注, 林東錫 譯註, 『山海經·大荒東經』, 1226쪽 참조.

이 이족(異族)과의 투쟁에서 승리한 사실과 관련이 있다. 아울러 용이 지닌 자유자재의 변화, 자연현상의 조화(造化), 신비적 형상 등에 대한 인식이 오랜 세월에 걸쳐 종족의 특별함을 나타내는 표지로 인식한 결과이기도 하다. 변화를 주재하고 두족류의 우두머리라는 신화적 관념을 바탕으로 종족의 선민성, 군왕의 정치적 권위를 상징하는 영물로 인식되는 가운데 현실 세계에 나타난 것이다. 신화가 현실과 무관하지 않으며, 신화적 사유가 인문적 양태와 밀접하다는 점은 용(龍)에 대한 이러한 인식 과정에서도 확인된다.

위에서 검토한 용(龍)이 건괘의 효사에 나타난 것은 『주역』의 문헌적 특별함을 더한다. 상고시대의 일을 기록한 『서경』은 많은 내용에서 군왕의 언행을 소재로 삼았으나 군왕을 상징하는 존재로서의 용(龍)의 개념을 언급한 예가 없다. 지극히 사실적이며 명료한 내용을 기록한 결과 신화적 요소를 지닌 용이 차용될 여지가 없었다고 볼 수 있지만, 대체로 군왕의 사적에 관한 기록이 대부분인 점을 고려하면 특이한 현상이다.

『시경』의 경우에도 「아(雅)」나 「송(訟)」은 군왕의 행적을 칭송하는 내용이 많아 정치적 시가의 성격이 짙어 용을 빌어 노래할 여지가 많지만 직접 군왕을 상징한 용례가 없다. 단지 제후의 화려한 출정을 상징하는 용순(龍盾)이 1회,[14] 군왕의 제사에 참석하는 제후를 상징하는 용기(龍旂)가 3회[15] 나타나는 정도이다.

소왕(昭王) 시기의 기물로 추정되는 〈정방정(靜方鼎)〉 명문 중에 왕이 성주(成周)의 태실(太室)에 들러 '정(靜)'에게 '매' 땅을 채지(采地)로 주면서 용기(龍旂)를 하사한 내용이 있다.[16] 표면상으로 용기(龍旂)의

---

14) 『詩經』「秦風」〈小戎〉: 龍盾之合, 鋈以觼軜.
15) 『詩經』「周頌」〈載見〉: 龍旂揚揚 和鈴央央.「魯頌」〈閟宮〉: 莊公之子 龍旂承祀.「商頌」〈玄鳥〉: 龍旂十乘 大糦是承.
16) 王輝 著, 郭魯鳳 譯, 『商周金文·上』, 218~219쪽 참조.

하사로 분봉 행위를 표상하고 천자의 권위를 드러냈지만, 그 이면에는 용이 천자의 전유적 권력을 상징하고, 그러한 권력이 제후에게 위탁의 형식으로 일부 이양되었다는 점을 시사하고 있다.

이러한 명문 내용을 참고하면 위 『시경』에서 확인한 용기(龍旂)의 하사는 천자의 책봉을 상징하며, 제후에게 천자의 권력을 위탁했음을 시사한다. 이처럼 『서경』에는 용에 대한 언급이 없고 『시경』에는 극히 제한적으로 사용된 사실은 천자 그 자체, 또는 천자의 전유적 권력을 상징하는 용을 함부로 쓸 수 없다는 인식이 공유된 결과로 여겨진다.

건괘와 곤괘의 서사 가운데 『시경』과 『서경』의 말과 일치하거나 유사한 내용이 다분히 있음을 검토했다. 다만 용의 개념이 사실상 『주역』 건괘에만 구체적으로, 다양하게 쓰인 점은 주목할 일이다. 이것은 주나라 지배계층이 대국 상나라를 멸한 사실을 정당화하고 주나라 천자의 권위를 공인할 목적으로 장치된 것이다. 다시 말해 최고의 교학성이 있는 『주역』 가운데 그 수괘(首卦)에 육룡을 배치하여 주 천자를 상징함으로써 후대에 여러 문헌을 편찬하거나 기타 군왕의 행적을 기록할 때 함부로 용의 개념을 모사하지 않도록 의도함이 아닌지 생각하게 한다. 이런 관점에서 건괘의 괘·효사는 다른 모든 괘의 괘·효사와 비교할 수 없을 정도로 특별하다.

이상 검토한 내용을 바탕으로 건괘에서만 괘 전체를 지배하는 물상으로 용을 취한 배경을 정리하면 크게 두 가지이다.

첫째, 역리적 측면에서 세계는 끊임없는 변화의 도상에 있으며, 그 변화무쌍한 세계를 주재하는 존재성이 『주역』에 내재하는데, 이것을 상징하고자 역(易)의 문을 여는 건괘에서 용을 상(象)으로 취했다는 점이다.

건괘는 비록 모두 양효(陽爻)로 조합되었지만, 비복(飛伏) 관계에 있는 곤괘와의 교효(交爻)를 통해서 64개로 표상되는 역의 세계를 창조하는 공능이 있다. 세계는 시간적 추이와 공간적 사태의 틀 안에서 변화의 양상을 드러낸다. 이러한 세계 속에서 일어나는 변화는 예측이 가능한 하나의 질서로서의 '불변의 변화'가 만들어내는 코스모스 (cosmos)와 한 치 앞도 예측할 수 없는 '불측의 변화'가 조성한 카오스(chaos)가 혼재하는 양상으로 나타난다.

건괘에 내재하는 세계의 변화도 그러한 양상에서 벗어나지 않는다. 잠룡에서 항룡으로 나아가는 것은 시간적 유행으로서 '불변의 변화'이며, 여섯 층위의 단계로 나아가며 각자의 자리를 점하는 모습은 공간적 점진으로서의 '불변의 변화'이다. 반면에 물속에 잠(潛)했다가 전(田)에서 현(見)하고, 이후 천(天)에서 비(飛)했다가 항(亢)에 이르는 모습 등은 개별적 사태로서 시·공간적 불측의 변화를 말한다.

이와 같이 건괘에는 변화의 역리(易理)가 하나의 통칙으로서 일목요연하게 정립되어 있다. 이 역리를 주재하는 존재가 육룡이다. 이에 따르면 육룡은 역리적 변화의 주재를 상징하는 변화지상(變化之象)이다. 추상적 개념인 역(易)을 구체적 물상인 용(龍)으로 대체하여 변화를 주재하는 이치와 실상을 밝힌 것이다.

둘째, 역사적 측면에서 은주교체의 역사에 정당성을 부여하고 새로운 왕조의 권위를 세우고자 용의 신화적 신성(神性)을 차용(借用)했다는 점이다. 황하 유역의 용 토템을 계승한 주나라 지배계층이 은주교체의 역사를 정당화하고 대내외로 왕실의 정치적 권위를 드러내는데 용을 주목하는 것은 자연스럽고 마땅하다. '건(乾)'의 진취적 기상과 강건한 품덕(品德)은 주나라 지배계층의 역사의식과 통한다. 이러한 모습을 권위적으로 표상하기에 역사성이나 상징성에 있어서 용은 최고의 물상이다. 「이삼자(二三子)」[17] 편에 "용의 덕(德)은 어떠합니까?"라는 질문에 공자는 "용은 위대하다. 용의 모습은 변화한다. 용은 천제

---

17) 1973년 湖南省 長沙縣 馬王堆 漢墓 3호에서 『帛書周易』 64괘와 함께 출토된 『周易』 관련 6부작 중의 하나로, 통행본 『周易』의 「繫辭傳」에 상당하는 내용으로 구성되어 있다. (등구백 著, 황준연 엮음, 『帛書周易校釋』 참조)

(天帝)의 빈객으로 백성 앞에서 신성한 덕을 증명해야 한다."18)라고 대답한 내용이 있다. 현실적으로 천제의 덕을 빌려서 백성에게 자기의 덕을 증명해야 하는 사람이 군왕인 점을 고려하면 용으로 '군왕다움'을 표상한 사실이 확인된다.

군왕의 통치에 정당성과 수용성이 있으려면 '군왕다움'이 무엇보다 중요하다. 군왕이 군왕답지 않으면 권력이 떠돌게 되며, 나라를 제대로 다스릴 수 없다. 구삼의 '잠(潛)'에서 갓 벗어난 군자에게 '종일건건'하고 '석척약'하도록 요구한 이유도 이러한 인식과 관련이 있다. 이처럼 군자의 품격과 인격적 수양은 불가분의 관계에 있다. 그러므로 강건한 기질과 인간적 품덕을 갖춘 군자를 표상하고자 용을 끌어온 것이다.

건괘의 육룡은 육위에 시승(時乘)한 군자가 천행건(天行健)의 기상으로 변화를 주재하고 원형이정의 세계를 경륜하는 모습을 보여주는 상징적 물상, 즉 군왕지상(君王之象)이다. 아울러 강건한 품덕을 바탕으로 백성에게 신성한 덕을 증명해야 한다는 점에서 용은 군자의 인격성을 표상하는 군자지상(君子之象)이기도 하다. 전자는 위정(爲政)의 성격이 강하고, 후자는 수기(修己)의 성격이 강하다.

이상 두 가지 측면에서 살펴본 육용의 등천은 변화의 궁리(窮理)를 궁구(窮究)하고 경세(經世)의 이치를 추극(推極)함으로써 천명을 실천하려는 건괘의 대의를 표상한다. 이와 같은 용(龍)은 건괘와 곤괘 이외에 『주역』 어디에도 등장하지 않는다.19) 이처럼 역(易)의 문(門)이자 역(易)의 통칙(通則)을 밝힌 건괘와 곤괘에만 상(象)으로 취한 것은 은주 교체의 역사적 당위와 주 왕실의 정치적 권위를 드높여 나라의 기반을 반석처럼 다지고자 한 주나라 지배계층의 역사의식과 관련이 있다.

---

18) 『帛書周易』「二三子」: 二三子問曰 "易屢稱於龍, 龍之德何如?" 孔子曰 "龍大矣. 龍□□叚, 賓于帝, 俔神聖之德也.

19) 坤卦 上六 爻辭에 등장하는 龍도 從周 또는 從王을 담론으로 하는 坤卦의 성격에 비추어 乾卦의 용이 上六의 자리로 나아간 것에 지나지 않는다. 따라서 『周易』에서 龍은 오직 乾卦에서만 물상으로 취했다고 할 수 있다.

상징체계는 거의 모두 이원론적 표상계(表象界)에서 상호 대립하는 세력 간의 극적인 상호작용에 직접적인 관심을 가진다. 이것은 또한 이원론적 표상계의 상호 갈등과 상호 보완하는 특징에 관심을 가지며, 종국적으로 통합의 원리에 관심을 표명한다.[20]

위 쿠퍼(Cooper)의 말은 상징체계로서의 건괘의 육룡을 최종적으로 이해하는데 도움이 된다. 육룡의 상징성으로 말미암아 추상적인 역리적 세계와 구체적인 역사적 세계를 통합하는 이치에 대한 설명이 가능해졌다. 또한 상나라의 신정적 세계와 주나라의 인문적 세계를 아우르는 통합을 설명할 수 있게 되었으며, 은주교체로 분열된 상나라와 주나라의 역사적 통합에 대한 당위성도 밝힐 수 있게 되었다. 그 결과 행역 주체이자 역사 주체인 군자에 대해 이원적으로 분리된 두 세계를 하나로 통합하려는 의지를 지닌 존재임을 표상하고자 육룡의 신화적·정치적 상징성을 도입했다는 관점이 증명되었다.

1-2. 군자(君子)

1) 군자의 개념적 시원(始原)

일반적으로 군자는 유가에서 추구하는 이상적 인간상이다. 안으로는 수기(修己)로써 유덕자(有德者)를 추극(推極)하고, 밖으로는 치인(治人)으로 위정자(爲政者)를 지향하는 인간이 유가에서 말하는 군자이다. 유덕자의 관점에서 전인적 인격체[德]를 지향하고 위정자의 관점에서 정치적 신분[位]을 추구한다는 점에서 유가의 군자의 개념은 인격 개념과 신분 개념을 융합하고 있다.[21]

---

20) 진 쿠퍼(J.C.Cooper) 著, 李潤基 譯, 『그림으로 보는 세계 문화 상징 사전』序文, 8~9쪽 참조.

21) 尹武學은 "四書에 쓰이는 '군자'라는 용어는 '盛德之名'(有德者)과 '在上之人'(爲

『장자(壯子)』에서는 "인(仁)으로 은혜를 베풀고, 의(義)로 이치로 삼으며, 예(禮)로 행동규범으로 삼고, 악(樂)으로 조화를 이루어 그윽한 향기를 뿜듯 인자한 사람을 군자라 이른다."[22]라고 하여 인격성의 측면에서 군자의 개념을 정리하고 있다. 또한, 천하가 어지럽고 학문이 편벽하여 "안으로 성덕을 간직하고, 밖으로 왕도(王道)를 실천하는 도가 어둡기만 하고, 분명하지 않으며, 꽉 막힌 채 계발되지 못하였다"[23]라는 말로 유가에서 말하는 군자의 개념과 거의 일치하는 내성외왕(內聖外王)의 개념을 정립했다. 다만 『장자』의 내용에 많은 가필(加筆)이 있음을 고려하면 위 내용도 유가의 관점에서 가필된 것으로 추측된다.

여기서 문제는 건괘의 군자(君子)의 개념을 어떻게 정립해야 하는지이다. "군자가 종일토록 강건하게 노력하고 저녁이 되어서도 부족함이 없었는지 두려워한다(君子 終日乾乾 夕惕若)"라는 구삼(九三) 효사는 후대에 정립된 '수신(修身)'의 원형(原形)을 보는 듯하다. 건괘의 군자가 좁은 의미에서 정치적 군왕을 의미하므로 이 효사에서 군자는 '치인(治人)'의 성격도 갖추고 있음이 분명하다.

그렇다면 건괘의 군자가 대략 춘추시기 공자 이래로 통용되기 시작한 유가의 군자와 같은 개념으로 보아야 하는지 의문이다.[24] 같은 개

政者)이라는 의미가 함께 쓰이지만, 상대적으로 德位를 의미하는 경우가 많다. 결국, 군자는 명분만으로 규정되는 하나의 名이 아니라 그에 부합하는 仁을 지닌 유덕자라는 의미이다. 대체로 원시 유학에서 군자의 개념에는 유덕자와 위정자라는 두 가지의 의미가 통일되어 있다"라고 했다. 유가의 正名論의 관점에서 군자의 개념을 파악한 것으로 여겨진다. (윤무학, 『中國哲學 方法論 −古代哲學의 名實論的 照明−』, 23쪽 참조)

22) 『莊子』〈天下〉: 以仁爲恩, 以義爲理, 以禮爲行, 以樂爲和, 薰然玆人, 謂之君子.

23) 『莊子』〈天下〉: 是故內聖外王之道, 闇而不明, 鬱而不發.

24) 李澤厚는 공자가 정립한 '仁'을 지닌 개체인격인 군자에 대해 소인과 더불어 본래 계급적 의미를 지닌 개념으로 보았다. 군자는 본래 무사(武士), 즉 씨족 귀족 또는 士 계층으로 공자의 시기에 이르러 이런 계층적 의미가 도덕 인격의 범주로 전환되었다고 인식했다. (李澤厚 지음, 정병석 옮김, 『중국고대사

념이라면 『주역』 건괘의 서사가 정립된 시대적 배경이 최소한 춘추시대 이후일 수도 있다는 가정이 성립하게 된다. 반면에 시대적으로 5백여 년 이상의 시차를 두고 건괘의 군자가 앞선 시대에 정립된 개념이라면 후대의 군자의 개념과 어떻게 다른지 논증해야 하는 문제가 따른다.

이에 대한 해답을 찾으려면 군자의 개념적 시원과 전승 관계를 확인하고 시대적으로 선후의 개념을 정리하여 구분할 필요가 있다. 먼저 '군(君)'의 어원과 의미를 규명하면 다음과 같다.

『설문해자(說文解字)』는 '군(君)'에 대해 "존(尊)이다. 윤(尹)을 따르며, 호령을 발한다."[25]라고 풀이했다. 이러한 관점은 '口'에 대해 명령한다는 뜻으로 새긴 결과이다. 이에 따르면 군(君)은 존귀한 존재로서 '윤(尹)'에서 발원하고, 남에게 명령할 수 있는 영향력을 지닌 존재이다.

여기서 두 가지 문제가 제기된다. 군(君)의 어원인 '윤(尹)'이 무엇을 말하는지, 본래 남에게 호령할 수 있는 정치적 성격을 지닌 존재였는지가 그것이다.

시라카와 시즈카(白川靜)는 '윤(尹)'과 '군(君)' 모두 제정일치 사회의 지배계층인 무축 계열의 성직자로 보았다. '윤(尹)'의 자형은 지팡이를 가진 모양이며, 『설문해자』에서 윤(尹)에 대해 '치(治)이다(治也)'라고 규정하고, 자형에 대해 '일을 쥐고 있는 사람(握事者也)'으로 풀이하였다는 점에서 '관치(官治)'의 뜻으로 보았다.[26] 나아가 글자 형태가 단순하여 여러 설이 있지만, '윤(尹)'은 옛날에는 신을 섬기는 사람의 호칭으로서, 신의 지팡이를 지니고 신과 접하여 그 뜻을 대신 밝히는 사람인 성직자를 뜻한다고 했다. 이런 성직자들이 종사하는 관직인 작책(作冊)·내사(內史)의 장을 윤(尹)이라고 칭했다. 탕(湯)을 도와 은나라를 세우는

상사론』, 91쪽 참조) 그의 견해 중 군자의 개념이 공자 이전에 존재한 개념이라는 점에 동의하지만, 군자의 개념적 시원에 대한 근거가 모호하고, 계급적 관점에서 개념을 규정한 점은 동의하기 어렵다.

25) 『說文解字』: 君, 尊也. 從尹, 發號.

26) 시라카와 시즈카 著, 고인덕 譯, 『漢字의 世界』, 74쪽 참조.

데 공헌한 '이윤(伊尹)'도 이런 관직에 종사한 명신으로 보았다.27)

『서경』「대고(大誥)」편에 "나는 나의 우방의 제후들과 윤씨(尹氏)들과 관리, 여러 일을 맡아보는 사람들에게 고하오."28)라는 대목에서 '윤씨(尹氏)'는 관직의 수장을 일컫는 말이다. 『시경』 가운데 「소아(小雅)」〈절피남산(節彼南山)〉편의 "윤씨와 태사여, 그대들은 주나라의 초석이네. 나라를 고루 다스렸다면, 온 세상이 평화로웠을 것이네."29)라는 구절 가운데 '사윤(師尹)'은 나라를 이끌 막중한 지위에 있는 자가 소속된 관직을 지칭한 것이다. 이처럼 상대의 윤(尹)이 주대에 이르러 작책윤(作冊尹)·내사윤(內史尹)과 같은 고위 관직으로 분화되었고, 이 관직의 장(長)을 '윤씨(尹氏)'로 호칭한 것이다.

『서경』「군석(君奭)」편에 이와 같은 인간군을 구체적으로 명시하고 그들이 어떤 존재인지 보여주는 대목이 있다.

> 옛날 탕 임금께서 하늘의 명을 받으셨는데, 그때 이윤(伊尹) 같은 분이 계셔서 하늘의 뜻에 따랐습니다. 태갑이 재위 중일 때는 보형(保衡) 같은 분이 계셨습니다. 태무에게는 그때 이척(伊陟)과 신호(臣扈) 같은 분이 계시어 하늘의 뜻에 맞도록 하였고, 또 무함(巫咸)이 있어서 나라를 잘 다스렸습니다. 조을이 재위 중일 때는 무현(巫賢) 같은 분이 계셨습니다. 무정이 재위 중일 때는 감반(甘盤) 같은 분이 계셨습니다.30)

시라카와 시즈카(白川靜)는 위 구절에서 명시한 이윤과 이척, 보형과 신호, 무함과 무현, 감반 등을 상나라 때 신무(神務)의 직에 종사했던 성직자의 원조로 보았다.31) 이들 명칭의 첫 글자를 보면 순수하게

---

27) 위 같은 책, 75~76쪽 참조.
28) 『書經』「大誥」: 肆予告我友邦君 越尹氏庶士御事.
29) 『詩經』「小雅」〈節彼南山〉: 尹氏太師 維周之氐 秉國之均 四方是維.
30) 『書經』「君奭」: 在昔成湯旣受命 時則有若伊尹 格于皇天. 在太甲 時則有若保衡. 在太戊 時則有若伊陟臣扈 格于上帝. 巫咸 乂王家. 在祖乙 時則有若巫賢. 在武丁 時則有若甘盤.

성직자의 이름을 말했는지 의문이 든다.

『서경』「태갑·상(太甲·上)」편에 "뒤를 이은 왕이 아형(阿衡)의 뜻을 따르지 않았다."[32], 같은 책 「열명·하(說命·下)」편에 "그대는 나를 밝게 보좌하여 아형(阿衡)이 상나라를 아름답게 다스린 공로를 자기만이 차지하지 못하도록 하여주오."[33] 등의 기록에 보이는 '아형(阿衡)'에 대해 사마천(司馬遷)은 '이윤의 이름'으로 규정했다.[34] 아마도 「상송(商頌)」〈장발(長發)〉편 가운데 "옛날 탕임금이 나타나기 전 중세에 나라의 정세가 불안했는데, 진실한 천자에게 훌륭한 신하를 내려주시니 그분이 바로 아형(阿衡)이며, 그분이 상나라 임금을 보좌했네."[35]라는 구절을 참조하여 이처럼 말한 것으로 여겨진다.

『설문해자』는 '이(伊)'에 대해 "은나라의 성인 아형(阿衡), 즉 천하를 다스리는 사람이다."[36]라고 풀이함으로써 아형을 성인의 명칭 개념으로 보았다. 그렇지만 '임금이 의지하는 표준으로 삼는다'라는 아형(阿衡)의 자의(字義), '임금을 보좌하는 표준으로 삼는다'라는 보형(保衡)의 자의(字義) 등을 고려하면, 위 「군석(君奭)」편의 이윤(伊尹)은 순수한 이름이 아니라 최고 성직자의 관직명임이 분명하다.

주나라의 시조로 여기는 후직(后稷)은 관직명을 일반적 호칭으로 삼은 대표적인 예이다. 「주본기」에 따르면, 그는 하나라에서 농사를 관장하는 농사(農師)의 직책에 있다가 이후 태(邰) 땅에 봉해지면서 후직(后稷)으로 불렸으며, 그의 본명은 기(棄)라고 했다. 다만 그는 농업전문가일 뿐 성직자가 아니라는 차이가 있다. 이를 고려하면 무함(巫咸),

---

31) 시라카와 시즈카 著, 고인덕 譯, 『漢字의 世界』, 75~76쪽 참조.
32) 『書經』「太甲·上」: 惟嗣王 不惠于阿衡.
33) 『書經』「說命·下」: 爾尙明保予 罔俾阿衡專美有商.
34) 『史記』「殷本紀」: 伊尹名阿衡.
35) 『詩經』「商頌」〈長發〉: 昔在中葉 有震且業 允也天子 降于卿士 實有阿衡 實左右商王.
36) 『說文解字』: 殷聖人阿衡, 尹治天下者. 从人从尹.

무현(巫賢) 등은 성직자 중 무당 계열의 관직명을 말한다.

이러한 관점에서 『서경』「주고(酒誥)」편의 "自成湯咸至于帝乙"에서 '성탕함(成湯咸)'은 탕임금이 무함(巫咸) 계열의 성직자(聖職者)임을 뜻하고 있다.[37] 또한 신호(臣扈)는 신에 대한 희생(犧牲)을 관리하는 소신(小臣) 계열 최고 관직명이 된다. 소신(小臣)은 신에 대한 종교적 희생(犧牲)을 의미하는 신(臣)을 관리하는 관직으로 상대의 복문과 청동명문에서 흔히 확인할 수 있다.[38]

이러한 내용을 참고하면「군석(君奭)」편에 등장하는 인간군은 신과 인간을 매개하는 고위 성직자인 '윤(尹)' 또는 '무(巫)' 계열의 지위에 있는 자들로 관직의 명칭이나 직무의 성격에 그 이름을 덧붙인 관직명으로 보는 것이 타당하다. 상나라 후기의 기물인 〈윤광정(尹光鼎)〉 명문 가운데 의제(儀祭)를 지낼 때 술을 뿌리며 도움을 준 '윤광(尹光)'이 이 사실을 입증하는 예이다. '윤광(尹光)'을 '신정체제의 관직 윤(尹)의 직책에 있는 광(光)'으로 해석할 수 있다.

'윤(尹)'에 어원을 둔 '군(君)'도 서두의 『설문해자』의 해석 내용을 고려하면 본래 성직자를 뜻했다. 상대의 복문에서 군(君)은 다군(多君)이라는 관직명과 군장(君長, 방국의 우두머리)의 뜻으로 쓰였다.[39]

시라카와 시즈카는 고대 부족국가의 왕을 '군(君)'이라 불렀지만, 본래는 신의 지팡이를 가지고 신에 대한 축고(祝告)를 담당하며 신과 사람 사이의 종교적인 매개자 역할을 한 무당 계열의 성직자로 보았다. '君'을 구성하는 '口'에 대해 본래 호령을 뜻한 것이 아니라 성직자 윤

---

37) 劉起釪는 「竹書紀年」 등의 '湯有七名'을 근거로 '咸'을 湯의 別名으로 보는 胡厚宣의 견해에 동조하여 '咸'을 탕임금의 이름으로 해석하는 것이 타당하다고 본다. (劉起釪 著, 이은호 譯, 『尚書學史』, 809~810쪽 참조)

38) 청동기물로는 〈小臣艅犧尊〉이 대표적이다. 人方을 정벌하고 돌아오는 길에 肜日祭를 지내고 이에 소신 艅에게 패화를 하사한 명문 내용으로 보아 小臣의 직분이 무엇인지 알 수 있다.

39) 손예철, 『簡明 甲骨文字典』, 58쪽 참조.

(尹)이 신에게 올리는 축고(祝告)로 본다.40) 또한 윤(尹)은 신의 지팡이를 들고 신을 섬기는 사람이고, 무(巫)는 신을 불러들이는 주술적인 도구를 지닌 무당으로 보았다. 윤(尹)의 시조는 뽕나무 구멍에서 태어났다는 설화를 지닌 이윤(伊尹)이고, 무(巫)의 시조는 무함(巫咸)으로 불리는 무당인데 태양의 출입을 관장하는 무(巫) 10명의 우두머리로서 신화에 등장한다고 했다. 「군석(君奭)」편의 이윤, 무함은 무(巫)의 전승을 정치적인 형태로 바꾼 것이라고 했다.41)

그의 견해에 따르면 제정일치 사회가 제정분리 사회로 전환되는 과정에서 성직(聖職) 개념의 윤(尹)에서 정무직(政務職) 개념의 군(君)을 분화시켰고, 명칭 역시 정치적 개념으로 전화된 셈이다. 이처럼 윤(尹)에 근거를 둔 상대의 군(君)은 무축시대의 성직(聖職)의 성격이 강하지만, 은주교체를 계기로 정착된 주나라 왕정체제에서 정치적·정무적 개념으로 정립되는 과정에 있었다고 보아야 한다.

박원규는 서주 초의 기물 〈영방이(令方彝)〉에 여러 차례 나타나는 '윤(尹)과 군(君)은 같은 글자로 당시의 윤(尹)으로 군석(君奭)과 군진(君陳)이 있다고 했다.42) '군석'과 '군진'은 위에서 언급한 〈윤광정(尹光鼎)〉의 명문 중 '윤광(尹光)' 식으로 전환하면 '윤석(尹奭)', '윤진(尹陣)'이나 다름없다. 아울러 상대의 다윤(多尹), 다군(多君)은 주대의 백군(百君), 서군(庶君)과 언어의 계통상 선후의 계통에 있다고 보아야 한다. 『설문해자』에서 군(君)을 '종윤(從尹)'으로 풀이한 것은 윤(尹)과 군(君)의 종적 계통을 밝힌 것으로, 군(君)이 윤(尹)의 개념을 시간상으로 계승하면서 그 뜻이 확장된 사실을 말하고 있다.

제정일치 사회 관직이 성직과 정무직으로 분기되면서 윤(尹)에 상응하는 군(君)의 개념을 낳았다. 이후 왕정이 정착되면서 윤(尹)은 내관

---

40) 시라카와 시즈카 著, 고인덕 譯, 『漢字의 世界』, 77쪽 참조
41) 위 같은 책, 85쪽 참조
42) 박원규·최남규 共著, 『中國古代 金文의 이해』, 91쪽 참조.

(內官)으로 남았으나 군(君)은 정치적 군왕이나 군장(君長)의 신분 개념으로 진화한 후 이들에 대한 사회적 존칭 개념으로까지 확장된 것으로 볼 수 있다.

상대의 금문 가운데 군(君)의 개념을 그대로 사용한 구체적인 실례가 있다. 상나라 후기의 기물인 〈소자성유(小子省卣)〉[43]의 명문 가운데 "자(子)가 소자 성(省)에게 패 5붕을 하사하자 이에 성이 임금(君)이 패(貝)를 하사한 행위를 찬양하고자 기물을 만든다."라는 말을 '省揚君商(賞)'으로 표현했다. 거의 모든 상대의 명문이 임금을 왕(王)으로 표현한 사실에 비추어 왕 대신 군(君)으로 표현한 사실은 매우 이례적이다. 다만 패를 하사한 주체가 왕과 혈연관계에 있는 높은 신분의 인물로 추정되는 '자(子)'인 점을 고려할 때 여기서 말하는 군(君)은 곧 '자(子)'를 말하며, 동시에 자족(子族)의 족장 또는 후(侯), 백(伯) 등의 작(爵)과 같은 개념으로 보는 것이 타당하다.[44]

이 기물의 명문은 군자의 개념 규정과 관련하여 몇 가지 시사하는 바가 있다. 첫째는 '군(君)'이 정무적 개념으로 쓰인 사실을 보여줄 뿐만 아니라 주초의 명문에 나타나는 다군(多君), 이군(里君), 「주서(周書)」의 여러 편에 나타나는 서군(庶君), 백군(百君) 등과 개념적 연결고리 역할을 하고 있다는 점이다. 둘째는 '군(君)'이 '다자족(多子族)'으로 추정되는 '자(子)'에 대한 존칭으로 쓰인 사실을 말하고 있다는 점이다. 셋째는 성(省)이 자신을 '소자(小子)'로 겸칭했다는 점이다. 기물 자체가 상주 기물이 연결되는 시기에 제작되었고, 명문 역시 군자의 단서를 찾을 수 있는 개념적 연결고리 역할을 하고 있는데, 이러한 사실이 어떤 의미가 있는지 다음 절에서 구체적으로 설명하고자 한다.

『주서(周書)』에서 볼 수 있는 '군(君)'으로 「군석(君奭)」, 「군진(君陳)」, 「군아(君牙)」가 대표적이다. 「군석(君奭)」편에서 '군석'은 태보의

---

43) 〈小子省卣〉 : 甲寅, 子商(賞)小子省貝五朋, 省揚君商, 用乍(作)父乙寶彝.
44) 박원규 · 최남규 共著, 『中國古代 金文의 이해』, 161쪽 참조.

지위에 있던 소공(김公) 석(奭)에 대한 존칭이다. 「군진」편은 성왕이 진(陳)이라는 인물에게 은나라 유민이 거주하는 성주(成周) 동쪽 지역을 분봉하면서 내린 훈령임을 고려하면 군(君)은 왕실과 밀접한 관계인 제후에 대한 존칭이 분명하다. 「군아」는 목왕이 대사도(大司徒)의 직책에 있는 아(牙)에게 내린 훈령으로, 여기서 군(君)은 대사도와 같은 고위 관료에 대한 존칭이다. 상나라의 기물에서 표현한 형식에 따르면 이들은 윤석(尹奭), 윤진(尹陳), 윤아(尹牙)가 된다. 「군석」편에 명시된 상대의 성직 계열의 인간군에 비견되는 인물들이다. 이처럼 '군(君)'은 태보, 제후, 고위 관료 등 고위직 종사자의 존칭으로 쓰였다.

이러한 개념적 인식에 따르면 『서경』「태서(泰誓)」편의 '우방총군(友邦冢君)'의 '총군', 「대고(大誥)」편의 '아우방군(我友邦君)'의 '방군' 등은 주 왕실을 돕는 나라(邦)의 군후(君侯) 또는 제후가 된다. 「태서(泰誓)」편 가운데 "하늘이 백성을 도와 그들에게 임금을 마련해주고 스승을 마련해 주었소."45)라는 대목에서 '작지군(作之君)'의 '군(君)'은 엄밀하게 말하면 주 왕실의 천자가 아닌 방국(方國)의 군장(君長) 개념이다. 이 구절로 분명해진 사실은 군(君)이 민(民)을 다스리는 신분이었다는 점이다.46)

> ① 관리들과 관장, 제후들이여, 그대들은 짐(朕)의 말을 들으시오. 그대들은 노인과 임금(君)에게 음식을 풍족하게 대접한 다음에 배불리 먹고 취하도록 마실 수 있소. 거듭 말하지만, 그대들은 한결같이 자기를 돌아보고 살피며 덕에 합당할 수 있어야만 음식을 차려놓고 제사를 지낼 수 있으며, 그대들도 편히 즐길 수 있을 것이오.47)

---

45) 『書經』「泰誓·上」:天佑下民 作之君 作之師。

46) 『書經』의 내용 대부분이 춘추시대 이후에 편집된 것으로 보는 경우 『주서』 중의 君을 주초의 개념으로 볼 수 있는지 의문이지만, 상말 주초의 명문 가운데 '君'의 개념이 쓰인 사실을 고려하면 어원적 근거로 삼아도 문제가 없다.

47) 『書經』「酒誥」:庶士有正 越庶伯君子, 其爾典聽朕教, 爾大極羞耇惟君, 爾乃飮食醉飽. 丕惟曰, 爾克永觀省 作稽中德, 爾尚克羞饋祀, 爾乃自介用逸.

② 덕이 많은 분은 남을 업신여기지 않습니다. 군자를 업신여기면 사람들이 자기의 마음을 다하지 않을 것이고, 소인을 업신여기면 그들은 자기의 힘을 다하지 않을 것입니다.[48]

③ 서토의 군자들이여, 하늘에는 밝은 도가 있어 그 법칙이 분명하오. 지금 상나라 수(受)는 다섯 가지 윤리를 가벼이 여겨 태만하여 버려두고 공경하지 않아 스스로 하늘로부터 버림받고, 백성들과 원수가 되었소.[49]

위 예문은 「주서(周書)」 가운데 '군자(君子)'가 명시된 구절을 추출한 것들이다. 즉 '군자(君子)'라는 완전한 형식으로 군(君)의 개념이 쓰인 경우이다. ②와 ③은 그 내용이 유사한 가운데 '압모(狎侮)'의 개념을 사용했고, 오상(五常)이나 현도(縣道) 등의 개념까지 사용한 점으로 미루어 상말 주초의 문장으로 보기에 무리가 있다. 다만, ②에 등장하는 소인(小人)은 유가의 인격적 비하 개념이 아닌 피지배계급인 하민(下民), 백성(百姓)을 가리키는 개념이다. 『서경』 「강고(康誥)」 편의 "小人難保(백성은 보살피기 어렵다)"에서의 쓰임이 이와 같다. 이처럼 군자의 반대 개념으로 「주서(周書)」에 등장하는 소인(小人)은 윤리적 인격 개념이 아닌 사회적 신분 개념으로 쓰였다.

①의 「주고(酒誥)」 편은 대체로 주초의 작품으로 평가받는 『주서(周書)』 12편 중의 하나로 군자의 개념을 검토하기에 적합한 중요한 전거(典據)이다. 언급된 '서백군자(庶伯君子)'는 여러 제후에 대한 존칭이다. '서백(庶伯)'은 상대의 다양한 유형의 '다모(多某)'의 관직명에 상당하는 주초의 금문이나 「주서(周書)」에 보이는 다군(多君), 백군(百君) 등과는 시간상 계통 관계에 있는 개념이다. 「소아(小雅)」〈우무정(雨

---

48) 『書經』「旅獒」：德盛不狎侮. 狎侮君子, 罔以盡人心, 狎侮小人, 罔以盡其力.

49) 『書經』「泰誓·下」：我西土君子, 天有顯道 厥類惟彰. 今商王受, 狎侮五常, 荒怠弗敬, 自絶于天, 結怨于民.

無正)〉편에서 삼사대부(三事大夫)와 방군제후(邦君諸侯)를 '범백군자(凡百君子)'로 통칭한 예와 비슷하다. 참고로 '주종기멸(周宗旣滅)'이라는 시구는 이 시가 유왕(幽王) 이후의 작품임을 말하고 있다.

그렇다면 「주고(酒誥)」편의 '서백(庶伯)'과 이 시의 '범백(凡百)'의 개념은 시대적 간극(間隙)이 있고 군자의 개념도 시대적 선후가 있음이 확인된 셈이다. 적어도 「주고(酒誥)」편의 '서백군자'의 개념은 유왕 이전에 정립되었음을 의미한다. 또한, ①에서 '늙은이와 임금'을 '구유군(耉惟君)'이라고 했는데, 여기서 '군(君)'은 천자의 개념이 아닌 방국(邦國)의 수장이나 사회적 신분상 존귀한 상위자에 대한 존칭 개념이다. 「군석(君奭)」편에서 주공이 소공을 '군(君)'이라고 부른 경우와 같으며, 앞에서 언급한 상대의 〈소자성유〉의 명문 가운데 '군(君)'과도 그 맥락이 닿아 있다. 아울러 이 구절에서 '덕(德)'은 서주 초의 금문에 자주 나타나는 개념으로 생소하지 않다.

이상 검토한 내용에 따르면 ①의 '군자'는 문헌적으로 가장 오래된, 완전한 형태의 시원적 개념으로, 건괘의 군자와 시대적으로 가장 근접해 있다. 이러한 관점을 전제하고 '군자'의 '자(子)'가 어디에서 비롯되었는지 추가로 확인하면 「주고(酒誥)」편의 군자의 개념적 시원은 더욱 명료해진다.

2) 다자(多子)와 소자(小子)

서통장(徐通鏘)은 언어가 변천하는 과정으로 '변화'와 '경쟁' 두 가지 방식을 들었다. '변화'는 A에서 B로 변하는 것으로, 변화 전후의 두 형식 사이에는 시간상으로 종적인 변천을 보여주는 계승 관계가 있다고 했다. '경쟁'은 A와 B가 공존하면서 상호 경쟁하는 것으로, 하나가 다른 하나를 따돌리고 그것을 대신하면서 변천 과정이 완성되는 것이 공간상 언어의 횡적 확산이라고 했다.50)

이에 따르면 언어는 시간상 종적 계승과 공간상 경쟁적 확산으로 변하게 되는데, '군자'의 개념이 정립되는 과정도 이런 관점으로 접근이 필요하다. 상주 두 시대의 시간적 선후, 상주 두 나라의 공간적 배경 속에서 언어의 종적인 변화와 횡적인 확산의 양태를 살펴보면 개념의 추이가 명료해지기 마련이다. 앞에서 검토했던 윤(尹)과 군(君)의 개념적 연관 검토에서 이러한 종적 계승과 횡적 확산의 양태를 이미 확인했다.

다만 필자는 언어가 변천하는 방식으로 '변화'와 '경쟁' 이외에 '융합 (融合)'을 더하고자 한다. 이것은 언어가 변하는 제3의 방식으로, '변화'와 '경쟁'을 통해서 최종적으로 다른 하나로 귀결(歸結)하는 것이다. 주나라는 은주교체를 계기로 새롭게 탄생한 나라가 아니라 상나라의 역사와 문화를 시간상으로 계승하고 공간상으로 수용한 결과 성립된 나라이다. 아울러 오랜 세월 전승된 서로 다른 문화가 융합되는 과정을 거쳤다. 언어도 이러한 양태에서 벗어날 수 없다. 종적 계승이 모호하거나 공간적 경쟁에서 따돌릴 수 없으면 문화 충돌의 결과인 융합의 형태로 변하는 것이다. 군자의 개념이 성립하는 과정에 대해서도 이런 관점을 전제할 필요가 있다.

상나라 사회를 구성하는 중요한 집단으로 '자족(子族)'이 있다. 이들은 통상 [子+某], 또는 [某+子]의 형식으로 복사에서 '제자(諸子)' 또는 '다자(多子)'로 통칭했다. 복사에서 확인된 인원이 200여 명에 이를 정도로 수가 많다.

정유일에 점을 치다. 왕족이 '다자족'을 이끌고 □에 자리 잡을까요? (丁酉卜, 王族爰多子族立于□) [갑골문합집] 34,133편

정미일에 점을 치다. '자정'에게 '유제'를 지낼 때 소를 바칠까요? (丁未, 其侑子丁牛) [갑골문합집] 21,885편

---

50) 徐通鏘 著, 李在敦 譯, 『歷史言語學』, 420쪽 참조.

위 복사로 보아 이들은 왕족의 통제하에서 왕실과 밀접한 관계가 있는 '여러 자족'의 귀족 집단이다. 이들은 중요한 제사에 참여했고 전시에는 군사 조직으로 참전했다. 죽어서는 제사의 대상이 되는데, 이런 내용의 복사가 흔하다. 위 첫 번째 복사에 충실하면 '다자족'은 왕족과 관계가 없어야 하지만, 이 복문과 무관하게 대체로 네 가지 의미가 있다. 첫째 왕의 아들, 둘째 대신과 제후 등 귀족의 아들, 셋째 상족의 족성(族姓)인 자씨(子氏) 성을 가진 씨족 집단, 넷째 작위를 말하는 자작(子爵) 등이다.[51]

상나라의 경우 내복(內服)의 관직 가운데 '다자족'과 유사한 관직이 흔히 보인다. 다아(多亞), 다신(多臣), 다군(多君), 다윤(多尹), 다영윤(多令尹), 다사(多射), 다마(多馬), 다복(多服) 등이 그들인데, 내복의 상당 부분을 차지하고 있다. 상대의 기물인 〈후조정유(后祖丁卣)〉의 명문을 보면 왕이 '선공과 선왕'을 통칭(統稱)할 때 '다고(多高)'라고 표현했다. 서주 초의 기물인 〈영방이(令方彝)〉의 명문에는 내정을 담당하는 육경(六卿), 옥관(獄官), 제후(諸侯) 등의 삼사(三事)를 '윤삼사(尹三事)'로 총칭했다. 이를 참고하면 '多+某'의 관직명은 아마도 특정 관직 전체, 또는 특정 관직에 종사하는 사람 전체를 총칭하는 개념인 듯하다. 이로 미루어 '다자(多子)'는 좁은 의미의 자족(子族)이나 '다(多)+모(某)'의 다양한 고위 관직의 수장으로 짐작된다.

다자(多子)의 관념은 주초까지 이어졌다. 『서경』의 「다방(多方)」편과 「다사(多士)」편이 대표적인데, '다방'은 사방의 방국 또는 모든 방국을, '다사'는 상나라의 많은 인재나 모든 관리를 말한다. 「주고」편에 보이는 서윤(庶尹), 「고명」편의 백윤(百尹) 등은 상대의 다윤(多尹)과 시간상 계통 관계에 있는 개념이다. '多'가 '庶'나 '百' 등으로 다양하게 확장 또는 변용된 것이다. 「주고(酒誥)」편의 "서군자주(庶羣自酒)", "군음(羣飮)" 등은 여러 사람이 술을 마신다는 뜻으로, 여기서

---

51) 왕우신·양승남 著, 하영삼 譯, 『갑골학 일백 년·4권』, 54~55쪽 참조.

'군(羣)'은 '(양떼처럼) 많은 수의 군(君)'을 의미한다. 「주고」 편의 내용이 상나라 지배계층이 술에 빠져 망국을 초래한 사실을 경계한 점을 고려하면 이러한 관점은 마땅하다. 그렇다면 '서군(庶羣)'은 '서군(庶君)'과 같은 개념이다. 이런 측면에서 서(庶), 군(羣)은 다(多)와 개념상 유사하고 뜻은 같다.

한편 서주 초의 군(君)이 태보, 제후, 고위 관리 등의 존칭 개념임을 앞에서 확인했는데, 「주고(酒誥)」 편에는 이들의 관직 체계를 보여주는 구체적 기록이 있다.

> 외복(外服)의 후복·전복·남복·위복 등의 방백(邦百)들, 내복(內服)의 백료(百僚, 여러 관리), 서윤(庶尹, 여러 관장), 유아(惟亞, 관장의 부관), 유복(惟服, 여러 관직에 속한 실무자), 종공(宗工, 匠人職의 수장), 백성이거(百姓里居, 백성을 다스리는 고을의 수장)[52]들은 모두 감히 술에 빠지는 일이 없었다.[53]

위 관직 체계는 소왕(昭王) 때의 기물인 〈영방이(令方彝)〉의 명문상에 같은 내용이 있어 사실성과 정확성이 실증되었다. 위 내용에 따르면 주초의 관직은 크게 외복(外服)의 방백(方伯), 내복(內服)의 관료(官僚), 백리(百里, 지방 행정조직)의 군장(君長)으로 구분된다. 이러한 조직은 상나라의 조직을 기본적으로 계승한 것이다. 이 가운데 '백료(百僚)'는 위 〈영방이(令方彝)〉의 명문에서는 '경사료(卿史僚)'로, 서주 전기의 기물로 추정되는 〈모공정(毛公鼎)〉의 명문에서는 '어사료대사료(御史僚大史僚)'로 표현한 점으로 보아 국가행정을 담당하는 어사(御史), 책명을 담당하는 태사(大史)를 총칭하는 개념이다.[54]

---

52) 百姓里居는 관직명에 어울리지 않는 표현이다. 「酒誥」의 관직명보다 더 세밀하게 명시한 〈令方彝〉에는 '衆里君'으로, 〈史頌簋〉에는 '里君百姓'으로 표현한 것을 고려하면 居는 君으로 고쳐도 무방하다.

53) 『書經』「酒誥」:越在外服, 侯甸男衛邦伯, 越在內服, 百僚庶尹惟亞惟服宗工, 越百姓里居, 罔敢湎于酒.

앞에서 검토한 군석(君奭), 군진(君陳), 군아(君牙)의 개념과 위 「주고(酒誥)」편에서 명시한 관직 체계를 참고하면, '군(君)'은 왕실과 밀접한 신분 관계에 있는 자는 물론 외복의 방백, 내복의 관장, 백리(百里)의 군장 등으로 그 대상을 확장한 존칭 개념이 분명하다. 이 경우 상나라의 자족(子族), 다자족(多子族)의 개념 범주와 대체로 일치한다. 상나라의 자(子)와 주초의 군(君)이 개념군(概念群)과 사회적 의미에 있어 동질성을 간직한 것이다.

다음으로 주목할 개념은 '소자(小子)'이다. 앞서 상대 후기의 기물인 〈소자성유(小子省卣)〉의 명문에서 자(子)로부터 패화를 하사받은 '성(省)'이 자신을 칭할 때 '小子 省'으로 표현한 점을 확인했다. 이로 미루어 소자(小子)는 윗사람 또는 동일 존위(尊位)에게 자기를 낮춘 겸칭이 분명하다. 같은 시기의 기물인 〈소자부준(小子夫尊)〉의 명문에도 '小子 夫'의 표현이 있다. 이러한 명문 내용은 지배계층의 사람들이 '소자(小子)'로 자기를 겸칭하는 문화가 상대에 일반화되었다는 점을 시사한다.

복문에서 '소(小)'는 주로 '작다'를 뜻했고, 이에 따라 낮은 관직(小臣), 낮은 신분(小宗, 小甲) 등을 뜻하는 말로 전용(轉用)되었다.[55] 또한 '자(子)'는 복문에서 지지(地支), 정인(貞人)의 이름 등으로 쓰였는데, 자형(字形)이 어린아이의 머리 모양을 형상했다는 점에서 어린 자식, 어린아이가 본뜻임을 시사한다.[56] 이처럼 복사 중에 '小'와 '子'가 모두 낮춘다는 의미를 내포했다는 측면에서 '小子'도 겸칭이 분명하다.

이러한 '소자(小子)'의 개념은 주초에도 그대로 사용되었다. 『서경』의 여러 곳의 고위직에 종사하거나 높은 신분에 있는 사람이 자기를 일러 '여소자(子小子)'로 표현한 예가 있다. 「군석(君奭)」편에서 주공은 소공

---

54) 박원규·최남규 共著, 『中國古代 金文의 이해』, 234~235쪽 참조.
55) 손예철, 『簡明 甲骨文字典』, 43쪽 참조.
56) 위 같은 책, 675쪽 참조.

석에게 '여소자단(予小子旦)'으로 자칭했고, 「대고」편에서는 '여유소자 (予惟小子)'로 표현했다. 특히 「대고(大誥)」편에서는 문맥상 윗사람의 반대 개념인 '아랫사람'을 뜻하는데 '여소자(予小子)'로 표현했다.[57]「채중지명(蔡仲之命)」편에서는 주공이 채숙을 '소자호(小子胡)'로 불렀다. 이러한 호칭들은 성왕(成王)이 천자인 자신을 칭할 때 「주고」편에서는 '아(我)', '아일인(我一人)'으로, 「다사(多士)」편에서는 '여일인(予一人)' 으로 표현한 것과는 대조적이다. 한편, 「주고(酒誥)」편에서 '젊은 사람'을 '소자(小子)'로 표현했는데[58] '소자'가 보통명사로 쓰인 예이다.

이러한 사실을 종합하면 상대에게 자신에 대한 겸칭으로 사용된 '소자'가 주나라에 이르러 자신에 대한 겸칭은 물론 아랫사람, 젊은 사람 등의 뜻으로 다양하게 사용되었음을 알 수 있다. 『주역』 수괘(隨卦)의 효사 가운데 장부(丈夫)의 반대 개념으로 쓰인 소자(小子)도 이러한 용례 중의 하나이다.[59]

'다자(多子)'와 '소자(小子)'는 앞에서 서술한 '군(君)'의 개념과 더불어 '군자'의 개념을 끌어내는 중요한 단서이다. 1)과 2)에서 검토한 사실을 바탕으로 검토하면 '군자'의 개념적 시원은 두 가지 관점으로 정리된다.

첫째는 상대의 고위 관직에서 유래한 신분 개념으로서의 '다자(多子)'와 이에 상응하는 '다군(多君)'의 개념이 융합되어 '군자(君子)'라는 개념이 정립되었다는 점이다. 상호 동질적 의미를 지닌 자(子)와 군(君)이 시간적, 공간적으로 공존하다가 일종의 문화적 타협인 융합의 과정을 거쳤다고 보는 것이다. 앞서 「소자성유」의 명문에서 상대의 지배그룹인 '다자족'의 일인(一人)인 '자(子)'를 '군(君)'으로 명시했고, 이

---

57) 『書經』「大誥」：越予小子考翼, 不可征.
58) 『書經』「酒誥」：我民迪小子, 惟土物愛, 厥心臧. 聰聽祖考之彝訓, 越小大德, 小子惟一.
59) 『周易』隨卦 六二：係小子, 失丈夫. 六三：係丈夫, 失小子, 隨 有求得, 利居貞.

'군(君)'의 개념이 주초에 이르러 왕실과 밀접한 관계인 삼공의 지위에 있는 자, 제후, 고위 관료 등에 대한 존칭으로 쓰였으며, 그 대상 범위가 상대의 '자족(子族)'의 범주와 대체로 일치한다는 점에 착안했다. 상대에 '자(子)'와 '군(君)'의 개념이 공존하다가 주초에 상주 두 문화가 융합되는 과정에서 이 두 개념도 융합되어 「주고(酒誥)」편의 '군자(君子)'의 개념을 낳은 것으로 짐작된다.

둘째는 상대의 '자(子)'와 주초의 '군(君)'의 존칭 개념에 자기를 낮춘 '소자(小子)'의 개념이 더해져서 '군자'의 개념이 성립했다고 보는 것이다. '소자'는 상주 두 시기에 걸쳐 통상적 겸칭으로 사용되었고, 주초에 이르러 '아랫사람', '젊은 사람'을 뜻하는 보통명사로 보편적으로 사용된 점에 착안했다. 이는 시간적 계승과 공간적 변용의 측면으로 접근한 것이다. 군왕과 같은 존귀한 윗사람에게 차상위에 있는 자가 자칭할 때 복사 중의 '소(小)'와 '자(子)'의 자의(字義)에서 비롯된 '소자(小子)'의 개념을 일반적 겸칭으로 사용한 것으로 보았다. 존귀한 신분 개념과 겸양의 인격 개념을 내포한 후대의 '군자'의 개념을 모두 설명할 수 있다. 존귀한 신분 개념인 '자(子)' 또는 '군(君)'과 겸양의 인격성이 내포된 '소자(小子)'가 그 시원적 근거가 된다. 언어의 시간적 계승과 공간적 확산이 최종에는 군자라는 단일개념으로 귀결·융합된 결과이기도 하다.

이러한 개념적 인식은 상주(商周) 두 시대에 통용된 사회적, 정치적 신분 개념과 이를 실증하는 복문, 금문, 전적 등의 내용을 참고하여 추론한 것이다. 제정일치 시대에 伊, 尹, 巫, 衡, 臣 등과 같이 신무(神務)에 종사했던 성직자 계열의 인간군이 제정 분리 시대로 접어들면서 신무(神務)와 정무(政務)에 종사하는 사람으로 제도적 분화가 진행되었다. 이에 따라 '다자(多子)'와 '다군(多君)' 등의 정무 중심의 조직이 형성되면서 '군자'의 개념이 정립되는 바탕이 되었다.

「주고(酒誥)」편의 '군자(君子)'는 상대의 '다자(多子)'와 '다군(多君)',

이 개념들을 모두 수렴한 주대의 '군(君)', 상대에 겸칭 개념으로 정립되었고 주대에 이르러 그 쓰임이 확대된 '소자(小子)'의 개념을 모두 융합한 결과로 보는 것이 마땅하다. 주초 이후 왕정체제가 정착되면서 무축시대의 신무(神務)는 지식계통의 질서화로 그 체계가 분리되었고, 이 체계화된 관직에 종사하는 자의 호칭으로 대인(大人)의 개념이 정립되었다. 다른 한편 신무(神務)에서 분화된 정무(政務)는 정치계통의 질서화로 체계가 정비되었고, 이를 주관한 군왕이나 정치적 군장 등의 정치적 신분과 사회적 인격성을 나타내는 호칭으로 군자(君子)의 개념이 정립된 것이다.

그렇다면 「주고(酒誥)」 편과 『주역』에 등장하는 군자(君子)는 정치적 성격과 인격적 성격으로 분화되기 전에 신무(神巫)와 대신(大臣)의 성격을 모두 지닌 과도기적 개념으로 보아야 마땅하다. 이런 관점 외에 '군자'의 개념적 연원을 설명할 수 있는 역사적, 논리적 근거를 찾기 어렵다. 따라서 『주역』에서 행역 주체로서의 군자(君子)는 유가에서 정립한 군자의 개념과는 시대적으로 500여 년 앞서 정립된 개념으로 확인된 셈이다.

3) 『시경』의 용례(用例)

『시경』은 기원전 약 1,000여 년 무렵부터 이후 400~500여 년에 걸쳐 고대 중국의 여러 지방에서 불리던 '풍(風)'을 비롯하여 지배계층의 시가인 '아(雅)', 종묘에서 제사의 노래인 '송(訟)' 등으로 구성된 시가집이다. 이러한 편면의 시들은 내용이 매우 다양해서 고대 중국의 정치·경제·사회·문화·민속·종교 등에 관한 실상을 다방면으로 보여주고 있다. 군자에 대한 용례와 초기 개념도 『서경』과 달리 비교적 풍부하게 남아 있다.

이러한 사실은 건괘의 군자의 시원적 개념을 이해하고 이동(異同)을 밝히려면 『시경』에서 말하는 군자의 개념을 반드시 참고해야 한다. 이해의 방향은 두 가지이다. 첫째는 시(詩)의 시대적, 장소적 배경에 따라 '군자'의 개념이 어떻게 전개되었는지 확인하는 것이고, 둘째는 「시경」에 나타난 군자가 건괘의 군자와 개념적 동질성이 있는지, 그리고 후대의 군자의 개념과 어떻게 다른지 살펴보는 것이다.

우선 군자의 개념적 추이를 확인할 대상인 시편(詩篇)은 「주남(周南)」 11편, 「소남(召南)」 14편, 「빈풍(豳風)」 7편, 「주송(周頌)」 31편, 「상송(商頌)」 5편이다. 이러한 시편을 주된 참고 대상으로 삼은 이유는 다음과 같다.

「주남(周南)」은 북쪽의 황하로부터 남쪽의 여수(汝水)와 한수(漢水)에 이르는, 지금의 하남성(河南城) 황하 이남의 서쪽 땅으로 주나라가 일어선 기주(岐州)의 남쪽 지역에서 채취한 시가집이다. 「소남(召南)」은 주남의 남쪽에서 장강 유역에 이르는 지역에서 채취한 시가집이다. 두 편 모두 평왕 시기의 시가로 추정되지만,60) 주나라의 근거지와 인접한 지역에서 채취했다는 점에서 군자의 본원적 개념과 관련하여 그 계통을 엿볼 수 있다는 점에서 참고 대상으로 삼을만하다.

「빈풍(豳風)」의 배경이 되는 '빈(豳)' 땅은 시조 후직(后稷)의 4대손으로 주족(周族)의 초기 부흥을 이끈 공류(公劉)가 죽은 후 그 아들 경절(慶節)이 즉위하면서 정한 도읍으로 기산(岐山)의 북쪽에 있다. '빈'에 거주할 당시 주족은 하나라의 영향력 아래 있었고 상나라의 외침이 없던 시기였다. 따라서 '빈'에서 채취한 시에는 그 시대와 지역의 정서가 묻어 있을 것으로 보고 주목했다.

「주송(周頌)」 31편은 대부분 압운(押韻)하지 않고, 글귀에 옛 흔적이 많아서 『시경』 중에서도 주초에 불린 노래로 추정된다는 점에서 군자의 개념적 추이를 검토하는 데 유용하다. 「상송(商頌)」은 상나라의

---

60) 「周南」에 편제된 〈汝墳〉 편 중에 '왕실이 불타는 듯하다'라는 시구, 「召南」의 〈何彼穠矣〉 편 중에 '平王의 손녀가 시집을 가네'라는 시구로 보아 서주 말 혼란기였던 평왕 시기 전후에 불렸던 노래도 추정된다.

역사 등과 관련된 시가이므로 검토의 대상이 되어야 한다.

　다음으로 「시경」을 관통하는 군자의 일반적 개념을 확인하는데 주로 「소아(小雅)」와 「대아(大雅)」에 편제된 시가를 중심으로 판단하되 필요에 따라 나머지 시가도 자유롭게 참고했다. 주희는 '아(雅)'에 대해 "바름이니, 정악(正樂)의 노래이다. 본래 대아·소아의 구별이 있고, 선유(先儒)의 말에 의하면 각각 정(正)·변(變)의 구별이 있다. 옛날을 돌아보니 정소아(正小雅)는 연향(燕饗)할 때의 음악이고, 정대아(正大雅)는 조회할 때의 음악과 제사의 진열에서 복을 받고자 경계한 말이다."61)라는 말로 '아(雅)'의 성격을 규정했다. 「아(雅)」에 등장하는 군자가 조회와 종묘 제사를 주관한 점을 고려하면 『주서(周書)』에 등장하는 군(君)이나 군자(君子)의 개념과 가장 근접한 것으로 짐작된다.

　이러한 관점으로 상주 두 시대의 개념적 맹아를 시간적·공간적 계통을 밟아 서로 연결하다 보면 「주고(酒誥)」편과 『주역』 건괘의 군자의 개념이 한결 명료하게 드러날 것으로 본다.

가) 일반적 개념

　『시경』에서 군자의 개념적 표준을 보여주는 시가 〈관저(關雎)〉이다. 전문을 보면,

　　구욱구욱 물수리가 하수의 모래섬에 울고 있네. 아리땁고 고운 아가씨는 군자의 좋은 짝이라네. 들쭉날쭉 마름풀 이리저리 헤쳐가며 뜯네. (중략) 그립고도 그리워서 밤새워 뒤척이네. (중략) 아리땁고 고운 아가씨 거문고 타며 함께 있고 싶네. 들쭉날쭉 마름풀 이곳저곳 뜯고 있네. 아리땁고 고운 아가씨 종고를 울리며 즐기고 싶네.62)

---

61) 朱熹, 『詩經集傳·卷九』 「小雅 二」：雅者, 正也, 正樂之歌也. 本有大小之殊, 而先儒說, 又各有正之別. 以今考之, 正小雅, 燕饗之樂也, 正大雅, 會朝之樂, 受釐陳戒之辭也.

62) 『詩經』 「周南」 〈關雎〉：關關雎鳩, 在河之洲. 窈窕淑女, 君子好逑. 參差荇菜,

위 시는 군자의 짝인 요조숙녀(窈窕淑女)를 시재로 쓴 결과 군자의 사회적 존재성을 더욱 분명하게 드러냈다. 마름풀(荇菜)을 뜯는 요조숙녀를 그리워하며 배필로 맞고 싶은 군자의 심정을 솔직하게 노래했는데, '마름풀(荇菜)'의 시어(詩語)에 담긴 의미를 확인하면 군자가 어떤 존재인지 알 수 있다.

「소남(召南)」〈채빈(采蘋)〉편에 마름풀의 일종인 '빈(蘋)'을 뜯어 종묘 제사의 제수품으로 올리는 사람을 "季女(젊은 처녀)"로 명시한 점을 참고하면 〈관저(關雎)〉편에서 마름풀을 뜯는 요조숙녀도 제사에 쓸 나물을 뜯는 아리따운 처녀임을 알 수 있다. 지배계층의 핵심 문화인 제사로 군자의 존재성을 드러냈던 시대였으므로 이 시에서 군자와 요조숙녀의 사회적 신분이 무엇인지 짐작된다. 아울러 거문고를 타고 종고(鐘鼓)를 울리며 요조숙녀와 함께 지내고 싶은 군자의 심정에서 사회적 신분과 취향을 읽을 수 있다. 그 시대에 군자는 제사로써 위엄을 드러내고, 음악으로 군자의 품격을 보여준다는 점에서 〈관저(關雎)〉편의 군자는 높은 신분과 안정된 정서를 지닌 존재임이 분명하다.

〈규목(樛木)〉편의 "남쪽 가지 늘어진 나무에 칡덩굴이 감겨있네. 즐겁구나, 군자여. 행복과 벼슬을 누리며 편안하네."[63]라는 시구에서 군자의 개념적 다양성이 확인된다. 우선 벼슬과 행복을 누린다는 점에서 관직에 종사하는 자가 분명하다. 화자가 부인 또는 연인이면 여기서 군자는 남편이나 연인이 되며, 화자가 사회 일반인이라면 사회 일반의 호칭 개념으로 보아야 한다.

　　저기 여수가 방죽 따라가며, 잔 나뭇가지 베네. 그대(君子) 뵙지 못하니, 굶주린 뒤 음식처럼 그립네. 저 여수가 방죽 따라가며, 마른 나뭇가지 베네. 그대(君子) 만나면 나를 버리지 않을 테지. 방어 꼬리 붉어지

　　左右流之.(中略) 悠哉悠哉, 輾轉反側. (中略) 窈窕淑女, 琴瑟友之. 參差荇菜, 左右芼之. 窈窕淑女, 鐘鼓樂之.

63)『詩經』「周南」〈樛木〉: 南有樛木 葛藟纍之 樂只君子 福履綏之.

듯 고생했는데도, 왕실은 불타고 있는 듯하네. 불타듯 해도 부모님 곁 떠나지 않겠지.64)

위 시는 군자가 왕사(王事)로 방어 꼬리가 붉어지듯 수고했지만, 집에 남은 아내는 주린 배가 음식을 기다리듯 남편을 그리워하며 갖은 고생을 다 했고, 전쟁으로 또다시 집을 떠날까 걱정하는 노래이다. 『시경』에는 사내가 왕사를 위해 떠난 결과 남은 가족이 겪는 어려움과 애환을 노래한 시가 여러 편 있는데,65) 이 시도 그런 유형의 시다. 여기서 남편을 칭할 때 '군자'로 표현했다.

「소아(小雅)」에 편제된 시에서도 다양한 유형의 군자가 확인된다. 〈우무정(雨無正)〉편은 직무에 상응하여 책임을 다하지 않아 나라를 혼란에 몰아넣은 삼사대부(三事大夫)와 방군제후(邦君諸侯)를 '범백군자(凡百君子)'로 표현했다.66) 인격적으로 비난 가능성이 높음에도 군자로 표현한 점이 다소 이례적이다.

〈항백(巷伯)〉편에서도 모함과 교만을 일삼는 관리들을 '범백군자'로 표현했다. 이로 미루어 이 시대의 군자는 신분 개념이 먼저이고 인격 개념은 부차적인 덕목으로 인식한 듯하다. 〈채미(采薇)〉편에서는 출정하는 제후를 군자로 표현했는데, "君子所依, 小人所腓(군자는 탈 것에 의지하고, 소인은 걸어서 뒤따른다)"의 시구에서 군자와 소인을 사회적 신분의 측면에서 명확하게 분별한 사실이 확인된다.

〈절피남산(節彼南山)〉편에서는 윤씨(尹氏)와 태사(太師)를 군자라고 칭했다. 이들을 높은 남산에 비유하여 그 신분적 존귀를 인정했으

---

64) 『詩經』「周南」〈汝墳〉: 遵彼汝墳 伐其條枚 未見君子 惄如調飢 遵彼汝墳 伐其條肄 旣見君子 不我遐棄 魴魚赬尾 王室如燬 雖則如燬 父母孔邇

65) 다음 章의 坤卦 六三 爻辭를 서술할 때 상세하게 설명하겠지만, 대표적인 시로 「唐風」〈鴇羽〉, 「小雅」〈杕杜〉 등이 있다.

66) 『詩經』「小雅」〈雨無正〉: 三事大夫 莫肯夙夜 邦君諸侯 莫肯朝夕. 凡百君子 莫肯用訊 聽言則答 譖言則退.

나 나라를 제대로 다스리지 못하는 모습을 보고 창으로 찔러 죽이고 싶은 심정을 드러냈다.67) 그러함에도 그들을 '군자'로 표현했다. 후대의 인격적 개념 요소인 군자의 미덕이 심정적으로 실종되었음에도 화자는 표면상 군자로 예우하고 있다.

은나라 유민에 대한 차별적 대우를 비판한 〈대동(大東)〉편에서 은나라 유민이 자기를 '소인'으로, 주인(周人)을 '군자'로 표현한 것은 조롱을 목적으로 군자의 개념을 끌어들인 경우이다.68) 군자의 개념이 폭넓게 사용되었음을 보여주는 예이다. 이외에 〈정료(庭燎)〉편은 이른 새벽 횃불을 들고 방울 소리 울리며 조회하러 오는 것으로 보아 제후나 고위 관료로 추정되는데, 이처럼 추정하는 인물까지 군자로 표현했다.69)

특이하게도 「소아(小雅)」의 대부분의 시가는 천자를 지칭하는데 '군자'의 개념을 사용하고 있다. 〈소반(小弁)〉편의 "군자의 마음 씀이 너무 잔인하네. 군자가 모함하는 말 믿기를 마치 술잔 받듯이 하네. 군자는 베풀지 않고, 잘 돌보지도 않네."70)라는 시구에서 군자는 그 내용에 미루어 천자로 여겨진다. 〈교언(巧言)〉편의 경우 "웅장한 궁전과 종묘는 군자들이 지은 것이고 위대한 법도는 성인이 정하셨네."71)의 시구에서 군자는 내용상 선왕(先王)이 분명함에도 군자로 대신했다. 「대아(大雅)」〈기취(旣醉)〉편은 종묘 제사를 지낸 뒤 신하가 천자를 축원하는 노래이지만 "군자의 만년, 큰 복 누리기를 비네."72)라고 표현했다.

---

67) 『詩經』「小雅」〈節彼南山〉: 尹氏太師 維周之氏 秉國之均 四方是維. 君子如屆 俾民心闋 君子如夷 惡怒是違. 方茂爾惡 相爾矛矣.
68) 『詩經』「小雅」〈大東〉: 周道如砥 其直如矢 君子所履 小人所視.
69) 『詩經』「小雅」〈庭燎〉: 君子至止 言觀其旂.
70) 『詩經』「小雅」〈小弁〉: 君子秉心, 維其忍之. 君子信讒, 如或醻之. 君子不惠 不舒究之
71) 『詩經』「小雅」〈巧言〉: 奕奕寢廟 君子作之, 秩秩大猷 聖人莫之.
72) 『詩經』「大雅」〈旣醉〉: 君子萬年、介爾景福.

이와 달리 「소아(小雅)」 〈채숙(采菽)〉 편에서는 "즐겁도다, 군자여. 천자께서 임명하셨네."73)라고 노래함으로써 천자와 군자를 명시적으로 구분했다. 이외에도 난세에 충직하게 일하고 관직에서 물러난 뒤 자기의 처지를 한탄하는 〈사월(四月)〉 편은 "군자가 이 노래지어 슬픔을 노래하네."라고 끝맺었는데, 군자가 자칭(自稱)에 쓰인 경우이다.

이처럼 『시경』에 나타난 군자는 용례가 매우 다양하다. 상황과 지위에 따라, 화자의 처지와 입장에 따라 군자의 개념을 인용했다. 이러한 모습은 유가에서 정형적으로 정립한 군자의 개념과는 확연한 차이가 있다. 다만, 건괘 구삼의 군자가 역사적 관점에서 좁게는 주나라 천자에 상응하는 인물임을 고려하면 『시경』에서 천자를 군자로 칭한 사례는 상호 연관성의 측면에서 유의미하다.

나) 군자의 개념적 추이(推移)

위에서 확인한 군자의 개념이 『시경』 가운데 비교적 오래된 시가에도 그대로 쓰였는지 살펴볼 필요가 있다. 「주본기」는 "백성들이 공류(公劉)에게 귀의할 때 주나라의 도의가 흥성하기 시작했고, 시인들은 그의 덕을 노래하며 기렸다."74)라고 기록했다. 「은본기」를 저술하고 나서 "나는 송(頌)에 기대어 설(契)의 사적을 기술했고, 성탕 이후의 사적은 『서경』과 『시경』에서 채택했다."75)라는 사마천의 말을 참고하면 이 기록은 「대아(大雅)」 〈공류(公劉)〉 편 등의 시를 참고했을 것으로 짐작된다. 이는 주나라의 시원적 배경이나 주초의 시대적 상황을 엿볼 수 있는 「빈풍(豳風)」 등의 시편에서 군자의 초기 개념에 대한 단서를 찾을 가능성이 있다는 점에서 의미가 있다.

그렇지만 「빈풍(豳風)」 7편을 살펴보면 '군자(君子)'를 시재(詩材)로

---

73) 『詩經』 「小雅」 〈采菽〉 : 樂只君子, 天子命之。

74) 『史記』 「周本紀」 : 百姓懷之, 多徒而保歸焉. 周道之興自此始, 故詩人歌樂思其德.

75) 『史記』 「殷本紀」 : 余以頌次契之事, 自成湯以來, 采於書詩。

직접 사용한 예가 없다. 다만, 앞에서 검토한 용례(用例)와 비교하면 '군자'로 칭함이 마땅한 데도 다른 명칭을 쓰는 등 몇 가지 특징이 있다.

〈칠월(七月)〉편에 사용된 월력(月曆)은 인월(寅月)을 세수(歲首)로 삼는 하나라의 것이다. 이로 미루어 공류가 하나라 사람이고 「빈풍(豳風)」에 편제된 시가의 내용도 하나라의 풍속과 관련이 있음을 알 수 있다. 「모시(毛詩)」를 비롯하여 한대(漢代)의 학자들은 「빈풍(豳風)」7편을 모두 주공의 행적과 관련지었다.76) 이 가운데 〈파부(破斧)〉편은 주공의 동정(東征)을 소재로 삼은 시로 '주공동정(周公東征)'이라는 시구로 이러한 관점이 실증됐다. 〈치효(鴟鴞)〉편도 주공의 충정을 밝힌 『서경』「금등(金縢)」편 가운데 제목과 연유가 언급된 사실을 생각하면 주공과 관련이 있다고 평가해도 마땅하다. 나머지 시편의 경우 주공의 행적과 관련이 있다고 보기에는 근거가 부족하다. 특히 〈칠월(七月)〉편은 월별로 농경 생활을 '농가월령가'에 준할 정도로 사실적으로 표현했는데, 이는 적어도 빈(豳) 땅에서 오랜 기간 전승된 노래를 채취했음을 시사한다.

> 봄날은 길고 길어, 수북이 쑥을 뜯네, 여인의 마음 아프도록 슬픈 것은, 장차 공자님 따라가서 혼인하고 싶어서라네. (중략) 검은 천 누런 천 짜고, 볕처럼 부드러운 붉은 천으로는, 바지 짓고 있네. (중략) 섣달에 함께 사냥 가서, 무술도 연마하네. 작은 짐승은 내가 갖고 큰 짐승은 공(公)께 바치네.77)

위 〈칠월〉편에서는 '군자(君子)' 대신에 '공자(公子)'로 표현했다. 사냥으로 잡은 짐승을 나눌 때 작은 짐승은 내(私)가, 큰 짐승은 공(公)이 가진다고 구분했다. 고대의 사냥은 사실상 지배계층의 전유적 행사

---

76) 김학주 譯著, 『詩經』, 415쪽 참조.

77) 『詩經』「豳風」〈七月〉: 春日遲遲, 采蘩祁祁. 女心傷悲, 殆及公子同歸. (中略) 載玄載黃, 我朱孔陽, 爲公子裳. 二之日其同, 載纘武功. 言私其豵, 獻豜于公.

이므로 사(私)는 화자가 연모하는 공자(公子)이고, 공(公)은 임금으로 여겨진다. 위 인용 외의 구절 가운데 공(公)이 머무는 처소를 '공당(公堂)'으로 표현한 점을 참고하면 이 시의 '공자(公子)'는 다른 시에서 흔히 본 군자(君子)의 개념과는 그 성격은 유사하지만, 외관상 명칭에서 확연히 다르다. 시의 시대적 배경을 고려하면 적어도 군자(君子)보다 앞선 시기에 사용된 개념으로 보아도 무리가 없을 듯하다.

> 나무 베세, 나무 베세, 그 근본이 멀지 않다네. 그분을 맞이하여 예
> 를 갖추어(음식을 갖추어) 성혼하네[78]

위 〈벌가(伐柯)〉편의 시구는 도끼와 자루가 짝을 이루어 나무를 베듯 임을 만나 결혼하는 모습을 노래했다. 이 가운데 '아구지자(我覯之子)'는 결혼 상대를 맞이한다는 뜻으로, 다른 시에서라면 군자(君子)로 표현할 것을 '지자(之子)'로 칭했다. 이처럼 '지자'를 시재로 쓴 시가 10여 편 있다. 「소남(召南)」〈강유사(江有汜)〉편, 〈한광(漢廣)〉편, 「주남(周南)」의 〈도요(桃夭)〉편, 「패풍」의 〈연연(燕燕)〉편 등에서 모두 '시집가는 아가씨'를 지칭했고, 「소아(小雅)」〈상상자화(裳裳者華)〉편을 비롯한 다섯 편에서는 모두 '사랑하는 임'의 뜻으로 썼다. 「빈풍(豳風)」〈동산(東山)〉편에서는 '시집온 아내'를 뜻했고, 「위풍(衛風)」〈유호(有狐)〉편에서는 '임'으로 나타냈다.

이러한 예에서 볼 수 있듯이 '지자'는 군자처럼 폭넓게 사용되지 않았지만, 각 시편의 배경이 되는 지역별, 시의 편목별로 대체로 그 쓰임의 뜻이 일치하고 있다. 따라서 '지자(之子)'는 사회적 신분 개념이 아닌 일반인을 가리키는 지칭 명사로 쓰였다는 점에서 군자와는 분명히 다른 개념이다.

---

78) 『詩經』「豳風」〈伐柯〉: 伐柯伐柯 其則不遠 我覯之子 邊豆有踐.

길일에 간소하게 음식 마련하여, 정성으로 조상에게 바치고, 철마다
선왕께 제사 지내니, 군(君)이 그대를 점쳐 말하기를, 만수무강할 것이
라고 하네.79)

위 「소아(小雅)」〈천보(天保)〉 편의 시구에서 '군(君)'은 복점을 치는
사람으로 등장했다. 선공과 선왕에게 사계절마다 제사를 올리는 사람
에게 점을 쳐 만수무강할 것임을 알려준 내용으로 보아 군(君)은 범상
치 않은 존재임을 알 수 있다. 앞서 군(君)이 무축시대의 성직자인 윤
(尹)에 시원을 두고 있음을 확인했는데, 이 시구에서도 그 편린(片鱗)
을 엿볼 수 있다는 점에서 특별한 의미가 있다.

『시경』의 시편 가운데서 가장 이른 시기의 작품으로 여기는 「주송
(周頌)」 31편은80) 종묘에서 제사를 지낼 때 조상에게 아뢰는 축고(祝
告)의 노래가 대부분이다. 제사를 시재(詩材)로 삼은 여러 시에서 흔히
보이는 군자는 『주송(周頌)』 31편 가운데 그 용례가 전혀 없다. 비교
적 많은 편수를 고려하면 이런 현상은 매우 이례적이다.

시가(詩歌)의 성격상 군자라는 호칭을 사용할 여지가 없었는지 선왕
을 송축하는 노래인 〈열문(烈文)〉 편에서 제후를 '벽공(辟公)'으로 표
현했다.81) 천자가 황고(皇考)에게 제사를 지내며 송축하는 노래인 〈옹
(雝)〉 편과 제후가 내조하여 천자와 함께 종묘 제사를 지내며 부른 노
래인 〈재현(載見)〉 편에서 제사를 돕는 제후들을 모두 '벽공(辟公)'으
로 칭하고 군자의 개념을 대신했다.

아아, 신공(臣工)들이여. 그대들 공직을 공경하라. 왕이 그대들이 이

---

79) 『詩經』 「小雅」 〈天保〉 : 吉蠲爲饎, 是用孝享, 禴祠烝嘗, 于公先王, 君曰卜爾,
萬壽無疆.

80) 鄭玄은 『詩譜』에서 '주송은 주나라 왕실이 공을 이루어 태형하고 덕이 성하던
때의 시로서 주공이 섭정하던 成王 즉위 초의 작품'이라고 했으며, 朱熹는 『
詩集傳』에서 시의 내용으로 보아 康王 이후의 작품도 있다고 보았다.

81) 『詩經』 「周頌」 〈烈文〉 : 烈文辟公, 錫玆祉福, 惠我無疆, 子孫保之.

룬 공으로 다스리시니, 자주 찾아 묻고 헤아려야 하네. 아아, 보개(保
介)들이여. 봄날이 끝나고 있는데, 또 무엇을 바라고 있는가.82)

위 〈신공(臣工)〉 편은 풍년을 기원하는 제사에 참여한 관리를 돌려
보낼 때 부른 노래인데, 신하를 '신공(臣工)'이나 '보개(保介)'로 표현했
다. 주희는 '신공'을 군신백관(君臣百官)으로, '보개'를 부농관(副農官)
으로 각각 규정했다.83) '신공'은 「주송(周頌)」 외에 다른 문헌적 용례
가 없고, 고대에 수레의 오른쪽에서 수행하는 신하인 '보개'84)도 「주
송(周頌)」에 가장 먼저 사용된 점을 보면 모두 흔히 사용하는 개념이
아니다. 이 시는 내용에 비추어 제사에 참여한 주요 신하를 군자로 표
현할 이유가 충분함에도 이처럼 희소한 용어로 대신했다는 점에서 군
자의 개념이 정립되기 훨씬 이전에 불리다가 전승된 시로 판단된다.

이외에 군자로 표현할 여지가 충분함에도 〈진로(振鷺)〉, 〈유고(有
瞽)〉 편 등에서는 '아객(我客)'으로, 〈유객(有客)〉 편에서는 '객(客)'으
로 표현했다.

「주송(周頌)」에서 군자를 시재로 쓰지 않은 것은 시가의 성격상의
문제가 아닌 이 시들이 불리던 시대에 군자의 개념이 오히려 생소하여
통상 사용하던 호칭을 그대로 표현한 결과로 여겨진다. 다만 「대아(大
雅)」 〈공류(公劉)〉 편 가운데 백성들이 그를 칭송하여 부르는 호칭으
로 단 한 곳에서 '군(君)'으로 표현한 예가 있다.85) 이 시가 소공이 공
류의 치적을 예로 들어 성왕을 훈계하고자 지은 시라는 견해에 따르

---

82) 『詩經』 「周頌」 〈臣工〉: 嗟嗟臣工, 敬爾在公. 王釐爾成, 來咨來茹. 嗟嗟保介,
維莫之春, 亦又何求.

83) 朱熹, 『詩經集傳·卷十九』 「周頌·臣工」: 臣工者, 君臣百官也. 保介者 蓋農官
之副也.

84) https://www.zdic.net/hans/保介: 指古時立於車右, 披甲執兵, 擔任侍衛的勇
士. 《詩. 周頌 臣工》: 嗟嗟保介, 維莫之春, 亦又何求, 如何新畬. "鄭玄箋:"
保介, 車右也……介, 甲也。車右勇力之士, 被甲執兵也。

85) 『詩經』 「大雅」 〈公劉〉: 食之飲之, 君之宗之.

면, 「군석(君奭)」 편에서 주공이 소공을 일러 '군(君)'으로 칭한 점과 시대적으로 통한다. 아울러 '공류(公劉)'는 사회적 존칭 개념의 '공(公)'과 이름인 '유(劉)'를 합한 개념으로 앞에서 검토한 상말 주초의 호칭 형식에 근접한다. 아울러 〈칠월〉 편에서 검토했던 공자(公子)나 공(公)의 개념과 지역·종족·시대의 측면에서 맥락이 닿아 있다. 이런 측면에서 '공(公)'은 주족의 기원한 이래 순수하게 내려온 개념으로 보아도 마땅하다. 따라서 이 시의 군(君)은 군자의 개념에 가장 근접한 개념이며 '공(公)'의 개념과 연계된 것으로 보인다.

한편 「상송(商頌)」은 대체로 송나라 양공(襄公, B.C.650~637) 시기를 전후하여 지어진 시로 평가받고 있다. 『시경』에서 군자의 용례가 비교적 다양한 점을 고려하면 『상송(商頌)』 5편 중에 군자의 개념과 연결된 시재가 있을 법하나 전혀 보이지 않는다. 이는 편제된 시가 5편 뿐이며, 그나마 상나라 열조(烈祖)의 위업을 칭송하는 데 그친 결과로 볼 수 있다. 다른 한편으로는 극상 이후 은나라 유민 중심의 봉국(封國)인 송나라에서 채취한 시가의 성격상 상나라의 유습이 비교적 강한 가운데 주초에 정립되기 시작한 군자에 대한 개념적 인식이 상대적으로 희박한 결과로 볼 여지도 있다.

지금까지 내용을 종합하면 『시경』에서 시재로 쓰인 군자와 유사 개념을 검토한 결과 각 편목(篇目)에 따라 개념적 추이와 변화의 양상을 개략적으로 확인할 수 있었다. 『시경』 가운데 가장 오래된 시편으로 평가받는 「주송(周頌)」, 「빈풍(豳風)」 등에 편제된 시가에서 군자를 대신한 유사 개념(예컨대, 공자, 지자, 신공, 보개, 군 등)들은 군자의 개념이 정립되는 과정에서 가장 이른 시기의 시원적 개념군으로 볼 수 있다. 이러한 측면에서 이들 시원적 개념들은 건괘의 군자의 개념보다 이른 시기에 형성된 것으로 보아야 마땅하다. 그러므로 건괘의 군자의 개념은 은주교체 전후의 시기에 정립되었으며, 「주고(酒誥)」 편에서 확인한 군자의 개념과 동시성이 있다는 결론에 이르게 된다.

4)『주역』의 용례(用例)

군자는『주역』64괘 중 16개의 괘에서 19회 쓰였고, 유사 개념인 '대군(大君)'은 3개의 괘에서 3회 쓰였다.「주서(周書)」에 비하여 상대적으로 용례가 많은 편이지만,「주서(周書)」에서는 '군(君)', 또는 '군(君)+이름'의 형식으로 군자에 상응하는 개념이 자주 등장한다는 점에서 단순 비교는 특별한 의미가 없다.『주역』서사에 등장하는 군자의 용례를 검토하는 목적은 유가에서 정립한 군자의 개념과 어떤 차이가 있는지, 동시에『서경』과『시경』등에서 확인한 군자와 개념적 동질성이 있는지 규명함으로써 최종적으로 건괘의 군자의 개념을 규정하는 데 있다.

『주역』서사에 등장하는 군자에 대해 경륜(經綸)과 육덕(育德)의 관점으로 접근하면 그 실체를 이해하기가 쉽다. 경륜은 군자의 치인(治人)에 근접하며, 육덕은 군자의 수신(修身)과 직결되기 때문이다.『주역』에서 변화를 주재하는 행역(行易) 주체가 군자이므로 64괘의 괘·효사가 상징하는 모든 변화는 군자의 주재 아래 있다. 이를 고려하면 굳이 두 개의 담론으로 구분하여 군자의 실체를 알고자 하는 것은 별다른 의미가 없을지도 모른다. 그러함에도 두 가지 관점으로 접근하는 것은 '군자'의 개념을 직접 명시한 용례에 국한함으로써 그 개념적 실체를 보다 명시적(明示的)으로 규명하고자 함이다.

경륜(經綸)은 세 번째 괘인 둔괘(屯卦)의「대상전」에서 정립된 개념이고,[86] 육덕(育德)은 네 번째 괘인 몽괘(蒙卦)의「대상전」에서 정립된 개념이다.[87] 건괘와 곤괘가 어우러져 역의 세계를 펼침에 가장 먼저 나타나는 두 괘에서 그 의미하는 바를 경륜과 육덕으로 규정한 것은 중요한 이유가 있다.

---

86)「屯卦·大象傳」:雲雷 屯, 君子 以, 經綸.
87)「蒙卦·大象傳」:山下有泉 蒙, 君子 以, 果行育德.

둔괘는 역(易)의 세계가 변화무쌍하여 많은 어려움이 있을 것임을 앞서 예고하는 괘이다. 따라서 군자에게 행역의 준칙으로 '경륜'을 제시했다. 이는 건괘의 대의가 만국함녕(萬國咸寧)에 있음을 고려한 것이다. 몽괘는 역(易)의 세계에서 경륜의 어려움은 몽매함에서 비롯된다는 점을 알려주는 괘이다. 그러므로 군자의 행역의 준칙으로 '육덕'을 제시했다. 이는 곤괘의 후덕재물(厚德載物)의 덕목을 따른 것이다. 건괘와 곤괘에 세계를 열어젖히는 주체적 존재성이 담겨있다면, 둔괘와 몽괘는 역의 세계를 펼쳐가는 실천적 강령을 제시했다는 점에서 중요한 의미가 있다.

64괘의 「대상전」에서 '군자가 이로써(君子 以)' 밝히는 바를 명시한 괘는 47개이다. 경륜과 육덕의 관점에서 「대상전」에서 말한 군자의 할 일을 확인하고 정리하면 『주역』 서사에 등장하는 군자의 개념이 무엇인지 시대를 거슬러 이해할 공간이 생긴다.

경륜(經綸)의 관점에서, 사괘(師卦)의 "容民畜衆(백성을 포용하고 무리를 기른다)"은 군대가 백성에게서 나온다는 점을 군자에게 밝힌 말이다. 대유괘(大有卦)의 "遏惡揚善, 順天休命(악함을 막고 선함을 선양하며, 천도에 순응하여 그 명을 아름답게 한다)"은 군자에게 문명하고 강건한 세상을 경륜하는 궁극적 목적을 제시한 것과 다름없다.

비괘(賁卦)의 "明庶政, 无敢折獄(정사(政事)를 밝게 하고 옥사를 함부로 처리하지 않는다)"은 정사와 옥사를 아름답게 드러내기 위해서는 법과 제도에 따라 공정하고 분명하게 처리해야 함을 밝힌 것이다. 췌괘(萃卦)의 "除戎器 戒不虞(병기를 손질하며 뜻밖의 난에 우환이 없도록 경계한다)"는 땅 위에 물이 넘치듯 급작스레 닥치는 위험을 미리 대비하도록 경계한 것이다. 정괘(井卦)의 "勞民勸相(백성을 위무하고 서로 돕기를 권장한다)"은 우물의 덕을 본받아 널리 사람을 이롭게 해야 함을 밝힌 것이다.

이외에 혁괘(革卦)의 "治曆明時(역을 다스려 때를 분명하게 한다)"는 혁신의 핵심을 밝힌 말이다. 정괘(鼎卦)의 "正位凝命(자리를 바르게 하고 명을 결집한다)"은 삼족(三足)의 정(鼎)에서 치국의 대본을 인식한 말이다. 풍괘(豊卦)의 "折獄致刑(옥사를 처리하고 형벌을 집행한다)"은 문명하되 격동하는 시대의 경륜을 제시한 것이다. 여괘(旅卦)의 "明愼用刑, 而不留獄(형벌의 집행을 자세히 살펴서 신중하게 행하며 옥사를 오래 끌지 않는다)"은 군사의 운용과 관련하여 군자가 취할 원칙을 밝힌 말이다.

이상과 같이 백성을 사랑하고, 천도를 따르며, 명을 내어 행함에 공정하고 분명하게 하는 행위 등은 모두 군자에게 필요한 경륜의 요체이다.

육덕(育德)의 관점에서, 소축괘(小畜卦)의 "懿文德(문명한 덕을 아름답게 한다)"은 상황이 어려울 때 안으로 덕을 쌓는 일이 중요하다고 밝힌 것이다. 고괘(蠱卦)의 "振民育德(백성을 진작시키고 덕을 기른다)"은 부패하고 혼란스러울수록 백성이 덕을 기르도록 고무해야 함을 밝힌 말이다. 대장괘(大壯卦)의 "非禮不履(예가 아니면 따르지 않는다)"는 대장(大壯)의 때에 예(禮)로써 절제하도록 강조한 것이다. 진괘(晉卦)의 "自昭明德(스스로 지혜롭게 덕을 밝힌다)"은 치세의 덕(德)을 강조한 말이다. 이 밖에 건괘(蹇卦)의 "反身修德(자신을 돌이켜서 덕을 닦는다)"은 고난의 때일수록 덕을 베풀도록 강조한 말이다. 승괘(升卦)의 "順德, 積小以高大(덕을 좇아서 조금씩 쌓아 크게 이룬다)"는 발전적 추세에서 육덕의 방법을 제시한 말이다.

군자의 개념을 명시한 『주역』의 서사 가운데 '육덕'과 관련이 있는 괘로 겸괘(謙卦)가 대표적이다. 초효의 '겸겸군자(謙謙君子)'는 아래에 있는 자는 한없이 자신을 낮추어 군자의 경지에 이르는 것을 말하고, 구삼의 '노겸군자(勞謙君子)'는 부단한 노력으로 겸군(謙君)에 이르도록 강조한 말이다.[88] 여기서 군자는 건괘 구삼의 '종일토록 힘써 노력하고(終日乾乾) 밤에도 부족함이 없었는지 두려워하는(夕惕若)' 군자의

---

88) 謙卦 初六：謙謙君子, 用涉大川, 吉. 九三：勞謙君子, 有終, 吉.

모습과 다르지 않다.

지금까지 살펴본 육덕은 후대의 유가에서 강조한 수신(修身)과는 의미상 차이가 있다. 여기서 언급한 덕목들은 모두 군자의 경륜과 밀접하게 연관되어 있다. 수신으로 개인의 전인적 인격을 완성해야 한다는 지향적 목적이 아니라 역(易)의 세계를 경륜하는데 필요한 도구적 수단의 성격이 강하다. 『시경』에서 확인한 군자가 대체로 사회적 신분 개념이 강하고 인격 개념은 신분적 권위를 드러내기 위한 종속개념에 머물러 있음을 확인했는데, 「대상전」에서 확인한 군자도 이와 다르지 않다. 따라서 군자의 인격 개념은 개체 환원의 격물(格物)을 통해서 개인의 품격이 세계를 경륜하는 요체가 된다고 자각한 이후에 정립되었음을 시사한다.

1-3. 대인(大人)

1) 대인의 개념적 시원

공자(孔子)는 "군자가 두려워하는 세 가지가 있으니, 천명(天命)을 두려워하고, 대인(大人)을 두려워하며, 성인(聖人)의 말을 두려워한다."[89]라고 밝혔다. 천명(天命), 성언(聖言)의 반열에서 경외의 대상으로 삼은 것만으로도 대인의 존재성은 범상치 않다. 공자가 늦은 나이에 『주역』을 궁구하여 사상적, 학문적으로 완숙한 경지에 오른 점을 생각하면 『주역』 속의 대인의 개념은 공자의 인식과 무관하지 않다고 보아야 한다. 「문언전」은 대인의 존재성을 다음과 같이 규정했다.

무릇 대인은 천지와 더불어 그 덕을 합하고, 일월과 더불어 그 밝음을 합하며, 사시와 더불어 그 차례를 합하고, 귀신과 더불어 그 길흉을 합해서, 하늘보다 먼저 해도 하늘이 어기지 않으며, 하늘보다 뒤에 해도 하늘

---

89) 『論語』「季氏」: 君子有三畏, 畏天命, 畏大人, 畏聖人之言.

을 받든다. 하늘도 어기지 못하는데, 하물며 사람과 귀신이 어길 수 있으랴.90)

이 말에 따르면 대인은 그 덕이 천지자연이 베푸는 것에 합일해 있고, 그 지혜로움은 일월이 교차하여 만상을 드러내듯 밝으며, 자기의 뜻을 세워 나아감이 사시가 순행하듯 흐트러짐이 없고, 길하고 흉함에 대한 예측이 신묘하여 행함의 선후에 상관없이 천지의 조화에 부합하는 경지에 도달한 사람이다. 하늘조차 이처럼 대인의 행하는 바를 어기지 않는데, 사람이나 귀신은 말할 필요도 없다. 이처럼 대인은 범인의 경계를 초월한 존재이다.

대인은 공자와 「문언전」을 통해서 그 비범한 존재성을 공인받았지만, 문제는 존재성의 실체가 무엇인지, 어디에서 기원했는지 모른다는 점이다. 이른바 개념적 추상성이 대인을 지배하고 있을 뿐 시원적 존재성은 신비에 가려져 있다.91) 대인이 언제, 어디에서 나와 『주역』 속으로 들어갔는지 확인하지 않고서는 『주역』의 근본 의리에 접근하는 것이 어렵다는 점을 말해준다. 개념적 시원을 모르고 개념을 이야기할 수 없고, 개념을 말할 수 없으면 대인의 실상(實相)과 외경(畏敬)의 소이(所以)를 알 수 없다.

상고시대를 배경으로 하는 문헌상에 대인의 용례는 매우 드물다. 군왕의 치도(治道)를 밝힌 『서경』에는 군왕과 더불어 세상을 경륜하는 대인의 존재성에도 불구하고 '대인'이라는 명칭은 한 차례도 등장하지 않는다. 단지 군자의 개념적 시원을 밝히고자 앞서 검토했던 「주고(酒誥)」편에 등장한 인간군이나 「주서(周書)」에 나오는 군석(君奭), 군진

---

90) 「文言傳」: 夫大人者, 與天地合其德, 與日月合其明, 與四時合其序, 與鬼神合其吉凶. 先天而天弗違, 後天而奉天時. 天且弗違 而況於人乎, 況於鬼神乎.

91) 『周易』에서 大人은 7개의 괘 중 괘사에서 4회, 효사에서 6회 등장한다. 군자가 16개의 괘에서 19회 등장한 사실을 고려하면 대인은 『주역』이 지어진 그 시대에 이미 군자에 상응하는 존재성을 지닌 채 편입된 것으로 볼 수 있다.

(君陳), 군아(君牙) 등의 개념을 통해서 그 단서를 엿볼 뿐이다.

『서경』과 달리 군자의 용례가 비교적 풍부했던『시경』의 경우에도 단 두 편의 시에 '대인(大人)'이 등장한다.

> 잠에서 깨어나 내 꿈을 점쳤네. 무슨 좋은 꿈을 꾸었는가. 곰과 말곰에 독사와 뱀 꿈이라네. 대인이 점치더니, 곰과 말곰은 아들 낳을 조짐이고, 독사와 뱀은 딸 낳을 조짐이라네.[92]

> 목동이 꿈을 꾸었는데, 물고기는 떼를 짓고 많은 깃발 펄럭였네. 대인이 점치더니, 떼지은 물고기는 풍년들 조짐이고, 펄럭이는 깃발은 집안이 번성할 징조라고 하네.[93]

위 두 편의 시에 나타난 대인(大人)은 꿈을 풀이하는 사람이다. '대인'을 직접 명시한 최초의 전거(典據)가 이 두 편의 시가 되는 셈이다. 주희(朱熹)는 이 시에서 대인은 "대복(大卜)에 소속되어 꿈을 점치는 사람"[94]이라고 했다. 후대에 정리한 문헌을 바탕으로 시대적으로 앞선 대인의 개념을 규정했다.

『주례』「춘관종백(春官宗伯)」편에 대복(大卜)과 점몽(占夢)의 관직이 편제되어 있다. 대복은 삼조(三兆 : 玉兆·瓦兆·原兆)와 삼역(三易 : 連山·歸藏·周易)과 삼몽(三夢 : 致夢·觭夢·咸陟)의 법을 관장하고, 팔명(八命)을 일으켜 국가의 길흉의 조짐을 관찰하고 왕에게 고하되, 점괘가 흉할 경우 대안을 마련하여 정사에 도움을 주는 하대부(下大夫) 2人이 그들이며, 산하에 78인을 두었다.[95] 점몽(占夢)은 세시(歲時 : 사

---

92) 『詩經』「小雅」〈斯干〉: 乃寢乃興 乃占我夢 吉夢維何 維熊維羆 維虺維蛇 大人占之 維熊維羆 男子之祥 維虺維蛇 女子之祥.

93) 『詩經』「小雅」〈無羊〉: 牧人乃夢 衆維魚矣 旐維旟矣 大人占之 衆維魚矣 實維豊年 旐維旟矣 室家溱溱.

94) 朱熹, 『詩經集傳』「小雅」〈斯干〉: 大人者, 大卜之屬, 占夢之官也.

95) 『周禮』「春官宗伯」: 大卜, 掌三兆之法, 一曰「玉兆」, 二曰「瓦兆」, 三曰「原

계절)를 관장하여 하늘과 땅의 회(會 : 거처하기에 좋거나 나쁜 것)를 관찰하고, 음양의 기운을 판단하며, 일월성신으로 육몽(六夢)의 길흉의 조짐을 점치는 사람이다. 점친 결과는 늦겨울에 통계를 내어 길몽의 기록을 왕에게 바치고, 악몽에 대해서는 당증(堂贈)이라는 의례를 통해 액막이까지 하는 사람으로, 중사(中士) 2인이 그들로, 산하에 8인을 두었다.96)

주희의 해설과 『주례』의 설명에 따르면 위 시(詩)의 대인은 대복과 점몽에 상당하는 사람이다. 「문언전」에서 설명한 대인의 공능이 위 대복과 점몽의 직무 내용만 비교해 보아도 거의 일치한다. 위에서 인용한 시 「사간(斯干)」 편의 전체 내용을 보면 군자의 이상향을 지향한 시가(詩歌)로 군자가 그곳을 지향하는 가운데 일어난 불가해한 문제를 대인의 특별한 능력을 빌려 해결하고 있다는 사실이 확인된다.

대복은 무축이 지배한 제정일치 사회에 기원을 두고 있다. 점복과 제의가 문화의 주류였던 제정일치 시대에 신무(神務)를 주관했던 사람들이 이들의 원형이다. 「군석」에 등장하는 이윤(伊尹)과 이척(伊陟), 보형(保衡)과 아형(阿衡), 무함(巫咸)과 무현(巫賢), 신호(臣扈)와 감반(甘盤) 등은 점복과 제의를 주관하는 성직자 계열의 인간군으로, 이들이 바로 대복(大卜) 계열의 원형이다. 이중 이윤은 복사에서 '황윤(黃尹)'으로 불

兆. 其經兆之體, 皆百有二十, 其頌皆千有二百. 掌三易之法, 一曰「連山」, 二曰「歸藏」, 三曰「周易」. 其經卦皆八, 其別皆六十有四. 掌三夢之法, 一曰「致夢」, 二曰「觭夢」, 三曰「咸陟」. 其經運十, 其別九十. 以邦事作龜之八命, 一曰征, 二曰象, 三曰與, 四曰謀, 五曰果, 六曰至, 七曰雨, 八曰瘳. 以八命者贊三兆,三易,三夢之占, 以觀國家之吉兇, 以詔救政. 凡國大貞, 卜立君, 卜大封, 則視高作龜. 大祭祀, 則視高命龜.凡小事, 涖卜. 國大遷,大師, 則貞龜. 凡旅, 陳龜, 凡喪事, 命龜.大卜, 下大夫二人.卜師, 上士四人.卜人, 中士八人, 下士十有六人.府二人.史二人, 胥四人, 徒四十人.

96) 『周禮』 「春官宗伯」 : 占夢, 掌其歲時, 觀天地之會, 辨陰陽之氣. 以日月星辰占六夢之吉凶, 一曰正夢, 二曰噩夢, 三曰思夢, 四曰寤夢, 五曰喜夢, 六曰懼夢. 季冬, 聘王夢, 獻吉夢于王, 王拜而受之. 乃舍萌于四方, 以贈惡夢, 遂令始難驅疫. 占夢, 中士二人 ; 史二人, 徒四人.

린 사람으로 선왕과 같은 반열에서 제사의 대상이 되었던 인물이다.97) 복문 가운데 윤(尹), 다윤(多尹), 족윤(族尹) 등은 관직명을 말하지만, 황윤(黃尹)은 실존한 개인 이윤을 존귀하게 지칭한 것이다.

「은본기」에 따르면 이윤은 성탕(成湯)에서 옥정(沃丁)에 이르기까지 5대에 걸쳐 중신으로 봉직했다. 이는 신정국가의 신무(神巫)인 그의 권력이 막강했음을 시사한다. 『사기』「천관서(天官書)」편에 따르면 무함(巫咸)은 하대(夏代)의 곤오(昆吾)에 이어 천문 역법을 전수한 사람이다. 그는 상나라 중종 때의 오(吳) 지역 사람으로 무사(巫師)의 지위에 있었다.98) 『사기』「봉선서(封禪書)」편에는 조정 내에 뽕나무와 닥나무가 공생(共生)하는 것을 8대 태무(太戊)가 두려워하자 '요기(妖氣)는 덕을 이길 수 없다'라는 이척(伊陟)의 말에 따라 덕을 쌓으니 모두 고사했다. 이에 이척이 무함(巫咸)을 칭찬하자 이때부터 무함(巫咸 : 神巫가 재앙을 물리치는 일)이 성하였다는 기록이 있다.99) 또한, 천자의 중병을 무의(巫醫)가 방중술로 치료했지만 호전되지 않았다는 기록, 무사(巫師)가 귀신을 불러와 천자의 병을 낫게 했다는 기록100) 등은 모두 무함(=神巫)에 관한 이야기이다. 무함이 죽어서 상제의 동반자가 될지 묻는 복사(貞咸賓于帝) 등을 참고하면 그는 이윤처럼 신무(神巫) 계열의 성직자임이 분명하다.

무함에 관한 이상의 기록을 참고하면 「군석(君奭)」편에 등장하는 인간군은 천문과 역법 등 천지의 이치에 통달했고, 군왕을 보좌하는 정무(政務)에 능통했으며, 신귀(神鬼)를 부려 군왕과 백성을 편안하게

---

97) 〈갑골문합집〉 6,142편 : 공방이 침범했는데 황윤(黃尹)에게 '고제'를 지내 도움을 청할까요? (告工于黃尹), 〈갑골문합집〉 32,790편 : 이윤에게 유제와 세제를 지낼까요?(□又(侑)歲于尹□).

98) 司馬遷 著, 丁範鎭 외 譯, 『史記表·書』, 172쪽 참조. (※『史記』「天官書」: 昔之傳天數者 : 高辛之前, 重黎 ; 於唐虞, 羲和 ; 有夏, 昆吾 ; 殷商, 巫咸 ; 周室, 史佚萇弘 ; …)

99) 위 같은 책, 183쪽 참조.

100) 위 같은 책, 209쪽 참조.

하는 신무(神務)를 주관했던 사람임을 알 수 있다. 이들은 모두 제정
일치 사회에서 점복과 제의를 주관하는 일종의 종교적 문화권력자들
로, 무(巫)·축(祝)·사(史)·종(宗) 등이 있었다.

『국어』「초어(楚語)」편에 따르면, 무격(巫覡)은 정신이 맑고 깨끗
하여 총명한 결과 무엇을 듣던 능히 꿰뚫어 명신(明神)이 강림하는 자
라고 했다.101) 대축(大祝)은 산천과 종묘, 세계(世系) 등의 일을 위의
와 예절, 용모와 복장을 갖추고 명신(明神)에게 고할 수 있는 자라고
밝혔다.102) 또한 종백(宗伯)은 사시(四時)의 이치, 제의(祭儀)의 구전
(舊典) 등을 마음속으로 훤히 알고 있는 자였다.103) '사관(史官)'은 위
「초어(楚語)」에 기록이 없지만, 점복과 제의 등에 관한 일체 과정과
행위를 기록하고 보존하는 일을 주관했다.

주희는 위 〈사간(斯干)〉편의 점몽과 관련하여 『예기·예운』편의
내용을 빌려 "왕의 앞에는 무(巫)가 있고, 뒤에는 사(史)가 있으며, 종
축(宗祝)과 고유(瞽侑)가 모두 왕의 좌우에 있고, 왕은 중심에서 하는
일이 없어도 지극히 올바름을 지킨다."104)라고 했다. 이 말에 따르면
왕의 무위(無爲)와 수정(守正)은 모두 이들의 유위(有爲)와 공능(功能)
으로 말미암은 것이다.

「군석(君奭)」편에 나오는 인간군도 모두 위 네 가지 범주의 신무
(神巫)와 대체로 일치한다. 이들은 단순히 왕의 곁에서 점복과 제의

---

101) 『國語』「楚語」: 民之精爽不携貳者, 而又能齊肅衷正, 其智能上下比義, 其聖能
光遠宣朗, 其明能光照之, 其聽能聽徹之, 如是則明神降之, 在男曰覡, 在女曰巫.

102) 『國語』「楚語」: 而能知山川之號, 高祖之主, 宗廟之事, 昭穆之世, 齊齊敬之
勤, 禮節之宜, 威儀之則, 容貌之崇, 忠信之質, 禋絜之服, 而敬恭明神者, 以
爲之祝

103) 『國語』「楚語」: 使名姓之後, 能知四時之生, 犧牲之物·五帛之類·采服之儀·
彝器之量·次主之度·居攝之位·壇場之所·上下之神·氏姓之出,　　而心率舊典子
爲之宗.

104) 朱熹, 『詩經集傳·卷十一』「小雅 二」〈斯干〉: 故曰, 王前巫而後史, 宗祝瞽侑
皆在左右, 王中心無爲也, 以守至正.

등으로 보좌하는 일에 그치지 않았다. 그 시대의 중심 문화가 요구하는 지식과 덕성을 겸비하고 범인의 인지능력을 초월하여 명신(明神)과 교감하는 능력을 갖추고 있었다. 신무(神務)가 복잡하고 중요해질수록 무축의 질서는 더욱 견고해지고, 그들의 권위도 한층 더 강화되었으며, 주관하는 지식의 영역은 더욱 확장되었다. 「군석(君奭)」편의 "그때 이윤이 있어서 황천에 이르렀다.", "그때 이척, 신호 같은 분이 있어서 상제에게 이르렀다."라는 구절105) 가운데 황천(皇天)이나 상제(上帝)는 경험적 현상계가 아닌 초월적 예지계(叡智界)를 뜻하고, '격(格)'은 '이 세계로 들어가 천신을 접하거나 불러온다.'라는 뜻이다.106) 이처럼 이들은 정치적 군왕도 할 수 없는 초월적 권능을 독점함으로써 강고한 권력을 유지했고 신정체제를 유지하는데 필요한 지식계열을 장악했다.

은주교체 이후에 주나라가 은나라의 전통과 문화를 계승했는가에 대해서 갈조광(葛兆光)은 『예기』「곡례·하(曲禮·下)」편에 "천자는 하늘과 땅에 제사하고, 사방에 제사하며, 오사(五祀)에 제사하되, 해마다 골고루 제사한다."107)라는 말은 주나라의 제사를 말한 것이다. 하지만 한대(漢代)의 정현(鄭玄)은 '이것은 은나라 시기의 제도이다'라고 주석한 사실 등을 근거로 은나라의 제의 문화를 주나라가 대체로 수용한 것으로 보았다.108)

『서경』「홍범(洪範)」편에 치국의 대범(大範)에 대해 무왕이 묻고 기자가 답한 내용을 보면 나라는 교체되었지만, 문화는 많은 부문에서 전승되었음을 알 수 있다. 「강고(康誥)」편에 "너는 은 땅에 가서 옛 어진 임금들을 본받아서 백성들을 잘 돌보고 다스려야 한다."109), "너

---

105) 『書經』「君奭」: 時則有若伊尹 格于皇天, 時則有若伊陟臣扈 格于上帝.
106) 葛兆光 著, 이등연 외 3 譯, 『中國思想史·上卷』, 232~233쪽 참조.
107) 『禮記』「曲禮·下」: 天子祭天地 祭四方 祭五祀 歲偏.
108) 葛兆光 著, 이등연 외 3 譯, 『中國思想史』, 238~239쪽 참조.
109) 『書經』「康誥」: 往敷求于殷先哲王 用保乂民.

는 은나라의 백성들을 거느리며 대대로 조상의 제사를 받들게 될 것"110)라는 성왕의 말은 은나라의 전통과 제도에 대한 주나라 지배계층의 문화 계승 태도를 확인하고 있다.

『주례』는 상주 두 나라 사이에 점복과 제의를 중심에 둔 문화적 전승 관계를 집약하여 보여주는 전적(典籍)이다. 무축사종(巫祝史宗) 등으로 대표되는 상대 이전의 점복과 제의 문화가 주나라에 계승되어 『주례』에서 체계화와 질서화를 완결한 것이다.

『주례』에 따르면, '무(巫)'에 근원을 두고 있는 대복(大卜)은 삼조(三兆)와 삼역(三易)과 삼몽(三夢)의 법을 관장하며,111) '축(祝)'에 근원을 두고 있는 대축(大祝)은 여섯 종류의 축사(祝辭)로 인귀(人鬼)와 천신(天神)과 지기(地祇)를 섬겨 복록과 상서로움을 기원하고 영원히 바른 것을 구하는 일을 주관했다.112) 또한 '사(史)'에 근원을 두고 있는 대사(大史)는 국가의 여섯 가지 법전과 각종 법규를 관장함은 물론 국가의 큰일을 기록하고 보관하며, 대제사(大祭祀) 등과 같은 국가의 중대사에 관여하는 일까지 관장했다.113) '종(宗)'에 근원을 두고 있는 대종백(大宗伯)은 국가를 세운 지역의 천신(天神)과 인귀(人鬼)와 지시(地示=地祇)에 관한 모든 예를 관장하면서 왕을 보좌하여 국가를 편안하게 하는 일 등을 담당했다.114)

이처럼 무축사종(巫祝史宗) 계열의 고위 관직과 산하의 방대한 조직을 관장하는 이들 최고 지식인 그룹은 질서화된 지식의 세계를 장악한

---

110) 『書經』「康誥」: 用康保民 弘于天, 乃以殷民世享.

111) 『周禮』「春官宗伯」: 大卜, 掌三兆之法. 一曰「玉兆」, 二曰「瓦兆」, 三曰「原兆」.

112) 『周禮』「春官宗伯」: 大祝, 掌六祝之辭, 以事鬼神示, 祈福祥, 求永貞.

113) 『周禮』「春官宗伯」: 大史: 掌建邦之六典, 以逆邦國之治. 掌法以逆官府之治, 掌則以逆都鄙之治. 大祭祀, 與執事卜日. 戒及宿之日, 與群執事讀禮書而協事. 祭之日, 執書以次位常, 辨事者考焉, 不信者誅之. 大會同,朝覲, 以書協禮事 及將幣之日, 執書以詔王.

114) 『周禮』「春官宗伯」: 掌建邦之天神,人鬼,地示之禮, 以佐王建保邦國.

종교적 문화권력자들이다. 『주례』 가운데 육전(六典)의 수장인 육대(六大∶大宰, 大宗, 大史, 大祝, 大士, 大卜) 중에서 대종, 대사, 대축, 대복 등이 바로 그들이다. 육전(六典)의 정무(政務)를 총괄하는 총재인 대재(大宰)도 사당의 제물로 사용할 고기를 처리하는 신기(辛器)를 쥐고 있는 사람[115]을 뜻하는 '宰'가 어원인 점에 미루어 제정일치 시대의 제의 문화에 뿌리를 둔 문화권력자나 다름없다.

이외에도 대인의 반열에 오를 수 있는 대표적 그룹으로 사(師)의 계열이 있다. 이들은 주로 군왕이 발탁한 자들로, 군왕과 밀접한 관계를 맺고 왕정의 중요사항을 자문하며 보좌했다. 주희(朱熹)는 『근사록(近思錄)』 「치법(治法)」 편에서 『서경』 「주관(周官)」 편에 등장하는 태사·태부·태보의 삼공(三公)에 대해 그 직책과 직분을 명시하고 그 연원이 삼대에 걸친 사실을 밝혔는데,[116] 이들 역시 상대의 부열(傅說)[117]과 같은 사(師)의 계열로 대인의 그룹을 형성하고 있다. 이처럼 「문언전」에서 말한 대인의 실체는 『주례』에 등장하는 방대한 지식인 그룹을 떠나서 생각할 수 없다.

이상 검토한 내용을 바탕으로 대인의 개념적 시원을 간략히 정리하면 다음과 같다. 상대 이전의 제정일치 사회가 상말에 이르러 해체되기 시작하면서 신무(神務)로 융합된 신정적(神政的) 질서는 천명과 왕권을 연결하는 정치적 관념의 질서화와 제의와 점복 문화에서 비롯된 지식계통의 질서화로 분화되었다. 그 결과 전자에서 정무적 성격의 군자의 개념이, 후자에서 종교 문화적 성격의 대인의 개념이 정립됐다고 보는 것이 마땅하다. 상고시대 성직 계열의 신무(神巫)들은 왕정이 정

---

115) https://www.zdic.net/hans/宰∶ 杀牲畜∶ ~羊。屠~。~牲节 (亦稱"古尔邦节","牺牲节")

116) 朱熹, 『近思錄』 「治法」∶ 三代之世 人君必有師傅保之官 師 道之敎訓 傅 傅之德義 保 保其身體.

117) 『史記』 「殷本紀」∶ 得說於傅險中. 是時說爲胥靡, 築於傅險. 見於武丁, 武丁曰 是也. 得而與之語, 果聖人, 擧以爲相, 殷國大治. 故遂以傅險姓之, 號曰傅說.

착되면서 그들의 신성(神性)을 천명 관념으로 왕권의 정당성과 정통성을 세우려는 군왕에게 차츰 넘겨주었다. 동시에 신무(神巫)에 관한 지식의 체계적 질서화로 구축된 방대한 지식계통 속에서 군왕을 위해 일하는 최고의 전문 지식인 그룹으로 거듭난 것이다.

『주역』 서사에서 대인은 시대적으로 신정적 질서의 신무(神巫)와 왕조시대의 전문가 그룹인 이들 지식인을 연결하는 시점의 존재였다. 상나라의 신정에서 주나라의 왕정으로 넘어가는 은주교체기를 전후하여 신무(神巫)의 심장과 대신(大臣)의 두뇌를 가지고 역의 세계를 주재했던 자가 '대인(大人)'이었던 것이다. 상대에 이윤, 무함 같은 신무가 있었다면, 주초에는 「주서(周書)」에서 확인한 주공(周公), 소공(君奭), 군진(君陳), 군아(君牙) 같은 대인이 있었다. 국가의 중대사를 행함에 있어서 거북점을 치고 제의를 주관했던 이들은 정무적 성격의 군자이면서 신무적 성격의 대인이기도 했다.

2) 대인의 역설(逆說)

행역 주체로서의 대인의 존재성과 공능을 확인하고자 한다면 위에서 검토한 대인의 시원적 개념과 그 용례를 상호 연관하여 검토할 필요가 있다. 다만 이러한 검토는 사변적 의리, 윤리적 의리의 관점을 지양하고 역사적 관점으로 접근하려고 한다. 대인은 인간의 사변에서 탄생한 관념적 존재가 아니라 상고시대의 무축세계에서 걸어 나온 역사적 존재이다. 제정일치 시대에는 사실상 신을 독점하고 세계를 주재했으며, 왕정 시대에는 난세와 치세를 가리지 않고 그 존재성을 드러냈다.

『주역』은 우환으로 고통받는 인간을 주시한다. 군자와 대인은 역(易)을 주재하며 우환을 극복하는 능동적·주체적 존재였다. 이러한 존재성은 『주역』에서 그들이 쓰일 때는 상응하는 이유가 있음을 시사한다. 특히 군자와 달리 대인은 그 쓰임이 매우 제한적이다. 그 이유는 대인의 특별한 존재성 때문이다. 「문언전」에서 보았듯이 천시와 지리, 인화를 꿰뚫어 그 행하는 바는 천명에 부합하고 성인의 말과 일치할 정도로 범상함을 뛰어넘는 존재성이 있었다. 그러므로 대인은 가벼이 쓰이는 존재가 아니었다. 세계의 우환이 깊으면 깊을수록, 인간의 아우성이 높으면 높을수록 그 존재가치도 더욱 빛나게 되는데, 이것이 바로 '대인의 역설(逆說)'이다.

『주역』에서 대인은 괘·효사 가운데 내가 왜 그 자리에 쓰였는지 알지 못하면 나의 비범한 존재성을 이해할 수 없고, 동시에 서사(筮辭)를 이해하는 일도 한계에 부딪힌다는 점을 우리에게 전하고 있다. 이러한 생각을 전제하고 대인이 등장하는 각 괘의 성격과 담론을 규정하며 그 쓰임을 살펴보면 다음과 같다. 다만 건괘 가운데 대인의 개념과 공능은 다음 절에서 별도로 상술할 것이다.

송괘(訟卦)는 분쟁을 제도적으로 해결하는 수단으로써의 소송에 대해 어떻게 대응하고 관리할 것인지를 담론으로 제시한다. 괘사는 소송에 관한 일을 처리할 때 좁게는 승소의 확신이, 넓게는 심리의 공정성과 판결의 합법성에 대한 믿음이 중요함을 전제했다. 소송은 당사자 간 이해관계가 첨예하게 대립하므로 신중하게 판단해야 하며, 당사자 간 화해나 중재 등의 방법으로 사전에 또는 중간에 신속하게 매듭짓는 일이 중요하다. 아울러 소송을 끝까지 진행하더라도 모든 관련자가 법에 따라 공정하고도 치우침 없이 처리해야 한다. 그러므로 괘사는 전문적 식견과 인격적 권위가 없으면 이처럼 판단할 수 없다는 점을 인식하고 대인을 만나야 이롭다고 강조했다.

비괘(否卦)는 하늘과 땅이 서로 외면하여 소통하지 못하는 비색(否塞)한 상황이 소재이다. 역사적 관점에서 넓게는 상나라와 주나라가 서로 대립한 사실을 말하며, 좁게는 주왕(紂王)의 탄압과 문왕의 맞섬이 경계를 이루고 대립하는 상황을 뜻한다. 괘상 자체도 상하가 정반대이다. 이 상황을 극복하면 천지가 소통하고 대립이 종식되는 '태(泰)'

의 세상이 도래한다. 따라서 '비(否)'는 '비(否)'에 그치지 않고 '태(泰)'를 예고하고 있다. 상나라의 시대가 가고 주나라의 시대가 도래할 것임을 예고한 것이다. 이처럼 어려운 상황에서 대인이 등장했다.

구체적으로 육이와 구오의 대인[118]은 존재성이 정반대이다. 육이는 군왕의 뜻을 받들기에 "小人吉 大人否(소인은 길하고 대인은 비색하다)"로 평가했다. 하괘가 상나라로, 육이가 주왕(紂王)을 상징한다면 의리는 명료하다. 상말의 난세에 아첨하는 자는 길하지만, 난세를 걱정하며 간언하는 자는 비색(否塞)하다는 취지이다. 직언하다 죽은 비간(比干)이나 유리의 옥에 감금된 문왕 등은 '대인비(大人否)'의 구체적 사례이다. 그렇지만 대인은 꽉 막힌 상황에서도 형통한 세상을 지향하고 있다. 난세에 치세를 고뇌하며 행동하지 않으면 대인이라고 할 수 없다.

반면에 구오는 천명을 받은 주나라의 세상이 도래했음을 시사한 것으로, 이때 대인은 길하다고 했다. 소인은 설 자리가 없으므로 효사에도 사라졌다. 그러나 세상은 여전히 비색하기 때문에 망하지 않을까 끊임없이 두려워하며 마음을 단단히 하도록 강조했다. 상괘가 주나라를 상징하면 구오의 대인은 문왕이나 무왕을 도와 벌주 이후의 혼란기를 어떻게 극복할 것인지 노심초사했던 사람을 상징한다. 이러한 시대에 대인의 존재성은 더없이 빛나며, 그런 존재가 주공(周公) 같은 사람이다. 이런 관점에서 대인을 생각하면 괘사[119]의 뜻은 주왕이 군왕답지 않아 그 아래 군자는 기자(箕子)나 비간(比干)처럼 이로운 바가 없고, 그 결과로써 대왕소래(大往小來), 즉 대국 상나라가 망하고 소국 주나라의 세상이 열렸음을 말한다.

건괘(蹇卦)[120]의 괘의는 강을 건너고 산을 넘어가듯 고난을 헤쳐가

---

118) 『周易』否卦 六二 : 包承, 小人吉, 大人否. 亨. 九五 : 休否, 大人吉, 其亡其亡, 繫于苞桑.

119) 『周易』否卦 卦辭 : 否, 否之匪人, 不利君子貞. 大往小來.

120) 『周易』蹇卦 卦辭 : 蹇, 利西南, 不利東北. 利見大人, 貞吉. 初六 : 往蹇來譽. 六二 : 王臣蹇蹇, 匪躬之故. 九三 : 往蹇來反. 六四 : 往蹇來連. 九五 : 大蹇朋

는 문제를 담론으로 삼았다. 역사적 관점에서 담론은 혁은(革殷) 또는 극상(克商)이다. 괘사 "利西南 不利東北(서남쪽은 이롭고 동북쪽은 이롭지 않다)"은 곤괘(坤卦)의 괘사가 뜻한 바와 같다. 주나라를 따르면 이롭고 상나라를 따르면 이롭지 않다는 것이다. 천하를 뒤집어 바로잡으려면 반드시 뛰어난 인재를 얻어서 난국을 헤쳐가야 한다. 그러므로 건괘의 상황에서도 대인을 만나도록 강조했다.

구체적으로 초육에서 구오까지는 벌주(伐紂)를 단행하기 전까지 문왕과 무왕의 행보와 관련이 있다. 초육은 극상의 길에 고난이 따라도 영예가 있음을 예견했고, 육이는 자기의 몸을 돌보지 않고 극상의 길을 헤쳐가야 하므로 왕과 신하가 어려움을 겪는다고 했다. 구삼은 1차 맹진에 집결했으나 천명이 이르지 않았다는 이유로 회군한 사실을 말하고, 육사는 주나라를 중심으로 극상의 대의를 세우고 연대했음을 뜻한다, 구오는 마지막 결전의 날에 방군제후(邦君諸侯)가 결집한 일을 말하며, 상육은 벌주를 단행하여 상나라를 변혁했음을 뜻한다. 상육에서 대인을 만나라고 강조한 까닭은 주왕을 징벌한 이후의 혼란을 극복하고 대통합의 시대를 열어야 했기 때문이다. 이처럼 대인은 치세를 누리는 존재가 아니라 치세의 열망으로 들끓는 시대가 요구하는 존재이다.

췌괘(萃卦)는 흩어진 마음을 하나로 모으기 위해 큰 제사를 지내는 일을 주목했다. 고대에 제사는 점복과 함께 군왕의 통치행위와 직결되었다. 단순히 조상을 섬기는 행위가 아니라 군왕의 법통을 정당화하고 천하에 군왕의 위엄을 보이는 의례였다. 그 위의(威儀)는 지극히 엄숙했고, 절차는 복잡했다. 의례에 밝지 않은 자가 제사를 지내면 신성을 모욕하고 군왕의 권위를 훼손하는 결과로 이어져 제사 본래의 목적에 이를 수 없다. 그러므로 괘사는 대인의 도움을 받으라고 강조했다. 대제사를 통해서 마음을 하나로 모으는 일에 대인의 비범함 존재성을 요

___

來. 上六 : 往蹇來碩, 吉. 利見大人.

구한 것이다.

승괘(升卦)121)는 땅에서 나무가 자라는 모습을 괘상으로 나타냈으며, 사물의 발전 추세에 순응하여 성장하는 문제가 담론이다. 그렇지만 육사의 '王用享于岐山, 吉 (왕이 기산(岐山)에서 제사를 지내니, 길하다)'을 참고하면 승괘의 담론도 은주교체 이전의 역사적 상황과 무관하지 않다.

괘사 '남정(南征)'은 벌주(伐紂)를 단행하기 전 상나라의 울타리 역할을 하는 하남성 일대의 밀수(密須), 기국(耆國) 등을 차례로 정벌한 일을 말한다. 「주본기」에 따르면, 이 당시 유리의 옥에서 풀려난 서백(西伯, 문왕)은 인심을 얻고 인재를 구하는 일에 진력했고, 이어서 후방을 위협하는 견융을 쳐서 안정시킨 이후에 상나라의 길목에 있는 나라를 차례로 정벌했다.122) 이 사실로 보아 승괘는 문왕의 행보와 관련되어 있음이 분명하다. 이런 견지에서 괘사 '용견대인(用見大人)'은 뛰어난 대인을 써서 남정에 나선 사실을 말한다. 실제로 '남정(南征)'을 단행하기 전후에 서백은 인재를 구하는 일에 집중하여 은주교체의 혁명을 주도했던 태전, 굉요, 산의생 같은 인물을 영입했다.123) '물휼(勿恤)'은 이처럼 대인을 대동하고 남정(南征) 했기 때문에 걱정할 필요가 없었다는 말이다.

초육은 민심과 인재의 지지를 받아 나아가니 크게 길하다고 했고, 구이는 출정을 고함에 정성을 다한다면 소박한 제사가 허물이 되지 않

---

121) 『周易』 升卦 卦辭 : 升, 元亨, 用見大人, 勿恤, 南征 吉. 初六 : 允升, 大吉.
    九二 : 孚乃利用禴, 无咎. 九三 : 升虛邑. 六四 : 王用享于岐山, 吉, 无咎. 六
    五 : 貞吉, 升階. 上六 : 冥升, 利于不息之貞.

122) 『史記』「周本紀」 : 明年, 伐犬戎. 明年, 伐密須. 明年, 敗耆國. 殷之祖伊聞之,
    懼, 以告帝紂. 紂曰 :「不有天命乎? 是何能爲!」明年, 伐邘. 明年, 伐崇侯虎.
    而作豐邑, 自岐下而徙都豐.

123) 『史記』「周本紀」 : 篤仁, 敬老, 慈少. 禮下賢者, 日中不暇食以待士, 士以此多
    歸之. 伯夷、叔齊在孤竹, 聞西伯善養老, 盍往歸之. 太顛、閎夭、散宜生、鬻子、辛甲
    大夫之徒皆往歸之.

는다는 뜻이다. 구삼의 '승허읍(升虛邑)'은 민심과 대인을 얻은 자신감을 바탕으로 정복에 나서니 비어있는 읍에 들어가듯 정벌이 순탄했음을 말한다.124) 구이의 약제(禴祭)가 출정을 고했다면 육사는 '승허읍'을 완료한 후에 기산으로 돌아와 성대하게 제사를 지내며 승전을 고한 일을 말한다.125)

「주본기」에 따르면 밀수와 기국, 우(邘)와 숭후호(崇侯虎)를 정벌한 다음 기산 아래에서 풍(豊)으로 천도했다. 육사의 제사는 남정을 완료한 후 풍(豊)으로 천도하기 전에 지낸 것으로 여겨진다. 육오는 이처럼 올바른 행보로 상나라의 길목에 있는 나라를 정벌함으로써 마치 종묘의 대청마루로 나아가기 전 섬돌에 올라서듯 벌주의 전 단계까지 진척되었음을 시사했다. 상육의 '명승(冥升)'은 벌주를 완성하는 일이 남아 있음을 뜻하며, '이우불식지정(利于不息之貞)'은 쉬지 않고 노력해야 벌주(伐紂)를 완결할 수 있음을 말한 것이다. 이처럼 승괘의 서사 전체에 내재한 맥락을 역사적 관점에서 파악한 결과 '용견대인(用見大人)'의 뜻이 분명해졌다.

곤괘(困卦)126)는 승괘와 달리 나무가 물속에 잠긴 상으로, 곤경에 처했을 때 어떻게 대응할 것인지가 담론이다. 성장이 있으면 고난도

---

124) 高亨은 '虛'에 대한 馬融과 「說文解字」의 해석을 근거로 '升虛邑'을 '높은 언덕(大丘)으로 올라간다'로 해석하고, '水災를 걱정하지 않는다'라는 뜻으로 풀이했다. 역사적인 관점에서 보면 편협하고 억지스럽다. (高亨, 『周易古經今注』, 157쪽 참조)

125) 무왕이 벌주를 위해 출병하기 전 문왕의 능묘가 있는 畢沅에서 제사를 올린 사실을 참고하면, 출병 전후에 종묘에서 제사를 지내고 출정을 고하는 일은 관례였다고 할 수 있다. (『史記』 「周本紀」 : 九年, 武王上祭于畢. 東觀兵, 至于盟津)

126) 『周易』 困卦 卦辭 : 困, 亨貞, 大人吉, 无咎. 有言不信. 初六 : 臀困于株木. 入于幽谷, 三歲不覿. 九二 : 困于酒食, 朱紱方來, 利用享祀. 征凶, 无咎. 六三 : 困于石, 據于蒺藜, 入于其宮, 不見其妻 凶. 九四 : 來徐徐, 困于金車, 吝, 有終. 九五 : 劓刖, 困于赤紱, 乃徐有說. 利用祭祀. 上六 : 困于葛藟, 于臲卼, 曰動悔, 有悔, 征吉.

따라온다는 이치를 바탕으로 곤(困)의 상황을 각각의 효마다 밝혀놓았다. 다만 역사적 관점에서 곤괘는 극상을 전후하여 주나라가 어떤 어려움을 겪으며 전진했는지를 말하고 있다.

초육은 점점 더 깊은 산속으로 들어가 3년을 보내듯 곤경에 처한 사실을, 구이는 제사 지낼 술과 음식조차 없는 처지일 때 주불방(朱紱方)의 존귀한 제후가 찾아와서 구제한 사실을 말한다. 육삼은 고난을 겪고 궁으로 돌아오니 아내가 떠나고 없어 흉하다고 했다. 귀매괘에서 상술하겠지만, 이 효사는 문왕이 유리의 옥에 감금되었다가 풀려났을 때의 집안 상황과 관련이 있다. 구사는 쇠수레의 고장으로 서나라 제후의 조근(朝覲)이 늦어진 일을 소재로 삼았다. 구오는 구이와 달리 주불(朱芾, 제후)의 잘못으로 곤경에 처한 사실을 말하고 있다. 상육은 '곤(困)'의 상황이 칡덩굴처럼 얽혀있어 매우 불안하고 어려운 상황을 나타냈다. 이런 세상은 누가 어떤 말을 해도 믿기 어렵다는 점을 괘사는 "유언불신(有言不信)"으로 밝혔다. 상황이 이처럼 어려움에도 괘사에서 대인은 길하다고 했다. 상황이 힘들수록 대인의 존재성이 더 빛나는 '대인의 역설'을 구체적으로 보여주고 있다.

혁괘(革卦)는 상괘의 물과 하괘의 불이 상반하듯 근본적으로 혁신이 필요한 상황과 방법을 제시했다. 역사적 관점에서 괘사를 해석하면 괘의 담론이 혁은(革殷)의 역사를 말한 것이 명확하다. 괘사[127] "이일내부(已日乃孚)"는 혁명의 때가 무르익었음을 말한다. 무왕이 맹진에 집결했으나 천명이 이르지 않았다는 이유로 회군한 것은 여전히 벌주를 단행할 명분이 부족하다고 인식한 결과이다. 회군 후 2년 사이에 주왕(紂王)이 비간(比干)을 죽이는 등 폭정이 극에 달했을 때 "은(殷)이 중죄를 짓고 있으니 끝내 정벌하지 않을 수 없다"[128]라는 무왕의 말은

---

127) 『周易』革卦 卦辭 : 革, 已日乃孚, 元亨, 利貞, 悔亡.

128) 『史記』「周本紀」: 居二年, 聞紂昏亂暴虐滋甚, 殺王子比干, 囚箕子. 太師疵, 少師彊抱其樂器而奔周. 於是武王遍告諸侯曰 :「殷有重罪, 不可以不畢伐.」

혁명의 때가 이르렀음(己日)을 밝힌 것이다. 목야(牧野)에서 진을 치자 주왕(紂王)의 군대는 "싸울 마음이 없어 무왕이 빨리 쳐들어오기를 기다렸다."129)는 기록은 혁명의 정당성에 대해 피아(彼我)를 가리지 않고 믿었다는 것(乃孚)을 의미한다. 그 결과 혁명은 널리 지지를 얻어 형통했고(元亨), 벌주를 치는 명분이 천명에 부합한 결과 천하의 이로움으로 돌아갔으며(利貞), 주왕의 폭정으로 힘든 상황이 해소된(悔亡) 사실을 말하고 있다.

이런 상황에서 대인이 혁명의 정당성을 앞세우고 다시 "호랑이가 털갈이하듯 변했으니 점을 치지 않아도 길하다."130)고 했다. 이처럼 '대인호변(大人虎變)'은 점서인『주역』이 점을 치지 않아도 된다고 유일하게 허락한 사유로, 대인의 초월적 존재성을 공인한 것과 같다.

손괘(巽卦)131)는 죽음이 임박한 자에 대한 예우와 그 이후의 장례, 그리고 그 사람에 대한 회고를 소재로 삼았다. 각 효사를 살펴보면 무업(武業)을 이룬 무왕의 일대기를 압축한 사실이 확인된다. 괘사는 제례나 상례와 같이 지극히 공손함을 다해야 하는 상황에서는 각종 의례를 꿰뚫고 있는 대인의 도움을 받아야만 이롭다고 보았다.132) 장례가 나라의 큰일이었던 그 시대의 관점에서 군왕의 생사에 관한 문제는 대인의 도움이 필수적이었다. 손괘도 이 문제와 관련되어 있다.

이상 검토한 바와 같이 64괘 중에서 대인이 나타난 9개 괘의 공통점은 대인의 조력을 받아야만 상황을 반전시킬 수 있다고 인식한 점이다. 이것은 대인이 치세가 아닌 난세에 필요한 자임을 밝힌 것과 같

---

129)『史記』「周本紀」: 紂師雖衆, 皆無戰之心, 心欲武王亟入.

130)『周易』革卦 九五 : 大人虎變, 未占有孚.

131)『周易』巽卦 卦辭 : 巽, 小亨, 利有攸往, 利見大人. 初六 : 進退, 利武人之貞. 九二 : 巽在牀下, 用史巫紛若, 吉, 无咎. 九三 : 頻巽, 吝. 六四 : 悔亡, 田獲三品. 九五 : 貞吉, 悔亡, 无不利, 无初有終. 先庚三日, 後甲三日. 上九 : 巽在牀下, 喪其資斧, 貞凶.

132) 손괘의 괘·효사를 해석할 때 상세하게 밝히고자 한다.

다. 비색, 혼란, 곤경, 유약 등 혁명적 반전이 필요한 상황이 대인이 등장할 수 있는 조건이며, 명분을 제공한다. 건괘의 구이와 구오에 등장하는 대인도 위에서 검토한 대인의 용례와 다르지 않다. 다른 괘와 다른 점이 있다면 주나라를 천하의 종주(宗周)로 세우고 어떻게 반석 위에 올릴 것인지 고민했다는 점이다. 구체적 내용은 다음 절에서 서술하고자 한다.

2. 경세적 관점의 의리(義理) 종합

앞서 건괘에 내재한 세계관과 역사성을 서술하는 과정에서 괘·효사의 의리에 대해 대부분 해석하고 정리했다. 여기서는 경세적 의리의 관점에 치중하여 괘·효사를 해석함으로써 앞에서 정리한 역사적 관점의 해석 내용과 비교할 수 있도록 했다.

2-1. 괘사 : 원형이정(元亨利貞)

건괘의 괘사 "원형이정(元亨利貞)"은 『주역』의 의리를 통괄하는 대강(大綱)으로, 이에 대해 크게 두 가지 해석 경향이 있다. 하나는 「문언전」을 바탕으로 정립된 사덕설(四德說)에 충실한 전통적 견해이고, 다른 하나는 1899년에 나타난 갑골 복사의 자의(字義)를 바탕으로 실증적으로 해석하는 근대의 일부 견해이다. "원형이정(元亨利貞)"에 대해서 전자는 "만사가 크게(元) 형통(亨)하다. 사람의 태도가 바르면 (貞) 이롭다(利)"로, 후자는 "큰 제사를 지낼 수 있다(亨). 점을 쳐서 물으면(貞) 이롭다(利)"[133]로 각 해석한 결과 양자의 견해는 크게 다

---

133) 屈萬里, 高亨 등이 이처럼 해석했다. 四德說을 최초로 부인한 사람은 歐陽修였으며, 전통적 해석 경향과 근대적 해석 경향을 절충한 인물로는 李鏡池 등이 있다. (황준연 「『周易』건괘 '元亨利貞' 해석의 유형에 관한 고찰」, 『윤리연구』제76호, 한국윤리학회, 2010, 205~209쪽 참조)

르다. 점복과 제의를 제외하고서 고대국가의 실체나 문화를 파악하는 것이 불가능하고, 만물과 만사를 주재하는 하늘(=上帝)에 대제사를 올리는 일이 그 시대의 국가적 대사(大事)임을 고려하면 건괘의 괘사가 제사와 점복과 직접 관련 있다고 보는 후자의 견해도 설득력이 있다.

여기서는 두 견해의 옳고 그름을 논증하는 것이 아니라 건괘의 경세적 대의를 밝히는 일에 목적이 있으므로 주로 전통적 해석 경향의 관점으로 서술하고자 한다.

> 원(元)은 선(善)이 오래가는 것이며, 형(亨)은 아름다움이 모이는 것이고, 이(利)는 의로움이 조화를 이룬 것이며, 정(貞)은 일을 이루는 근간이다. 군자가 인을 체득함이 족히 남을 기르며, 모임을 아름답게 함이 족히 예에 합하고, 사물을 이롭게 함이 족히 의로움에 조화를 이루며, 바르고 굳셈이 족히 일의 근간이니, 군자가 이 네 가지 덕을 행하는 까닭에 건(乾)의 원형이정이라고 말한다."[134]

건괘의 괘사와 관련한 사덕설(四德說)은 「문언전」의 위 구절에서 비롯하지만, 작역(作易)할 당시에 사덕의 개념을 정립하고 괘사를 지었을 리는 없다. 위 「문언전」의 해석은 작역의 시대로부터 오백여 년이 흐른 뒤에 유가의 입장에서 정리한 것이다.[135] 이후 유가의 법통을 따라 해석의 외연을 확장하면서[136] 교조(敎條)로 불릴 정도의 공고함을

---

134) 「文言傳」 "元者 善之長也, 亨者 嘉之會也, 利者 義之和也, 貞者 事之幹也. 君子 體仁 足以長人, 嘉會 足以合禮, 利物 足以和義, 貞固 足以幹事, 君子 行此四德者 故曰乾元亨利貞"

135) 『春秋左傳』 襄公 9년(B.C.564) 조에 목강이 동궁으로 처음 거처를 옮겼을 때 점을 쳐서 隨卦의 괘사를 점사로 취하고 '元亨利貞'에 대해 해석했는데, 그 내용이 「文言傳」에서 밝힌 내용과 거의 일치한다. 「文言傳」이 공자의 전적인 창작이 아니라는 사실을 시사한다.

136) 대표적으로 王弼은 "「문언전(文言傳)」에 갖추어져 있다.(文言備矣)"라고 하여 「文言傳」의 해석 내용을 그대로 수용했다. 程頤는 "원은 만물의 시초이고, 형은 만물의 성장이며, 이는 만물의 촉진과정이며, 정은 만물의 완성이다.(元子萬物之始, 亨者萬物之長, 利者萬物之遂, 貞者萬物之成)"라고 덧붙임

유지하고 있다.

「문언전」은 원(元)에 대해 '선(善)이 오래가는 것'(※일설에는 '선의 으뜸이 되는 것'으로 해석했으나 의미상 별 차이는 없다)으로 풀이했는데, 그 뜻함이 매우 추상적이다. 원(元)을 이해하기 위해서 선(善)을 어떻게 해석할 것인가의 문제가 다시 제기된다. 사덕설(四德說)에 따른다면 원(元)은 인(仁)의 체득이며, 인(仁)의 체득이 곧 선과 맞닿아 있다. 인(仁)이 자연이나 신이 베푸는 품덕(品德)을 인간이 수용하여 조화를 이룬 상태를 뜻한다면, 결국 선(善)은 천지의 시혜와 인간의 덕성이 조화롭게 어우러진 가장 바람직한 상태를 의미한다.

점사(占辭)로서의 원(元)이 사(辭)의 편제상 『주역』의 수사(首辭)가 된 것은 『주역』의 대의를 관통하는 핵심이자 으뜸임을 표방하는 의미가 있다. 점을 치는 목적이 천지의 변화와 인간의 무지 사이의 부조화에서 비롯되는 불안을 해소하고 일상적 평온을 회복하는 데 있다면 「문언전」의 추상적 관점도 명료함이 있다. 불선(不善)의 세상이 조장한 불안에서 벗어나 화이부동의 일상성으로 돌아가는 것은 원(元)이 지향하는 지선(至善)의 경지와 다름없다. 건괘가 이 세계가 안고 있는 담론들에 대한 통칙성을 내포하고 있다면, 괘사 원(元)은 『주역』의 모든 사(辭)가 지향하는 최고의 가치이며 이념으로 보아도 무리가 없다.

으로써 「文言傳」의 의리를 확장했다. 朱熹는 "원형이정(元亨利貞)은 문왕이 붙인 말로 한 괘의 길흉을 결단한 것이니, 이른바 단사(彖辭)라는 것이다. 원(元)은 큼이요 형(亨)은 통함이요 이(利)는 마땅함이요 정(貞)은 바르고 굳음이다.(元亨利貞 文王所繫之辭 以斷一卦之吉凶 所謂彖辭者也. 元大也 亨通也 利宜也 貞正而固也)"라고 하여 점서적 관점을 일부 취했으나 「文言傳」의 해석 틀에서 벗어나지 않았다. 이외에 王夫之의 "원형이정은 건의 덕이고 하늘의 도이다. 이들이 군자에게서는 '인의예신'이 되니, 사람의 도이다(元亨利貞者, 乾之德, 天道也. 君子則爲仁義禮信, 人道也)" 등이 있다. 이처럼 해석의 다양성에도 불구하고 「文言傳」의 사덕설(四德說)에서 벗어난 것이 없으며 오히려 더욱 공고히 하고 있다. (서근식, 「『주역』 원형이정(元亨利貞) 해석의 비교 연구-왕필(王弼)·정이(程頤)·주희(朱熹)·정약용(丁若鏞)을 중심으로-」, 『정신문화연구』 제146호, 한국학중앙연구원, 2017. 52~51쪽 참조)

괘사 형(亨)에 대해 형통함으로 보든, 아니면 제사를 지낸다는 뜻으로 보든 '가(嘉)의 회(會)'로 풀이한 점은 어느 경우에도 타당하다. 신에게 대제사를 지내는 것이 신과 인간, 인간과 인간, 미물과 인간 등 모든 존재 간의 교감과 소통에 목적이 있다면, 제의를 통해서 형통함을 지향한 것으로 볼 수 있기 때문이다. 대제사에 모여든 사람들이 보합태화(保合太和)를 기원하며 유부옹약(有孚顒若)137)의 자세로 장중하게 제례(祭禮)를 거행하는 것은 신성(神性)과의 소통으로 존재의 질서를 세워 권위를 부여하는 효과도 뒤따른다. 따라서 '형(亨)'에 대한 「문언전」의 해석은 소통이란 방만하게 풀어 놓는 것이 아니라 공유해야 할 가치를 가지런히 한다는 의미로 받아들일 수 있다.

이(利)에 대한 「문언전」의 경세적 통찰은 이(利)에 대한 일반적 인식을 뛰어넘었다. 이(利)를 득(得)과 실(失)의 이해관계의 문제가 아닌 시(是)와 비(非)의 가치문제로 전환함으로써 경제적 이해관계로 얽혀 있는 개인이나 공동체에 도덕적 가치를 제공하는 준거가 되었다. "이익이 되는 것을 보면 그것이 옳은가를 먼저 생각하라."138)는 공자의 말이나, 이익을 앞세우는 양나라 혜왕(惠王)에게 "왕은 어찌하여 이(利)만을 말하고 있습니까? 오직 인과 의가 있을 따름입니다."139)라고 나무란 맹자의 말 등은 건괘의 괘사 중 이(利)에 대한 「문언전」의 관점과 부합한다. 욕망의 이해관계로 얽혀있는 인간관계에서 이(利)는 본능적으로 중요하다. 의(義)는 이러한 본능을 절제하고 가다듬는 본질적인 조화로움이다. 이 해석으로 이(利)가 인욕(人欲)의 문제에서 천리(天理)의 문제로 전환되는 길이 열렸다. 따라서 「문언전」의 '이(利)'에 대한 해석은 건괘의 괘사가 말하고자 하는 대의를 정확하게 밝혔다

---

137) 제사 지내는 일로 세상을 보는 문제의 소재로 삼은 觀卦의 괘사 '盥而不薦 有孚顒若'에서 인용한 말로, '진실한 믿음으로 공경하고 따른다'라는 뜻이다.

138) 『論語』「憲問」: 見利思義 見危授命.

139) 『孟子』「梁惠王章句·上」: 王何必曰利. 亦有仁義而已矣.

고 높이 평가할 수 있다.

끝으로 '올곧음(貞)이 일(事)의 근간'이라는 말은 세계가 존재하되 올바르게 존재해야 함을 밝힌 것이다. 『논어』「안연(顏淵)」편은 족식(足食), 족병(足兵), 민신(民信)이 정치의 요체이나, 세 가지 중에서 백성의 믿음이 없으면 나라가 바로 설 수 없으므로 민신(民信)이 가장 중요하여 버릴 수 없다는 취지를 밝혔다.140) 이것은 나라의 근간이 되는 올바름(貞)이 무엇인지 구체적으로 보여주는 사례(事例)이다. 『주역』의 서사 가운데 이(利)는 홀로 쓰임이 없고 원칙적으로 '이정(利貞)'으로만 쓰였다.

이에 대해 왕부지(王夫之)는 "올곧음 자체가 곧 이로움이니 서로 여의지 않는다. 올곧으면 이로우며, 이로움은 반드시 올곧아야 이루어진다. 그러므로 '올곧아도 흉함(貞凶)'은 있지만 '이롭지 아니한 올곧음(不利之貞)'과 '올곧지 아니한 이로움(不貞之利)'은 없다."141)라고 취지를 밝혔다. 이는 정(貞)이 없는 이(利)는 인욕(人欲)에 그칠 뿐 천리(天理)에 닿을 수 없음을 말한 것이다.

「계사전」의 "통하여 변화시키는 것이 일이다."142)라는 말 가운데 '통변(通變)'은 통달한 후에 변한다는 의미이다. 이는 변해서 통한다, 융통성이 있다 등을 의미하는 변통(變通)의 개념과 달리 그 뜻이 엄중하다. 이 말을 정(貞)에 대한 「문언전」의 관점과 접목하면 '사(事)'는 올바름을 바탕으로 통달하여 변화하는 것을 의미한다. 이 관계는 '事=貞+通+變'으로 정리된다. 그렇다면 '사(事)'는 이 통변이 있을 때 도달할 수 있는 경지이며, 올바름을 망각하고 임시변통으로 일하면 그 어

---

140) 『論語』「顏淵」: 子貢問政. 子曰, 足食足兵民信之矣. 子貢曰, 必不得已而去 於斯三者 何先. 曰, 去兵. 子貢曰, 必不得已而去 於斯三者 何先. 曰, 去食. 自古皆有死 民無信不立.

141) 王夫之, 『周易內傳發例』: '貞'之爲'利'也, 不相離也. 貞則利, 利必貞也. 故有 '貞凶', 而無'不利之貞', 無'不貞之利'.

142) 「繫辭傳·上」제5장: 通變之謂事.

떤 것도 이룰 수 없다는 점을 시사한다. 이른바 잠룡을 쓸 수 없는 이
유도 통변의 경지에 한참 미치지 못하기 때문이다. 경지에 이르지 못
하면 경륜이 불가능하다는 인식이 이 말속에 숨어있다.

2-2. 효사의 의리

1) 초구(初九) : 잠룡물용(潛龍勿用)

초구 "잠룡물용(潛龍勿用, 잠겨 있는 용이니 쓰지 말라)"은 64괘
384효가 표상하는 광대무변과 변화무쌍한 육허(六虛)의 세계에 『주역』
이 던진 최초의 메시지로, '태초에 말씀이 있었다'라는 구약의 메시지
(message)에 버금가는 의미가 있다. 세계는 끊임없는 변화의 도상에
있고, 여기에 편승한 인심(人心)도 시시각각으로 변한다는 점을 알고,
세계를 경륜하는 일이 간단치 않음을 자각하라고 준엄하게 경고(警告)
한 것과 같다. 이처럼 『주역』의 첫 효사에서 분명하고도 단호한 준칙
(準則)을 앞세운 이유를 알고자 한다면 잠룡의 상징성과 함의에 대해
선이해가 필요하다.

일반적으로 잠룡에 대해 용의 품덕(品德)을 갖추었으나 물속에 잠겨
있어 미흡함이 있다는 취지로 해석한다. '잠겨 있다(潛)'라는 말에 대해
서 왕필(王弼)은 "「문언전」이 갖추고 있다"[143]라고 함으로써 「문언전」
의 해석으로 뜻풀이를 대신했다. 역전(易傳)으로 역경(易經)을 해석하
는 '이전해경(以傳解經)'의 관점을 취했다. 「문언전」은 "용의 덕을 갖추
고 있지만 숨어 지내니 세상을 바꿀 수 없고 명성을 이룰 수도 없다.
세상을 피하는 데 있어서 번민하지 않으며, 옳음을 알아주지 않아도 번
민하지 않는다. 즐거우면 행하고 우환이 있으면 어겨서(피하여) 따르지
않는다. 그 뜻이 확고하여 뽑을 수 없는 것을 일러 잠룡(潛龍)이라고

---

143) 王弼, 『周易注』 : 文言備矣。

한다."144)라고 정의했다.

이 해석은 도가의 사상이 상당히 반영되어 있다. 불역호세(不易乎世)는 무위(無爲)의 덕(德)을, 불성호명(不成乎名)은 공성불거(功成弗居)를, 돈세무민(遯世无悶)은 무위자연(無爲自然)을 말한 것과 맥락이 닿아 있다. 이는 사상적 경계가 분화되지 않은 상태에서 「문언전」의 내용이 정립되었을 가능성을 시사한다. '잠(潛)'에 대해 역세(易世 : 적극적으로 세상을 변화시킴), 성명(成名 : 공을 쌓아 명성을 떨침), 민세(悶世 : 세상의 일을 고뇌함) 등의 때가 이르지 않았다는 관점으로 접근한 「문언전」의 해석은 건괘가 함의하고 있는 세계의 양상과 건괘가 지향하는 경세의 목적을 생각하면 그 뜻함이 다소 협소하다. 왜냐하면 잠(潛)에 대해 크게 세 가지 관점으로 그 뜻함을 확장하여 새길 필요가 있기 때문이다. 그 세 가지 관점의 해석은 다음과 같다.

첫째, 경세의 경륜을 펼칠 자질은 갖추었으나 피세(避世)의 은인자중으로 때가 도래하기를 기다린다는 의미로 보는 것이다. 「문언전」의 해석이 여기에 해당하며, 왕필(王弼) 역시 이 견해를 따랐다. 당대(唐代)의 역학자 최경(崔憬)은 "용이 땅에 숨었으니 숨은 덕이 드러나지 않는다. 이런 까닭에 군자는 빛을 감추고 때를 기다리고 아직 자신의 행위를 이루지 않는다."145)라는 관점으로 「文言傳」의 해석을 그대로 따랐다. 동진(東晉)의 간보(干寶)는 "성인의 밝은 덕이 혼탁한 세상 가운데 있는데, 문왕이 유리의 옥에 갇혀있는 것과 같다."146)라는 말로 문왕과 같이 난세를 만나 고초를 겪으며 쓰일 때를 기다리는 사람을 잠룡으로 보았다. 동한(東漢)의 경학가 마융(馬融)은 "초구는 11월 자월(子月)에 양기가 깊은 샘 속에서 움직일 뿐 아직 몸을 드러내지 못

---

144) 「文言傳」: 子曰, 龍德而隱者也, 不易乎世 不成乎名, 遯世无悶 不見是而无悶, 樂則行之 憂則違之, 確乎其不可拔, 潛龍也。

145) 李鼎祚, 『周易集解』: 龍下隱地, 潛德不彰, 是以, 君子韜光待時, 未成其行。

146) 위 같은 책 : 聖明在愚俗之中, 此文王在羑里之爻也。

한 상태이니 엎드려 숨은 것과 같다."147)라고 풀이했고, 송대(宋代)의 주희(朱熹)는 "잠(潛)은 감춘 것이다. 용은 양물(陽物)이다. 최초의 양기가 아래에 있으니 베풀어 쓸 수가 없다."148)라고 풀이했다. 두 사람 모두 피세(避世)의 관점에 치우쳤다.

둘째, 잠(潛)에 대해 미성숙(未成熟)의 뜻으로 보는 견해이다. 경세의 자질은 갖추었으나 역량이 미흡하여 아직 쓸 수 없다는 취지이다. "성인은 아직 미약해서 마치 용이 물속에 잠겨 있듯 아직 쓸 수가 없으니, 마땅히 자신을 감추고 기르면서 때를 기다려야 한다."149)라고 풀이한 정이(程頤)의 견해가 이에 해당한다. 일양(一陽)이 처음으로 싹을 틔웠으나 그 자리가 육효 중 가장 낮은 잠(潛)에 있으니 세상을 향해 나아가기에는 경륜과 덕성이 미천할 수밖에 없다. 따라서 자기를 드러내지 않고 때를 기다리며 역량을 길러야 마땅하다는 취지이다.

셋째, '잠(潛)'을 '침(寢)'으로 대체한 「이삼자(二三子)」의 견해150)가 있다. "용이 잠자는 것은 양(陽)의 속성이 아니며, 때가 이르렀음에도 아직 나타나지 않았기 때문에 잠을 잔다고 했다. 대인(大人)이 안일에 빠져 조정에 나가지 않고 호위를 받으며 집에 격리된 것이 잠자는 용과 같다. 그 행동이 혼란스러우니 쓸 수 없다."151)라는 공자의 말로 '침(寢)'의 뜻을 밝혔다. 이 견해에 따르면 세상을 경륜할 수 있는 소양을 갖추었거나 일정한 지위에 있으면서 안일에 빠져 세상을 어지럽게 하는 자가 침룡(寢龍)이다. 건괘의 대의는 행역(行易) 주체가 큰 뜻을 품고 세상을 경륜하는 일과 관련이 있다는 점에서 대단히 의미 있는 해석이다.152)

147) 위 같은 책 : 初九, 建子之月, 陽氣始動於黃泉, 旣未萌芽, 猶是潛伏, 故曰潛龍也。

148) 朱熹, 『周易本義』: 潛, 藏也, 龍, 陽物也, 初陽在下, 未可施用。

149) 程頤, 『易傳』: 聖人側微, 若龍之潛隱, 未可自用, 當晦養以俟時。

150) 『帛書周易』「二三子」: 『易』曰 "寢龍勿龍".

151) 鄧球栢 著, 황준연 譯, 『帛書周易校釋』, 137쪽 참조.

잠(潛)에 대한 세 가지 견해를 정리하면, 첫째, 피세 후 은인자중하며 때를 기다리는 것, 둘째, 변화무쌍한 세상을 경륜하기에는 역량이 너무 미천하여 쓸 수 없다는 것, 셋째, 세상을 경륜할 자질과 지위를 갖추고 있음에도 경세의 대의를 망각하고 자신을 방기(放棄)하여 오히려 혼란을 조장하는 것을 뜻한다. 어느 경우이든 '물용(勿用)'의 이유인 잠(潛)을 타당하게 설명했다. 괘의(卦義)에 충실하면 피세(避世) 후 때를 기다린다(俟時)는 의미가 강하고, 최하단(最下段)에 자리 잡은 효상(爻象)에 충실하면 미숙(未熟)함을 극복하고자 자기를 드러내지 않고 역량을 기른다(晦養)는 뜻으로 받아들이기에 마땅하다. '물용(勿用)'이 내포한 경고의 의미에 충실하면 역량이 있음에도 경세의 뜻을 펼치려 하지 않는다(放漫)는 의미로 받아들이는 것이 타당하다.

「계사전」의 "자벌레가 몸을 굽히는 것은 펴기 위한 것이며, 용과 뱀이 움츠린 것은 몸을 보존하기 위함이다."[153]라는 말은 잠룡(潛龍)에 내재한 회양(晦養)과 사시(俟時)를 이해하는데 참고할 만하다.

다만, 잠룡물용(潛龍勿用)이 지닌 궁극의 뜻을 이해하려면 『주역』에 내재한 행역 주체의 고뇌를 읽을 수 있어야 한다. 인간이 주역점을 치는 이유는 불가해한 세계가 낳은 실존적 고민 때문이다. 세상이 변화무쌍함에도 인간의 예지는 미약하고 천지는 불인(不仁)하여 신을 찾게 된다. 『주역』은 신의 전능을 믿고 신의 뜻을 알고자 하는 존재론적 자각에서 그 체계가 정립되었다. 특히 건괘의 괘사는 역(易)의 세계를 관통하는 대의(大義)를 밝힘으로써 인간의 존재론적 당위가 무엇인지 구체화했다. 그 존재론적 당위란 고뇌에서 벗어나 평정을 찾고 일상성을 회복하는 것이며, 그 구현을 확인하는 곳이 '원형이정(元亨利貞)'의

---

152) 『史記』 「滑稽列傳」 중, 즉위 후 황음(荒淫)에 빠져 3년간 정사를 돌보지 않던 威王이 不飛不鳴하는 새에 관한 순우곤의 질문으로 깨우친 후 제나라의 위엄을 천하에 떨치게 했다는 고사(古事)는 침룡(寢龍)의 뜻에 부합하는 사례이다.

153) 「繫辭傳·下」 제5장 : 尺蠖之屈 以求信也, 龍蛇之蟄 以存身也.

세계이다.

이곳으로 인간을 인도하는 행역(行易) 주체의 핵심 덕목은 '경세적 역량의 성숙함'이다. 자기를 세우지 않은 자는 세계를 세울 수 없는 법이다. 교조적일 정도로 도문학(道問學)이나 존덕(尊德)을 추구하여 도달하고자 했던 내성(內聖)도 결국 경세를 의미하는 외왕(外王)의 필수적 조건일 뿐이다. 세계를 경륜하고자 한다면 내적 완성이 선행되어야 한다고 단호하게 인식한 것이다. 이런 관점을 전제하면 '잠룡물용(潛龍勿用)'은 미숙하고 미천한 자의 경륜을 금지하는 정언명령이다. 불측의 변화로 뒤덮여있는 세계에서는 인심도 끊임없이 요동치므로 미숙한 상태에서 경륜(經綸)에 나서는 일이 없어야 한다는, 이른바 잠룡의 경솔함과 위험성을 정언적으로 경고했다고 보아야 한다.

2) 구이(九二)와 구오(九五) : 이견대인(利見大人)

건괘 구이와 구오의 "利見大人(대인을 만나면 이롭다)"은 두 가지 관점으로 접근할 필요가 있다. 첫째는 '見'에 대해 어떻게 해석해야 할 것인지이고, 둘째는 구이와 구오에서 대인을 만나라고 말한 이유가 무엇이며, 같은 의미로 보아야 하는지이다.

갑골문에서 '見'은 두 가지 자형(字形)이 있다. 하나는 사람이 서서 내려다보는 모습을 형상화했고, 다른 하나는 꿇어앉아서 바라보는 모습을 형상화했다. 서서 보는 형상은 아랫사람을 내려볼 때 쓰고, 꿇어앉은 형상은 윗사람을 바라볼 때 쓴다. 갑골문에서도 접견과 알현의 차이를 구분하여 쓴 것이다. 소전(小篆)154)의 경우 '目'과 '儿'(※인 :

154) 小篆은 진시황이 천하를 통일한 후 書同文(문자의 글자체 표준화 정책)을 실시하여 주대의 大篆을 기초로 해서 만든 글자체이다. 상나라의 갑골문, 서주의 금문이 그 시대의 문자를 대표했으나, 전국시대에는 지역, 국가에 따라 문자가 각기 달라 이를 통일하기 위하여 진시황이 표준 글자체를 만든 것이다. 소전의 글자체는 자형의 규격과 筆勢가 통일되어 있고, 자형의 결구를 규율하여 기존의 그림문자 형태에서 탈피하여 선형문자로 전환되었다는 점

사람의 두 다리를 본뜬 글자)을 합쳐서 사물을 제대로 확인하고 정확하게 구분한다는 뜻을 나타냈는데, 갑골문의 뜻과 일치한다.[155]

시라카와 시즈카(白川靜)는 '見'의 자형에 대해서 "눈의 모양이 상징적으로 크게 그려져 있는 것은 사물을 보는 눈의 주술적 능력을 강조하기 위함이다."[156]라고 말했으나 근거는 밝히지 않았다. 위 내용을 참고하면 '見'은 점복과 관련이 있는 문자로 짐작된다. 문제에 직면한 사람이 해결책을 얻고자 주술적 혜안이 있는 무축을 만나는 모습을 나타냈다는 취지이다. 앞에서 대인은 좁게는 대복(大卜=太卜) 계열의 인간군을, 넓게는 제의와 점복 등의 일을 관장하며 군왕의 경세를 보좌하는 최고의 전문 지식인이라고 논증했다. 이에 따르면 '견대인(見大人)'은 문제 상황에 따라 대안을 제시하고 길을 열어줄 수 있는 대인을 만난다는 뜻이다.

이견대인(利見大人)은 건괘의 괘사 원형이정(元亨利貞) 중에서 '이정(利貞)'의 구체적 변용, 즉 '이(利)+견대인(見大人)'과 유사한 조합이다. 이에 따르면 경세의 뜻을 품은 군자가 세상에 나오게 되면 변화의 이치를 꿰뚫고 세상을 경륜할 수 있는 대인의 도움을 받으면 이롭다는 뜻이다. 주왕의 탄압에도 밥 먹을 겨를도 없이 인재를 만난 문왕의 행보가 이와 같다. 다만, 점복과 제의가 일상을 지배하던 그 시대의 문화와 언어의 관점에서 '이견대인(利見大人)'은 신과 소통하며 신의 뜻을 알아채는 능력을 지닌 정인(貞人)을 만나서 점을 치는 것이 이롭다는 뜻으로 해석할 수 있다.

그렇다면 '見大人'은 '貞(점을 치다)' 또는 '見貞人(정인을 만나다)'과 유사한 의미가 있다. 상제와 소통하던 상나라의 정인(貞人) 그룹이 대

에서 의의가 있다. 후한의 許愼이 편찬한 「說文解字」는 이 小篆을 중심으로 체계적으로 정리한 字書이다.

155) 梁東淑 著, 『中國文字學』, 261쪽 참조.

156) 시라카와 시즈카 著, 고인덕 譯, 『漢字의 世界』, 584쪽 참조.

인에 관한 개념적 시원의 한 양태인 점을 생각하면, 동시에 모든 문제를 상제에게 물어 해결책을 찾았던 상나라의 점복 문화까지 고려해 볼 때, 이러한 관점은 그 시대의 관념과 문화에 가장 근접한다. 신정체제의 문화권력자였던 정인(貞人)이 왕정이 정착되는 과정에서 군왕의 정치적 경향성에 편승하여 대인(大人)으로 변용된 결과로 볼 수 있다.

한편, 건괘 구이와 구오의 이견대인(利見大人)은 그 뜻함이 같은지 문제이다. 구이는 군왕지상(君王之象)의 용이 초구의 회양(晦養)과 사시(俟時)의 과정을 거쳐 마침내 세상에 등장한 상황을 나타냈다. 세상을 경륜하고자 큰 뜻을 품은 군자가 마침내 세상에 나온 상황을 '현룡재전(見龍在田)'으로 표현했다. 이는 곧 왕조를 창업하고자 경세의 무대에 뛰어든 사실을 말한 것과 같다. 반면에 구오는 천명에 따라 세상을 경륜하는 상황을 나타냈다. 미숙한 용이 세상에 나와 대인을 만난 다음 종일건건(終日乾乾)의 수신과 혹약재연(或躍在淵)의 자기완성의 과정을 거친 후에 마침내 천명을 받아 세상을 경륜하는 모습을 '비룡재천(飛龍在天)'으로 표현한 것이다. 이는 곧 창업을 완성하고 수성(守城)의 단계에 진입한 사실을 말한 것과 같다.

이처럼 상황이 다르다면 구이와 구오의 '견대인(見大人)'도 그 뜻함이 다를 수밖에 없다. 앞서 갑골문의 '견(見)'자는 알현과 접견에 따라 글자의 모양이 다르다는 점을 확인했다. 구이의 견대인(見大人)은 창업의 단계에서 경변(經變)의 역량을 갖춘 대인을 군자가 '찾아 나서는' 알현의 뜻이 강하다. 삼고초려(三顧草廬)의 고사가 이에 해당한다. 또한 위징(魏徵) 같은 신하들이 자신을 옥(玉)을 갈고 다듬듯이 보좌한 덕에 치세의 터전을 닦을 수 있었다[157]는 당태종(唐太宗)의 말은 구이의 '견대인(見大人)'이 무엇을 말하는지 정확히 짚어주고 있다.

---

157) 『貞觀政要』 第二 「政體」 : 顧胃徵曰 : 「玉雖有美質, 在於石間, 不值良工琢磨, 與瓦礫不別,若遇良工, 即爲萬代之寶.朕雖無美質, 爲公所切磋, 勞公約朕以仁義, 弘朕以道德, 使朕功業至此, 公亦足爲良工爾。」

반면에 구오의 '견대인(見大人)'은 수성(守城)의 단계에서 나라를 잘 다스리고자 널리 인재를 구한다는 의미가 있다. 이 경우는 알현이 아니라 접견의 뜻으로 보아야 마땅하다. 창업(創業)과 수성(守城) 중 무엇이 어려운지 당 태종이 묻자 "창업은 하늘이 주고 백성들이 받들기 때문에 어렵다고 할 수 없지만, 일단 천하를 얻은 뒤에는 교만과 사치와 음란으로 나라가 피폐해지므로 수성이 더 어렵다."158)는 위징(魏徵)의 말에서 구오의 '견대인(見大人)'의 필요성과 대인의 역량이 무엇인지 읽을 수 있다.

구이의 경우 자기의 미숙함을 극복하고자 '능신(能臣)'을 만나도록 요구했다면, 구오는 군왕이 천명에 따라 세상을 제대로 경륜할 수 있도록 간언하는 직신(直臣) 또는 지혜롭게 보좌할 수 있는 현신(賢臣)을 만나도록 요구했다는 점에서 그 뜻이 확연히 다르다. 이처럼 대인을 필요로 하는 구이와 구오의 상황이 각각 다르다면 대인의 쓰임도 다를 수밖에 없다. 이른바 창업과 수성에 따라 쓰는 사람도 달리해야 한다는 점을 말하고 있다.

3) 상구(上九) : 항룡유회(亢龍有悔)

경세적 관점에서 상구 '항룡유회(亢龍有悔)'는 다음과 같은 뜻이 있다. 대체로 '항(亢)'을 '극(極)'이나 '항(抗)'의 두 가지로 해석하는 경향이 있다. 「문언전」은 '항(亢)'에 대해 "때와 더불어 모두 극에 이른 것"이라고 규정한 다음 "존귀하나 자리가 없고, 높은 곳에 있으나 따르는 백성이 없다."159)라고 설명했다. 극단에 이르면 비색(否塞)과 곤궁을 피할 수 없다는 것이 그 취지이다. 또한 "나아감은 알되 물러남은 알

---

158) 『貞觀政要』第一 「君道」: 貞觀十年, 太宗謂侍臣曰 : 「帝王之業, 草創與守成孰難?」魏徵對曰 : 「帝王之起, 必承衰亂, 覆彼昏狡, 百姓樂推, 四海歸命, 天授人與, 乃不爲難.然既得之後, 志趣驕逸, 百姓欲靜而徭役不休, 百姓凋殘而侈務不息, 國之衰弊, 恆由此起.以斯而言, 守成則難.

159) 「文言傳」: 與時偕極, 貴而无位, 高而无民.

지 못하고, 존함은 알되 망함은 알지 못하며, 얻음은 알되 잃음은 모른다."160)라는 말로 끝에 다다른 자가 시세의 흐름을 따르지 않아 후회를 자초하는 것이 '항(亢)'임을 밝혔다. 이는 항(亢)을 항(抗)의 의미로 받아들인 듯하다.

정이(程頤)는 상구에 대해서 "때가 극에 이르렀는데, 여기서 더 나아간다면 지나친 것이다. 상구가 매우 과도한 데까지 이르렀기 때문에 후회함이 있다."161)라고 풀이하여 '항(亢)'을 '극(極)'으로 이해했다. 주희(朱熹)는 "지극히 흥성할 때 반드시 극한에 이른 사실을 깊이 생각해야 한다."162)라고 밝혀 「문언전」이나 정이의 견해에서 벗어나지 않았다.

이처럼 '항(亢)'을 '극(極)'으로 보면, 항룡(亢龍)은 때가 극에 이르러 진퇴(進退)를 결정해야 하거나, 채움이 극에 이르러 득상(得喪)을 선택하거나, 욕심이 극에 이르러 존망(存亡)을 걱정해야 하는 처지임을 상징한다. 이 상태에서 진(進), 득(得), 존(存)에 집착하면 회한을 남기고, 퇴(退), 상(喪), 망(亡)으로 순리에 따르면 무회(無悔)의 도를 지킬수 있다는 취지이다. 사물 변화의 철칙인 물극필쇠(物極必衰)의 이치를 깨닫고 비룡재천(飛龍在天)의 물극(物極)의 단계에서 그 끝인 항(亢)을 바라보며 물러날 준비를 해야 한다는 사실을 말하고 있다.

마왕퇴(馬王堆) 한묘(漢墓)에서 출토된 『백서주역(帛書周易)』에서는 '항(亢)'을 '항(抗)'으로 기록했다.163) 이에 따르면 항룡(抗龍)은 '저항하는 용'을 의미한다. 진퇴와 존망에 직면하여 '퇴(退)'와 '망(亡)'을 애써 거부하는 심리는 존재의 속성(俗性)이지만, 이 행위 자체가 이미 유회(有悔)의 전조(前兆)와 같으므로 순리가 무엇인지 생각하고 미리 준비

---

160) 「文言傳」：知進而不知退, 知存而不知亡, 知得而不知喪.
161) 程頤, 『易傳』：得時之極, 過此則亢矣. 上九至於亢極, 故有悔也.
162) 朱熹, 『周易本義』：當極盛之時, 便須慮其亢.
163) 『帛書周易』 乾卦 初九：抗龍 有悔.

해야 회한이 없다는 점을 뜻하고 있다.

이상 살펴본 바와 같이 '항(亢)'에 대해 '극(極)'이나 '항(抗)' 어느 쪽으로 해석하든 항룡유회(亢龍有悔)의 뜻함은 별로 다르지 않다. 사물 변화의 철칙인 물극필반(物極必反)을 거역할 존재는 없다는 인식하에 물극(物極)의 단계에서 교만함이 없는지 경계해야 하고, 진퇴의 극단에서 저항이 아닌 순리에 따라 처신을 숙고해야 한다는 점에서 서로 통하기 때문이다. 둘 다 『주역』의 교학적(敎學的) 시선이 궁극에 머무는 무회지도(無悔之道)를 실천함으로써 유종(有終)의 미를 거두는 문제에 주목했다. 그 문제를 주목하는 시점은 통치역량이 최고조에 이른 천명에 따라 천하를 경륜하고 있는 때이다.

4) 용구(用九) : 군룡무수(群龍无首)

용구(用九)의 점서적 의미와 서사의 뜻을 어떻게 이해할 것인지 마지막으로 살펴보고자 한다. "見群龍无首, 吉(뭇 용이 그 모습을 드러내도 머리가 없으면, 길하도다)"은 곤괘 용육(用六)의 "利永貞(한결같이 곧으니 이롭다)"과 마찬가지로 상응하는 효(爻)를 갖지 못한 사(辭)라는 특징이 있다.

이처럼 건괘와 곤괘에서 여섯 효를 지난 지점에 특별히 순양(純陽)이나 순음(純陰)을 모두 썼다는 의미의 용구나 용육을 두었다. 이것은 순양과 순음의 괘의 극단에서 양효는 음효로, 음효는 양효로 변화가 일어난다는 점을 밝히려는 의도가 있다. 사물은 극에 이르면 반드시 본래의 자리로 돌아가거나 쇠미해진다는 이치가 반영된 것이기도 하다. 이것이 일반적인 견해이며, 이 외에 달리 그 이유를 설명하기도 어렵다.

시초를 세어 얻은 수(數)인 '九'와 '六'은 순양(=老陽)과 순음(=老陰)을 상징하며, 그 속에 반효(反爻)의 속성을 지닌 채 효변(爻變)할 준비가 되어 있다는 점을 상기할 필요가 있다. 『주역』에서 변화의 대원칙은 물극(物極)이면 필쇠(必衰), 필반(必反)이 따른다는 것이다. 일반적으로 괘를 구성하되 낱낱의 변화를 상징하는 효에도 그와 같은 변화의 속성이나 변화의 의지가 내재한다. 특히 순양과 순음으로 구성된 건괘와 곤괘의 경우 그 속성이 극단에 이르면 반드시 효변이 있게 되고, 그 결과 문제 상황에 대한 담론인 괘 자체도 변한다는 점을 예고하고자 용구(用九)와 용육(用六)을 더했다.

『백서주역(帛書周易)』은 용구를 '동구(逈九)'로 표현했다. 이 말은 순양의 여섯 번째 효를 지난 과구(過九)로써, 양효의 속성을 벗어던지고 이를 통과하여 음효로 바뀔 준비가 되어 있다는 의미이다. 이처럼 용구의 사(辭)는 낱낱의 효상(爻象)에서 벗어나 초월성이 있다 보니 표현도 낱낱의 효에 얽매이지 않고 다분히 총체적 의미가 있다. 세계를 경륜하는 건괘의 용들은 여럿이지만, 천명에 따라 경세의 대의를 추구하며 공존의 미덕을 발휘한다면 더없이 길하다는 점을 밝히고자 의도한 것이다.

왕필(王弼)은 "구(九)는 하늘의 덕이다. 하늘의 덕을 쓸 수가 있다면 이에 뭇 용들의 의로움을 볼 수 있다. 무릇 저 강건함으로 사람들의 앞에 나서면 사물이 함께 하지 아니하고, 유순함으로써 바르게 하지 않으면 아첨하는 도에 지나지 않는다. 그러므로 건괘는 머리가 없음이 길하고, 곤괘는 한결같이 바름이 이롭다."[164]라는 말로 용구와 용육의 뜻함을 각각 밝혔다. 천덕(天德)에 따라서 군왕은 다투지 않고 신하는 아첨하지 않으면 상서롭기가 그지없어 세상을 이롭게 할 수 있다는 취지이다. 이처럼 용구는 뭇 용들의 강건함이 지나쳐서 오히려 천덕(天德)을 해칠까 우려하여 왕권을 둘러싼 이해관계에 얽매지 말고 거기에서 초월하고 화합해야만 상서롭다는 메시지(message)를 전하고 있다.

---

164) 王弼, 『周易注』: 九, 天之德也. 能用天德, 乃見群龍之義焉. 夫以剛健而居人之首, 則物之所不與也. 以柔順而爲不正, 則佞邪之道也. 故乾吉在无首, 坤利在永貞.

경세적 의리는 역사적 관점에서 왕실 내부의 분열을 경고하는데 그 뜻이 있다. 이미 확인했듯이, 무왕의 사후에도 혼란이 여전했고, 뒤를 이은 성왕은 어려서 감당할 수 없었다. 부득이 주공이 섭정했으나 권력 찬탈의 의혹으로 형제간에 골육상쟁의 난이 일어나 왕실이 심각한 위기에 직면했다. 이러한 역사적 사실을 생각하면 용구의 서사는 좁게는 천자의 자리를 차지하기 위해 일어나는 왕실 내부의 분열에 대한 경고이며, 넓게는 사방의 제후를 비롯하여 군왕을 보좌하는 자들의 반기(叛起)를 경계한 말이기도 하다.

결론적으로 상응하는 효가 없음에도 용구를 별도로 둔 것은 군왕의 자리를 탐하여 서로 머리를 내밀고 다투지 않아야 모두가 상서로운 결과를 맞이할 수 있다는 교훈을 전하고자 의도한 것이다. 문왕의 덕업(德業)과 무왕의 무업(武業)으로 대국 상나라의 역사를 끝내고 주나라의 천하를 열었으나 권력을 두고 서로 다투면 상나라처럼 망할 수 있다는 우환의식이 바탕에 있다. 이런 측면에서 용육의 서사는 왕실 내부의 권력의지를 통제한 것으로, 왕실 내 형제간의 심각한 권력 다툼인 '삼감의 난'을 그 배경으로 보아도 무리가 없다.

Ⅴ. 곤괘(坤卦)¹⁾의 역사성

1. 문제의 제기

은주교체의 전개 과정을 서술한 제Ⅱ장에서 이미 검토했지만, 벌주를 단행한 이후 주나라 지배계층은 천하를 어떻게 하나로 통합하느냐의 문제에 직면했다. 이 통합은 인적인 측면에서 세 가지 지향성이 있다.

첫째는 왕조(王朝) 간의 통합으로, 상나라의 왕족과 유민을 주나라의 신질서에 편입시키는 문제, 둘째는 동서(東西) 지역 간의 통합으로, 상(商)과 주(周) 두 나라를 중심으로 분열되었던 제후와 방국을 하나로 통합하는 문제, 셋째는 분봉제의 약점인 왕실 내부의 분열을 방지하고 왕족 간, 군신 간의 통합을 도모하는 문제가 그것이다.

무왕이 벌주를 단행한 후 주왕(紂王)의 아들 무경에게 은나라 유민에 대한 통치를 맡기고 두 형제는 그를 돕도록 하는 등 일련의 유화적 조치는²⁾ 위 첫 번째 문제의 일례이다. 또한 "성왕이 어리고 주나라가 천하를 막 평정한 때였으므로 주공은 제후들이 주나라를 배반할까 두려워 섭정하게 되었는데, 관숙과 채숙 등 형제들이 주공의 충정을 의심하여 무경과 더불어 반란을 일으켜 주나라를 배반했다."³⁾라는 「주

---

1) 『周易』坤卦 卦辭：坤, 元亨, 利牝馬之貞, 君子 有攸往. 先迷 後得主, 利. 西南得朋 東北喪朋, 安貞 吉. 初六：履霜 堅氷至. 六二：直方大, 不習, 无不利. 六三：含章可貞 或從王事 无成有終. 六四：括囊, 无咎无譽. 六五：黃裳元吉. 上六：龍戰于野, 其血玄黃. 用六：利永貞.

2) 『史記』「周本紀」：封商紂子祿父殷之餘民. 武王爲殷初定未集, 乃使其弟管叔鮮,蔡叔度相祿父治殷. 已而命召公釋箕子之囚. 命畢公釋百姓之囚, 表商容之閭. 命南宮括散鹿臺之財, 發鉅橋之粟, 以振貧弱萌隷. 命南宮括,史佚展九鼎保玉. 命閎夭封比干之墓. 命宗祝享祠于軍. 乃罷兵西歸.

본기」의 기록은 은주교체 직후에 일어난 분열의 양상과 통합의 방향을 종합적으로 생각하기에 적합한 사례이다.

역사적 관점에서 건괘의 서사가 은주교체를 이룩한 주 왕조를 송영 (誦詠)하고 항구적 순수(順守)를 염원하고 있다는 점을 확인했지만, 곤 괘의 서사도 은주교체 이후에 필연적으로 뒤따르는 통합의 문제를 주 목했다는 것이 필자의 생각이다. 즉 벌주(伐紂) 이후 주나라 중심으로 천하를 통합하여 안정시키려는 고도의 정치적·교학적 의도를 곤괘의 상(象)과 사(辭)를 통해서 밝힌 것으로 보았다. 곤괘의 역사성을 서술하 는 목적도 이 사실을 논증하는 데 있다. 논증은 두 가지 방향으로 진행 할 것이다.

첫째, 역사적 사실을 바탕으로 실증에 주안을 둔 역사객관(歷史客觀) 의 측면에서 서사를 해석하는 것이다. 괘사의 경우 '동북상붕(東北喪朋)' 에 내재한 역사성을 들추어 괘 전체의 의리를 밝히는 일에 주력할 것이 며, 효사는 육이(六二), 육오(六五), 상육(上六)을 대상으로 그 속에 담겨 있는 역사적 실상을 밝히고 역사성과 연계된 의리가 무엇인지 규명하려 고 한다.

둘째, 심리적 의식화의 관점이다. 주나라 왕실과 지배계층의 통합에 대한 지향적 의지인 역사의식을 주목한 역사주관(歷史主觀)의 측면에 서 서사의 의미를 밝히는 것이다. 괘사 '선미 후득주(先迷 後得主)'를 중심으로 초육(初六), 육삼(六三), 육사(六四) 및 용육(用六)의 서사가 논증할 대상이다. 논증의 목적은 괘사의 경우 상나라의 잔재를 털어내 고 주나라의 천하를 확립하려는 이른바 '종주(從周)'의 실상을 확인하 는 것이고, 효사는 주나라 중심의 역사의식을 바탕으로 전일적 통치체 제를 구축하려는 '종왕(從王)'의 의도가 있음을 규명하려고 한다.

이런 측면으로 곤괘의 서사를 연구하고 정리한 사례가 없기에 이 연

---

3) 『史記』「周本紀」: 成王少, 周初定天下, 周公恐諸侯畔周, 公乃攝行政當國. 管叔, 蔡叔群弟疑周公, 與武庚作亂, 畔周.

구가 자칫 주관적 관점에 치우칠 우려가 있다. 그러나 은주교체 전후의 역사적 사실과 역사 주체의 역사의식에 기대지 않으면 실증적 객관에 이르는 다른 길을 찾기 어렵다는 점을 인식하고 이러한 관점으로의 접근을 중요하게 여기고 시도했다.

2. 외재적 사실(史實)로서의 역사성

2-1. 괘사 '동북상붕(東北喪朋)'의 역사적 고찰

1) 전통적 해석 경향

곤괘의 괘사 중 "서남득붕 동북상붕(西南得朋 東北喪朋, 서남쪽으로 가면 벗을 얻고, 동북쪽으로 가면 벗을 잃는다)"은 점의 효용 중 적중(的中)의 측면에서 명쾌함이 있지만, 정중(正中)의 측면에서는 그 의미가 모호하다. 『주역』의 괘·효사 중 해석상 최대 난제로 인식되어 다양한 관점이 불가피했다. 이를 전제하면 "西南得朋 東北喪朋"은 역사적 관점에서 곤괘의 담론을 규명하는 핵심 키워드이다. 이 괘사의 역사적 실재성을 규명하면 나머지 괘사는 물론 각 효사의 뜻함까지 일목요연하게 정리된다. 이와 관련하여 역사적 실증을 간과한 전통적 해석 경향을 확인하면 역사적 관점의 해석에 대한 필요성이 명확해질 것이다. 이런 해석의 실례는 다음과 같다.

위진시기(魏晉時期) 현학(玄學)의 시조인 왕필(王弼, 226~249)은 "서남쪽은 양육해 주는 곳으로 곤괘와 도를 함께 하므로 벗을 얻는다고 했고, 동북은 서남과 반대이므로 벗을 잃는다고 했다."[4]라고 풀이했다. 만물을 길러내는 곤도(坤道)를 주목하고 이 도가 이루어지는 서남쪽은 벗을 얻게 하고, 이와 반대인 동북쪽은 벗을 잃게 한다는 것이

---

4) 王弼, 『周易注』: 西南 致養之地 與坤同道者也, 故曰得朋. 東北 反西南者也, 故曰喪朋.

취지이다. 그의 해석은 땅의 도를 내세운 결과 지나칠 정도로 사변(思辨)에 치우친 가운데 왜 동북쪽이 양육과 무관한지에 대한 설명이 없어 억지스럽다는 비판을 피하기 어렵다.

당대(唐代)의 최경(崔憬, 생몰 시기 불명)은 "아녀자의 도이다. 서방은 곤태(坤兌), 남방은 손리(巽離)인데 이 둘은 모두 음(陰)으로 곤괘와 동류이다. 그러므로 서남은 벗을 얻는다고 하였다. 동방은 간진(艮震)이고, 북방은 건감(乾坎)인데 이 둘은 모두 양으로 곤괘와 같은 류(類)가 아니다. 그러므로 동북은 벗을 잃는다고 했다."[5]라고 풀이했다. 이는 팔괘(八卦)를 팔방(八方)에 배속한 「설괘전(說卦傳)」 제5장의 관점에 따른 것으로, 사방의 방위에 따라 얻고 잃음이 있다는 논리이다. 다시 말해 곤괘를 비롯하여 음기를 지닌 괘가 배속된 서방과 남방에서는 벗을 얻고, 건괘를 비롯하여 양기를 지닌 괘가 배속된 동방과 북방에서는 벗을 잃는다고 보았다. 해석상 이전해경(以傳解經)을 따른 그의 관점은 오히려 경의를 더욱 번잡하게 만드는 결과를 낳았고, 은주교체기의 역사적 실상을 도외시함으로써 역사적 관점의 해석에 참고할 여지가 전혀 없다.

기본적으로 왕필 역학의 관점을 계승한 송대(宋代)의 정이(程頤, 1033~1107)는 "서남은 음방(陰方)이고, 동북은 양방(陽方)이다. 음은 반드시 양을 따라서 동류를 멀리해야 화육(化育)의 공을 이룰 수 있다."[6]라고 풀이했으나, 왕필의 견해와 별반 다르지 않다. 특히 음양의 조화에서 양을 중심에 두고 음이 순응한 결과라는 관점을 취함으로써 여필종부(女必從夫)를 정당화하는 유가적 교조에 부합하는 일면이 엿보인다.

정이(程頤)와 동시대의 인물인 소식(蘇軾, 1036~1101)은 "서쪽과

---

5) 李鼎祚, 『周易集解』: 崔憬曰, 妻道也. 西方坤兌 南方巽離 二方皆陰與坤同類 故曰 西南得朋. 東方艮震 北方乾坎 二方皆陽與坤非類 故曰 東北喪朋.

6) 程頤, 『易傳』: 西南陰方 東北陽方 陰必從陽 離喪其朋類 乃能成化育之功.

남쪽은 태(兌)와 리(離), 손(巽)에 이르기까지 나의 친구이다. 동쪽과 북쪽은 진(震)과 감(坎), 건(乾)과 간(艮)에 이르기까지 나의 친구가 아니다."[7]라고 풀이함으로써 최경(崔經)과 마찬가지로 방위에 따라 괘를 배속한「설괘전」제5장을 해석의 틀로 삼았다. 그의 견해도 '전(傳)'의 내용을 그대로 반복한 것으로, 왜 방위에 따라 벗을 얻고 잃음이 있는지 설명하지 않아 문제가 있다.

『주역』의 해석을 통해서 이학(理學)의 철학 체계를 수립한 주희(朱熹, 1130~1200)는 "양은 앞서고 음은 뒤따르며, 양은 의(義)를 주관하고 음은 이(利)를 주관하며, 서남은 음방(陰方)이고 동북은 양방(陽方)"[8]이라는 인식하에 이(利)를 주관하는 서남으로 가면 벗을 얻고, 의(義)를 주관하는 동북으로 가면 벗을 잃는다는 관점을 취했다. 그의 견해는 괘사에 대해 점사(占辭)를 풀이하듯 거기에 내재한 의리를 포괄적으로 밝혔지만, 마찬가지로 사변에 치우친 가운데 논거도 모호하여 오히려 경(經)의 본의가 무엇인지 더 어렵게 만드는 결과를 낳았다.

이상 살펴본 전통적 해석 경향은 몇 가지 문제점이 있다. 첫째,「설괘전」제5장에 기반하여 '서남'이나 '동북'의 방위를 정하고 음양의 속성에 따라 괘를 배속한 후 동류이면 '득붕(得朋)'이고, 비류이면 '상붕(喪朋)'으로 이해한 점이다. 이러한 견해는 논거가 제시되지 않았으며, 제시해도 사변에 치우쳐 뜻이 더욱 모호해지는 문제를 노출했다. 그 결과 '경(經)'의 본의를 드러내자는 '전(傳)'이 오히려 경의(經義)를 가두는 틀로 고착되는 모순을 낳았다.

둘째, 방위나 방소에 따라 음양의 기운이 다르고 그 결과 화육(化育)의 도가 달라진다고 보고 '득붕'이나 '상붕'의 근거로 삼았는데, 이 역시 논거가 부족하고 사변에 치우쳐 객관적이지 않다.

---

7) 蘇軾,『東坡易傳』:西與南則兌也 離也 以及於巽 吾朋也. 東與北則震也 坎也 以及於乾與艮 非吾朋也.

8) 朱熹,『周易本義』:陽先陰後 陽主義 陰主利 西南 陰方 東北 陽方.

셋째는 '붕(朋)'을 '벗', '동류(同類)' 등의 개념으로 받아들이는데 일말의 의심도 없다는 점이다. '붕'을 '벗'으로 새기는 견고한 경향성은 서사(筮辭)의 시대적 배경과 복문이나 금문에 기반한 자원(字原) 등에 대한 이해가 없이 형성된 것으로, 해석의 틀이나 근거가 지나치게 협소하여 문제가 있다.

이러한 제 문제는 『주역』에 내재한 역사성을 간과함으로써 해석상 사변적 사유 경향에 편승할 수밖에 없는 사정이 낳은 결과이다. 그렇다면 "西南得朋 東北喪朋"은 그 속에 담겨있는 역사적 실상(實相)을 파악해야만 추상적 사변이 초래한 편협함과 모호함에서 벗어날 수 있다는 점을 시사한다. 이처럼 사변적 논변에 앞서 그 배경인 역사적 상황을 먼저 이해하고 연계할 때 이 괘사의 뜻은 물론 곤괘의 담론까지 실증적 · 총체적으로 확인이 가능하다는 결론에 이르게 된다.

2) '동북(東北)'의 역사적 실재성(實在性)

가) 문제의 제기

『주역』의 서사는 축약(縮約)과 은유(隱喩)로 일관한다. 이러한 사실은 건괘의 서사적 세계관을 서술하는 가운데 이미 검토한 바가 있다. 곤괘도 괘사 '서남득붕 동북상붕(西南得朋 東北喪朋)'은 물론 나머지 괘·효사까지 고도로 은유하는 것이 있다. 특히 '동북상붕(東北喪朋)'은 역사적 관점에서 곤괘 전체의 의리를 풀어낼 수 있는 키(key)와 같다. 이러한 사실을 규명하면 '서남득붕(西南得朋)'은 물론 나머지 서사의 뜻까지 자연스럽게 이해할 공간이 열린다.

이런 관점을 전제하고 의리(義理)의 핵심을 먼저 짚어보면 '서남(西南)'은 대륙의 서남쪽을 거점으로 은주(殷紂)를 징벌하고 천하를 장악한 주나라를 뜻하며, '동북(東北)'은 대륙의 동북 지방에서 기원하여 동남쪽으로 세력을 확장하여 천하를 장악했으나 결국 주나라에 복속된 상나라를 뜻한다. 그렇다면 "西南得朋 東北喪朋"은 상나라를 따르면 망하고 대륙의 종주(宗主)가 된 주나라에 순종하면 이롭다는 일종의 회유적 수사임이 분명하다. 이것이 사실(史實)과 의리(義理)가 정합하는 역사적 관점의 해석이다.

이러한 해석은 지리적 측면에서 상나라의 강역이 주나라와 반대인 대륙의 동쪽과 북쪽에 걸쳐있어 '동북(東北)'으로 표현했다는 단순한 생각을 뛰어넘도록 요구한다. '득(得)'은 신질서로 통합된 세계이며, '상(喪)'은 '득'의 조건인 구체제의 해체를 의미한다는 점까지 고려하면 '동북(東北)'의 함의는 그렇게 간단치 않다.

사마천은 「은본기」에서 유융씨의 딸로 제곡(帝嚳)의 둘째 부인인 간적(簡狄)이 두 사람을 데리고 목욕하러 갔다가 제비가 떨어뜨린 알을 삼키고 임신하여 상나라 시조 설(契)을 낳았다고 기록했다.[9] 이 기록은 난생설화(卵生說話)에 근거하여 상나라의 기원을 밝힌 것이다.

「상송(商頌)」〈현조(玄鳥)〉편의 "하늘이 현조(玄鳥)를 시켜 땅으로 내려가 상을 일으키게 하였네."[10], 〈장발(長發)〉편 가운데 "유융방(有娀方)의 딸을 맞이하여 하늘이 세운 자식으로 상나라를 일으켰네."[11] 등은 상족의 집단기억에 바탕을 둔 전승시가(傳承詩歌)로 상나라의 기원에 관한 「은본기」의 기록과 일치한다.

『순자(荀子)』「성상(成相)」편에 "상나라 시조인 설(契) 현왕(玄王)은 소명을 낳으시고 지석(砥石)에 계시다가 상(商)으로 옮기셨네. 십사 대가 지나서 천을(天乙)이 태어났는데, 이분이 탕임금이라네."[12]라는 구절이 있다. 상족이 처음 '지석(砥石)'에 거주하다 다시 '상(商)'으로 옮긴 사실을 말한 것으로, 상족의 기원지와 이주 경로를 확인해주는 문헌적 자료라는 점에서 의미가 있다.

---

9) 『史記』「殷本紀」: 殷契, 母曰簡狄, 有娀氏之女, 爲帝嚳次妃. 三人行浴, 見玄鳥墮其卵, 簡狄取呑之, 因孕生契.
10) 『詩經』「商頌」〈玄鳥〉: 天命玄鳥 降而生商.
11) 『詩經』「商頌」〈長發〉: 有娀方將 帝立子生商.
12) 『荀子』「成相」: 契玄王 生昭明 居于砥石 遷于商. 十有四世 乃有天乙 是成湯.

위 〈장발(長發)〉편 가운데 "상토(相土)는 위세가 당당하여, 멀리 해외까지 평정하였다."[13]라는 구절과 "큰 나라 땅은 황하에 걸쳐있고"[14]라는 구절은 설의 손자인 상토(相土)에 이르러 바다 밖으로 영토를 확장했고, 22대 무정에 이르러 황하 유역까지 진출한 사실을 말하고 있다. 여기서 '바다'는 상족의 기원지가 요하 유역임을 고려하면 발해(渤海) 이외는 달리 생각할 여지가 없다. 이때 '해외(海外)'는 자연스럽게 요동반도, 산동반도 또는 한반도 서북부 지방이라는 결론에 이르게 된다.

「은본기」가운데 "설에서 탕에 이르기까지 여덟 번이나 도읍을 옮겼다. 탕은 처음에 박(亳)에 도읍을 정했는데, 이는 선왕의 거처를 따른 것으로, 「제고(帝誥)」를 지어 천도(遷都)를 고하였다."[15]라는 기록은 상족(商族)의 잦은 이주의 역사를 말한 것으로, 위 시의 내용과 부합하는 면이 있다. 아울러 적어도 도읍을 정하는데 선대가 거주했던 곳을 따라야 할 정도로 종족의 정체성을 결정하는 어떤 기억이나 신념이 전승되었음을 시사하고 있다.

위에서 언급한 여러 문헌의 내용을 정리하면, 상나라는 '발해만 유역의 지석(砥石)'에서 기원하여 '상(商)'으로 이주했으며, 점차 그 영토를 확장하면서 성탕에 이르러 황하와 그 인접 지역으로 이주하여 '박(亳)' 도읍을 건설했다는 사실관계가 확인된다. 이러한 내용만으로도 상나라의 기원지가 발해만 북부지역의 동북지방이라는 사실을 부인하기 어렵다.

이러한 관점은 다음과 같이 두 가지 측면에서 실증적 논증이 필요하다. 첫째는 고대의 시조(始祖) 설화는 일정 지역을 중심으로 여러 부족이 공유하는 특징이 있는데, 위 난생설화도 동북지방 특유의 기원

---

13) 『詩經』「商頌」〈長發〉: 相土烈烈 海外有截.

14) 『詩經』「商頌」〈玄鳥〉: 景員維河.

15) 『史記』「殷本紀」: 自契至湯八遷. 湯始居亳 從先王居, 作帝誥.

신화로써 그 지역을 중심으로 여러 부족이 공유하고 있었는지 확인하는 것이다. 둘째는 상족(商族)의 이주 경로를 추적하면서 황하 유역의 상나라 초기문화 및 은허(殷墟)에 도읍을 정한 이후인 후기문화가 동북지방의 기원문화와 동질적·계통적 관계임을 증명하는 기원유적 등을 확인하는 것이다. 다만, 여기서는 괘사 '동북상붕(東北喪朋)'의 역사적 함의를 밝힐 수 있는 해석상의 필요 범위 내에서 간략하게 정리하고자 한다.

나) 난생설화

종족의 기원에 관한 설화는 종족의 주관적 정체성을 유지·계승하기 위한 일종의 집단기억이 바탕이다. 기원 설화의 전승은 종족 내부의 본원적 유대를 강화하고 여러 종족 간 경계에서 자기 종족을 특징짓고 결속함으로써 도구적·이념적 효용을 발휘하게 된다. 집단기억을 공유한 종족이 여러 갈래로 분화되어 다른 곳으로 이주하고 정착하는 과정에서 기원 설화도 분화되고 전파된다. 이 점을 전제하고 난생설화가 분포하는 지역이나 나라를 확인하면 그 설화가 동북지방에 기원을 두었고, 배후에 상족이 있었다는 사실을 역으로 확인할 수 있을 것이다. 부사년(傅斯年)의 「이하동서설(夷夏東西說)」을 중심으로 이 문제를 검토하고자 한다.

『논형(論衡)』 「길험편(吉驗篇)」의 "북이(北夷) 탁리국(橐離國) 왕이 임신한 시비(侍婢)를 죽이려고 하자, 시비가 말하기를 '커다란 달걀 같은 기운이 하늘에서 내려왔는데, 내가 이 때문에 임신했습니다'라고 했다."16)라는 기록은 동명왕(東明王)의 난생설화를 말한 것으로, 설화의 분포지가 동북지방의 '북이(北夷)'임을 밝혔다.

『위서(魏書)』 「고구려전(高句麗傳)」의 "고구려는 부여에서 나왔으며,

---

16) 『論衡』「吉驗篇」: 北夷橐離國王侍婢有娠, 王欲殺之, 婢對曰, 有氣如大鷄子, 從天而下, 我故有娠, 後生子。

스스로 선조가 주몽(朱蒙)이라고 했다. 주몽의 어미는 하백(河伯)의 딸이다. 부여왕(夫餘王)이 궁실(宮室)에 가두었는데 해가 비추므로 몸을 끌어당겨 피해도 햇빛이 다시 쫓아오더니 마침내 잉태하여 알 하나를 낳았으며, 크기가 닷 되 정도였다."[17] 라는 기록은 동북 지역에 거주하는 종족의 분화와 함께 난생설화도 지역적으로 분포·공유되는 현상을 말하고 있다. 이 기록은 광개토대왕의 비문에도 같은 내용으로 새겨져 있다.

『삼국사기』「고구려본기(高句麗本紀)」편은 위 내용 중 동명(東明)과 주몽(朱蒙)을 '동명성왕(東明聖王)'으로 칭하여 이 둘이 동일인임을 밝혔고, 하백의 딸이 유화(柳花)임을 특정했으며, 유화를 유폐한 왕이 부여의 금와(金蛙)임을 명시했다. 아울러 주몽을 임신한 경위도 『위서(魏書)』「고구려전(高句麗傳)」의 기록과 일치한다.[18]

『사기』「진본기(秦本紀)」편에 "진(秦)의 선조는 전욱(顓頊)의 후예이다. 여수(女修)라 불리는 그의 후손이 베를 짜는데 현조(玄鳥)가 알을 떨어뜨리자 여수가 이것을 삼키고 아들 대업(大業)을 낳았다."[19]라는 기록이 있다. 「오제본기(五帝本紀)」편의 기록에 따르면 전욱은 황제의 둘째 아들 창의(昌意)의 아들이며, 상나라 시조 설의 부(父) 제곡(帝嚳)은 황제의 맏아들 현효(玄囂)의 손자이다. 이처럼 상나라와 진나라의 기원설화가 일치하는 현상은 종족이 분화되는 가운데서도 기원설화를 집단기억에 의지하여 전승하게 된다는 사실을 말하고 있다.

부사년(傅斯年)은 이러한 설화가 실제로 동해 연안의 부족인 회이

---

17) 『魏書·卷一百·高句麗傳』: 高句麗者, 出於夫餘, 自言先祖朱蒙. 朱蒙母河伯女, 爲夫餘王閉於室中, 爲日所照, 引身避之, 日影又逐, 旣而有孕, 生一卵, 大如五升.

18) 『三國史記·卷第十三』「高句麗本紀·第一」: 始祖東明聖王 姓高氏 諱朱蒙 … 金蛙嗣位,於是時, 得女子於太白山南優渤水, 問之曰,我是河伯之女, 名柳花 … 金蛙異之, 幽閉於室中 … 爲日所炤, 引身避之, 日影又逐而炤之, 因而有孕, 生一卵, 大如五升許, 王棄之, 與犬豕, 皆不食, 又棄之路中, 牛馬避之, 後棄之野, 鳥覆翼之.

19) 『史記』「秦本紀」: 秦之先, 顓頊之苗裔, 孫曰女修, 女修織, 玄鳥隕卵, 女修呑之, 生子大業.

(淮夷)의 선조를 기록한 것으로, 그중에 인강신화(人降神話)는 회이와 동북의 연해 제 민족이 공유했으며, 동북방 부족의 종신(宗神)인 전욱(顓頊)을 뿌리로 보았다.20) 그의 견해에 따르면 위 기록으로 확인한 난생설화 중에서 상나라의 기원설화가 가장 오래되었고, 상족이 분기(分岐)하기 전에 동북지방에서 기원한 제 부족이 공유한 근원설화(根源說話)가 있었다는 합리적 추론이 가능해진다.21)

위에서 언급한 설화는 몇 가지 특징이 있다.

첫째, 종족이나 부족의 시조가 알에서 태어났다는 점이다. 알은 생명의 시원이다. 시원의 특별함을 선민의식과 연결하여 종족의 정체성을 정립하고 이를 전승하려는 신화적 사유에서 난생설화를 공유한 것으로 볼 수 있다.

둘째, 빛과 관련한다는 점이다. 알이 나타나는 전후 과정에서 신비한 기운이나 빛이 등장하는데, 동북지방을 중심으로 한 태양숭배 사상과 관련이 있는 듯하다. 모든 문화적 요소들은 근원적 배경을 공유한다. 이런 측면에서 빛, 태양, 밝음 등은 동북지방에서 전파된 제 문화의 근원적 배경과 같다. 동북지방의 태양숭배 사상이 밑바탕에 있는 동명성왕(東明聖王)의 탄생설화와 관련하여 '동명(東明)'의 개념이 이에 관한 대표적인 사례이다.

셋째, 강림신화(降臨神話)라는 공통점이 있다. 현조가 알을 떨어뜨리거나, 햇빛이나 기운이 하늘에서 내려와 비치는 등 난생설화마다 하나같이 종족의 시원은 천강(天降)과 연관되어 있다. 외경심(畏敬心)을 불러일으키는 천문현상이 일어나는 하늘에서 종족이 유래했다는 사실

---

20) 傅斯年 지음, 鄭在書 역주, 『夷夏東西說』, 81~83쪽 참조.

21) 이외에 박혁거세의 탄생에 관한 신라의 기원설화, 수로왕의 탄생에 관한 여섯 가야의 기원설화는 모두 난생설화인데, 이들은 모두 일종의 집단기억으로 오랜 세월 동안 전승되던 동북지방의 근원설화가 종족의 분화에 따라서 그 내용이 일부 변화된 채 지역적으로 분포된 사례라고 할 수 있다.

을 드러냄으로써 배타적 우월성을 의도한 것으로 짐작된다.

상나라의 기원설화인 난생설화는 동북지방에서 기원한 제족(諸族)이 공유한 설화와 동질적 성격을 갖는다. 시대적으로 상나라가 가장 앞선다는 점에서 상나라의 난생설화가 동북지방의 근원설화이거나 또는 상나라보다 앞선 문화의 설화에 가장 근접한 것으로 여겨진다. 이러한 난생설화만으로 상나라가 동북지방에서 기원했다고 단정하기에는 무리가 있지만 적어도 동북지방과 밀접한 관계가 있음을 보여주는 유력한 증거라는 점은 부인하기 어렵다.

신석기 시대 이래 고대의 보편적 신앙인 토테미즘이 종족의 이합집산에 따라 교류·융합하는 과정에서 종족의 주관적 정체성을 세우려는 신화적 필요에서 설화(說話)가 탄생했다. 이 난생설화도 새 토템을 바탕으로 동북지방에서 기원했던 종족의 정체성을 설명하는 특유의 설화인 셈이다. 따라서 상족의 기원지와 정체성까지 설명하는 근거로 삼아도 마땅하다.

다) 상족(商族)의 이주 경로

상족은 「은본기」의 기록에 의하면 〈그림 1〉에서 보듯 성탕이 상나라를 건국하기 전 여덟 번 거주지를 옮겼고, 건국 이후에도 여러 번 도읍을 옮겼으며, 26대 무을에 이르러 은허(殷墟)에 정착했다.[22] 이처럼 잦은 이주는 상족의 역사에서 보이는 특유한 현상이다. 이러한 현상은 기후의 건조화와 종족의 포화로 인한 식량문제, 목축이 중심인 이동형 경제기반, 정복과 약탈의 거점이 되는 성읍국가(城邑國家) 체

---

22) 『史記』「殷本紀」:帝盤庚之時, 殷已都河北, 盤庚渡河南, 復居成湯之故居, 迺五遷, 無定處. 殷民咨胥皆怨, 不欲徙. 盤庚乃告諭諸侯大臣曰:「昔高后成湯與爾之先祖俱定天下, 法則可修. 舍而弗勉, 何以成德!」乃遂涉河南, 治亳, 行湯之政, 然後百姓由寧, 殷道復興. 諸侯來朝, 以其遵成湯之德也 ▶ 帝庚丁崩 子帝武乙立. 殷復去亳 徒河北. (※18대 盤庚 때 하북에 殷墟를 건설하고 정주했으나 다시 亳으로 이주했고, 武乙에 이르러 亳에서 殷墟로 또다시 이주한 사실이 확인된다.)

제, 종족 간 대립으로 인한 힘의 불균형 등에서 비롯되었지만,23) 그 특유한 현상을 설명하기에는 충분하지 않다. 다만 이처럼 잦은 이주와 그 흔적들은 상나라가 동북지방에서 기원했다는 사실을 밝히는 중요한 단서들이다.

B.C. 1554년 성탕이 상나라를 건국한 이후부터 제26대 무을에 이르기까지 상족은 다섯 곳으로 도읍지를 옮겼다.24) 이들 중 '은(殷)' 지역을 제외하고 그 위치를 특정할 수 없으나 '이리두유적(二里豆遺蹟)25)'에서 약 5km 떨어진 언사상성(偃師商城), 동쪽으로 약 90km 떨어진 정주상성(鄭州商城) 등의 '이리강유적(二里岡遺蹟)'26)이 다섯 곳의 도읍과

---

23) 변경지역의 주관적 정체성과 사회기억에 관한 종족 연구를 통해서 화하(華夏) 민족의 정체성을 재구성하려고 한 王明珂는 기원전 약 1600년경부터 오르도스 유역과 그 동쪽의 요하강 유역에서 고고학적 공백이 발생한 것은 기원전 2000~1000년경 전 세계적인 기후 변화로 점진적 건조화가 진행된 현상과 관련이 있다고 했다. 이 지역에 신석기 후기부터 수많은 석축 방벽이 축조된 것은 기후 변화와 인구 증가로 자원쟁탈이 가속화된 사실을 증명하며, 이러한 요인들이 점진적으로 종족의 이주를 불러왔고 그 결과 문화 공백 현상이 생겨난 것으로 보았다. (王明珂 著, 이경룡 譯, 『중국 화하 변경과 중화민족』, 185~243쪽 참조.

24) 이들 도읍 중에서 가장 중요시되는 곳은 제9대 中丁의 도읍 오(隞), 제11대 爰甲의 도읍 상(相), 제18대 盤庚의 도읍 은(殷)이 있는데, 이 중 은(殷)을 제외하고는 구체적 위치가 확인되지 않았다. (李鵬 著, 李淸圭 譯, 『中國古代史』, 76쪽 참조) 『竹書紀年』에 따르면 成湯(1대)-亳, 外壬(11대)-囂, 祖乙(13대)-庇, 南庚(17대)-奄, 盤庚(19대)-北蒙(=殷)으로 천도했으며, 특히 盤庚은 北蒙에서 다시 奄으로, 奄에서 또다시 北蒙(=殷墟)으로 천도했다.

25) 기원전 2100~1500년경 중국의 황하 중류에서 하류를 중심으로 신석기시대에서 청동기시대 초기에 번창한 초기 왕조 시대의 문화로 하남성의 先商時期의 문화인 '二里岡遺蹟과 인접해 있다. 성탕이 하나라를 멸하고 상나라를 건국한 시기(B.C.1554)인 기원전 16세기 후반에 이 문화가 몰락한 것으로 보아 하나라의 문화유적으로 추정되며, 여기에 인접한 '이리강유적'은 상족의 남서진을 입증하고 있다. (李鵬 著, 李淸圭 譯, 『中國古代史』, 62~75쪽 참조)

26) 하남성을 중심으로 하는 황하 중류 지역에서 기원전 1600년경부터 기원전 1400년경까지 발전한 청동기시대 문화이다. 龍山時期·殷代·戰國時代에 걸친 문화층이 있으며, 殷代의 문화층에서 발견된 鄭州商城을 상나라의 초기 도읍으로 보는 것이 중국 학계의 정설이다. 인접한 '이리두유적'의 마지막 시기는 방사성탄소연대측정법에 따라 기원전 1530년경으로 확정되었다. 이 연대는

관계가 있을 것으로 학계는 보고 있다. 이들 상성(商城)은 안양현(安陽縣) 소둔촌(小屯村)의 은허(殷墟)에서 확인된 문화와 동질적 계통 관계에 있는 대규모 도시 문명으로, 모두 황하 중류 지역에서 자리 잡은 터전이다. 이처럼 상족이 황하 중류의 하남성 일대를 중심으로 거주하기 시작한 것은 성탕 시기이며, 그 이전의 여덟 번의 이주 경로는 불명확하다.

이와 관련하여 부사년(傅斯年)은 「상송(商頌)」〈현조(玄鳥)〉편 가운데 "광활한 은토(殷土)에서 살게 했다."[27]라는 구절에서 '은(殷)'을 은주교체 후 강숙(康叔)에게 분봉한 위(衛) 또는 연주(兗州) 일대로 보았다. 그 근거로 위(衛), 의(衣),[28] 위(韋),[29] 연(兗), 연(沇) 등은 모두 은(殷)과 근원이 같으며, 단지 고금의 시대적 차이에 기인하여 다른 이름으로 정착했다는 점을 들었다.[30]

이 견해에 따르면 「상송」에서 말한 은토(殷土)는 황하 북부의 위(衛), 황하 남부 연주 일대를 포괄한 지역이다. 이 지역은 성탕이 박(亳)에 도읍을 정하기 전 중간 이주지역이며, 이곳에서 건국의 기틀을 다지기 시작한 것으로 볼 수 있다. 상족의 기원지가 동북지방이라면,

---

상 왕조의 첫해인 기원전 1554년과 상당히 근접하여 성탕의 하나라 왕조 정벌을 시기적으로 뒷받침하고 있다.

27) 『詩經』「商頌」〈玄鳥〉：宅殷土芒芒。

28) 『書經·武成』의 '戎族의 殷을 멸망시켰다(殪戎殷)'가 『中庸』에서 '壹戎衣'로 표기되어, '殷'과 '衣' 두 자는 본래 독음이 비슷하다는 청대의 학자 畢沅의 견해를 근거로 들었다. (傅斯年 著, 鄭在書 譯, 『夷夏東西說』, 86쪽 참조). 성왕 때 제작된 〈의후측궤(宜侯矢簋)〉에 '상나라를 정벌한 군사지도와 동부지역 행정지도를 보시고 宜로 가서 우후인 측(矢)에게 宜로 侯를 옮길 것'을 명령한 명문이 있는데, 명문 내용으로 미루어 宜는 衣, 殷과 같은 지명으로 보고 있다.

29) 『春秋左傳』哀公 二十四年의 기록과 관련하여 杜預의 주석 가운데 '동군의 白馬縣 동남방에 韋城이 있다(東郡東南方有韋城)'는 말을 근거로 晉나라 때 백마현은 지금의 滑縣의 동쪽 경계 일대로 사방이 고대의 '河濟之間'이라고 보았다. 또한 『呂氏春秋·有始覽』의 '河濟之間은 兗州이며, 韋이다'라는 말을 근거로 '衛'와 '殷'의 지리적 동일성을 인정하고 있다.

30) 傅斯年 著, 鄭在書 譯, 『夷夏東西說』, 88쪽 참조.

이 지역은 성탕이 건설한 박(亳) 지역에 이르기 전의 지리적 경로가 될 수밖에 없다는 점에서 부사년(傅斯年)의 견해는 설득력이 있다. 다만 연주는 황하 하류에서 '박(亳)'으로 거슬러 가는 지역이므로 '박'에 이르기 전의 중간 경로로 보기에는 의문이 남는다.

은토(殷土)에 이르기 전의 이주는 해외까지 영토를 넓혔다는 상토(相土)에 이르러 본격화된 것으로 짐작된다. 상토(相土)의 영역 확장과 위에서 고증한 은토(殷土) 사이를 시대적, 공간적으로 연결하는 곳이 '역수(易水)'이다. 『초사(楚辭)』「천문(天問)」31) 편에 6대 왕계(王季)에서 8대 상갑미(上甲微)에 이르기까지 3대에 걸쳐 유역씨(有易氏)와의 투쟁을 알려주는 설화가 있다. 상토(相土)에 이르러 상족이 영토를 확장하며 이주하기 시작했고, 왕해에 이르러 유역씨의 거주지역을 침범하여 목축 등의 자원을 두고 서로 대립한 사실이 설화에서 확인된다. 아울러 이 투쟁에서 왕해가 살해되었고, 뒤를 이은 상갑미(上甲微)가 전대의 일을 추궁하며 전쟁을 일으켜 승리한 사실을 말하고 있다.32) 여기서 '유역씨(有易氏)'는 '역수 유역에 거주한 종족'을 일컫는 말이다. 이 설화를 참고하여 '유역'이 어디인지 특정할 수 있다면 상토 이후 은(殷) 땅에 이르기 전의 중간 경로는 부분적으로나마 확인될 것이다.

---

31) 「天問」은 屈原의 두 번째 장편 시가로, 자연계의 형성과 구조에 대해 질문하는 부분, 고대의 신화에서 초나라까지의 일을 언급한 부분, 초나라의 현실을 바라보는 자신의 슬픈 심정을 서술한 부분으로 나뉜다. 상족의 탄생설화와 유역씨와의 분쟁에 대한 의문을 제기하는 가운데 그 일화에 얽힌 사실을 구체적으로 밝혔다.

32) "갑진일에 점을 쳐서 □가 묻습니다. 오는 신해일에 왕해(王亥)에게 소 30마리로 료제(燎祭)를 지낼까요?"라는 복사에 나타난 희생(犧牲)의 종류와 규모를 보면, '유역씨의 임금 면신(綿臣)에게 죽임을 당한'(※『山海經·海荒東經』「困民國」 중 '〈竹書〉에 "殷王子亥賓于有易而淫焉, 有易之君綿臣殺而放之"라 하였다'라는 곽박(郭璞)의 주석을 참고함) 7대 왕해(王亥)에 대한 상족의 추존의식(推尊意識)과 설화의 실재성이 확인된다. 또한, 상나라의 주제(周祭) 계보 중 성탕 이전의 선공 중 상갑미(上甲微)를 가장 앞에 두고 제사 지낸 사실은 유역씨와의 투쟁에서 승리함으로써 상나라의 국력이 하남성 일대로 뻗어가는 기틀을 마련한 공로를 후대가 높이 평가한 결과로 볼 수 있다.

〈그림 1〉 상나라 形勢圖

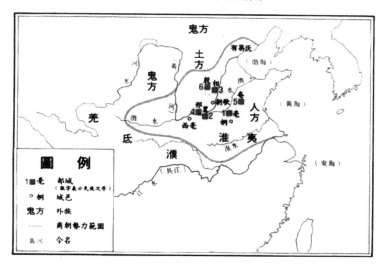

부사년(傅斯年)은 '유역씨(有易氏)'의 영토를 하북성 중·북부의 역수 (易水) 일대(지금의 하북성 역현(易縣))로 보았다.[33] 고대에 종족의 명칭이 대체로 지역적 특성, 전통적 습속, 인종적 계통 등을 반영한다는 점까지 고려하면 '유역씨(有易氏)'는 '역수 일대에 거주하는 부족'으로 보는 것이 타당하다. 이러한 상족의 이주 경로는 1970년대에 장하(하 북성 자현 시영촌 서남쪽) 북안에서 '하칠원유적(下七垣遺蹟)'의 발굴로 더욱 명확해졌다. '하칠원문화'는 상나라 초기 문화인 '이리강문화'보다 시기적으로 앞서면서 물질적 유사성이 강하다. 아울러 인접한 역수 일대의 하북성 역현 지역에서 발굴된 유적도 이 문화와 밀접하게 관련이 있다. 이들 문화에 대해 학자들은 '선상문화(先商文化)'로 규정하고 상족의 기원을 연구하는 단서로 삼았다.[34] 이에 따르면 상족은 역수 일대를 거쳐 하칠원 지역을 지나 은토 방향으로 이주했다는 결론에 이르게 된다.

---

33) 傅斯年 著, 鄭在書 譯, 『夷夏東西說』, 91쪽 참조.
34) 동북아역사재단 한중관계연구소, 『중극 산동 지역의 동이』, 351~354쪽 참조.

한편, 『주역』 여괘(旅卦) 구오의 "새가 둥지를 불태우니, 나그네는 먼저는 크게 웃다가 나중에 소리 내어 울 것이다. 역수에서 소를 잃으니 흉하다."[35]라는 말은 상족의 이주 과정에서 유역씨와 치렀던 투쟁을 서사로 끌어온 경우이다. '상우우역(喪牛于易)'에 내재한 설화를 생각하면 전단의 효사는 유역씨와의 분쟁 전후의 일을 은유한 것이 분명하다. 동북지방 조이족(鳥夷族)이 공유하고 있는 '새(鳥) 토템'이 난생설화의 바탕이고, 상족의 기원이 현조의 알에서 비롯되었다고 인식한 것이다. 그렇다면 이 효사에서 '조(鳥)'는 유역씨와의 투쟁에서 상족이 패배한 사실을 상기한 것으로 보아야 한다. 이처럼 여괘에서 상족의 이주 역사와 이주 경로가 확인된 점은 특별한 의미가 있다.

지금까지 검토한 내용을 종합하면, 상족은 발해만 북부 요하 유역의 지석(砥石)에서 시조 설(契)이 기원했고, 4대 상토(相土)에 이르러 발해만을 벗어나서 영역을 확장한 것으로 짐작된다. 이후 왕해에서 상갑미에 이르기까지 3대에 걸쳐 유역씨와 투쟁했던 역수 일대, 그 이남의 하칠원지역을 순차적으로 거쳐 '이리두문화'와 근접한 정주상성 일대에 정주하였다. 그리고 이곳을 중심으로 상나라를 건국한 사실이 단편적이나마 실증적으로 확인된다. 이러한 이주 과정에서 겪었던 유역씨와의 투쟁, 하남성 일대 이리두 문화권과의 충돌 등은 상족의 역동적인 이주 양상을 대변한다.

라) 기원유적

상족의 기원설화와 이주 경로에 대한 문헌적 자료만으로 상나라가 동북지방에서 기원하였다고 단정할만하다. 다만 이러한 관점을 보다 객관적으로 뒷받침하기 위해서는 역수(易水) 일대에 이르기 전 발해 연안 북부지역인 동북지방에 황화 중·상류 하남성 일대에 분포한 상나라의 초기문화, 하북성 일대에 분포한 상나라의 중·후기 문화 등과 동질적

---

35) 『周易』旅卦 九五 : 鳥焚其巢 旅人先笑後號咷 喪牛于易 凶.

관계에 있는 기원문화가 있는지 고고학 측면에서 검증하는 일이 남아 있다.

이런 측면에서 주목해야 할 동북지방의 고대문화로 '하가점상하층문화(夏家店上下層文化)'가 있다. '하가점하층문화'는 기원전 2200~1500년경 북쪽 서요하(西遼河)에서 남쪽 해하(海河)까지, 서쪽 호류하(壺流河)에서 동쪽 요하(遼河)까지 광대한 지역에 분포했던 문화이다. 중국 내몽고자치구의 적봉시(赤峰市) 홍산(紅山)을 중심으로 일어난 요서(遼西) 지역의 홍산문화(紅山文化)의 바탕 위에서 형성되었다. '하가점문화'는 용산문화·정주(鄭州) 이리강(二里岡)의 상나라 초기문화 및 은주 교체의 역사 등과 밀접하게 관련되어 있다. 그 근거를 살펴보면,

첫째, 내몽고 적봉현(赤峯縣) 동산취(東山嘴) 등 하가점 하층 유적지의 여러 곳에서 출토된 복골(卜骨)이 중원지역 용산문화에서 확인된 복골과 유사하다. 또한, 연대가 비교적 늦은 하층 유적지에서 출토된 토기는 정주(鄭州) 이리강의 토기와 같은 계통이며, 토기의 색깔, 도안, 문식(文飾) 등은 상주시기의 청동기에 자주 보이는 것들이다.[36] 특히 청동기의 경우, 하가점 유지(遺址)의 아래층에서 출토된 제련 덩어리를 탄소 연대측정 방법으로 확인한 결과 기원전 1900년 전후에 생산된 것으로 입증되었다.

하가점하층문화 유형에 속하는 초기 청동기시대의 유적인 요령성(遼寧省) 오한기(敖漢旗) 대전자(大甸子)유적지에서 출토된 소형 청동기는 대게 기원전 2000~1500년 사이에 이곳에서 제작된 것으로 확인되었다. 이 청동기는 현재까지 중국에서 발견된 청동기 중 가장 오래된 것 중의 하나로 평가받고 있다. 이러한 초기 청동기는 하북성(河北省) 고성현(藁城縣) 대서유적지(臺西遺蹟地)에서 상대 전기 청동기가 출현할 때까지 계속되었다.[37] 적봉현의 하가점(夏家店)을 기점으로 동쪽의 노

---

36) 王明珂 著, 이경룡 譯, 『중국 화하 변경과 중화민족』, 226~227쪽 참조.
37) 李亨求, 「大陵河流域의 殷末周初 靑銅器文化와 箕子 및 箕子朝鮮」, 『한국상고

합하 유역, 동남쪽의 대소릉하 유역, 서남쪽의 연산유역으로 하가점하
층문화 유적군(遺蹟群)이 형성되었다. 이 중에서 연산지역에서 출토된
유물이 노합하와 대소릉하 유역에서 출토된 유물과 비교하면 연대가
모두 늦다.[38]

이러한 사실은 기원전 18·17세기경에 하가점하층문화가 발해 연안
서부, 황하 하류 이북인 하북성 남부와 하남성 북부지역으로 이동했다
는 사실을 말하고 있다. 청동기문화를 비롯한 기타 여러 문화 요소가
발해 연안 북부에서 서남진(西南進)하는 현상은 앞에서 검토한 상족의
이주 경로 및 시기와 부합한다. 성탕이 하나라를 멸하고 하남성 일대
의 '박(亳)'에 도읍을 정한 때가 기원전 1545년이고, 성탕 이전의 선공
(先公)이 13명인 사실을 참고하면, 기원전 17~18세기경부터 약 2~
300년에 걸쳐 동북지방의 하가점하층문화가 서남진(西南進)하기 시작
했고, 상족의 이주 경로 및 시기와 대체로 맞물려 있다.

둘째, 하가점하층문화는 홍산문화의 제의와 점복 문화를 계승하고
이를 초기 상나라 문화인 정주 이리강으로 이전하는 매개 문화 역할을
했다. 내몽고자치구 적봉시(赤峯市)와 그 남쪽 요령성 지역인 조양·능
원·건평·객좌 등 기원전 약 3000년 전의 홍산문화 유적지에서 제사
유적이 많이 발굴되었다. 이중 '우하량(牛河梁) 유적'이 대표적이다. 중
국의 다른 지역에서 볼 수 없는 대규모 계단식 적석총과 원형 제단 등
의 기념비적 유적이 발견되었고, 제사를 지내기 위하여 제단에 불을
피우거나 순장한 흔적 등도 확인되었다. 하가점하층문화가 지역적·시
대적으로 홍산문화의 기반 위에서 성립되었다는 사실을 생각하면 상나
라의 제의문화는 홍산문화의 제의(祭儀)를 동북지방에 거주했던 초기
상족이 계승한 결과로 판단된다.

점복문화를 설명하는 무자복골(無字卜骨)도 발해 연안 북부 일대,

사학회』 제5호, 1991. 11~12쪽 참조.
38) 王明珂 著, 이경룡 譯, 『중국 화하 변경과 중화민족』, 235쪽 참조.

발해 연안 서남부인 하북성, 산동반도 등지의 용산문화(龍山文化)[39]에서 흔히 발견되며, 하가점하층문화 유적지에서도 다량으로 출토되었다. 이 복골이 발해 연안 서남부(하북성, 하남성 중·북부, 산동 등)로 확대된 점으로 미루어 발해 연안 북부지방의 점복문화에서 상나라 점복문화가 기원했다고 보는 것이 마땅하다.[40] 따라서 상족의 이주와 함께 이 점복 문화도 함께 남하한 셈이다.

   셋째, 하가점문화는 상·하층으로 문화 층위를 이루고 있다는 특징이 있는데, 이 층위는 은주교체의 역사적 상황과 부합하는 면이 있다. 기원전 1500년경 이후 노합하와 대소릉하 유역에서 사람들의 활동이 점차 감소하는 추세를 보였다. 이후 서주 중엽까지 문화 공백 현상을 보이다가 하층문화의 서부권역을 중심으로 하가점상층문화가 층위를 이루며 널리 형성된 사실이 확인된다.[41] 이러한 현상은 성탕이 상나라를 건국하는 시기를 전후하여 동북지방의 상족과 문화적 요인들이 하남성 일대의 상나라 문화권으로 유출된 사실 외에 달리 그 원인을 찾기 어렵다. 특히 노합하와 대릉하 유역의 상층문화에서 출토된 청동유물은 묘지가 아닌 교혈(窖穴)에서 주로 발견되며, 발굴된 청동기 가운데 기자(箕子)를 뜻하는 '기후(箕侯)' 명문을 주목할 필요가 있다. 이 '기후'에 대해 이형구(李亨求)는 은말(殷末) 또는 주초(周初)에 주 무왕으로부터 조선에 피봉(被封)된 기자(箕子)로 보았다.[42] 또한, 그는 은

---

39) 중국 신석기시대 晚期文化로, 1928년 山東城 章丘縣 龍山鎭 城子厓에서 처음 발견되어 1930년에 발굴되었다. 검은색의 광택이 나는 토기가 발굴되는 특징 때문에 한때 '黑陶文化'라고도 불리었다. 용산문화는 하나의 계통이 아니라 山東龍山文化, 廟底溝 2期文化, 河南龍山文化, 陝西龍山文化의 네 계통으로 나뉜다. 유적들은 주로 산동지방에 분포하며, 산동문화의 방사성탄소 교정연대는 B.C. 2500~2000년이다.

40) 李亨求, 「渤海沿岸의 甲骨文化와 우리나라의 甲骨文化」, 『중국학연구』, 숙명여자대학교, 1996. 3쪽 참조.

41) 王明珂 著, 이경룡 譯, 『중국 화하 변경과 중화민족』, 236쪽 참조.

42) 李亨求, 「大陵河流域의 殷末周初 靑銅器文化와 箕子 및 箕子朝鮮」, 『한국상고사학회』 제5호, 1991. 26쪽 참조.

인(殷人)들이 나라가 망한 후에 그들의 원거지(原居地)인 동이족(東夷族)의 땅으로 돌아갔다는 왕국유(王國維)와 부사년(傅斯年)의 견해를 주목했다.

이러한 내용을 참고하면 하가점의 상층문화와 하층문화 사이의 문화 공백 현상이 설명된다. 즉 성탕이 상나라를 세울 때까지 이주하는 과정에서 후방의 지원기지 역할을 하며 점진적으로 서남진(西南進)했던 동북방의 하층문화가 건국 이후부터 황하 중·하류 유역의 상나라로 거의 유출되어 상나라 중기 이후부터 동북지방에 문화 공백 현상이 나타났다. 아울러 상나라가 멸망함에 따라 잔여 세력이 그들의 발상지였던 동북지방으로 돌아가기 시작하면서 서주 중기부터 본격적으로 상층문화가 형성된 것이다. 동북지방에서 기원하여 기원전 17~18세기경부터 이주하기 시작했던 상족이 은주교체를 계기로 다시 동북지방으로 회귀한 역사의 큰 줄기가 하가점상하층문화에 의해서 정확하게 고증된 셈이다.[43)]

발해 연안 북부지방의 홍산문화와 하가점하층문화 간의 계승관계, 상족의 이주 경로와 문화의 흐름, 하가점문화의 문화공백 현상과 그 시기의 역사적 사실관계 등 검토한 내용을 종합하면 요하 유역을 중심으로 하는 발해 연안 북부지역이 상나라의 기원지이며, 「성상(成相)」에서 말한 지석((砥石)은 이 지역 어딘가에 있었던 것으로 판단된다. 이에 따라 곤괘의 괘사 '동북상붕'에서 '동북'이 상나라를 은유한 것이라면, 주나라의 도읍 성주(成周)에서 바라볼 때 동북 방향에 있는 요서지역 일대를 상족의 기원지인 '동북'으로 비정(比定)할 수 있다.[44)]

---

43) 朱泓의 "하가점 상층문화 주민은 종족 유형 상 동아 몽골 인종의 성분이 주도적인 위치를 차지하는 동아, 북아 몽골 인종의 혼혈 유형에 속한다"라는 견해를 참고하면 은주교체 후 동북지방으로 재이주한 상족이 그 지역의 몽골 인종 등과 접촉하면서 종족의 混化 현상이 진행된 것으로 판단할 수 있다. (朱泓, 「중국 동북지구의 고대 종족」, 『博物館紀要』13호, 단국대학교중앙박물관, 1998. 19~20쪽 참조)

44) 필자는 하가점하층문화가 초기 상족의 문화와 밀접하고, 상층문화는 은주교체

3) '동북(東北)'의 역사적 함의

'동북(東北)'에 대해 단순하게 상족의 기원지인 동북지방을 말한 것이라는 인식에 그친다면 '동북상붕(東北喪朋)'을 괘사로 취한 이유로 부족하다. 적어도 '동북(東北)'이 상족의 의식 속에 특별한 집단기억의 대상 또는 종족의 정체성을 특징짓는 신성한 본향(本鄕) 등으로 견고하게 자리 잡은 사실이 확인될 때 특별한 의미가 있다. 종족의 기원역사가 간직된 곳을 향한 뿌리 깊은 지향성은 종족을 결속하고 종족의 의식과 문화를 지배하는 신념 체계의 형성에 결정적 요인이 된다. 만일 '동북(東北)'의 개념이 이처럼 상족의 신념 체계에 기반한다면, 주족의 처지에서 상족의 정체성을 허물고 완전한 통합을 어렵게 하는 중요한 원인이다. 그렇다면 '동북(東北)'이 상족에게 어떤 지향적 의미가 있는지 확인될 때 괘사 '동북상붕'에 대한 역사적 관점의 해석이 가능해진다.

이 지향성의 문제는 「은본기(殷本紀)」의 기록 중 "自契至湯八遷. 湯始居亳 從先王居(상나라는 설에서 탕왕에 이르기까지 여덟 번 도읍을 옮겼는데, 탕임금이 처음 박(亳)에 처음 도읍을 정할 때 선왕의 거처를 따랐다)"에서 그 실마리를 찾을 수 있다. 이 짧은 기록은 선공시기(先公時期)에 상족이 여덟 차례 도읍을 옮겨 다녔고, 도성을 축조할 때 선대가 거주했던 곳을 따를 정도로 종족의 정체성을 유지하는 어떤 기억이나 전통이 전승되었음을 시사한다.

'종선왕거(從先王居, 선왕의 거처를 따랐다)'가 무엇을 뜻하는지 분명치 않지만, 문맥상으로 탕왕이 처음에 '박(亳)'에 도읍을 정하고 거주할 때 선대 왕들이 '박(亳)'에 도읍을 짓고 거처를 정한 일을 따랐다는 뜻으로 볼 수 있다. 다만, 선대 왕들이 도읍을 건설하면 '박(亳)'이

의 역사적 상황과 밀접하게 연결되어 있다는 관점을 취했으나, 문화의 주체나 분포유적의 동질성과 계통 관계 등에 대해 다양한 견해가 있다는 점을 밝히고자 한다.

라고 불렀는데 그 명칭을 따서 도읍명(都邑名)으로 삼았다는 것인지, 아니면 '박(亳)'이라는 도읍을 조성할 때 선왕이 거처했던 '박' 도읍의 양식을 따랐다는 것인지는 명확하지 않다.

명칭의 장소적 이전 문제와 관련하여 '박(亳)'의 지명에 대한 부사년(傅斯年)의 견해를 참고할 필요가 있다. 그는 고대의 지명이 거주민을 따라 옮겨가는 현상을 주목하고 '박(亳)'도 상족의 이주와 정착의 과정에서 지명이 옮겨간 것으로 보고 있다. 낙양에 새로 지은 도읍을 '성주(成周)'라 부른 것은 기존 도읍인 '종주(宗周, 일명 鎬京)'에서 그 지명을 옮긴 사실을 밝힌 것과 같다. 노(魯)나라에 있는 상대(商代)의 사직인 '박사(亳祀)'에 대해 왕국유(王國維)가 『춘추좌전』 애공(哀公) 14년(B.C.481) 조의 "송(宋) 경공(景公)이 '박(薄)은 종묘가 있던 도읍'이라고 했다."[45]라는 기록을 근거로 탕왕이 도읍으로 정한 박(亳)에 대해 한대(漢代)의 산양군(山陽君) 박현(薄縣)으로 고증한 점을 그 예로 들었다. 이외에도 제수(濟水)와 하수(河水) 유역 가운데 '박(薄)' 또는 '박(博)'이라 불리는 곳이 여러 곳인데, 이는 모두 '박(亳)'과 음성(音聲)상으로 호환 관계에 있다는 점을 주목했다.[46]

위 부사년(傅斯年)의 견해에 따르면 상나라의 선조는 하북성 발해 연안의 박(亳)에서 기원하였다. 그 후 제수(濟水)를 거슬러 서쪽으로 이동하는 연도의 주요 정착지마다 예전 이름으로 그곳을 명명하였다. 그 결과 많은 수의 '박(亳)' 도읍이 생겨났다. 다만, 발해 연안의 하북

---

45) 『春秋左傳』 哀公 14년 : 宋景公曰, 薄宗邑也.

46) 이와 관련하여 傅斯年은 『좌전(左傳)·소공(昭公) 9년』의 "무왕에 이르러 상을 멸망시켰으나, 포고(蒲姑)와 상엄(商奄)은 우리 동쪽 영토이며, (中略) 숙신(肅愼)과 연(燕)과 박(亳)은 우리 북쪽 영토이다."라는 기록 중 '포고'에 대해 두예(杜預)가 '박고(薄姑)'로 주석한 사실을 근거로 '포(蒲)'는 '박(薄)'과 통한다고 보았다. 나머지 '박(博)', '박(薄)', '박고(薄姑)'도 모두 독음(讀音)의 변천 과정을 거친 결과이고, 본자(本字)는 '박(亳)'이라고 했다. 특히 숙신연박(肅愼燕亳)은 지금의 하북성 발해 연안에 해당하므로 탕의 박(亳)으로부터 일천여 리 동북쪽에 위치하는 것으로 보았다. (傅斯年 著, 鄭在書 譯, 『夷夏東西說』, 101~115쪽 참조)

성 일대를 기원지로 보고 제수를 거슬러 서진했다는 그의 의견에는 동의할 수 없지만, 이동 연도의 정착지마다 '박(亳)'으로 명명했다는 주장은 설득력이 있다. 「은본기」의 기록에서 보았듯이 상족이 은허에 이르기 전까지는 이주의 역사였다. 그 과정에서 새가 둥지를 치듯 그들은 도읍을 세웠고, 그 도읍을 중심으로 세력이 약할 때는 침탈 당한 역사를, 세력이 강할 때는 정복의 역사를 썼다. 여괘(旅卦) 상구(上九)의 "鳥焚其巢 先笑後號咷(새가 그 둥지를 태우니 처음에는 웃었으나 나중에는 통곡하도다)"는 조이족(鳥夷族)인 상족의 이주의 역사와 무관하지 않다.

장기간에 걸친 잦은 이주는 종족의 정체성을 약화하는 요인이 되며, 반사적으로 이것을 지켜내고자 강력한 결속을 요구하게 된다. 이처럼 정체성을 지키는 하나의 방법이 '종선왕거(從先王居)'이다. 상나라의 기원을 노래한 『상송(商頌)』「현조(玄鳥)」편에 "상나라의 옛 왕들은 받은 명이 위태롭지 않게 잘 지켜 손자 무정(武丁)에 이르게 했네."[47]라는 구절도 넓은 의미에서 '종선왕(從先王)'과 뜻하는 것이 같다. 이런 관점에서 '박(亳)'은 단순하게 도읍의 이름만 옮긴 것이 아니라, 상족의 정체성을 전승하려는 일종의 집단기억을 바탕으로 축조된 도읍의 전형으로 보는 것이 마땅하다.

또한, 잦은 이주로 정착지를 건설할 때 그들의 문화와 습속을 그대로 이어갈 수 있도록 일종의 건축양식이나 기준을 정립하고 건축의 효율성을 추구하면서 종선왕(從先王)의 정체성을 지키려는 의도가 있었다고 보아야 한다. 발해 연안 북부 요하 일대의 기원지를 신성하게 여기면서도 길고도 잦은 이주 과정에서 효율적으로 정착지를 건설하고자 도읍의 명칭은 물론 양식까지도 전승함으로써 상족의 정체성을 지켜나간 것이다.

---

47) 『詩經』「商頌」〈玄鳥〉: 商之先后 受命不殆 在武丁孫子。

상나라의 도읍은 (질서가) 정연(整然)하니 온 나라의 기준이 되네.
…… 모난 서까래 길쭉하고, 많은 기둥 굵직하여, 매우 평온하게(쉽게)
궁전이 지어졌네.48)

위 시구는 상족이 도읍의 건설과 관련하여 미리 정해놓은 일정한 양
식과 기준에 따라 아주 쉽게 건축물을 축조하는 모습을 노래한 것으
로, 위 관점의 근거로 삼을 수 있다. 실제로 건축에 관한 복사를 보면
읍(邑)의 축조와 관련한 복사가 매우 흔하다. 이것은 상나라가 성을
거점으로 영토를 확장하고 방국을 지배하는 점성국가(點城國家) 체제
를 유지한 결과 성을 축조하는 기술과 경험이 쌓여 건축물의 축조에
특별한 능력이 있음을 시사하고 있다는 점에서 위 시의 내용과 부합하
는 면이 있다. 문제는 이러한 관점을 뒷받침하는 고고학적 증거들이
있는지이다.

정주(鄭州) 이리강(二里岡)과 안양(安陽) 은허(殷墟)의 유적 중 상나
라 성터와 건축물의 각도(角度)에 관한 손화(孫華)의 연구는 상족이 지
향했던 견고하고도 일관된 '종선왕거(從先王居)'의 문화가 동북지방과
연관되어 있다는 사실을 논증하고 있다. 그는 초기 상나라 유적인 정
주상성, 언사상성 등과 후기 상나라 유적지인 소둔촌과 그 북쪽의 환
북상성 등의 유적지에서 확인한 건축물의 방향과 분포, 형태 등에서
양식의 일관성과 시대적 연속성의 특징이 있음을 밝혔다. 아울러 건축
방향과 관련하여 〈그림 2〉에서 보듯 상나라 후기는 물론 초기 단계의
상나라 도성의 성곽, 대형건축, 대형고분 등이 하나같이 정남북(正南
北) 방향이 아닌 북편동(北偏東)을 유지한 가운데 건축물의 분포 및 형
태까지도 서로 같음을 확인했다.49)

---

48) 『詩經』 「商頌」 〈殷武〉: 商邑翼翼 四方之極. …… 松桷有梴 旅楹有閑 寢成孔安.
49) 孫華, 「商代前期的國家政体 -從二里岡文化城址和宮室建筑基址的角度-」, 『商
王朝與中國早期文明硏究』, 北京: 科學出版社, 6~8쪽 참조.

〈그림 2〉 二里岡文化與殷墟文化遺存方向比較

	殷墟文化	二里岡文化
城墙	 洹北花園庄	 郑州二里冈
宮室	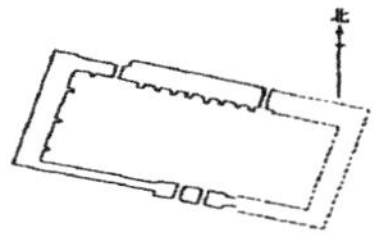 洹北花園庄	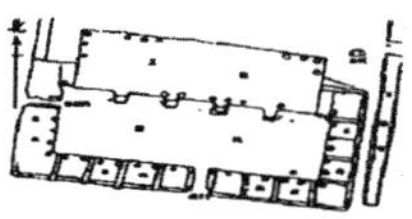 偃師尸乡沟
墓葬	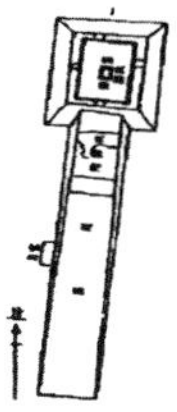 殷墟西北冈M260	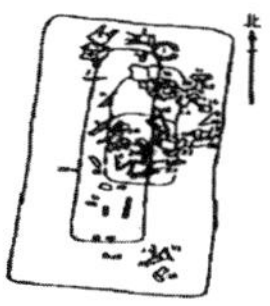 郑州二里冈BQM1

산서성(山西省) 원곡현(垣曲縣)의 고성진(古城鎭) 고성, 호북성(湖北省) 황피(黃陂) 반용성(盤龍城) 고성 등을 비롯해 상나라의 주요 유적지에 남은 성곽과 대형 건축물 및 귀족의 무덤 등에서 나타난 건축물의 축선도 모두 동북에서 서남으로 일관성 있게 향해 있음을 밝혔다.50) 그의 견해에 따르면 사실상 지역과 시기에 무관하게 모든 상성(商城)의 건축물이 일정한 양식을 유지한 것이다. 이러한 현상은 초기 '이리강문화'에서 후기 '은허문화'에 이르기까지 상족의 방위 관념과 건축 기준 등이 한결같다는 점을 말하고 있다.

이와 달리 서주시기 주나라의 고도인 협서성 주원(周原) 유적지에 소

---

50) 위 같은 논문, 14~16쪽 참조.

재한 봉추(鳳雛) 건축물들은 남편동(南偏東) 15도의 '좌북향남(坐北向南)'을 유지했으나 그 선진문화인 '이리두문화'의 건축양식과는 상이하여 상호 간에 일관성과 연속성이 보이지 않는다고 했다.[51] 이처럼 서로 인접한 이리두와 이리강 문화유적지에 분포한 건축물의 방향이 다른 이유에 대해, 이봉(李峰)은 진북 방향으로 건물군을 진열하는 기준인 별자리가 서로 달랐기 때문이라고 했다. 이것은 곧 정치의 우주관이 '이리두'에서 '이리강'으로 근본적으로 바뀌면서 새로운 왕조의 지배가 구축되었음을 강하게 시사한다고 밝혔다.[52] 그의 견해는 상 왕조의 지배가 구축되었다는 결과로서는 타당하지만, 건축의 기준으로 삼는 천문의 기준점이 달라서 건축물의 방향도 달라졌다는 주장은 받아들이기 어렵다. 상나라의 경우 장소와 시대를 뛰어넘어 양식의 일관성을 유지했으나 주나라의 경우는 그렇지 못했다는 점에서 이러한 견해는 분명한 한계가 있다.

이러한 현상과 관련하여 '은나라 사람은 동북 방향을 존숭했다'라는 관점으로 접근한 양석장(楊錫璋)의 견해는 매우 설득력이 있다. 그는 손화(孫華)와 마찬가지로 상나라의 대형 건축물 터의 방향이 정남에서 약간 서쪽으로 치우쳤다는 사실을 주목하고 그 이유를 규명했다. 그 결과 상대 전기의 정주상성과 반룡성은 물론 상대 후기의 은허의 성에 이르기까지 성내의 모든 궁전구역은 동북방에, 대묘구역은 서북방에 분포한 사실, 왕실과 최고 귀족 묘의 절대다수가 북편동(北偏東)인 사실 등을 근거로 '은인(殷人)은 동북방을 중시했고, 적어도 은대의 왕실 및 고위 귀족들 사이에 동북방을 존숭하는 문화가 있었다'[53]라고 결론을 내렸다.

---

51) 위 같은 논문, 6~8쪽 참조.
52) 李鵬 著, 李淸圭 譯, 『中國古代史』, 82쪽 참조.
53) 楊錫璋, 「殷人尊東北方位」, 2~7쪽 참조. (『慶祝蘇秉琦考古學五十五年論文集』, 文物出版社, 1989)

은인(殷人)들이 동북방을 높이 여긴 근거에 대해서 그는 두 가지 관점으로 접근했다. 첫째는 일월성신(日月星辰)을 숭배한 사실을 들었다. 주로 동북 방향에서 떠올라 서북 방향으로 지는 천체의 운행 현상 등을 보고 동북을 신의 생활공간으로, 서북을 신의 매장지로 생각했기에 동북을 중요하게 인식했다는 것이다. 둘째는 상족의 기원지와 관련이 있다고 보았다. 그는 상고시대의 황하가 지금과 달리 하남 북부와 하북의 남부를 지나 심현(深縣)의 남쪽에서 분기하여 천진(天津) 부근의 바다로 흘러갔다는 지리적 고증을 바탕으로 상족의 기원지인 '동북(東北)'에 대해 발해와 만나는 황하 하류 일대로 보았다. 이 지역에서 선상문화(先商文化)와 하가점하층문화(夏家店下層文化)가 만나고 있으며, 선공 시기에 인접한 역수(易水) 일대에 거주했던 유역씨(有易氏) 등과 영토확장 투쟁을 벌인 사실 등을 근거로 들었다. 이러한 관점을 전제로 상나라 왕실과 귀족이 동북방을 높이 여긴 것은 선조들이 기원한 동북방 지역인 이곳을 그리워하고 존숭한 결과로 보았다.[54]

상족이 숭배한 일월성신의 운행 현상을 보고 동북쪽을 높이 여겼다는 그의 관점은 고대인의 보편적 인식과 별반 다르지 않고 상족 특유의 인식이 아니라는 점에서 설득력이 부족하다. 반면에 상족이 선조들의 기원지를 존숭한 결과로 본 점은 상족의 이주의 역사 등에 비추어 매우 타당하다. 다만 고대의 황하 하류를 상족의 기원지로 추정한 점은 수용하기 어렵다. 동북지방의 선진 문명과 전승 관계에 있는 파급문화(波及文化), 하류문화(下流文化)와의 관계성의 측면에서 황하 하류 지역은 동북지방 일대의 홍산문화, 하가점하층문화 등이 파급되는 지역이다. 동시에 상족의 이주 경로나 영역 확장의 변경(邊境) 지역으로 보아야 한다. 문화의 이동과 교류로 파급되는 주변 지역이 문화의 기원지가 될 수 없다는 점을 생각하면 그의 견해에 동의하기 어렵다.

그렇지만 선조가 기원한 곳을 그리워하고 존숭하는 마음에 그 기원지

---

54) 위 같은 논문, 7~10쪽 참조.

로 향하는 동북방을 높이 여겼다는 관점은 매우 독창적이면서 설득력이 있다. 이러한 관점을 배제하고 상족의 특유한 '종선왕거(從先王居)' 문화와 그 지향성을 설명하기 어렵다. 길고도 잦은 이주의 역사 속에서 종족의 정체성을 정립하고자 강력한 신 '제(帝)'를 내세워 결집하고, '제(帝)'의 신성을 바탕으로 종족의 선민적 특별함을 더하고자 선조가 기원했던 동북지방에 대해 강고한 집단기억을 전승했을 것이다. 이 과정에서 상족 특유의 '종선문화(從先文化)'[55]가 형성되었다고 보는 것이 타당한 듯하다.

4) 괘사 '동북상붕(東北喪朋)'에 대한 역사적 관점의 해석

서두에서 곤괘의 괘사 "서남득붕 동북상붕(西南得朋 東北喪朋)"에서 '서남(西南)'은 주나라를, '동북(東北)'은 상나라를 상징한다는 인식 아래, 상족의 정체성의 바탕인 견고한 집단기억을 해체하고 은주 교체를 완성한 주나라 중심으로 상족을 통합하려는 의도가 이 서사에 내재한다는 점을 전제했다. 벌주(伐紂) 이후 상족과 추종 세력을 복속하는 일은 주나라 지배계층의 최대 관심사였고, 실제로 강왕(康王) 때에 이들의 이반을 잠재우고 평안해질 수 있었다[56]는 역사적 사실을 생각하면 '동북상붕(東北喪朋)'의 역사적 함의가 무엇인지 알 수 있다.

건괘의 서사가 은주교체에 대한 역사적, 도덕적 정당성을 확보하고 항구적 순수의 의지를 드러내고 있는 반면에, 곤괘의 서사는 은주교체 전후로 다양하게 분열된 세력을 종주(從周)의 기치 아래 하나로 통합하여 나라를 안정시키려는 의도로 일관한다. 이처럼 '東北喪朋'은 통합을 어렵게 만드는 상족의 견고한 정체성을 허물고자 하는 목적이 있다.

---

55) 신앙의 측면에서 '帝'를 세워 결집했고, 종족의 측면에서 체계를 세워 선공과 선왕을 추존했고, 문화의 측면에서 선대의 풍속과 양식을 따랐다는 점에서 상나라의 문화적 특징을 '從先文化'로 규정할 수 있다.

56) 『史記』「周本紀」: 成康之際, 天下安寧, 刑錯四十餘年不用。

비록 다섯 편에 지나지 않지만 『시경』 「상송(商頌)」에 편제된 시가의 내용을 보면 종선문화(從先文化)에 기반한 그들의 정체성이 얼마나 견고하게 전승되었는지 확인된다. 이에 반하여 「대아(大雅)」나 「주송(周頌)」에 편제된 시들은 은주교체를 정당화하고 위업을 기리는 내용이 대부분이다. 빼앗겼으나 정체성을 지키려는 자와 빼앗긴 자의 정체성을 해체하고 굴복시키고자 하는 세력 간의 역사의식이 충동하는 가운데 하나로 통합하려는 의지가 분출하고 있는 시대의 상황이 이러한 시편에서 확인된다.

『서경』 「강고(康誥)」 편 가운데 "너는 (봉지로) 가서 은나라의 옛 현명한 임금을 널리 본받아서 백성을 돌보고 다스리도록 하라. (중략) 할 일을 생각하지 않거나 애당초 행하지도 않아 그 임금의 마음을 아프게 하는 자가 있다면 그들은 곧 악을 끌어당기는 자이다. 그러므로 너는 의로운 법에 따라서 그런 자들은 모두 죽여라."[57]라는 구절은 은주교체 직후의 시대가 요구한 통합이 얼마나 어렵고 절실한 문제였는지 생생하게 보여주고 있다. 새로 건설한 성주(成周)에 상나라의 관리 등을 이주시키고 그들에게 고한 내용을 기록한 「다사(多士)」 편에 "지금 내가 이 낙(洛)에 큰 도읍을 만든 것은, 세상에는 아직도 우리에게 복종하지 않는 자들이 있다고 생각하기 때문이다. 그대 여러 관리는 우리의 신하로서 복종하는 가운데 부지런히 일하며 따라야 한다."[58]라는 구절은 "서남득붕 동북상붕(西南得朋 東北喪朋)"에 내재한 통합의 지향성을 말한 것과 다르지 않다.

여기에 더하여 상대(商代)를 비롯하여 주초(周初)에 사방(四方)과 사유(四維)에 대해 존비(尊卑) 또는 길흉(吉凶)의 측면에서 어떻게 인식했는지 검토하면 괘사에 내재한 역사성을 이해하는 데 도움이 된다. 상나

---

57) 『書經』 「康誥」：往敷求于殷先哲王 用保乂民. (中略) 弗念弗庸 瘝厥君 時乃引惡 惟朕憝 已汝乃其速由茲義 奉殺.

58) 『書經』 「多士」：今朕作大邑于茲洛 予惟四方罔攸賓 亦惟爾多士攸服 奔走臣我多遜.

라 사람은 사방(四方)에 대해 신령한 존재 개념으로 받아들였다. 동·서·남·북 사방을 석(析)·인(因)·이(夷)·복(伏) 등으로 각각 칭하고 이들에게 다시 협·개·이·역 등의 사방 풍신(風神)을 배속하였으며, 주기적으로 제사 지낼 정도로 신성시했다.59) 사방 풍신은 '상제의 다섯 신하' 중의 하나로 인식되었다. 아마도 바람을 중앙의 상제와 사방을 관장하는 방신(方神)을 연결하는 전령이나 농업 생산에 영향을 주는 신으로 인식한 것으로 짐작된다. 방국(方國)의 공납(貢納)과 내조(來朝)를 통해서 사방의 안녕과 복속을 확인해야 했던 그 시대의 상황이 방신과 풍신의 관념을 낳았고, 천문과 지리의 방위개념이 바탕이 된 것으로 짐작된다. 아울러 성곽과 기타 건축물을 축조할 때 동북 방향으로 일정한 각도를 유지하거나 건축물의 특성과 용도에 따라 방위를 달리한 사실에 미루어 방위에 따라 길흉의 용처가 있다고 인식한 것이 분명하다.

　이러한 관념이 주나라의 종합적 인식체계인 『주역』에 어떤 식으로 영향을 주었는지 분명하지 않지만, 적어도 방향에 따라 인간의 삶에 영향을 준다는 인식이 널리 형성된 것은 분명해 보인다. 64괘 중 3개의 괘에서 이러한 인식이 반영된 예가 보인다. 곤괘(坤卦)의 괘사 "西南得朋 東北喪朋", 건괘(蹇卦)의 괘사 "利西南 不利東北", 해괘(解卦)의 괘사 "利西南"이 이러한 예이다. 비록 이(利)와 불리(不利)의 기준이 되는 방향을 모두 '서남(西南)'과 '동북(東北)'으로 한정했으나, 방향에 따라 인간사가 영향을 받는다는 보편적으로 인식이 반영된 것으로 보아야 한다. 이러한 인식의 틀 속에서 하나같이 '서남(西南)'을 긍정적으로, '동북(東北)'을 부정적으로 인식한 것이다.60)

　건괘(蹇卦)는 나아가야 할 상황에서 곤경에 처했을 경우 어떻게 할 것인가를 담론으로 하고 있으며, 그 대답은 동북으로 가지 말고 서남으로 가라는 것이다. 해괘(解卦)는 건괘(蹇卦)의 뒤를 잇는 괘로 어려

---

59) 王宇信·楊升南 著, 하영삼 譯, 『갑골학 일백 년·4,』, 32~39쪽 참조.

60) 履卦 九二의 '幽人 貞'에 대한 해석 내용을 참고 요망.

운 상황이 극에 이르면 풀림이 있다[61])는 인식을 바탕으로 이 상황에서 어떻게 대처할 것인지가 담론이다. 여기에서는 '동북'을 인용하여 부정적으로 대비하지 않았지만 '서남이 이롭다'라는 인식에는 변함이 없다. 이와 같은 일관성은 방향에 따라 일상의 유불리가 좌우된다는 관념이 견고했다는 점을 시사한다.

다만, 위 세 괘의 '이서남(利西南)'을 방향에 따른 일반적 유불리의 문제로 받아들이는 것은 문제가 있다. 서두에 언급한 대로 '동북(東北)'이 상나라를, '서남(西南)'이 주나라를 각각 상징한다면 '이서남(利西南)'은 주나라에 대한 추종 의식을 각인시키고, '불리동북(不利東北)'은 상나라를 지우려는 집요한 의도가 담긴 정치적 수사로 보는 것이 마땅하다. 상황이 지극히 어려운 '건(蹇)'의 때는 물론이고 상황이 좋아지는 '해(解)'의 때에도 한결같이 주나라를 따를 때 이로움도 따른다는 취지이다.

따라서 곤괘의 괘사와 나머지 두 괘의 괘사 가운데 '서남(西南)'은 주나라를 가리키는 말로 인용한 것이 분명하다. 일상적으로 점을 치는 가운데 '서남'에 대해 긍정적 인식을 주입함으로써 상말 주초의 분열된 천하를 주나라 중심으로 통합하고자 의도했다는 점을 부인하기 어렵다.

> 백로들이 떼를 지어, 저기 서쪽 옹택(雝澤)으로 날아가네.
> 우리 손님 오셨는데, 그 모습이 백로를 닮았네.
> 저쪽에서도 미워하지 않고, 이쪽에서도 싫어하지 않네.
> 새벽부터 밤늦게까지 서로 노력하여, 변함없이 명예롭기를 바라네.[62]

위 시는 곤괘의 괘사 "西南得朋 東北喪朋"이 지향하는 궁극의 뜻과

---

61) 「序卦傳·下」: 蹇者 亂也. 物不可以終難 故受之以解.

62) 『詩經』 「周頌」 〈振鷺〉: 振鷺于飛 于彼西雝 我客戾止 亦有斯容 在彼無惡 在此無斁 庶幾夙夜 以永終譽.

다르지 않다. 백로는 흰색을 중시한 상족을 말하고, 서옹(西雝)은 기산 일대의 습지로 주나라를 상징한다. 상족이 '동북(東北)'으로 표상되는 집요한 종선(從先) 의지를 버리고 백로가 떼를 지어 서쪽 기산의 옹택으로 깃들듯 주나라의 품에 안겨야만, 이쪽(此)과 저쪽(彼)이 적대적 관계를 청산하고 좋은 세상에서 살 수 있다는 것이 취지이다. 이것이 바로 "서남득붕 동북상붕(西南得朋 東北喪朋)'"에 내재한 역사적 의리(義理)이며, 곤괘가 지향한 이상적인 통합의 모습이다. 실제로 곤괘의 나머지 서사(筮辭)도 모두 이러한 통합의 문제로 귀결하고 있다.

5) '붕(朋)'의 역사적 개념

괘사 '서남득붕 동북상붕(西南得朋 東北喪朋)'에 대한 전통적 해석 경향을 보면 '붕(朋)'을 '벗'이나 '동류'의 뜻으로 일관한다는 사실을 서두에서 이미 언급한 바가 있다. 이처럼 견고한 경향성은 세 가지 측면에서 설명할 수 있다.

첫째, 점서적 관점에서 '벗'으로 풀이하는 것 외에 표면상 그 의리를 명료하게 드러낼 다른 말이 잘 보이지 않는다는 점이다. '벗으로 새기면 적중(的中)의 관점에서 괘사의 뜻함이 명쾌하기 그지없으며, 표면상 의리(義理)의 측면에서도 '벗'이라는 개념 외의 다른 그 무엇을 취할 여지를 찾기가 어렵다.

둘째, 유학(儒學)의 통론(通論)을 밝힌 『논어』「학이(學而)」편 수삼구(首三句) 중 "멀리서 벗이 찾아오니 이 또한 즐겁지 아니한가."[63]라는 구절의 영향으로 '붕(朋)'은 곧 '벗'이라는 인식이 고착된 결과로 볼 수 있다. 만세의 사표(師表) 공자가 이미 밝힌 말이고, 달리 해석할 필요도 없이 명료하므로 어떤 문제의식도 없이 '벗'이라는 개념으로 받아들인 것이다.

---

63) 『論語』「學而」: 有朋自遠方來 不亦樂乎。

셋째, 어원적 관점에서 역(易)이 지어진 시대를 전후한 '붕(朋)'의 자의(字意)를 규정하고 다시 곤괘의 역사적 함의와 연계하지 못한 결과이다. 앞에서 보았듯이 유가의 입장에서 '붕(朋)'의 자의(字意)는 의심할 여지가 없을뿐더러 상고시대의 실증적 용례(用例)를 보지 못한 결과 이와 같은 경향성을 유지했다.

『설문해자』는 '붕(朋)'에 대해 자해(字解) 없이 봉황(鳳凰)과 관련지어 어원만 밝혔다. 즉 "봉황이 비상하면 다른 새들이 떼를 지어 뒤따라 나는데, 그 수(數)가 만(萬)을 헤아리므로, 이를 가차하여 '붕당(朋黨)'의 '붕(朋)'자가 되었다."[64]라고 풀이했다. 이에 따르면 '붕'은 '무리', '동류' 등의 개념이다. 그렇다면 '붕(朋)'을 '동류'의 개념을 뛰어넘는 그 무엇을 뜻하는 말로 논증하려면 우선 『주역』의 서사에 영향을 준 상대의 복사에서 용례를 확인할 필요가 있다.

惠貝朋. 吉. (패화 1붕을 베풀까요? 길하다) [갑골문합집] 29,694편

易多母侑貝朋.(역이 다모에게 1붕의 패화로 보답할까요?) [갑골문합집] 11,428편

庚戌卜 □貞 易多女又貝朋. (경술일에 점을 치다. □이 묻습니다. '다녀'에게 패화 1붕을 하사할까요?" [갑골문합집] 11,438편.

위 복사(卜辭)에서 보듯 상대에 '붕(朋)'은 조개를 두 줄로 엮은 모양을 형상화한 글자로 조개 꾸러미를 세는 화폐단위의 양사(量辭)로 쓰였다. '1붕(朋)'의 교환가치에 대한 해석이 다양하지만, 갑골문과 금문의 '붕(朋)'자는 한 줄에 5개씩 두 줄에 꿰어놓은 조개 꾸러미를 뜻하므로 '1붕'은 조개 10개라고 보는 왕국유(王國維)의 견해가 설득력이

---

64) 『說文解字』: 鳳飛 群鳥從曰萬數 故曰爲朋黨字. ('鳳'에 대한 解文 내용 중에서 발췌)

있다.65) 22대 무정의 비묘(妃墓)인 부호묘(婦好墓)에서 약 7천 개의 패화가 출토되었는데, 패화가 물품의 교환수단을 넘어 부의 축적 수단으로 이용된 사실을 말해준다. 이 패화(貝貨)는 진대(秦代)에 '전(錢)'으로 대체될 때까지 오래도록 통용되었다. '서남득붕(西南得朋)'의 '득(得)'자의 갑골문 자형(字形)도 '길에서 손으로 조개를 줍는 모양을 형상한 것'으로, 조개를 나타내는 부분의 묘사가 갑골문보다 훨씬 더 사실적이다.66) 이로 미루어 '貝'의 통용 정도를 추측할 수 있다.67)

시라카와 시즈카는 "복문이나 금문의 붕(朋)은 옥이나 조개를 끈에 꿰어서 양쪽으로 늘어뜨린 모양이다. 금문의 도상 중에도 막대의 양 끝에 조개를 끈으로 꿰어 늘어뜨리고 그 막대를 메는 형태도 있다. 금문에서는 붕(朋)을 붕(倗)으로 썼고, 붕우(朋友)를 붕우(倗宮)로 썼다." 라고 했다."68) 금문의 경우 '벗'을 나타내는 '붕(朋)'의 자형이 다르다는 점을 밝혔다. 그의 견해를 참고하면 벗을 뜻하는 금문의 '倗'자가 '朋'에서 변용되었거나 혼용된 것으로 생각할 여지가 있다.

그러나 복문 이외에 상말 주초에 제작된 청동제기 명문상에서 '붕(朋)'이 화폐단위로만 통용되었기에 혼용 가능성은 없어 보인다. 특히 당시 명문 가운데 붕(朋)의 용례가 매우 풍부한데, 그 용례를 살펴보면 '득붕(得朋)'과 '상붕(喪朋)'의 역사적 함의를 찾을 수 있다.

> 을유일에 왕은 유(楡)에 계실 때 필기(邲其)에게 패화를 하사하셨다. (乙酉, 王才楡(楡), 邲其易(賜)貝)〈사사필기유(四祀邲其卣)〉中, 상말 제신(帝辛) 4년 4월 제작.

> 을사일에 자(子)가 소자 봉(夆+酉)에게 인(人)을 데리고 먼저 근(堇)에

---

65) 王宇信·楊升南 지음, 하영삼 옮김, 『갑골학 일 백년·4』, 416쪽 참조.
66) 許進雄 著, 조용준 譯, 『中國文字學講義』, 356쪽 참조.
67) 위 같은 책, 90쪽 참조.
68) 시라카와 시즈카 著, 고인덕 譯, 『漢字의 世界』, 531쪽 참조.

가도록 명하셨다. 자는 영광스럽게도 봉에게 패화 2붕을 하사하고 말하기를, '너의 노력을 칭찬하고자 패화를 하사한다'라고 하셨다. (乙巳, 子令小子夆先人于堇 子光商夆貝二朋. 子曰, 貝, 唯 蔑女曆)〈소자봉유(小子夆卣)〉中, 상말 제작.

병오일에 왕께서 관 땅의 종묘에 계실 때 수사자에게 패화 20붕을 하사하셨다. 이에 부계(父癸)를 위하여 보배로운 솥을 만든다. (丙午, 王商戌嗣子貝卄朋, 才闌宗. 用乍父癸寶餗)〈수사자정(戌嗣子鼎)〉中, 상말 제작.

을묘일에 자(子)가 태실에서 왕을 알현하고 백색 口 1개와 푸른 옥구슬 9개, 희생용 소 100마리를 바쳤다. 이에 왕께서 자황(子黃)에게 찬(瓚) 1개와 패화 백붕을 하사하셨다. 자광이 사정(姒丁)에게 패화를 하사했다. 이로써 '기口'를 위한 준(尊)을 만든다. (乙卯, 子見才大室, 白口一, 取琅九, 生百. 用王商子黃瓚一, 貝百朋. 子光商姒丁貝. 用乍己口尊.〈자황준(子黃尊)〉中, 상말 주초 제작 추정.

왕께서 덕을 공경하며 하늘에 제사를 지내시고 나의 불민을 훈계하셨다. 왕이 훈계를 모두 마치시고 하(何)에게 패화 30붕(三十朋)을 하사하셨다. 이로써 유공을 위하여 보배로운 제기를 만든다. (叀王龏(恭)德谷(裕)天, 順我不每(敏). 王咸誥, 何易貝卅朋, 用乍庚公寶尊彝)〈하준(何尊)〉中, 주초 성왕 시기 제작.

정사일에 왕께서 신읍(新邑, 成周)에서 처음 궤례(餽禮, 음식을 제공하는 예)를 행하시고 직접 명(鳴) 사경(士卿)에게 패화 1붕을 하사하셨다. 이에 부술(父戌)을 위한 제기를 만든다. (丁巳, 王才新邑, 初餽, 王易鳴士卿貝朋. 用乍父戌尊彝〈명사경준(鳴士卿尊)〉中, 서주 초기 제작.

위 '붕(朋)'의 용례에서 몇 가지 사실을 확인할 수 있다.
첫째, 상주시대 청동기물(青銅器物)은 제의용 제기(祭器)의 제작에 집중되었다. 왕이 패화(貝貨)를 하사하면 이를 기리고자 그 패화를 제기의 제작비용으로 어김없이 지출했다. 왕과 귀족과 생산자 사이에 패화가 일반적 지불수단으로 통용되었지만, 실질적으로는 단순히 교환가치를 뛰어넘어 정치적 가치를 부여하는 수단으로 삼아 지배계급의 권력을 전유적(專有的)으로 강화한 사실이 확인된다.[69]

둘째, 패화의 하사는 아랫사람에 대한 경제적 보상임과 동시에 왕의 권위를 과시하는 정치적 의미가 있으며, 하사받는 자는 더없이 명예로운 일이 된다는 점이다. 패화를 하사받은 후 이를 기리고자 어김없이 제기(祭器)를 제작한 사실은 단순히 경제적 보상에만 그친 것이 아니라 영예가 뒤따르는 일임을 증명한다. 위 〈소자봉유(小子峯卣)〉의 예문 중 '광상(光商)'에 대해 시라카와 시즈카는 '광(光)은 명예, 상(商)은 상(賞)의 초기문자'[70]라고 규정했다. 이로 미루어 볼 때 결국 패화의 하사는 표면상 경제적 가치의 제공이지만 그 이면에는 윗사람의 영예로운 덕과 아랫사람의 추종 의식을 주고받는 가운데 주종관계, 상하관계 등의 신분질서를 강화하는 정치적 성격이 강하다.

셋째, 패화의 하사에 관한 명문은 상말 주초에 제작된 청동제기에 집중적으로 나타나며, 강왕 이후에는 거의 보이지 않는다는 점이다. 이 사실은 상나라의 정치적 유습이 상말 주초의 혼란을 극복하고 천하가 안정되면서 패화의 하사로 경제적 보상이나 정치적 권위를 충족시킬 수 없었다는 점을 시사한다. 경제 규모가 커지면서 지배계층의 정치적 인식과 경제적 수용 가치가 변한 것으로 보아야 한다.[71]

---

69) 강왕(康王) 때 제작된 〈소신래궤(小臣𧩽簋)〉의 명문 중에 상나라의 은팔사(殷八師)를 동원하여 동쪽 바다까지 진격하여 주나라에서 화폐로 쓰던 많은 양의 조개를 노획했고, 이것을 군사에게 상으로 주라는 왕의 명령을 받았다는 기록은 이 사실을 뒷받침하는 구체적 사례이다. (李峰 著, 李淸圭 譯, 『中國古代史』, 161쪽 참조)

70) 시라카와 시즈카 著, 『金文の 世界』, 34쪽 참조.

71) 실제로 강왕 이후의 청동 명문에는 전쟁, 정벌, 제의 등의 일로 왕의 치하가 필요한 경우 토지, 노예나 백성, 기타 값진 물품을 제공하는 경우가 대부분을

위 내용을 토대로 괘사 '동북상붕(東北喪朋)'의 '붕(朋)'을 고찰하면 '벗'의 개념으로 고착하는 것은 문제가 있다. 『주역』에서 '붕(朋)'자는 곤괘(坤卦)를 포함하여 여섯 괘의 서사에 쓰였다. 이들 '붕(朋)'의 뜻까지 검토하면 '동북상붕(東北喪朋)'이 무엇을 뜻하는지 한층 더 명료해진다. 먼저 '붕(朋)'의 용례에 대해 세 가지 측면으로 정리한 다음 각각의 서사에 쓰인 '붕(朋)'의 개념을 판단하는 근거로 삼고자 한다.

우선, '붕(朋)'에 대해 패화(貝貨)의 개념으로 보는 것이다. 이 관점은 상말 주초에 통용되었다는 사실과 부합한다는 점에서 의미가 있다. '동북상붕(東北喪朋)'은 동쪽 상나라를 따르면 패화를 잃는다는 뜻이 된다. 이 경우 패화는 경제적 보상, 정치적 대가로서의 상(賞), 보상(補償) 등을 뜻하게 된다.

다음으로, '벗, 친구' 등으로 보는 것이다. 가장 일반적인 해석이며, 그 뜻도 간결하고 명료하다. 그렇지만 이러한 관점은 '붕(朋)'의 어원이나 작역(作易) 당시의 용례와도 달라서 역사적 측면에서 전적으로 받아들이기에는 문제가 있다.

마지막으로, '朋'을 동족(同族), 동종(同宗)의 개념으로 보는 것으로, 왕족이나 권문세족 등이 누리는 복록의 개념으로 확대할 수 있다. 시라카와 시즈카는 금문에서 '朋友'를 '佣督'로 썼으며, 혈연관계에 있는 동족(同族)으로 형제 또는 같은 연령 계층의 사람을 뜻하는 것으로 보았다. 특히 '붕우(佣友)'를 접대할 목적으로 제기를 제작한 사실을 밝힌 명문 등을 고려하면 '붕우(佣友)'는 '제사와 향연에 참가하는 사람으로 씨족 내 혈연들'을 말한다고 했다.[72] 서주 후기의 기물인 〈다우정

차지했다. 아울러 왕이 하사한 물품이 없음에도 자체적으로 의례를 기념하고자 제기를 제작하는 일도 증가했다. 이런 현상은 분봉제(分封制) 등의 정착으로 왕의 정치적 권위를 다양한 방식으로 나타냈고, 이에 따라 패화는 사회경제적 가치와 정치적 권위를 수용하기에는 점차 한계에 부딪혔다고 보는 것이 타당하다.

72) 사라카와 시즈카 著, 고인덕 譯, 『한자의 세계』, 113, 531~533쪽 각 참조.

〈多友鼎〉〉 명문 가운데 "用作尊鼎. 用倗用友(존귀한 제기인 정(鼎)을 제작했다. 이로써 붕우를 돈독하게 하겠다)"의 구절이 위 견해와 관련이 있는 용례이다.

이와 같이 '붕(朋)'에 대해 세 가지 관점으로 접근할 수 있다는 여지를 두고 『주역』 괘·효사 가운데 쓰인 뜻을 확인하면 다음과 같다.

복괘(復卦)의 괘사[73] 가운데 "出入 无疾 朋來 无咎"에 대해 일반적으로 '나가고 들어옴에 걱정이 없다. 벗이 오니 허물이 없다'라고 해석한다. '붕'을 '벗'으로 해석한 결과 『논어』 「학이(學而)」 편 수구(首句)의 '유붕(有朋)'의 개념과 5백여 년의 시차를 극복하고 잘 어우러진 가운데 그 뜻도 명료하다. 그렇지만 나머지 괘사를 참고하면 달리 해석할 여지가 있다. "反復其道. 七日來復. 利有攸往(그 도가 반복하여 7일에 다시 돌아온다. 갈 바를 둠이 이롭다)"을 전단의 괘사와 연계하면 '七日來復'은 '칠 일이 지난 후에 벗이 다시 온다'로 새겨야 하는데, 이 경우 문맥은 물론 문의까지 자연스럽지 않다.

서괘(序卦) 상 복괘는 만물이 거의 쇠락한 상황을 나타내는 박괘(剝卦) 다음에 배치됐다. 절기로 따지면 음기로 가득한 시월 이후에 강건한 양의 기운 하나를 배태하는 시기이다. 인간 세상의 양상으로 보면 소인배가 넘칠 때 제대로 된 사람 하나가 잠복하여 때를 기다리는 것과 같다. 괘의 소재 자체가 고난의 시기에 새로 희망이 움트는 일과 관련이 있다. 그렇다면 '붕래(朋來)'는 '고난을 해소할 수 있는 희망적 상황의 도래'라는 뜻으로 보아야 한다. '나가고 들어옴에 걱정이 없으니 좋은 상황이 도래할 것'이라는 취지이다. 이처럼 해석하면 나머지 괘사와 연결해도 문맥과 문의가 흐트러지지 않는다. 나가고 들어올 어떤 상황이 발생하고, 7일이 지나서 그 상황이 다시 온다는 것이다. 그렇다면 여기서 '붕(朋)'은 곤궁함을 해소해줄 상황과 관련되어 있기에 경제적 가치, 정치적 영예 등에서 희망적 상황이 도래한다는 뜻을 담

---

73) 『周易』 復卦 卦辭 : 復 亨. 出入无疾 朋來无咎. 反復其道 七日來復. 利有攸往。

은 개념으로 보는 것이 마땅하다.[74]

다음으로 함괘(咸卦) 구사[75]의 경우도 '붕(朋)'을 '벗'으로 보고 "곧으면 길하고, 후회함이 사라진다. 그리운 마음에 자주 왕래하면 벗이 너의 생각을 따른다."라고 해석하면 뜻함이 명확해진다. 함괘는 자기를 비워놓고 사람을 받아들이는 교감의 문제가 담론이다.[76] 구체적으로 남녀 간 교감을 초육의 엄지발가락, 육이의 장딴지, 구삼의 넓적다리, 구사의 가슴(=마음), 구오의 등, 상육의 볼로 단계를 거쳐 상승하는 형식으로 표현했다. 이를 전제하고 구사의 뜻을 생각하면 "올바르면 길하고, 후회함이 없다. 그리워하며 자주 오가면 희망적 상황이 너의 뜻대로 될 것이다."라고 해석할 수 있다. 마음이 오가면 네가 원하는 상황으로 변한다는 취지이다. 『주역』이 어려운 상황을 반전시키는 정중(正

---

74) 역사적 관점에서 복괘의 괘사 '出入无疾 朋來无咎'는 다음과 같은 뜻이 있다. 복괘의 담론은 출정한 군대가 돌아오는 문제를 소재로 삼았다. 이런 측면에서 '出入'은 왕명의 전달, 출납 등을 뜻하는 말로 서주시기 청동제기 명문에서 그 용례가 흔하다. '无疾'은 그 왕명이 신속하게 전달되지 않는다는 뜻이다. 그렇다면 '出入无疾'은 왕명(王命) 또는 명(命)을 발할 수 있는 사람의 명령이 신속하게 전달되지 않았다는 뜻이 된다.

이처럼 해석하면 역(易)이 지어진 시대의 용례에 부합하는 실증적 객관성을 확보한 가운데 '나가고 들어옴에 걱정이 없다'라는 일반적 해석이 던져주는 모호함에서 벗어날 수 있다. 후단의 효사 '朋來无咎'와 연결하며 뜻은 더욱 명료해진다. 여기서 '朋'은 '동족(同族), 동종(同宗) 또는 혼인하거나 나라에 공을 세워 이들 세력권으로 진입한 권문세족' 등을 일컫는 말로 이른바 '朋族'의 개념이다.

그렇다면 '出入无疾 朋來无咎'는 왕명이 신속하게 전달되지 않았지만, 명을 받는 위치에 있는 '朋(참전한 장수, 제후 등)'이 찾아오니 허물이 없었다는 뜻이 된다. 다시 말해 왕명을 내렸으나 명이 신속하게 전해지지 않았음에도 명을 받을 자가 제 발로 찾아왔으니 명령이 늦은 사실, 또는 전하고자 하는 명령을 직접 전할 수 있게 되어 허물이 없어졌다는 취지이다.

이런 관점으로 괘사를 새기면 '朋'은 벗, 친구 등으로 새길 여지가 없다. 이에 관해서는 복괘의 괘·효사를 해석할 때 상술하기로 하고, 여기서는 일반적 의리의 관점으로 접근했음을 밝힌다.

75) 『周易』咸卦 九四 : 貞吉 悔亡. 憧憧往來 朋從爾思.

76) 「咸卦·大象傳」 : 山上有澤 咸. 君子以虛受人.

中)의 도를 밝힌 경전이라는 관점에서 이러한 해석은 마땅하다.

건괘(蹇卦)는 고난을 헤쳐가는 문제에 대한 담론이다. 구오 효사 "대건 붕래(大蹇 朋來)"에 대해 "매우 어려운 상황에 빠졌으나 벗이 와서 도와준다."[77]라고 풀이하면 건괘(蹇卦)의 담론에 비추어 나무랄 데가 없고, '붕'을 달리 해석할 여지도 없는 듯하다. 그렇지만 제사에 쓸 주식(酒食)이 곤궁할 때 주불방(朱紱方)의 제후가 와서 해결한 사실을 소재로 삼은 곤괘(困卦) 구이[78]를 "大蹇 朋來"의 구체적 예로 보면 건괘의 '붕(朋)'도 '벗'의 뜻으로 한정하기에 무리가 있다. 즉 군왕의 처지가 어려울 때 존귀한 제후가 찾아와서 그 상황에서 벗어나게 했다고 해석할 수 있다는 점에서 그러하다. 이러한 관점은 고난의 상황에 대한 반전을 주목하는 『주역』의 취지에도 부합한다.

해괘(解卦) 구사의 "해이무 붕지사부(解而拇 朋至斯孚)"의 '붕'도 '벗'의 개념으로 보아 "해결하되 엄지발가락에서 하니 벗이 이를 믿고 찾아온다."라고 풀이하면 표면상 문제가 없어 보인다. 여기서 '붕지(朋至)'는 위 건괘(蹇卦)의 '붕래(朋來)'와 같은 개념이다. 그렇다면 이 효사도 "제후나 기타 군왕을 보좌할 위치에 있는 자가 문제가 발생한 초기에 찾아와서 해소함으로써 믿음을 보였다."라고 새길 수 있다. 『주역』의 서사를 해석하는 중요한 기준은 고정된 지식이 아니라 다양한 상황이라는 점을 참고하면 이처럼 다의적 해석이 가능하다.

마지막으로 손괘(損卦) 육오의 효사[79] 중 "십붕지귀(十朋之龜)"에서 '붕(朋)'은 패화의 교환가치를 말한 것이 분명하다. 더하고 덜어냄의 도를 밝힌 손괘의 담론을 고려하여 육오에 대해 "혹자가 그에게 십붕의 값어치가 있는 귀한 거북을 더해주었으나, 이를 거부하니, 크게 길하다."라고 해석하면 '붕(朋)'의 시대적 용례와 부합한다. 반면에 굳이

---

77) 『周易』 蹇卦 九五 : 大蹇 朋來。

78) 『周易』 困卦 九二 : 困于酒食 朱紱方來 利用享祀 征凶 无咎。

79) 『周易』 損卦 六五 : 或益之 十朋之龜 弗克違 元吉。

'열 명의 벗'으로 해석한 예도 있는데,80) 상말 주초에 사용한 '붕(朋)' 자의 쓰임을 알지 못했거나 간과한 결과로 보아야 한다.

지금까지 살펴본 내용을 정리하면 건괘의 괘사 "西南得朋 東北喪朋"에서 '朋'도 '벗'과는 다른 뜻으로 보아야 마땅하다. 앞에서 언급한 세 가지 용례 중 경제적 보상을 의미하는 패화로서의 '붕(朋)'과 혈연집단인 씨족공동체로서의 동종(同宗) 및 그들과 인척 관계인81) 권문세족 등을 의미하는 '붕(朋=佣)'이 융합된 개념으로 보는 것이다. 그렇다면 '득붕(得朋)'은 영예와 복록을 누리는 동종이나 권문세족의 지위에 올라서는 것을 의미하고, '상붕(喪朋)'은 이 모든 것을 잃는 것을 의미한다. 기자(箕子)가 무왕에게 강론할 때 "오직 군주만이 작록(爵祿)과 포상(褒賞)을 내릴 수 있고 형벌을 공정하게 내릴 수 있으며, 좋은 음식을 받을 수 있다."82)라고 했는데, 작록과 포상의 뜻으로 쓴 '복(福)'이 '붕(朋)'과 그 뜻함이 밀접하다.

'득붕(得朋)'에는 6백여 년 이어온 상나라를 잊고 새롭게 천하의 종주(宗主)가 된 주나라를 따른다면 영예와 복록을 누리는 권문세족으로 편입될 수 있다는 메시지가 담겨있다. 다만 전통적 해석 경향처럼 '붕(朋)'을 '벗'으로 새겨도 역사적 관점에서의 의리와는 큰 차이가 없다. 상족과 주족이 함께 어우러진 모습은 벗과 어울려 사는 모습과 유사하기 때문이다. 다만 상말 주초의 '朋'의 독립적 자의와 그 용례를 생각하면 경제적 시혜, 정치적 영예 등의 복록(福祿)을 누릴 수 있는 일종의 권문세족으로서의 '붕족(朋族)'의 개념으로 보는 것이 역사적 측면에서 타당하다. 『서경(書經)』「태서·중(泰誓·中)」편 가운데 '붕가(朋

---

80) 程頤는 육오 효사를 "혹 더할 일이 있으면 열 명의 벗이 도와준다"(或有益之之事則十朋助之矣)'라고 하여 '朋'을 벗으로 해석하였다. 반면에 朱熹는 '朋'을 "십붕의 값어치가 있는 두 마리의 거북으로, 大寶이다"(十朋之龜, 大寶也)'라는 뜻으로 해석하여 '朋'을 화폐단위로 보았다.

81) 대표적으로 혼인으로 인척 관계를 맺은 '婚媾'가 있다.

82) 『書經』「洪範」: 惟辟作福 惟辟作威 惟辟玉食。

家)'83)의 개념이 이와 같으며, 강왕 때의 기물인 〈의후측궤(宜侯矢
簋)〉의 명문에서 보이는, 무왕과 성왕이 정벌한 의(宜) 땅을 분봉 받
은 측(矢)을 '붕(朋)'의 실례로 볼 수 있다. 이런 관점에서 '붕(朋)'은 분
봉제와 밀접하며, 각 지역의 제후 등을 총칭하는 개념으로 보아도 무
리가 없다.

곤괘(坤卦) 외에 『주역』에 쓰인 '붕(朋)'의 용례 가운데 손괘(損卦)의
'十朋之龜'를 제외하고 모두 '벗'으로 새기면 표면상 뜻이 명료해진다는
점을 확인했다. 그렇지만 『주역』 서사의 해석은 개념적 지식 외에 서
사에 내재한 상황과 거기에서 생성되는 뜻을 확인하는 것이 중요하다.
이에 따라 위 '붕래(朋來)' 또는 '붕지(朋至)' 등의 서사는 상황이 어려
울 때 붕족(朋族, 군왕과 혈연관계에 있는 동종, 또는 군왕을 보좌하
는 제후나 권문세족)이 찾아와서 그 상황을 해소하고 영예와 복록을
누린다는 취지로 해석해도 무리가 없다. 특히 상대의 복사나 상말 주
초의 금문에서 '붕(朋)'을 화폐단위로 통용했고, '벗'을 뜻한 예로 보기
에는 명확하지 않다는 점 등을 고려하면, 위 서사의 '붕(朋)'도 '벗'이
아닌 복록을 누리는 동종 또는 권문세족을 뜻하는 '붕족(朋族)' 또는
'붕가(朋家)의 개념으로 보는 것이 타당하다. 이에 따르면 작역(作易)
시기의 '붕(朋)'에 대한 용례에 한층 더 부합한다.

2-2. 육이(六二)84) : 직방대(直方大)와 불습(不習)

1) 「문언전(文言傳)」의 교학적(教學的) 해석과 문제점

역사적 관점에서 육이 효사에 대한 해석은 "直方大"와 "不習"의 개

---

83) 본문은 "淫酗肆虐, 臣下化之, 朋家作仇, 脅權相滅(신하들이 방탕하게 술주정을
부리며 함부로 포악한 짓을 일삼고 있으며, 권문세족이 원수가 되어 힘으로
협박하며 서로 죽이려 든다)"이다. 『書經』「益稷」편의 "朋淫于家, 用殄厥世(권
문세족이 음일을 일삼으니 후손이 끊어졌다)"에서 '朋淫于家'도 같은 개념이다.

84) 『周易』 坤卦 六二 : 直方大 不習 无不利。

념을 어떻게 규정할 것인가의 문제로 귀결된다. 이것은 곧 전통적이며 일반적 해석 경향을 뛰어넘어 다른 관점으로 접근해야 한다는 점을 의미한다.

육이에 대한 전통적인 해석 경향은 지도(地道)의 공능과 그 공능이 발휘되는 구체적인 모습을 말한다는 관점으로 일관한다. 곤괘는 땅의 도를 담론으로 하며, 육이는 그 도의 구체적 실상을 밝힌 것으로 보고 있다. 따라서 '직방대(直方大)'에 대해 기본적으로 '곧고, 방정하고, 크다'라고 일관하여 새기며, '불습(不習)'에 대해서도 '익히지 않아도'로 한결같이 풀이하고 있다. 지도와 연계하면 이러한 해석은 가장 명료하고 이상적이다. 수평적으로 병렬한 '직(直)'과 '방(方)'과 '대(大)'로써 지도의 실상을 구체화했으며, 이에 따라 '불습(不習)'이 땅의 도는 별도로 익힐 필요 없이 저절로 행해진다는 뜻이 되어 비판의 여지가 없을 정도로 명료해졌다.

정이(程頤)는 "육이는 음의 자리로 아래에 있으므로 곤도(坤道)의 주인이 되고, 곤도를 통괄해서 말하는 중정(中正)이 아래에 있으니 이것이 땅의 도이다. '직(直)'과 '방(方)'과 '대(大)'의 세 가지로 그 덕의 쓰임을 형용했으니 땅의 도를 다 말한 것이다. '직방대(直方大)'로 말미암아 익히지 않아도 이롭지 않은 바가 없다."[85]라고 풀이했다.

주희(朱熹)는 "유순함이 견고하여 바른 것이 곤의 곧음이며, 형상을 부여하여 정함이 있으니 곤의 방정함이며, 덕이 무강(无疆)과 합치하니 곤의 큼이다. 육이는 유순하고 중정하며, 곤도의 깨끗함을 얻은 까닭에 그 덕이 안은 곧고 밖은 방정하며, 또한 성대하여, 배우고 익히는 일로 준비하지 않아도 이롭지 않음이 없는 것이다."[86]라고 풀이했

---

85) 程頤, 『易傳』: 陰位在下, 故爲坤之主. 統言坤道中正在下, 地之道也. 以直方大, 三者形容其德用, 盡地之道矣. 由直方大 故不習而无所不利.

86) 朱熹, 『周易本義』: 柔順正固, 坤之直也, 賦形有定, 坤之方也, 德合无疆, 坤之大也, 六二, 柔順而中正, 又得坤道之純者, 故, 其德, 內直外方而又盛大, 不待學習而无不利.

다. 위 두 사람은 철저하게 지도(地道)의 관점에서 육이 효사를 해석했다.

반면에 왕필(王弼)은 육이는 "중(中)에 거하고 정(正)을 얻어 땅의 성질을 다했으니 자연에 맡겨도 만물이 스스로 생겨나고 굳이 다듬고 도모하지 않아도 공이 저절로 이루어진다. 그러므로 익히지 않아도 이롭지 않음이 없다."[87]라고 풀이했다. 이는 앞의 두 사람과 달리 '직방대(直方大)'의 공능에 대해 직접 언급하지 않고 지도의 관점에서 해석했다는 특징이 있다. 이는 "일부러 하는 것은 없으나, 실제로 하지 않은 일이 없다."[88]라는 노자의 말과 같은 뜻으로, 위진시대(魏晉時代)를 산 그의 현학적(玄學的) 사상이 반영된 결과이다.

「문언전」은 "직(直)은 그 바름이요, 방(方)은 그 의로운 것이니, 군자는 경(敬)으로 안을 곧게 하고, 의(義)로써 밖을 방정하게 하여 경과 의가 세워짐에 덕이 외롭지 않으니, '直方大, 不習, 无不利'는 곧 그 행한 바를 의심치 않는 것이다."[89]라고 풀이함으로써 전통적인 경향의 해석 틀이 되었다. 직(直)과 방(方)의 직관적 인식을 바탕으로 경(敬)과 의(義)의 추상적 개념을 도출한 결과 그 의리는 경험과 사유가 어우러져 고매한 경지에 올라섰다. 경(敬)으로 그 안을 바르게 하고 의(義)로써 그 밖을 방정하게 한다는 말은 하나의 교조(敎條)로 받아들이기에 나무랄 데가 없을 정도이다.

앞에서 예를 든 전통적인 해석유형도 「문언전」의 해석 범주에서 벗어나지 않고 있다. 해석의 경향성이라는 측면에서 육이에 대한 「문언전」의 해석은 유가의 관점이 반영된 것으로 『주역』의 교학성(敎學性)을 심화하고 다른 서사의 해석에도 교조적(敎條的)으로 영향을 준 대

---

87) 王弼, 『周易注』: 居中得正, 極於地質, 任其自然, 而物自生, 不假修營, 而功自成, 故不習焉, 而无不利。

88) 『老子』 제37장 : 無爲而無不爲。

89) 「文言傳」: 直, 其正也, 方, 其義也, 君子 敬以直內 義以方外, 敬義立而德不孤, 直方大不習无不利, 則不疑其所行也。

표적 사례이다. 어떤 사변적 해석도 「문언전」의 이 해석 틀을 깨기가 가능하지 않아 보이고, 가능하더라도 달리 더 나은 해석을 기대하기 어려울 정도로 그 뜻이 견고하다. 그러나 이러한 교학적, 교조적 해석도 작역(作易)의 시대적 배경인 상말 주초로 돌아가면 그 자체로 몇 가지 비판을 피할 수 없다.

첫째, 상말 주초에 '직(直)'과 '방(方)'이 '곧다, 바르다', '방정하다'라는 의미로 쓰였는지 의문이다. 갑골문에서 '直'자는 '目'과 ' ㅣ'을 구성 요소로 하여 눈빛이 직시하고 있음을 형상화한 글자로 곧장, 직접 등을 뜻했다.90) 시라카와 시즈카는 '省', '德', '直' 등을 예를 들어 눈(目) 위에 있는 것은 주술적인 힘을 높이기 위하여 더해진 장식으로 '直'은 앞 두 글자의 초기 형태이며, 열 개(十)의 눈(目)으로 보듯 올바름을 뜻한다는 『설문해자』의 풀이는 자형과 맞지 않는다고 했다.91) 그러므로 '직(直)'은 형태를 뜻하는 글자가 아니라 눈으로 볼 수 있는 거리 또는 곧장 즉시 등의 시간과 연관된 글자이다. 복문 가운데 '直出(곧장 갈까요?)'[殷契佚存·57편], '直至 (바로 올까요?)'[甲骨文精粹釋譯· 427편] 등이 그 예이다.

「문언전」에서 직(直)을 정(正)과 연계한 다음 마음을 공순하게 한다는 의미의 경(敬)과 연결한 점은 작역 시대의 자의(字義)와는 시대적 정합성이 없다. 방(方)도 상말 주초로 돌아가면 '사방이 모가 나서 반듯하다'로 새길 어원적 근거가 없다. 갑골문에서 '방(方)'은 어원상 작은 배, 또는 쟁기의 모양을 본뜬 글자로, 방위(方位), 제명(祭名), 방국(方國) 등을 뜻했다.92) 이처럼 은주교체기의 용례를 무시하고 『주역』에서 '방정하다'라는 뜻으로 쓰였다고 보는 것은 언어가 그 시대의 상황이나 역사를 반영한다는 보편적 인식과 거리가 있어 받아들이기 어

---

90) 孫叡徹, 『簡明 甲骨文字典』, 593쪽, 徐中舒, 『甲骨文字典』, 1385쪽 각 참조.

91) 시라카와 시즈카 著, 고인덕 譯, 『漢字의 世界』, 219~220쪽 참조.

92) 徐中舒, 『甲骨文字典』, 953~955쪽 참조.

렵다.

둘째, 전통적인 해석 경향은 '직방대(直方大)'의 세 글자가 각각 독립하여 땅의 공능(功能)을 나타낸다고 보았다. 그렇지만 「문언전」에서 '직(直)'과 '방(方)'에 대해서만 '경(敬)'과 '직내(直內)'로, '의(義)'와 '방외(方外)'로 각 연계했을 뿐, '대(大)'를 주석하지 않은 점은 의문이다. 지도의 공능을 세 가지로 대등하게 정리하면서 '대(大)'에 대해서만 추가적인 설명을 빠뜨린 것은 해석의 원칙이나 논리에 부합하지 않는다. 또한 작역 당시에 지도(地道)라는 개념이 형성되지 않았음에도 지도의 관점으로 해석한 것 역시 설득력이 없다.

셋째, '불습(不習)'을 '익히지 않아도'로 해석하는 경향은 상말 주초시기의 '습(習)'자 용례에 대한 이해가 부족한 데서 기인한다. 갑골문의 '習'은 맑은 날 낮에 날짐승이 날기 위해 연습하는 모습을 본뜬 것으로, '羽+日'로 구성된 글자이다.[93] 복사에서 실제 용례는 익히다, 연습하다 등의 뜻이 아닌, 점친 결과가 의심스러워 '거듭하여 점치다, 한 번 더 …하다'의 뜻으로 쓰였다.[94] 이에 따라 『주역』 서사(筮辭)에도 복사에서 승계한 글자가 많다는 점을 전제한다면, 구이의 '불습(不習)'도 복사에서 인용한 것이 아닌지 검토가 필요하다. 이런 측면에서 문제를 제기하면 '불습(不習)'은 『논어』 수구(首句)의 "學而時習"과 연관된 '익히지 않아도'의 뜻이 아닌 다른 뜻으로 보아야 한다는 당위가 성립한다. 이에 대해서는 '직방대'의 역사성에 이어서 별도로 다루고자 한다.

2) '직방대(直方大)'의 역사성

결론부터 말하면, 역사적 관점에서 육이의 "直方大 不習 无不利"는

---

93) 徐中舒, 『甲骨文字典』, 385~386쪽 참조.
94) "癸未卜, 習一卜, 習二卜?(계미일에 점을 치다. 한 번 더 점을 칠까요, 거듭 점을 칠까요?)"의 복사가 그 사례이며, 이런 용례는 매우 흔하다. 이처럼 '習'은 기본적으로 '習卜制'와 관련된 문자이다.

"직방(直方)이 크다. 이를 의심하고 거듭 점치지 않으면, 이롭지 않음이 없다."라는 뜻이다. 주나라의 지배권 내에 있는 제 방국(方國)의 세력이 강하며, 이 사실을 의심하지 않고 따르면 매우 이롭다는 것이 취지이다. 상말 주초의 방국 개념과 거북점의 습복제(習卜制)를 주목한 해석으로, '직(直)'을 '곧다'가 아닌 일종의 직할(直轄)이나 곧장 따른다는 개념으로, '방(方)'을 방국을 총칭한 개념으로, '불습(不習)'을 거듭 점치지 않는다는 복사(卜辭)의 개념으로 받아들인 결과이다.

상나라의 정치권역은 왕도(王都)와 상나라가 장악한 지역의 성읍(城邑, 일종의 王畿), 상 왕조에 귀속된 제후 또는 방국의 구조로 이루어졌는데, 권외에 거주하는 이민족을 상인(商人)은 '방(方)'이라 불렀다. 복사 중에는 약 90여 개의 방국(方國)이 확인되는데, 상나라와의 관계에서 우호적인 방국, 적대적인 방국, 우호와 적대를 오가는 방국 등으로 분류된다.[95] 이러한 방국은 상나라를 중심에 둔 통합의 세계관이 아닌 아(我)와 비아(非我)의 이분법적 세계관 위에 성립한 개념이다.

반면에 주나라는 종주(宗周, 鎬京)를 중심에 둔 통합의 세계관이 강하다. 서주의 통치구조는 주 왕실이 직접 통치하는 왕기(王畿)와 주 왕실에서 분봉한 제후국으로 구성된 봉건적 체제였다. 이러한 봉국(封國)은 주나라 왕실과 왕기(王畿)를 보호하기 위한 지역 정치체의 성격이 강했다.[96] 상나라의 경우 성이 중심이 되는 점성국가(點城國家)의 성격이 강했으나 주나라의 경우 왕기를 중심으로 봉국이 주변으로 파급되는 지역국가(地域國家) 형태의 네트워크를 구축한 것이다. 『서경』에 등장하는 '만방(萬邦)', '다방(多方)', '서토(西土)' 등은 주 왕실 중심

---

95) 孫亞冰과 林歡은 갑골문 상 商과 관계가 있는 방국을 商과 적대적 관계만 지속한 나라로 26개국, 상과 적대와 우호를 되풀이한 나라로 51개국, 상과 우호적 관계를 지속한 나라로 64개국으로 분류했다. (孫亞冰, 林歡, 『商代地理與方國』, 257~258쪽 참조)

96) 주 왕실이 소유한 땅과 국가의 소유인 사람까지 우후(虞候) '측'에게 하사한 사실을 새긴 〈의후측궤〉의 내용은 지역 정치체로서의 봉국이 어떤 식으로 성립되었는지 말하고 있다.

의 세계관을 보여주는 개념들이다. 이러한 주나라의 통치구조의 초기 모형을 '직방(直方)'에서 확인할 수 있으며, 이러한 '직방(直方)'의 개념을 규명하려면 '부정방(不廷方)'의 개념을 먼저 이해할 필요가 있다.

「대아(大雅)」〈한혁(韓奕)〉편의 "榦不庭方 以佐戎辟(내조하지 않는 방국을 다스려 임금인 나를 보좌하여 지키도록 하라)", 서주 전기의 기물로 추정되는 〈모공정(毛公鼎)〉 명문 가운데 "膺受大命, 率懷不廷方 亡不閈于文,武耿光(마땅히 천명을 받아 내조하지 않는 방국을 품고 거느려 문왕과 무왕에게 귀속되지 않음이 없었다)" 등에서 '부정방(不廷方)'은 주기적으로 내조하지 않는 제후국을 일컫는 말이다. 이것은 서주시기에도 방국(方國)의 개념이 통용되었으며, '직방(直方)'의 개념을 이해하는 단서가 된다는 점에서 중요한 의미가 있다.

『춘추좌전』 은공(隱公) 10년(B.C.713) 조의 "정나라 장공(莊公)은 바르게 행동했다고 이를 만하다. 천자의 명으로 천자를 받들지 않는 자를 치면서 그 땅을 탐내지 않았다."[97]라는 기록에서 '천자를 받들지 않는다'를 '부정(不庭)'으로 표현했는데, 위 〈모공정(毛公鼎)〉 명문 가운데 '부정(不廷)'과 같은 개념이다. 공납이나 내조(來朝)가 끊긴 채 주종의 의무를 다하지 않아 천자의 질서를 해침으로써 토벌의 대상이 되는 방국이 '부정방(不庭方)'이라는 사실이 이 기록에서 확인된다. 그렇다면 '부정(不庭)'은 외지의 제후나 방국이 왕실의 권위를 부정하고 '입조(入朝)하지 않는다'라는 뜻이다.

청대(淸代)의 고증학자 홍량길(洪亮吉, 1746~1809)은 '不庭'에 대해 『이아(爾雅)』의 "정(庭)은 직(直)이다."라는 석문(釋文)을 근거로 '제후지부직자(諸侯之不直者)'라고 풀이했다.[98] 이 말은 '왕실에서 불러도 곧장 오지 않는 제후'라는 뜻으로, '부직(不直)'을 '부정(不庭)'과 같은 개념으로 보았다. 또한 『춘추좌전』 은공(隱公) 9년(B.C.714) 조의 "송

---

97) 『春秋左傳』 隱公 10年 : 鄭莊公于是乎可謂正矣! 以王命討不庭, 不貪其土.

98) 郭鵬飛, 『洪亮吉〈左傳詁〉研究』, 32쪽 참조.

(宋) 상공(殤公)이 천자를 잘 섬기지 않아 정(鄭) 장공(莊公)이 천자의 좌경사(左卿士)가 되어 왕명으로 송나라를 쳤다."99)라는 기록 중에서 '불왕(不王)'에 대해 홍량길과 같은 시대의 고증학자인 왕인지(王引之, 1766~1834)는 '부조(不朝)'와 같은 개념으로 보았고, 두예주(杜預注)는 '부조(不朝)'를 '부정(不庭)'과 같은 뜻이라고 했다.100) 『관자』 「명법해(明法解)」 편의 "중신이 그 군주를 잊으면 중신들의 문 앞에만 사람이 들락거리고 조정에는 누구도 가려고 하지 않는다."101)라는 구절에서 '부정(不庭)'의 용례는 두예주의 주석과 일치한다.

시라카와 시즈카는 위 〈모공정(毛公鼎)〉 명문 가운데 '부정방(不廷方)'에 대해 '굴복하지 않는 나라'라고 했다.102) 『한전(漢典)』에 의하면 '부정(不庭)'은 '不朝于王庭'과 '不直'의 두 가지 뜻이 있다.103) 여기서 '부직(不直)'은 '부정(不停)', 즉 불러도 주저하며 제때 오지 않는다는 것을 의미한다.104) 「주본기」는 '황복에 있는 자는 왕을 받들어야 한다'를 '황복자왕(荒服者王)'으로 표현했으며, '왕으로 받들지 않는다'를 '불왕(不王)'으로 기록했다. 또한 '알현하러 오는 것'을 '지(至)', '황복에 있는 자가 알현하러 오지 않는 것'을 '황복자부지(荒服者不至)'로 표현했다. 천하의 안녕(安寧)은 외복(外服)에 있는 자가 정기적으로 내조하여 알현하거나 공물과 제물을 바치며 복종의 의무를 다하는 것으로 확인된다. 따라서 알현하러 오지 않는 방국은 '부지방(不至方)'이 된다.

이러한 유사 개념을 종합하면 '직(直)'은 '왕실에서 부르면 곧장 온

99) 『春秋左傳』 隱公 9年 : 宋公不王 鄭伯爲王左卿士, 以王命討之.

100) 郭鵬飛, 『洪亮吉〈左傳詁〉研究』, 32~33쪽 참조.

101) 『管子·明法解』 : 重臣而忘其主, 趨重臣之門而不庭

102) 시라카와 시즈카 著, 고인덕 譯, 『漢字의 世界』, 181~182쪽 참조.

103) https://www.zdic.net/hans/不庭 : 1. 不朝于王庭, 指背叛的諸侯不来朝贡. 『左传 隱公十年』 : 「以王命讨不庭」晋. 杜预. 注 : 「下之事上皆成礼于庭中」也作「不亭」. 2.不直. 也作「不亭」、「弗庭」.

104) https://www.zdic.net/hans/不亭 : 1. 不朝于王庭, 指背叛的诸侯不来朝贡。也作「不庭」。2.不直。也作「不庭」、「弗庭」。

다'는 뜻이며, '부직(不直)'은 '불러도 순순히 곧장 오지 않는다'는 뜻이다. 앞서 복문에서 '직(直)'은 곧장, 직접 등의 뜻으로 쓰였음을 확인했는데, "방불기래(方不其來, 방방에서 곧장 오지 않을까요?)"의 복문이 같은 용례이다. 이를 참고하면 「주본기」 가운데 "약속하지 않았는데도 맹진에 집결한 제후가 800명이었다."[105]라는 대목은 '직(直)'의 역사적 실상을 보여준 것이나 다름없다. 그렇다면 '직방대(直方大)'에서 '직방(直方)'은 주나라의 세력권 내에 편입되어 명령이 있으면 언제든지 군사를 동원하고 전쟁 물자를 제공하는 등 주 왕실을 섬기며 따르는 방국[106]을 뜻한다. 이러한 '직방(直方)'의 개념은 비괘(比卦)의 괘사 가운데 '불영방(不寧方)', 곤괘(困卦) 구이 가운데 '주불방(朱紱方)'의 개념과 각각 비교하면 한층 더 명료해진다.

비괘(比卦)의 괘사[107] 중 '불영방래(不寧方來)'에 대한 전통적 해석 경향을 먼저 짚어보면 다음과 같다.

왕필(王弼)은 "추운 자가 따스한 불을 찾듯이 진실로 편안하다면 편안하지 못한 곳에서 찾아온다."[108]라고 보았다. 정이(程頤)는 "사람은 자기의 안녕을 스스로 보호할 수 없을 때 비로소 찾아와서 친밀하게 도움을 구한다. 도움을 얻으면 자기의 안녕을 보호할 수 있다."[109]라고 풀이했다. 주희(朱熹)는 "친하지도 않고 불안하게 여기는 바가 있는 자들도 장차 모두 돌아올 것이다."[110]라고 해석했다. 모두 '불영방(不寧方)'이 편안하지 못한 곳을 뜻한다고 보았으나, 괘사의 본뜻이 잡히

---

105)『史記』「周本紀」: 是時, 諸侯不期而會盟津者八百諸侯。

106) 여러 방국에게 경고한 내용을 담은 『서경』「다방(多方)」편, 『시경』「商頌」〈장발(長發)〉편 등에서 간적(簡狄)의 부족인 유융씨(有娀氏)를 유융방(有娀方)으로 표현한 사실 등을 고려하면 서주시기에 '직방(直方)'은 상나라의 방국 개념이 주초에도 그대로 이어진 개념으로 볼 수 있다.

107)『周易』比卦 卦辭: 比, 吉, 原筮元永貞 无咎. 不寧方來 後夫 凶。

108) 王弼,『周易注』: 火有其炎, 寒者附之, 故己苟安焉, 則不寧方來矣。

109) 程頤,『易傳』: 人之不能自保其安寧, 方且來求親比, 得所比則能保其安。

110) 朱熹,『周易本義』: 其未比而有所不安者, 亦將皆來歸之。

지 않아 더욱 혼란스럽게 만든다.

생각건대, 이 괘사는 "내조하지 않던 방국에서 (사람이) 왔다"라고 새기면 그 뜻이 명료해진다. 복사에서 '영(寧)'은 '가라앉히다(寧風)', '편안하다', '지명' 등의 뜻으로 쓰였다.[111] 사마천은 '다시 천하가 안정되었다'를 '복녕(復寧)'으로 표현했다.[112] 이것을 참고하면 '불영(不寧)'은 '평정되지 않아 불안한' 또는 '내조하여 알현하지 않는(섬기지 않는)' 등을 뜻한다. 공납을 바치며 정기적으로 내조하던 방국이 때가 되어도, 내조하도록 명령을 전해도 사람이 오지 않으면 큰 걱정거리라는 점에서 '불영(不寧)'이다. 이런 측면에서 진괘(晉卦)의 괘사 가운데 하루에 세 번 천자를 알현하는 강후(康侯)는 천자를 편안하게 하는 영후(寧侯)인 셈이다.[113]

『주례』「동관고공기(冬官考工記)」중 재인(梓人)의 직무와 관련하여 "오직 너는 후를 편안케 할 것이며, 만일 왕실에 조회하러 오지 않는 제후처럼 너도 왕실에 조회하러 오지 않는다면 활로 너를 쏘리라."[114] 의 축언(祝言) 중에 '불영후(不寧侯)'가 등장한다. 『백호통의(白虎通義)·향사편(鄕射篇)』, 『대대례기(大戴禮記)·투호편(投壺篇)』 등에도 같은 표현이 있다. 『설문해자·시부(矢部)』에서 '후(侯)'자를 설명하는 축문에도 위 재인((梓人)의 축문과 내용이 같지만, 단지 '조회하러 오지 않는 것'을 '부조(不朝)'로 다르게 표현했다.[115]

이러한 사실들은 '불영방(不寧方)'이 '불영후(不寧侯)', '부정방(不廷方)' 등과 같은 개념임을 말하고 있다. 『서경』「자재(梓材)」편 가운데 "작형제방래(作兄弟方來, 형제의 나라가 되어 내조하다)", 『시경』「대

---

111) 徐中舒, 『甲骨文字典』, 504~505쪽 참조

112) 『史記』「周本紀」：王道衰微, 穆王閔文武之道缺, 乃命伯冏申誡, 太僕 國之政, 作冏命. 復寧。

113) 『周易』比卦 卦辭：晉, 康侯, 用錫馬蕃庶, 晝日三接。

114) 『周禮·冬官考工記·梓人』：惟若寧侯 毌或若女不寧侯 不屬于王所 故抗而射女。

115) 『說文解字·矢部』：其祝曰：「毌若不寧矦, 不朝于王所, 故仇而躲汝也。」

아(大雅) 〈상무(尙武)〉 편의 "四方旣平 徐方來庭(사방이 평정되니 서나라도 내조하네)" 등은 그 형식과 뜻함이 '불영방래(不寧方來)'와 다르지 않다.116) 비괘(比卦)는 '섬기며 따르는 도'를 담론으로 한다. 상육(上六)의 "比之无首 凶"은 군왕을 섬겨야 할 자가 머리를 내밀지 않으면 흉하다는 뜻으로, '불영방(不寧方)'의 실상을 말한 것 같다. 이것을 참고하면 "不寧方來"는 '왕실에 내조해야 하는 방국의 제후가 한동안 오지 않다가 마침내 왔다'는 뜻이며, 그 뒤를 잇는 괘사 "後夫 凶"은 '오더라도 늦게 오는 자는 흉하다' 또는 '때맞춰 오지 않으면 흉하다'라는 뜻이다. 이처럼 방국의 제후는 군왕이 부르면 곧장 달려와야 하는 '직(直)'의 본분이 있다. 이에 따르면 '직방(直方)'은 자기의 책무를 지체없이 이행하는 제후 또는 제후국을 일컫는다.

다음으로 곤괘(困卦) 구이의 "곤우주식 주불방래 이용향사(困于酒食朱紱方來 利用享祀)"에서 '주불방래(朱紱方來)'도 '불영방래(不寧方來)'와 같은 방법으로 접근하면 그 뜻함이 분명해진다. '주불(朱紱)'은 '제사 지낼 때 장식하는 붉은 인끈'을 말하며, 높은 신분과 영예를 상징하는 귀한 물품이다.

> 방숙(方叔)께서 군대를 지휘하시는데, 수레 3천 대에 청룡과 황룡, 거북과 뱀 그린 깃발이 펄럭이네. 방숙께서 군대를 통솔하는데, 수레 바퀴통은 가죽으로 감고 멍에에는 무늬를 새겨, 여덟 개 방울이 짤랑거리네. 천자의 명으로 내린 옷 입었는데, 주불(朱芾)은 빛이 나고, 푸른 패옥은 찰랑거리네.117)

위 〈채기(采芑)〉 편에서 소재로 삼은 방숙(方叔)은 천자의 혈족으로 제후의 반열에 있는 자이다. 병거 3천 대를 동원하고, 수레의 치장이

---

116) 『書經』「梓材」: 庶邦享. 作兄弟方來。

117) 『詩經』「小雅」〈采芑〉: 方叔涖止. 其居三千, 旂旗央央. 方叔率止, 約軝錯衡, 八鸞瑲瑲. 服其命服, 朱芾斯煌, 有瑲葱珩。

나 복장의 차림새 등으로 미루어 큰 나라의 제후로 매우 존귀한 자임이 분명하다. 위 시 가운데 '주불(朱芾)'은 천자의 명으로 하사하는 주황색 앞가리개로, 곤괘(困卦) 육이의 '주불(朱紱)'처럼 높은 신분을 상징하는 물품이다. 이 시의 내용을 참고하면 곤괘(困卦) 육이의 '주불방(朱紱方)'이 어떤 개념이며, 어떤 존재인지 알 수 있다.

한편 「주본기」 중에 "후복자(侯服者)는 사(祀, 천자의 고조와 증조의 제사)에 참여하고, 후복에 딸린 빈복자(賓服者)는 향(享, 제사에 쓸 공물을 바침)한다."[118]라는 기록이 있다. 이 기록을 참고하면 곤괘(困卦) 육이는 "술과 음식이 떨어져 나라의 중대사인 제사조차 지낼 수 없을 정도로 왕실이 어려울 때 후복의 존귀한 제후가 공물을 바쳐 제사를 지낼 수 있었다"라는 사실관계를 말하고 있다. 이런 측면에서 '주불방(朱紱方)'은 왕실에 불복하고 내조하지 않아 걱정을 끼치는 '불영방(不寧方)'과 그 뜻이 정반대이다.

『주역』의 서사 중에 곤괘(坤卦) 육이의 '직방(直方)' 이외에 '방(方)'자가 쓰인 경우는 비괘(比卦)의 괘사 '불영방(不寧方)', 곤괘(困卦) 구이의 '주불방(朱紱方)', 정괘(鼎卦) 구삼의 '방우(方雨)', 기제괘(旣濟卦) 구삼과 미제괘 구사의 '벌귀방(伐鬼方)'이 전부이다. 이 가운데 '방우(方雨)'를 제외하고[119] 모두 '방국(方國)' 개념임을 고려하면 서사의 뜻이 명확해진다. '직방(直方)'의 쓰임도 이러한 용례와 다르지 않다.

이상 검토한 내용을 종합하면 "直方大"는 직방(直方)이 크다는 뜻이다. 상말 주초에 '방(方)'은 주로 방위, 방국, 지명 등의 개념으로 쓰였을 뿐 '방정하다'를 뜻하지 않았다. 아울러 『주역』의 괘·효사 중에 '방(方)'도 거의 모두 '방국(方國)'의 용례일 뿐, '방정하다'의 직관적 인식을 바탕으로 (인품이) 반듯하다, 곧다 등의 추상적 개념으로 전화된

---

118) 『史記』「周本紀」: 夫先王之制邦內甸服, 邦外侯服, 侯衛賓服, 夷蠻要服, 戎翟荒服, 甸服者祭, 侯服者祀, 賓服者享, 要服者貢, 荒服者王。

119) 鼎卦 九三을 해석할 때 상술하겠지만, '方雨'는 우연히 때맞춰 비가 내렸다는 뜻이다.

용례가 없다. 청대의 고증학자를 중심으로 내조(來朝)하지 않는 방국을 말하는 부정방(不廷方)의 부정(不廷)에 대해 부정(不庭), 부조(不朝), 부직(不直), 불왕(不王)과 같은 개념임을 밝혔고, 이는 불녕(不寧), 부지(不至) 등과 그 뜻이 같다는 점을 확인했다. 이 말끝에 '방(方)'자를 더하면 복종하지 않는 나라, 내조하지 않는 나라 등을 뜻하게 된다. 따라서 '직방(直方)'은 주나라의 세력권에 편입된 채 왕실의 명(命)이 있거나 왕실이 어려움에 직면하면 '곧장' 달려오거나 공납, 파병 등 자기의 책무를 다하는 방국을 말한다. 불복하는 방국은 '부직방(不直方)'이 되는 셈이다.

아울러 '대(大)'는 주 왕실을 섬기며 따르는 방국의 수가 많아서 그 세력이 강하다는 뜻이다. 「제태공세가(齊太公世家)」 편의 "鄭小齊大(정나라는 작고 제나라는 크다)"와 그 문장 형식이나 뜻이 같다고 보면 된다.

주나라가 상나라와 대립하던 시기에 수많은 제후와 방국이 있었고, 이들의 향배는 천하의 패권을 결정하는 중요한 변수였다. 은주교체기를 전후하여 상나라를 추종하는 세력이 주 왕실로의 복속을 거부하며 반기를 들었던 역사적 배경을 생각하면, '직방대(直方大)'는 내부적으로 주나라를 중심으로 세력을 결집하고, 외부적으로 상나라를 추종하는 세력을 와해시키려는 패권적 수사(修辭), 정치적 회유나 선동과 다름없다. 이런 측면에서 '직방(直方)'은 주 왕실과 왕기(王畿)를 중심으로 하는 전일적 지배구조인 봉건제(封建制)의 초기 관념, 초기 모형으로 볼 여지도 있다. 이어지는 효사 '불습(不習)'을 살펴보면 '직방(直方)'의 개념은 더욱 분명해진다.

3) '불습(不習)'의 역사적 개념

곤괘의 담론이 지도(地道)와 관련이 있다고 보면 '불습(不習)'에 대해 '익히지 않아도'로 해석하면 그 뜻이 명료하여 달리 생각할 여지가 없다. 그렇지만 상제가 주재(主宰)하던 시대가 끝나던 시점인 상말 주초에 지도(地道)라는 추상적 개념은 성립하지 않았으며, 그럴 여지도 없었다. 땅은 사방에 배속되어 상제의 전령 역할을 하는 방신(方神)의 관장하에 있었다. 그렇다면 땅의 도는 저절로 만물을 길러낸다는 인식에 바탕을 둔 '불습(不習)'의 개념도 익히다, 연습하다 등을 뜻하지 않는다. 『주역』 서사가 지어진 시대에 '습(習)'자는 주로 복사(卜辭)로 쓰였다.

① 이에 세 거북으로 점을 치니 하나같이 길하다고 했으며, 자물쇠로 궤를 열어 점책을 보니 역시 길하다고 했습니다. (乃卜三龜 一習吉 啓籥見書 乃并是吉) 「금등(金縢)」 편에서.

② 관점(官占)은 먼저 점칠 사안을 정하고, 뒤에 큰 거북에게 가르침을 청하오. 나의 뜻을 먼저 정하고 신하들과 의논한 결과 모두 같은 생각이었으며, 귀신들도 그렇게 따라주었고, 거북점과 시초점도 똑같이 따라주었소. 점은 결과가 좋으면 거듭 치지 않는 법이오.(官占 惟先蔽志 昆命于元龜. 朕志先定 詢謀僉同 鬼神其依 龜筮協從. 卜不習吉) 「대우모(大禹謨)」 편에서.

③ 그의 불의함이 반복되어 성격이 되었으니 나는 의를 따르지 않는 사람과 가까이하지 않겠다. (茲乃不義 習與性成 予弗狎于弗順) 「태갑·상(太甲·上)」 편에서.

④ 또한, 하늘은 전대에 나라를 편하게 만든 이들을 아름답게 여기고 있다. 내 어찌 거듭 점을 칠 필요가 있으며, 감히 따르지 않을 수 있겠는가? (天亦惟休于前寧人 予曷其極卜 敢弗于從) 「대고(大誥)」 편에서.

위 예시문은 『서경』 가운데 '습(習)'자의 용례를 정리한 것이다. 이 가운데 ③은 옳지 않은 일을 반복한 결과 나쁜 성품으로 변했다는 뜻으로, 이 경우 '습(襲)'은 '되풀이하다 또는 답습하다(襲)' 등을 뜻한다. 『시경』 가운데 '습(襲)'자는 두 편의 시에 용례가 있는데, "습습곡풍(習習谷風, 살랑살랑 동풍이 분다)"이 그 예이다.[120] 형식상 바람이 부는 소리를 뜻한 의성어로 쓰였으나 그 내용은 부드러운 바람이 계속 부는 상황을 나타내는 의태어에 가깝다. 위 ③의「태갑·상(太甲·上)」편의 '습(襲)'과 그 뜻이 다르지 않다.

①의 예문 중 '一習吉', ②의 예문 중 'ト不習吉'은 '불습(不習)'이 거북점의 점사(占辭)로 쓰인 사실을 실증하고 있다. ④의 '其極ト'은 '그 점 한 번으로 끝냈다'라는 뜻으로, 거듭하여 점칠 필요가 없음을 의미한다. 이를 전제하고 상나라의 점복 제도를 간략히 검토하면 복사에서 '습(襲)'이 무엇을 뜻하는지 이해할 여지가 있다. 상나라의 점복 제도는 크게 세 가지 특징이 있다.

첫째, 정반대정(正反對貞), 동사이문(同事異問), 일사다복(一事多ト)의 제도이다. '정반대정(正反對貞)'은 같은 사안에 대해 긍정과 부정의 형식으로 대칭적으로 동시에 묻는 것이다. '동사이문(同事異問)'은 같은 사안을 두고 다른 형식으로 질문하는 것이며, '일사다복(一事多ト)'은 같은 사안에 대해 여러 번 점치는 것을 말한다. 이러한 점복은 같은 날, 같은 시간에 행해졌다. 그 목적은 갑골을 매개로 신과 인간이 충분하게 소통하고 교감한 가운데 인간이 바라는 바를 신이 여러 번 자세히 살펴서 신의 뜻을 정확히 전달받기 위함이다.[121] 이외에도 점을 치는 과정에 오류가 있거나, 점친 결과에 대해 여전히 의문이 남을 때 이처럼 다양한 방법으로 여러 번 점을 쳐서 오류를 고치거나 의문을 해소하고자 의도한 것으로 짐작된다.

둘째, 습복제(習ト制)이다. '습복(習ト)'의 뜻은 세 가지로 정리된다.

---

120) 『詩經』「邶風」〈谷風〉: 習習谷風 以陰以雨.「小雅」〈谷風〉: 習習谷風 維風及雨.

121) 王宇信·楊升南 著, 하영삼 譯, 『갑골학 일 백년·2』, 239~247쪽 참조.

점복 때마다 3개의 귀갑이나 3개의 뼈를 사용하는 것을 '1습(一習)'으로 보는 견해, 점친 결과가 길하지 않을 때 이를 새겼다가 그 이유를 밝히고자 다시 점치거나, 또는 연속해서 길한 결과가 나온 것으로 보는 견해, '습(習)'을 같은 사안에 대해 다른 방법으로 친 점의 뜻으로 본 다음 '습복(習卜)'을 귀갑(龜甲)과 복골(卜骨)을 번갈아 가며 점치는 것으로 받아들이는 견해가 있다.[122)

위 세 가지 견해에도 불구하고, 습복제의 핵심은 같은 문제를 두고 이전에 점을 친 문제와 연계해서 그 문제는 물론 후속 문제까지 계속해서 다른 시간대에 점을 쳤다는 점이다. 복잡한 점복 상황에서 능동적으로 응변(應變)하여 같은 사안에 대한 이상적인 조상(兆象)을 얻는 데 그 목적이 있다.[123) 이러한 관점을 참고하면 '습(習)'은 해마다 점친 결과가 계속 상서롭게 나오는 것을, '불습(不習)'은 상서로운 점괘가 이어지지 않아 다시 점치는 것을 말한다. 점친 결과가 마땅치 않거나 여전히 의문이 남을 때 이전의 점에 기인하여 이후에 다시 점치는 것이 '습복(習卜)'인 것이다.

이상 검토한 내용을 정리하면, 위 예문 ① 「금등(金縢)」 편의 '일습길(一習吉)'은 세 거북으로 점을 치고 이어서 다시 점을 쳤는데 하나같이 거듭하여 길한 결과가 나왔다는 뜻이다. 예문 ② 「대우모(大禹謨)」 편의 '복불습길(卜不習吉)'은 어떤 사안에 대해서 왕과 신하, 귀신의 뜻에 더하여 점친 결과까지 일치하기 때문에 같은 사안을 두고 거듭

---

122) 王宇信·楊升南 著, 하영삼 譯, 『갑골학 일 백년·2』, 254쪽 참조.

123) 『춘추좌전(春秋左傳)』 양공(襄公) 13년 조에 "옛 선왕은 정벌과 관련하여 5년 동안 점을 쳤는데, 해마다 상서롭다는 점괘가 나왔습니다. 상서롭다는 점괘가 계속되면 정벌에 나섰고, 상서롭다는 점괘가 이어지지 않으면 덕을 더 쌓은 후에 다시 점을 쳤습니다."라는 기록은 '습복제'의 실상을 보여주는 하나의 예이다. 통상 '습복'은 같은 사안을 두고 다른 날에 이어가며 점을 치는 것인데, 이 사례는 5년 동안 정벌에 나서야 할지를 두고 점을 쳤다는 점에서 '습복'이 매우 장기간에 걸쳐 행해졌으며, '양공(襄公) 13년'이 B.C. 560년인 사실을 고려하면 '습복제'가 오랜 기간에 걸쳐 전승되었다는 사실을 알 수 있다.

점칠 필요가 없다는 의미이다. 예문 ④「대고(大誥)」편의 '其極卜'은 '그 점 한 번으로 끝냈다'라는 뜻으로, 거듭 점칠 필요가 없음을 뜻하는 '不習卜'과 같은 개념이다. 혁괘(革卦) 구오의 세상의 이치를 꿰뚫고 있는 대인이 가을에 호랑이가 털갈이하듯 거듭 변하면 점을 치지 않아도 믿음이 있다[124]는 말과 통한다.「군석(君奭)」편의 상나라의 현신 이윤(伊尹)은 사람들이 복서(卜筮)를 믿듯이 믿었다[125]는 말과 그 뜻함이 같다. 이러한 내용을 참고하면 명백한 경우에는 굳어 거듭 점을 치지 않아도 된다는 의미이다.

셋째, 삼복제(三卜制)이다. 상나라의 갑골 점복은 통상 같은 사안에 대해서 여러 번 점을 쳤으며, 통상 하나 혹은 몇 개의 갑골을 사용해 동시에 점을 쳤다. 이때 각각의 갑골 상에 각기 다른 숫자를 기록했는데, 이를 복수(卜數)라고 한다. 이것은 동일 차수의 점복에 사용된 여러 개의 갑골 중 각각의 갑골의 차례를 나타내는 숫자로, 하나의 갑골에 점복의 순서를 새긴 서수(序數)와는 다른 개념이다. 갑골 상에 일복(一卜)에서 육복(六卜)까지 기록한 것도 있는데, 동일 사안의 점에 6개의 갑골을 사용했다는 것을 말한다. 하지만 일반적인 상황에서는 3개의 갑골로 점을 쳤으며, 이것이 점차 일상적인 제도로 변하여 삼복제의 전형이 되었다.[126]

삼복제도 신과의 소통과 교감을 다양하게 함으로써 점의 정확성을 높일 목적으로 정착된 제도이다. 습복제와 서로 어우러져 점의 제도화, 규범화로 나아감으로써 점복에 관한 예제(禮制)가 더욱 심층적으로 운용되는데 기여했다. 아울러 후대에 원복(元服), 우복(右卜), 좌복(左卜)으로 구성된 복관제(卜官制)로 정착되어 그 운용의 바탕이 되었다.「홍범(洪範)」편의 "점치는 사람을 내세워 거북점과 시초점을 치

---

124)『周易』革卦 九五 : 大人虎變 未占有孚。

125)『書經』「君奭」: 一人有事于四方 若卜筮 罔不是孚。

126) 王宇信·楊升南 著, 하영삼 譯,『갑골학 일 백년·2』, 266~285쪽 참조.

되, 세 사람이 점치면 두 사람의 말을 따르십시오. 거북점과 시초점이
모두 다른 사람의 판단과 다를 경우, 가만히 있으면 길할 것이고 움직
이면 흉할 것입니다."127)라는 구절은 삼복으로 점치는 방법과 그 결과
를 어떻게 수용할 것인지 말하고 있다.128)

　지금까지 검토한 내용을 바탕으로 역사적 측면에서 육이의 "直方大,
不習, 无不利"를 해석하면, 주나라를 따르며 연대하는 방국(세력)이 많
으니(강력하니), 이것을 의심하고 거듭 점을 치지 않으면, 이롭지 않음
이 없다는 뜻이 된다. '불습(不習)'을 '불습복(不習卜)'의 줄임말로 보고
'의심하여 거듭 점치지 않으면'으로 새긴 결과이다. 역설적으로 주나라
를 따른 세력이 강하다는 사실을 믿고 따라야만 이롭다는 점을 말하고
있다.

　상말 주초의 역사적 상황을 생각하면 상나라와 주나라를 중심으로
세력이 양분되는 상황에서 어느 한쪽을 택하는 것은 방국의 존망이 걸
린 중요한 문제였다. 점을 쳐서 신의 뜻에 따라 세계를 해석하고 상황
을 판단하던 그 시대의 보편적 문화를 생각하면, 이 문제는 어느 쪽을
따라야 마땅한지 거듭 점을 쳐서 결정해야 할 정도로 중대사임이 분명
하다. 그렇다면 '불습(不習)'은 이쪽과 저쪽 중 어느 쪽이 강대한지 고
민하며 점치는 행위를 경고하는 의미가 있다. 주나라를 따르는 것이
대세이며, 이를 의심하여 거듭 점을 치며 헤아리면 이로움이 전혀 없
다는 것이 취지이다.

　성왕이 엄(奄)을 정벌하고 종주(宗周)로 돌아와서 여러 방국에 경고
한 내용을 담은 『서경(書經)』「다방(多方)」편 가운데 "하늘이 우리에

---

127) 『書經』 「洪範」 : 入時人作卜筮, 三人占則從二人之言. 龜筮共違于人, 用靜吉,
　　用作凶。
128) 『춘추좌전』 성공(成公) 6년(B.C.585) 조에 위 「홍범」 편의 말을 인용해서
　　"세 사람이 점을 쳐서 두 사람의 결과를 따른다."라고 말한 대목이 있다.
　　습복제와 더불어 삼복제가 제도적으로 정착되어 오랜 세월 시행되었으며,
　　이에 따라 거북점에 사용된 복사도 전승됐을 가능성을 시사한다.

게 복을 누리게 하고, 우리를 선택하여 은나라에 내렸던 명을 돌려주며 그대들 여러 나라를 다스리게 하였다. 지금 내가 어찌 감히 많은 말을 하겠는가? 나는 오직 사방의 백성에게 크고 강력하게 명했는데, (중략) 그대들은 어찌하여 임금인 나를 따라 천명을 밝히려 하지 않는가?"[129]라는 구절은 육이 효사가 궁극으로 뜻한 것과 같다. 바로 '종주(從周)'를 요구한 것이다.

앞단의 '직방(直方)이 크다'라는 말과 후단의 '이롭지 않음이 없다(无不利)'라는 말을 연결하면 사방의 방국에게 '종주(從周)'의 복종을 요구하는 역사적 관점의 의리가 명확하게 확인된다. 이러한 해석으로 말미암아 육이 효사는 추상성과 모호함에서 벗어났고, 시대적으로 역사와 언어가 정합하는 결과를 가져왔으며, 그 속에 담겨있는 역사적 상황에 대한 이해가 가능해졌다. 역이 지어진 시대의 역사적 상황과 언어의 쓰임을 외면하고 후대의 언어체계와 뜻으로 접근하면 이와 같은 명료한 해석을 기대하기 어렵다.

2-3. 육오(六五)[130] : 황상(黃裳)

1) '황상(黃裳)'의 개념

갑골문에서 '황(黃)' 자는 한 꾸러미로 꿰어 허리에 찬 패옥(佩玉)을 본뜬 글자이다.[131] 상대의 유물 가운데 진기한 형상의 옥 제품이 많이 출토된 사실을 고려하면 패옥과 연관 지은 자원(字源)은 설득력이 있다. 『설문해자』는 '황(黃)'을 땅의 색깔로 보면서 아득히 먼 하늘의 색깔을 뜻하는 '현(玄)'자와 대비했는데,[132] 이는 자원과는 무관한 풀이

---

129) 『書經』「多方」: 天惟式教我用休 簡畀殷命 尹爾多方. 今我曷敢多誥. 我惟大降爾四國民命 (中略) 爾曷不惠王 熙天之命。

130) 『周易』坤卦 六五 : 黃裳 元吉。

131) 許進雄 著, 조용준 譯, 『中國文字學講義』, 223쪽 참조.

132) 『說文解字』: 黃, 地之色也。玄者, 幽遠也。則爲天之色可知。

이다.

갑골문의 실제 용례를 보면 '황(黃)' 자는 네 가지 뜻으로 쓰였다. 첫째가 '황색'이다. "卯黃牛(황우를 잘라서 제물로 쓸까요?)"〈갑골문합집〉 278편, "其鑄黃呂作凡(범(凡, 盤)을 만드는데 황여(黃呂, 청동 원료)로 주조하면 좋을까요?)"〈갑골문합집〉 29,687편 등이 그 예이다. 둘째는 '황방(黃方)'의 지명으로 쓰였다. 셋째는 인명으로 쓰였다. "癸卯卜, 黃貞 : 王旬亡禍(계묘일에 점을 치다. 황(黃)이 묻습니다. 왕에게 열흘 안에 화가 없겠습니까?)"〈갑골문합집〉 3,356편에서 '황(黃)'은 정인(貞人)의 이름이다. 상말에 제작된 〈자황준(子黃尊)〉의 명문 중에 왕으로부터 패옥과 패화를 받은 '자황(子黃)'도 왕의 아들 이름 또는 자씨(子氏) 성을 지닌 왕족의 이름으로 여겨진다. 넷째는 존귀하다는 뜻으로 쓰였다. "貞 : 于黃奭燎(묻습니다. 황석(黃奭)에게 료제(燎祭)를 지낼까요)"〈은허문자을편〉 4,642편, "告工于黃尹(공방이 침범했는데 황윤(黃尹)에게 '고제'를 지내 도움을 청할까요?)"[〈갑골문합집〉 6,142편에서 '황(黃)'은 정인(貞人)인 석(奭), 윤(尹)을 존귀하게 형용한 말이다.

손예철은 황윤, 황석 등을 인명으로 보았고 또 다른 복문에 보이는 '황시(黃示)'는 이들의 신주를 뜻하는 것이라고 했으나,[133] 다르게 생각해 볼 여지도 있다. 위 네 번째 용례의 '황윤(黃尹)'에 관한 복사가 새겨진 귀갑에 똑같은 내용으로 태갑(太甲)에게 '고제'를 지낼 것인지 묻는 복사도 있다. 이러한 사실은 성탕을 도와 상나라를 세우고 태갑을 성군으로 만들어 사후에 봉제의 대상이 된 '이윤(伊尹)'을 선왕의 반열에서 추존했음을 시사한다. 따라서 '황윤'은 '선왕과 같이 존귀한 이윤'을 뜻하는 말로 보는 것이 타당하다. '황(黃)'은 신하인 자에게 왕의 칭호에 갈음하는 최상의 칭송으로 보아야 하며, 이에 따라 '황(黃)'을 존귀하다는 뜻으로 새기는 것이 마땅하다.

---

133) 孫叡徹, 『簡明 甲骨文字典』, 636쪽 참조.

이상의 내용을 종합하면 '황(黃)'은 옥 꾸러미라는 실물을 본떠서 색깔, 인명, 장소를 뜻하는 글자가 되었고, 이후 존귀함을 뜻하는 추상적 개념으로 전화했다고 보아야 한다. 인명으로 쓰인 경우도 패옥에서 유래한 자원(字源)을 고려할 때 존귀함을 나타내고자 의도한 것으로 짐작된다.

그렇다면 '황상(黃裳)'은 표면상 존귀한 사람이 입는 황색 치마를 뜻한 것이 분명하다. 「패풍(邶風)」〈녹의(綠衣)〉편의 "녹색 옷이여, 녹색 옷에 황색 안감을 대었네. 마음의 시름이여, 언제나 그치려나? 녹색 옷이여, 녹색 저고리에 황색 치마를 입었네. 마음의 시름이여, 언제나 없어지려는가?"[134]라는 시구에 '황리(黃裏)', '황상(黃裳)'이 명시되어 있다. 이 시는 벌주 직후 무경의 봉지였던 패(邶, 은허 북쪽) 땅에서 채취한 시가로, 처첩 때문에 소외된 정실부인의 고아한 모습을 노래했다. 시의 내용에 따르면, '황리(黃裏)'는 녹색 윗옷에 귀한 황색 안감을 댄 것으로써 천한 첩에 가려진 정실의 처지를 비유했다. '녹의(綠衣)'는 푸른색 윗옷을 말하며, '황상(黃裳)'은 신분이 높은 사람이 입는 치마로, 결국 존귀한 신분을 비유하고 있다.

『시경』중에 '황구(黃耈)',[135] '황발(黃髮)'[136]등은 모두 노인에 대한 존칭이다. 이처럼 노인을 예우하고 높이 평가한 사실은 『서경』「미자(微子)」편에서 "두렵게 여겨야 할 일을 두려워하지 않고 나이 많은 옛 군장(耈長)과 높은 벼슬에 있었던 옛사람의 뜻을 거스르고 있다."[137]라는 구절로도 확인된다. 또한 「주본기」 가운데 은주(殷紂)의 목을 베는데 쓰인 '황월(黃鉞)'[138]은 존귀한 자가 일으킨 혁명의 대의명분을 상징

---

134) 『詩經』「邶風」〈綠衣〉: 綠兮衣兮, 綠衣黃裏. 心之憂矣, 曷維其已. 綠兮衣兮, 綠衣黃裳. 心之憂矣, 曷維其亡.

135) 『詩經』「商頌」〈烈祖〉: 綏我眉壽 黃耈無疆. 「大雅」〈行葦〉: 黃耈台背 以引以翼.

136) 『詩經』「魯頌」〈閟宮〉: 旣多受祉 黃髮兒齒.

137) 『書經』「微子」: 乃罔畏畏 咈其耈長 舊有位人.

한다는 점도 참고할 필요가 있다.

이러한 사실을 종합하면 육오에서 '황(黃)'은 패옥이나 황동 등의 귀물(貴物)의 색깔을 뜻하다 신분상 존귀함을 뜻하는 말로 전화(轉化)된 것이 분명하다. 그림이나 상형의 직관적 글자가 존귀함을 뜻하는 추상적 개념 문자로 발전한 것이다. 이를 참고하면 육오의 '황상(黃裳)'은 겉으로는 신분상 지위가 높은 자가 입는 치마이지만 은유하는 것은 '군왕의 권위에 필적하는 존귀한 신하'를 일컫는다.

2) 역사적 관점의 해석

먼저, 전통적 해석 경향을 살펴보면 다음과 같다.

곤괘의 「상전(象傳)」은 육오 효사의 '황상원길(黃裳元吉)'을 "문(文)이 가운데 있다."[139]라고 했다. 이는 곤(坤)이 유순한 문덕(文德)을, 건(乾)이 강건한 무덕(武德)을 나타낸다는 인식에 바탕을 둔 것이다. 「문언전」은 "군자가 황중(黃中)의 이치를 통해서 몸이 바른 자리에 있으며, 아름다움이 그 가운데 있어 사지(四支)를 더 펼쳐 사업을 발하니 아름다움의 지극함이다."[140]라고 했다. '황(黃)'이 존귀한 구오에 자리함으로써 유중(柔中)의 덕으로 자신을 꾸미고 중용(中庸)의 도(道)와 중화(中和)의 미(美)를 펼친다는 것이 취지이다선진시기 . 유가의 관점을 반영한 것으로 장황한 해석에도 불구하고 '황중(黃中)'이 무엇을 의미하는지는 여전히 모호하다. '오방(五方) 중에 중앙의 토(土)와 그 색깔이 황색이라는 점을 근거로 '황(黃)'에 대해 중정을 상징한다고 본듯하다. 그러나 오행 관념이 전국시대에 정립되기 시작한 점을 생각하면 상말 주초에 정립된 '황(黃)'의 개념과는 시대적으로 동떨어져 문제가 있다.

---

138) 『史記』「周本紀」：武王自射之, 三發而后下車, 以輕劍擊之, 以黃鉞斬紂頭, 縣大白之旗.

139) 坤卦 六五 「小象傳」：黃裳元吉 文在中也.

140) 坤卦 「文言傳」：君子 黃中通理 正位居體 美在其中而暢於四支 發於事業 美之至也.

왕필(王弼)은 "황색은 중앙의 색이고 치마는 아래를 장식하는 것이다. 곤(坤)은 신하의 도이니 그의 아름다움은 아래에서 다하는 것이다. 강건한 몸은 아니지만, 사물의 실정을 다 파악할 수 있으니 이치에 통달한 자요, 유순한 덕으로 성대한 자리에 처할 수 있는 것은 각각의 이치에 맡기기 때문이다. 누런 치마를 드리워서 크게 길함을 얻으니 무력으로 얻은 것이 아니다. 음이 매우 성하나 양을 의심하는 극단에 이르지 않고 문덕(文德)을 지니고서 가운데에 있으니 지극히 아름답다."141)라고 현학(玄學)의 관점으로 풀이했는데, 「문언전」의 해석과 유사하다. 다만, '황상(黃裳)'을 사물의 이치를 통달하고 유순한 덕을 지닌 신하로 봄으로써 「문언전」의 모호함에서 벗어났다.

정이(程頤)는 "곤(坤)이 비록 신하의 도이지만 육오의 자리는 실제로는 군주의 자리이므로 이를 경계하고자 '황색 치마라면 크게 길하다'라고 했다. '황(黃)'은 오행 가운데 중앙인 토의 색이며, 치마는 아래에 입는 옷이다. 중도를 지키고 낮은 곳에 처하면 크게 길하다는 것이니, 이것은 본분을 지키라는 말이다."142)라고 풀이했다. 육오의 자리가 실제로는 임금의 자리이므로 신하인 자가 존귀한 자리에 있을 때는 스스로 경계하여 신하의 본분을 잊지 말아야 한다는 것으로, 왕필의 현학적 태도와 달리 정치적 처세의 측면에서 접근한 점은 의미가 있다.

주희(朱熹)도 '황상(黃裳)'의 개념에 대해 정이와 같은 관점으로 풀이했다. "육오는 음이 존위에 거함으로써 중정하고 유순한 덕으로 그 안을 충실하게 하고 바깥에 이를 드러낸다."143)라고 풀이했다. 역시 '황

---

141) 王弼 著, 『周易注』: 黃, 中之色也, 裳, 下之飾也. 坤爲臣道, 美盡於下. 夫體无剛健, 而能極物之情, 通理者也, 以柔順之德, 處於盛位 任夫文理者也. 垂黃裳以獲元吉 非用武者也. 極音之盛, 不至疑陽, 以文在中, 美之至也.

142) 程頤, 『易傳』: 坤雖臣道, 五實君位, 故爲之戒云. 黃裳元吉. 黃, 中色, 裳, 下服, 守中而居下, 則元吉, 謂守其分也.

143) 朱熹, 『周易本義』: 黃, 中色, 裳, 下飾, 六五, 以陰居尊, 中順之德, 充諸內而見於外.

상(黃裳)'에 대해 존귀한 자리에 있는 신하로 보고 중정과 유순으로 신하의 도리를 다함으로써 자기를 지키도록 경계했다. 정이의 견해와 단지 표현상 차이가 있을 뿐 그 뜻함은 다르지 않다.

소식(蘇軾)이 밝힌 '황상(黃裳)'에 대한 개념도 위 두 사람과 다르지 않다. 다만 그는 "황색인데 치마가 아니라면 군왕이며, 치마인데 황색이 아니라면 신하이기는 하나 현명한 신하가 아니다."[144]라고 풀이했다. 이는 '상(裳)'을 신하로, '황(黃)'을 신하의 덕으로 인식하고, 위(位)와 덕(德)이 어우러져야 마땅하다는 취지로 독특하다.

이상의 전통적 해석유형은 중용과 중화의 도를 중시한 선진시기 유가의 관점에서 출발했다. 대체로 '황상(黃裳)'에 대해 군위(君位)의 육오에 자리한 존귀한 신하로 보고, 신하로서의 신분과 본분을 잊지 않고 유순하고 중정한 덕으로 스스로 경계하도록 강조한 점에서 공통점이 있다.

『춘추좌전』 소공(昭公) 12년(B.C. 530) 조에 반란을 도모하던 남괴(南蒯)가 속마음을 숨기고 점친 결과 '곤지비(坤之比)'를 얻었는데 점사는 '황상원길(黃裳元吉)'이었다. 이를 두고 자복혜백(子服惠伯)은 "역(易)으로 위험한 일을 점칠 수 없는 법인데, 장차 무슨 일을 도모하려 하십니까? 아랫사람으로서 공손함을 다할 수 있는 일입니까? 중심이 아름다워야 황색에 해당하고, 위가 아름다워야 으뜸이 되며, 아래가 아름다워야 치마가 되는데, 세 가지 모두 갖추어야 점을 칠 수 있습니다. 만일 하나라도 빠뜨리면 점을 쳐서 비록 길하다고 해도 여전히 도모해서는 안 됩니다."[145]라고 했다. 중정의 덕이 없는 신하가 도모하는 반란은 역점(易占)의 대상이 아니며, 그런 자가 점을 쳐서 비록 육오를 점사로 취해도 이는 길함의 예고가 아니라 흉함의 경고에 지나지

---

144) 蘇軾, 『東坡易傳』: 黃, 中之色也. 裳, 下之飾也. 黃而非裳則君也, 裳而非黃則臣爾, 非賢臣也.

145) 『春秋左傳』昭公 12년 : 〈易〉, 不可以占險, 將何事也? 且可飾乎? 中美能黃, 上美爲元, 下美則裳, 參成可筮, 猶有闕也, 筮雖吉, 未也.

않는다는 취지이다. 춘추 후기에 점친 사례임에도 위의 전통적 해석유형과 대체로 부합한다.

지금까지 살펴보았듯이 전통적 해석 경향은 '황상(黃裳)'이 군위에 자리 잡은 존귀한 신하를 상징하고, 자기 경계를 말하고 있다고 본 점에서 역사적 관점의 해석과 다르지 않다. 다만 육오에 내재한 역사성만을 주목하고 실증적 규명을 간과한 점은 문제이다.

이것은 곤괘의 역사적 담론이 종주(從周)의 통합임을 생각지 못한 결과이다. 벌주를 단행하기 전 군주의 내면적인 아름다움을 먼저 깨달은 주공과 무왕의 일을 말한 것이라는 역사적 시각도 있으나146) 역시 실증의 뒷받침이 없는 견강부회에 불과하다. 육오는 주초 성왕(成王) 시기의 정치적 상황을 먼저 이해할 때 해석의 명료함을 기대할 수 있다.

① 성왕이 나이가 어리고 주나라가 천하를 막 평정한 때였으므로, 주공은 제후들이 주나라를 배반할까 두려워 마침내 섭정으로 국사를 주관했다. 관숙과 채숙 등 동생들은 주공을 의심하여 무경과 반란을 일으켜 주나라를 배반했다.147)

② 주공이 정무를 집행한 지 7년이 지나 성왕이 성장하자, 주공은 정권을 성왕에게 돌려주고 신하의 자리로 돌아갔다.148)

위 「주본기」의 기록 중 ①은 신하인 주공이 섭정으로 군위(君位)에 상당하는 자리에 오름으로써 육오의 '황상(黃裳)'처럼 존귀한 존재가 된 사실을 말한다. 군위(君位)를 탐하고자 섭정한 것이 아니라 어린 성왕이 난세를 헤쳐갈 능력이 되지 않아 신하의 충심에서 불가피하게

---

146) Huang, Alfred, 『The Complete I Ching』, 46쪽 참조.
147) 『史記』「周本紀」: 成王少, 周初定天下, 周公恐諸侯畔周, 公乃攝行政當國. 管叔.蔡叔群弟疑周公, 與武庚作亂, 畔周.
148) 『史記』「周本紀」: 周公行政七年, 成王長, 周公反政成王, 北面就群臣之位.

섭정한 사실과 관련이 있다.149)

②는 '삼감의 난'을 평정한 뒤 나라가 안정을 찾고 성왕이 장성하자 주공이 섭정을 중단하고 신하의 자리로 돌아간 사실을 말한다. 이처럼 신하의 자리로 돌아가 신하의 본분을 지킨 일은 '원길(元吉)'과 다르지 않다. 사실상 존귀한 군왕의 자리에 있었으나 신하로서의 본분을 잊지 않고 때가 되어 자기의 자리로 돌아간 일을 두고 높이 평가한 것과 같다. 군왕의 자리를 탐하여 자기의 자리로 돌아가지 않았다면 흉함을 자초했을 것이라는 암시가 이 말 가운데 숨어있다.150) 이러한 관점을 참고하면 역(易)을 지은 자의 문리(文理)가 범상치 않으며, 정치적 수사(修辭)에도 능숙하다는 점이 확인된다.

이괘(離卦) 육이의 '黃離 元吉'과 비교하면 '黃裳 元吉'의 뜻함이 한층 더 명료해진다. 이괘의 담론이 자리를 보전하되 어떻게 마땅함을 지킬 것인지의 문제와 관련이 있다면, '황리(黃離)'는 하괘(下卦)의 중(中)을 얻어 마땅한 자리에 중정과 겸손으로 존귀함을 지키는 것을 의미한다. '황상(黃裳)'과 다르다면, 존귀한 자가 스스로 낮은 곳에 거하여 중심을 잡고 자기의 본분을 다한다는 점이다. 신하의 몸으로 육오의 군위에 자리한 '황상(黃裳)'은 안팎으로 자기를 경계할 필요가 있음에 반하여 '황리(黃離)'는 존귀한 자임에도 스스로 그 처하는 자리를 낮추고 처세한 까닭에 그럴 필요가 없다. 이처럼 처세의 미학을 발휘했으므로 크게 길하다고 말한 것이다. 크게 길한 결과는 같지만, 난세를 만나 군위에 상당하는 자리를 차지하여 존귀함을 지키는 일이 스스로 낮은 자리에 처

---

149) 한때 주공이 병든 무왕을 대신하여 자기가 죽도록 해달라는 축문을 궤짝에 넣어 밀봉하여 보관했는데, 이후에 궤짝을 열어 본 성왕이 주공의 충심을 확인하고 그에 대한 의심을 거두었다는 『주서(周書)』 「금등(金縢)」 편의 내용은 '황상'의 존귀함이 무엇을 뜻하는지 말해주고 있다.

150) 『書經』 「君奭」에서 섭정을 의심하는 소공(召公) 석(奭)에게 "우리는 문왕의 치적을 완성할 수 있도록 게으르지 않아야 하고, 바닷가 어디든 해가 뜨는 곳이면 따르고 순종하도록 만들어야 한다."라고 밝힌 주공의 말에서 이러한 사실을 읽을 수 있다.

하여 존귀함을 보전하는 일보다 어려운 것이 분명하다.

『주역』이 상말 주초에 지어졌다면, 곤괘 육오의 '황상(黃裳)'은 섭정으로 군왕에 상당하는 존귀한 자리에 올랐던 '주공(周公)'을 은유한 말로 볼 여지가 다분하다. 주공은 주초의 혼란을 모두 평정한 다음 섭정을 끝내고 신하의 자리로 돌아감으로써 자기의 본분을 지켰다. 왕실 내부의 권력다툼인 '삼감의 난'의 폐해를 직접 경험했으니 신하로서 권력의지를 경계해야 왕실이 튼튼해진다고 인식했을 것이다. 실제로 주공이 이 효사를 지었다면 무왕 사후 나라가 혼란한 가운데 부득이 군왕에 버금가는 존귀한 신분에 있었으나 신하의 본분을 다한 주공이 신하로서의 자존(自尊)을 드러낸 것과 같다. 아울러 주나라가 천하의 종주(宗主)로 굳건하기 위해서는 신하가 권력에의 의지를 스스로 경계함으로써 종왕(從王)을 실천해야 한다는 점을 시사했다고 보아도 무리가 없다.

2-4. 상육151) : 용전우야(龍戰于野)

1) 전통적 해석 경향

의리상으로 유순한 자의 덕을, 역사적으로 종주(從周)의 복종을 밝힌 곤괘의 담론에 어울리지 않게 상육은 '강건한 용', '검붉은 피' 등 그 문채(文彩)가 강렬하다. 특히 "용전우야 기혈현황(龍戰于野 其血玄黃, 용이 들에서 싸우니, 그 피가 검붉도다)"은 상징과 은유로 일관하여 해석이 난해하다. 설사 해석하더라도 그 뜻함이 오히려 더욱 모호해지는 경향이 있다. 그러나 상말의 역사적 사실과 연계하면 이러한 문제는 해소되고 그 함의가 명료하게 드러난다.

「상전(象傳)」은 상육에 대해 "그 도가 다함이다."152)라는 말로, 곤

---

151) 『周易』 坤卦 上六 : 龍戰于野 其血玄黃。

152) 坤卦 上六 「小象傳」 : 龍戰于野 其道窮也。

음(坤陰)의 도가 궁극에 이르면 쇠미함으로 돌아간다는 관점으로 풀이했다. 「문언전」은 "음이 양을 의심하면 반드시 싸우게 되며 그 양이 없음을 싫어하니 '용(龍)'이라 일컫고, 오히려 그 동류를 떠나지 못하니 '혈(血)'이라 일컫는다."[153]라고 풀이했다. 효사는 상징과 은유로 일관했으나 그 말이 어우러져 구체적이다. 하지만 「문언전」의 해석은 매우 구체적이지만 그 뜻은 지나칠 정도로 추상적이라 궁극의 의미가 잡히지 않는다. 오히려 효사의 뜻을 밝힐 목적으로 해석한 내용을 다시 해석해야 할 정도로 뜻이 모호하다.

왕필(王弼)은 "음의 도를 행하는 것은 낮추고 유순하여 채우지 않음으로써 그 아름다움을 온전하게 해야 마땅하지만, 한없이 성대하여 양의 지역을 점거하니 양이 견디지 못하여 들판에서 싸우게 된다."[154]라고 풀이했다. 음기가 극에 이르면 양기가 도래하는 역(易)의 이치를 바탕으로 곤음이 극으로 치달아 마침내 양기와 부딪혀 충돌하게 된다는 논리이다. 역(易)의 이치에 통하는 면은 있으나 역사적 관점과는 동떨어져 참고할 여지가 없다.

정이(程頤)는 "음은 양을 따르는 속성이 있지만 성대해지면 저항하는 힘이 생겨 싸우게 된다. 상육은 이미 극에 이르렀으므로 다시 나아가기를 그치지 않으면 반드시 싸우게 되므로 '들에서 싸운다'라고 했다. '들'이란 (음이) 나아가서 밖에 이른 것이다. 이미 대적했다면 반드시 모두 상하므로 그 피가 검고 누렇다고 했다."[155]라고 풀이했다. 음순양종(陰順從陽)의 이치가 바탕이지만 그 뜻풀이는 견강부회에서 벗어나지 못했다.

---

153) 坤卦「文言傳」: 陰疑於陽必「戰」, 爲其嫌於无陽也, 故稱「龍」焉。猶未離其類也, 故稱「血」焉。

154) 王弼, 『周易注』: 陰之爲道, 卑順不盈, 乃全其美, 盛而不已, 故陽之地, 陽所不堪, 故戰于野。

155) 程頤, 『易傳』: 陰從陽者也, 然盛極則抗而爭。六旣極矣, 不進不已, 則必戰。故云戰于野。野, 謂進至於外也。旣敵矣, 必皆傷, 故其血玄黃。

주희(朱熹)는 "음이 극에 이르면 양과 싸우게 되고, 싸우면 모두 패하여 다치게 된다."라고 말한 다음, "현황(玄黃)은 천지의 바른 색으로 음양이 모두 다친 사실을 말한다."[156]라고 풀이했는데, 정이의 관점과 별반 다르지 않다.

소식(蘇軾)은 「상전」의 "기도궁야(其道窮也, 그 도가 다한 것이다)"와 관련지어 "이 지경에 이르렀다면 음이 편안할 수 있는 위치가 아니다. 음이 비록 싸우지 않으려고 해도 어찌할 수 없으므로 '그 도가 다했다'로 말한 것이다."[157]라고 풀이했다. 주희의 음성필전(陰盛必戰)과 달리, 때가 이르면 부득이 싸울 수밖에 없다는 논리이다.

지금까지의 해석은 기본적으로 음양의 시간적 원리(流行)를 밝힌 「설괘전(說卦傳)」 제5장 가운데 "'전호건(戰乎乾)'이라 함은, 건(乾)은 서북방의 괘이니 음과 양이 서로 부딪힘을 말한다."[158]라는 구절을 해석의 틀로 받아들인 결과이다. 그렇지만 어느 해석도 상육의 본뜻을 명료하게 밝히지 못했다. 이러한 현상은 '경서(經書)는 곧 사서(史書)'라는 사실을 간과하고 오직 사변적 의리를 궁구하는 일에만 치중한 결과이다. 특히『주역』이 은주교체의 역사를 배경으로 그 시대의 역사적 사실을 반영하고 있다는 점을 간과한 결과 어떠한 해석도 모호함에서 벗어나지 못하는 결과를 가져왔다. 서사는 당대의 역사와 무관할 수 없다는 점을 전제하고 이러한 해석을 살펴보면 왜 다시 역사를 돌아보아야 하는지 새삼 이해가 된다.

2) 목야전투(牧野戰鬪)와 효사의 관계

역사적 관점의 해석 요지는 "용전우야(龍戰于野)"에 대해 '용전우목

---

156) 朱熹, 『周易本義』:陰盛之極, 至與陽爭, 兩敗俱傷……玄黃, 天地正色, 言陰陽, 皆傷也.

157) 蘇軾, 『東坡易傳』:至於此, 則非陰之所能安矣. 陰雖欲不戰而不可得, 故曰, '其道窮也'.

158) 「說卦傳」제5장:戰乎乾, 乾, 西北之卦也, 言陰陽相薄也.

야(龍戰于牧野)"의 축약으로 보는 것이다. 이에 따르면 상육은 난해한 상징을 벗고 지극히 역사적인 사실로 그 말을 드러낸다. 결국 상육은 5백여 년을 내림한 상나라의 장구한 역사를 끝내고자 무왕(武王)이 목야(牧野)에서 치른 결전이 소재이다.

> 후직의 손자가 바로 태왕이니, 기산 남쪽 볕 바른 곳에 거처를 정하고, 상나라를 치기 시작했네. 문왕과 무왕에 이르러, 태왕의 과업을 이어서, 하늘이 이루고자 하는 바를, 목(牧) 땅의 들판에서 이루었네.[159]

위 시는 극상(克商)의 역사적 연원을 밝히면서 무왕이 목야(牧野)에서 마침내 극상의 위업을 이룬 사실을 송영했다. 은주교체를 완성하고 주나라를 반석 위에 올린 주공의 봉지인 노나라의 시가(詩歌)에서 '우목지야(于牧之野)'를 구체적으로 명시한 점은 역사적 관점의 해석을 입증하는 전거(典據)로 삼기에 부족함이 없다.

이처럼 역사적 관점으로 이 효사를 해석한 예로 후앙(Huang)의 견해[160]가 있다. 그렇지만 그는 목야전투와 관계가 있다는 사실(史實)만 말했을 뿐, 그 안의 역사성, 즉 목야의 결전을 인용하게 된 궁극의 목적이 무엇인지 밝히지 않아 명료함의 측면에서 한계를 보였다. 적어도 목야 전투의 실상뿐만 아니라 그 사실을 효사로 인용한 이유가 무엇인지 밝힐 때 상육에 내재한 역사성의 실체가 드러난다.

「주본기」에 따르면, 무왕은 문왕 11년 12월 무오일에 전차 300대와 용사 3,000명, 갑옷을 입은 병사 4만 5,000명을 이끌고 맹진을 넘었고, 문왕 12년 2월 갑자일 동틀 무렵부터 상나라 도성의 교외인 목야(牧野)에서 결전을 치렀다. 목야전투를 소재로 삼은 『서경』「목서(牧誓)」편 가운데 "오늘 전투는 여섯, 일곱 걸음 후에 멈추고 대오를 정

---

159) 『詩經』 「魯頌」 〈閟宮〉: 后稷之孫, 實維大王, 居岐之陽, 實始翦商. 至于文武, 纘大王之緖, 致天之屆, 于牧之野.

160) Huang, Alfred, 『The Complete I Ching』, 47쪽 참조.

비하고, 네 번, 다섯 번, 여섯 번, 일곱 번 공격한 후에 멈추고 대오를 정비해야 하오."161)라는 구절에서 목야의 결전으로 상나라의 역사를 끝내고자 하는 무왕의 강한 의지를 읽을 수 있다. 『시경』 가운데 「대아(大雅)」〈대명(大明)〉 편은 이날의 전투를 다음과 같이 묘사했다.

> 상나라 군대는 숲의 나무처럼 모여 있었네. 목야에서 병사에게 훈시하기를, '나와 제후가 들고일어났다. 하늘이 그대들에게 임했으니 그대들은 마음 변치 말라' 하셨네. 목야는 넓기만 하고, 박달나무 수레 그지없이 눈부시고, 희고 검붉은 네 마리 말 매우 당당했네. 태사인 태공망이 마치 매가 날 듯, 무왕을 도와 상나라를 쳤는데, 결전 당일 아침은 맑고 밝았네.162)

이 시의 내용은 목야전투를 지휘한 무왕과 태공망의 위풍당당한 모습 및 전투의 마땅함을 송영하는 것으로 일관한다. 비록 상나라의 군대가 강했지만, 이 전투가 천명을 따랐기에 전투의 대의명분이 결전 당일의 아침처럼 맑고 순수했다고 송영했다. 무왕 때 제작된 것으로 추정되는 〈이궤(利簋)〉의 명문은 "무왕이 상을 정벌한 날은 갑자일 아침이었다. 목성이 위에 있었고, 해 질 무렵에 물리쳤다. 다음 날 새벽에 상나라의 도읍을 점령했다."163)라고 기록했다. 벌주(伐紂)의 결전이 목성이 떠 있는 갑자일 새벽에 시작되어 그날 저녁까지 이어질 정도로 매우 치열했다는 사실을 실증하고 있다.

이처럼 다양한 유형의 기록은 '목야전투'에 대한 주나라 지배계층의

---

161) 『書經』「牧誓」: 今日之事 不愆于六步七步 乃止齊焉. 夫子, 勖哉. 不愆于四伐五伐六伐七伐, 乃止齊焉. 勖哉.

162) 『詩經』「大雅」〈大明〉: 殷商之旅, 其會如林. 矢于牧野, 維予侯興, 上帝臨女, 無貳爾心. 牧野洋洋, 檀車煌煌, 駟騵彭彭. 維師尙父, 時維鷹揚, 涼彼武王, 肆伐大商, 會朝淸明.

163) 〈利簋〉: 珷征商, 隹甲子朝, 歲鼎克聞, 夙又商.(명문의 해석은 李峰의 『중국고대사』, 145쪽을 참조했다.)

관심과 자부심이 얼마나 지대했는지 대변한다. 이 전투는 역사적 측면에서 양면성이 있다.

첫째, 주나라와 그 추종세력의 입장에서는 무한한 칭송의 대상이라는 점이다. 초기 주나라는 상나라가 서진(西進)할 때 정복과 약탈의 대상인 적대적 방국의 처지였으나, 무정의 귀방 정벌에 용병으로 참전하여 공을 세운 일을 계기로 종속적 우호관계가 되었다. 이후의 역사는 상나라의 제후국으로 철저하게 예속되었으며, 그 힘을 절제하지 않으면 가혹한 탄압을 피할 수 없었다. 적어도 문왕에 이르러 종속의 고리를 끊어야겠다는 뜻을 굳혔고, 마침내 무정의 용병으로 참전한 이후 3백여 년이 흐른 시점에서 예속의 고리를 끊어내는 일대 결전을 목야에서 치르게 된 것이다.

고난과 예속의 역사를 돌이키면 이 전투는 주족의 역사에서 '삼백년래일대사건(三百年來一大事件)'과 같다. 이 전투에서 승리하면 6백여 년의 왕조는 역사의 뒤안길로 사라지고, 세계사의 틀을 근본적으로 바꾸는 천년 왕조가 새롭게 시작된다. 문명사적 측면에서 수백 년간 상제의 신성에 굴복했던 세계가 이 전투를 계기로 새로운 전기를 맞게되는 것이다. 이처럼 '목야전투'는 역사적으로, 문명사적으로 특별한의미가 있다. 이 사실을 생각하면 극상의 천명을 받은 문왕과 그 천명을 이어받아 극상(克商)을 완성한 무왕은 송영(頌詠)의 대상이 될 수밖에 없다. 목야(牧野)는 이 모든 사실을 증명하는 영예로운 무대이며, 그곳에서 치른 결전 또한 무한한 송영의 대상이 될 수밖에 없다.

둘째, 상족과 그 추종 세력의 견지에서 이 전투는 역취(逆取)에 지나지 않으므로 저항의 명분이 되었다. 이 전투를 계기로 상나라는 물리적으로 무너졌으나 세계는 여전히 상나라의 견고한 틀 안에서 저항의 힘을 잃지 않고 있었다. 벌주(伐紂) 이후 "상나라 유민과 그들의 땅을 무경에게 봉(封)했으나 무경은 진실로 복종하지 않았다(未集)"164)

---

164) 『史記』「衛康叔世家」: 武王已克殷紂, 復以殷余民封紂子武庚祿父, 比諸侯, 以

라는 기록은 상나라 지배계층을 중심으로 목야전투의 결과를 사실상 인정하지 않고 있었다는 사실을 말하고 있다. 끝까지 은주(殷紂)를 섬겼던 비렴(飛廉)의 이야기165)는 주나라에 '미집(未集)'하는 세력의 저항을 보여주는 대표적인 사례이다. 『서경(書經)』「다사(多士)」편, 「다방(多方)」편 등도 진실로 굴복하지 않는 상나라와 그 추종 세력을 회유하는 전거(典據)들이다.

이처럼 '목야전투'에 대한 상반된 인식은 역사적 정당성을 어떻게 확보할 것인가의 문제로 나아간다. 주 왕조가 이룬 역취의 정당성은 '목야전투'의 정당성에서 비롯된다. 이 전투가 천명에 따른 것임을 강조한 이유도 여기에 있다. 천명이 상나라를 떠나지 않은 상태에서의 전투는 무도한 반역에 지나지 않아 새 왕조의 정당성을 부인하는 결과를 낳게 된다. 그렇지만 천명을 내세워 목야의 결전에서 승리하고 새로운 세계를 열었으나 현실은 여전히 이 천명을 거부하며 분열되어 있었다. 분열과 저항을 극복하고 통합을 완성하는 일은 '목야전투'를 승리로 이끈 역사 주체가 직면한 최대 난제였다. 이 효사에 내재한 역사성은 이 문제와 관련되어 있다.

지금까지의 내용을 정리하면, "용전우야(龍戰于野)"에서 '용(龍)'은 천명을 받은 무왕과 천명을 실행한 무왕을 은유한다. 동시에 이 전투의 승리로 새 왕조를 연 역사 주체의 정치적 권위를 표상하는 상징이기도 하다. "기혈현황(其血玄黃)"은 목야전투를 승리로 이끈 자들을 칭

奉其先祀勿絶. 爲武庚未集.

165) 『史記』「秦本紀」에 따르면, 蜚廉과 惡來는 부자지간으로 紂王을 섬겼으나 오래는 주왕과 함께 죽임을 당했다. 이 사실을 모르고 북방을 지키던 비렴이 돌아왔으나 주왕이 죽어 보고할 곳이 없자 곽태산에 제단을 쌓아서 보고했다. 그가 얻은 석관에 '천제가 비렴을 시켜 은나라가 재난에서 벗어나게 해달라'는 내용이 새겨져 있었다. (父子俱以材力事殷紂. 周武王之伐紂, 并殺惡來. 是時蜚廉爲紂石北方, 還, 無所報, 爲壇霍太山 而報, 得石棺, 銘曰「帝令處父 不與殷亂, 賜爾石棺以華氏」.) 이것은 '백이·숙제'의 고사와 더불어 상나라를 추종하는 세력의 저항이 매우 강했음을 보여주는 대표적인 사례이다.

송하고 상나라의 대군이 돌이킬 수 없이 패배했음을 상기시키는 말이다. 전투에서 승리한 역사 주체에게는 자신들을 결속하는 비장한 기억으로, 목야전투의 역사적 당위를 부정하고 저항하는 세력에게는 뼈저린 패배의 기억으로 상기시켜 은주교체를 계기로 수백 년간 지속된 대립의 역사에 종지부를 찍고자 의도한 것이다.

곤괘 초효에서 육오에 이르기까지 일관된 역사적 담론은 괘사 "서남득붕 동북상붕(西南得朋 東北喪朋)"에 내재한 '종주(從周)'이다. 이 사실을 고려하면 상육은 '종주(從周)'의 정당성에 대한 역사적 연원을 거듭 밝힌 것이며, 동시에 주 왕조에 미집(未集)하는 세력을 굴복시키려는 고도의 정치적 수사(修辭)이다. 이러한 관점을 종합하면 상육은 '목야의 전투에서 천명을 받은 주 무왕이 승리했도다. 이날의 돌이킬 수 없는 패배를 기억하고 무모하게 저항하지 말라'는 강렬한 메시지를 담고 있다. 이것이 상육에 대한 역사적 관점의 해석이다.

3. 심리적 의식화(意識化) 측면에서의 역사성

3-1. 해석상 제 문제

역사성은 인간의 정신으로 일상적으로 일어나는 사건이나 사태에 의미를 부여하는 과정을 거치면서 정립된다. 인간의 삶 속에서 일어나는 수많은 일 가운데 역사 주체의 정신과 유기적 상관하에 유의미하다고 평가된 사실들이 바탕이다. 이처럼 사실과 경험에 의미를 부여하고 가치를 생성하는 정신 활동이 의식화이다. 의식화된 개체의 자기의식이 역사 주체의 지향적 의지와 맞물리면 역사의식으로 전환된다. 이러한 역사의식은 역사 주체의 지향적 의지 및 실천적 행위와 밀접하게 연결되어 있다. 전자가 바탕이라면 후자는 펼침이다. 그러므로 역사 주체의 정신 활동인 역사의식을 바탕으로 역사객관에 이르는 일은 전적(典籍), 유물, 유적 등 사실(史實)에 의지하여 규명하는 것과 달라서 간단한 문제가 아니다. 그 이유는 이미 존재하지 않는 과거의 역사 주체가 지닌 정신, 의식, 심리 등의 주관적 요소를 현재 해석하는 사람의 관점에서 때로는 사실(史實)에 의지하여, 때로는 상상력을 발휘하며 객관화하는 일이기 때문이다.

곤괘의 나머지 괘·효사를 의식화의 관점으로 해석하는데 E.H.카 (Edward Hallett Carr)의 역사 인식을 참고할 필요가 있다. 그는 역사가와 역사적 사실의 상호관계에서 확인할 수 있는 진실을 다음과 같이 세 가지로 설명했다.

첫째, 역사에서 사실은 순수한 형태로 존재하지 않으며, 존재할 수도 없으므로 결코 순수한 사실로 우리 앞에 나타날 수 없다고 했다. 객관적으로 명확한 역사적 사실은 존재할 수 없으며, 우리가 역사적 사실이라고 말하는 것은 과거의 사실 가운데 역사가가 자기의 의도에 따라 유의미한 것을 선택한 것일 뿐이라는 결론에 이르게 된다. 역사를 쓰는 사람이 누구인지에 따라 역사적 사실은 취사의 대상 여부, 쓰임의 경중 등으로 그 모습을 드러내게 된다.

둘째, 역사가는 자기가 연구하는 사람들의 마음과 그들의 행위를 뒷받침하는 사상을 상상하여 이해할 필요가 있다고 했다. 역사의 정신적 측면을 결정하는 과거 역사 주체의 생각과 사상을 읽기 위해서는 역사가의 상상력이 발휘되어야 한다는 취지이다. 이에 따라 역사객관에 이르고자 한다면 역사 주체의 심리와 역사가의 상상이라는 이중의 심층 구조를 파악해야 하는 문제와 부딪히게 된다. 이러한 문제는 역사를 역사적 사실과 상상적 허구의 종합으로 몰아가는 결과를 가져와 역사객관의 신뢰성에 의문을 남기는 일을 피할 수 없게 한다.

셋째, 오직 현재의 눈을 통해서만 우리는 비로소 과거를 볼 수 있고, 과거를 이해할 수 있다고 했다. 모든 역사는 현재의 역사라는 명제가 성립한다. 과거의 사실은 단지 현재의 필요에 따라 재해석과 재구성을 통해서 되살아나는 대상일 뿐이다.166) 이 관점은 '모든 시대는 신에 직결된다'라는 말로 어느 시대이든, 어떤 사건이든 배후에 고유의 역사객관이 존재한다고 보았던 랑케(Leopold von Ranke, 1795~1886)의 역사주의와 배치된다.

이상 언급한 관점은 자명하고 명징한, 있는 그대로의 역사 객관을 원하는 사람에게 매우 불편하지만, 현실적으로 받아들일 수밖에 없다. 심리적 의식화의 관점에서 곤괘의 역사성을 논증하기 위해서는 은주교체에 참여한 역사 주체의 심리를 상상하고 현재의 시선으로 재해석하는 것이 필요하다. 상상력을 발휘하는 일에는 몇 가지 관점이 있다.

첫째는 역사적 지향 의지를 지닌 주체의 관점이다. 주체를 누구로 보느냐에 따라 서사에 내재한 역사적 지향성의 실상이 달라지기 때문이다. 은주교체의 역사 주체는 좁게는 문왕이나 무왕 등의 개인이며, 여기에서 범위를 더 확장하면 이들을 정점으로 하는 주 왕족, 조정 내 중신, 주 왕실에 복종하거나 협력하는 제후와 방국 등이 이며, 가장 넓게는 그 시대를 산 현존재(現存在) 모두일 것이다. 역사 주체를 어떤 범위 내에서 특정하느냐에 따라 해석의 명료함이 달라질 수밖에 없다. 서사를 해석할 때 이러한 관점을 염두에 두고 상상하는 것이 필요하다.

둘째는 의식화 대상의 관점이다. 역사 주체의 지향적 의지에 맞서는 대상을 특정하고 이들이 심리적으로 어떻게 반응하고 물리적으로 어떻게 대응했는지는 서사의 객관적 해석을 위해 중요한 문제이므로 상상의 대상으로 삼아야 한다. 은주교체의 역사에도 주체와 대상이 있다. 역사의 흐름이라는 측면에서 주체는 주나라이고, 그 대상은 상나라와 그 추종 세력이다. 그러나 그 흐름에 맞서 응전한다는 측면에서는 상나라와 그 추종 세력이 주체가 될 수 있다. 관점에 따라, 상황에 따라 주체와 대상은 뒤바뀔 수 있으며, 이것을 인정하고 상상할 때 보다 더

---

166) E.H.Carr 지음, 곽복희 옮김, 『역사란 무엇인가』, 37~40쪽 참조.

객관적 사실에 다가갈 수 있다. 다만 역사적 지향성, 역사적 필연성이라는 거시적 측면에서 의식화의 주체는 주나라인 것이 분명하다.

셋째는 심리적 관점이다. 세계의 패권을 놓고 서로 대립하는 두 세력 간의 심리적 긴장 상태를 상상하는 일이 필요하다. 역사적 세계의 긴장은 세계 그 자체가 조성한 것이 아니라, 대립하고 있는 주체들 간의 심리에 기인한다. 따라서 은주교체라는 일대 사건에 내재하는 팽팽한 긴장 상태는 그 시대를 그렇게 열어간, 그들의 정신에서 찾아야 한다. 이 심리적 긴장 상태를 놓치면 대상과 주체는 의미가 없어진다. 따라서 곤괘의 서사를 심리적 의식화의 측면에서 해석하기 위해서는 은주의 교체를 전후하여 세계의 패권을 놓고 대립한 주체와 대상, 그리고 그 사이에 존재하는 심리적 긴장을 상상해야 한다.

현재의 시선으로 서사를 해석하는 것은 위 세 가지 관점에서 상상한 것과 해석의 대상으로 현재 우리 앞에 있는 서사를 상호 연결하는 작업이다. 이것은 과거와 현재, 상상과 현실을 하나의 명제로, 하나의 세계로 재구성하여 최대한 객관적으로 드러내는 일이기도 하다. 그 시대로 거슬러, 그 시대 사람들이, 그들의 절박한 문제와 다급한 이야기가 서사(筮辭) 가운데 어떤 내용으로 담겨있는지 상상하는 것, 이것이 심리적 의식화 측면에서의 해석방법이다.

문제는 과거 역사 주체의 심리상태나 심층구조에 대해 상상한 것을 현재의 시선으로 재구성하고 이해한 후에 서사와 연계하더라도 해석상 명징한 개념이나 명제가 보장되지는 않는다는 점이다. 역사적 객관 사실의 측면에서 서사를 해석하면 그 사실들이 시대를 거슬러 명백히 다시 살아나 우리에게 유의미한 메시지를 전한다. 그렇지만 심리적 측면의 해석은 그 시대 인간의 심리를 상상하고 재구성하여 다시 서사와 연결하고 가장 타당한 명제가 무엇인지 선택하는 문제이므로 모호함과 객관적 불명확을 피하기 어렵다.

그러함에도 불구하고 이러한 방법으로 서사의 의리를 밝히고자 하는 이유는 그나마 사변적 해석의 공허함에서 벗어나 명료한 해석이 가능하기 때문이다. 그 시대를 산 인간의 정신과 의식도 객관적 현실로 우리 앞에 나타난 사실(史實)과 마찬가지로 본래부터 실증적 객관성을 담보하고 있음이 분명하다. 따라서 이러한 관점으로 서사를 해석하는 것은 중요하면서 필수적이다.

3-2. 괘사 '선미 후득주 리(先迷 後得主 利)'의 내재적 심리

1) 의식화 측면으로의 해석 필요성

괘사 "군자 유유왕 선미 후득주 리(君子 有攸往, 先迷 後得主 利)"에 대해 '군자가 나아갈 바가 있어도 앞서면 혼미하고 뒤따르면 얻음이 있어서 이로움을 주장할 수 있다'라고 일반적으로 해석한다. 「단전」은 여기에서 더 나아가 "먼저 하면 혼미해서 도(道)를 잃고, 뒤에 하면 순해서 상도(常道)를 얻는다."[167]고 풀이했다. 앞단의 괘사 "이빈마지정 (利牝馬之貞, 암말의 곧음이니 이롭다)"과 그 뜻함이 부합한다. 유순한 암말처럼 따라가는 것이 곤도(坤道)의 순리이듯 "先迷 後得主 利"도 주인을 앞서지 않을 때 이로움이 있다고 강조한 점에서 궁극의 뜻은 다르지 않다. 그렇지만 그 이유에 대한 설명이 없어 무엇을 말하고자 의도했는지 알기 어렵다. 이 문제와 관련하여 전통적인 관점을 살펴보면 다음과 같다.

「문언전」은 "곤(坤)은 지극히 유순하되 움직임에 강하고, 지극히 고요하되 덕이 방정하니, 뒤에 하면 주장할 바를 얻어 떳떳함이 있으며, 만물을 머금고 변화시켜 빛이 난다. 곤도의 순함이여, 천도를 이어 때 맞춰 행하는구나."[168]라고 풀이했다. 이는 음양지도(陰陽之道)의 관점

---

167) 「坤卦·彖傳」: 先迷 失道, 後順 得常.

168) 「文言傳」: 坤, 至柔而動也剛, 至靜而德方, 後得主而有常, 含萬物而化光. 坤道 其順乎, 昇天而時行.

에서 해석한 것으로, 곤도를 내세워 그 공능에 상응하는 뜻을 명료하게 정리했으나 지나치게 관념적이다. 후대에 정립된 사상으로 전대의 서사를 단지 포장하는 선에 그쳐 서사의 본의를 더욱 가리는 결과를 낳았다.

왕필(王弼)은 이에 대해 구체적으로 주석하지 않았는데, 표면상 뜻이 명료하여 해석할 필요가 없다고 본 결과인지는 알 수 없다.

정이(程頤)는 "음은 양을 따르는 것이니, 양의 부름을 기다려 화합한다. 음이면서 양을 앞서서 주도하면 미혹하여 어지러우므로, 앞서지 않고 뒤에 있으면 그 상도를 얻게 된다."[169]라고 해석했다. 아울러 '주리(主利)'를 별도로 구분하여 '곤도가 만물을 주관함으로써 이롭다'라고 새겼다. 그의 견해는 '음필종양(陰必從陽)'이라는 일종의 교조적(敎條的) 틀에서 벗어나지 못했다. 음양을 다름의 조화가 아닌 선후의 가치로 보는 이러한 관점은 남녀에 대한 사회적 인식까지도 가치의 경중으로 접근할 수 있도록 이론적 바탕을 제공할 수 있는 여지를 남겼다.

주희(朱熹)는 「단전」의 해석 내용을 재해석하는 가운데 "양은 크고 음은 작으니, 양은 음을 겸하여 얻지만, 음은 양을 더불어 얻지 못한다. 그러므로 곤(坤)의 덕은 항상 건(乾)에 수반하여 덜어지게 된다."[170]라고 했는데, '양선음후(陽先陰後)'의 관점으로 접근한 점에서 정이(程頤)의 견해와 다를 바가 없다.

이와 같은 전통적 해석은 서사에 내재한 의리의 마땅함이 무엇인지 치열하게 밝히고자 노력했으나 서사가 지어진 시대의 역사를 보지 않아 해석상 명료함에 있어서 한계를 노출했다. 모든 언어는 존재에 이유가 있고, 세계를 설명한다. 서사를 생각하고 선택할 때도 이유와 목적에 합당한 언어인지 고심했을 것이다. 이처럼 작역자는 점친 결과로

---

169) 程頤, 『易傳』: 陰, 從陽者也, 待唱而和, 陰而先陽, 則爲迷錯, 居後乃得其常也.
170) 朱熹, 『周易本義』: 陽大陰小, 陽得兼陰, 陰不得兼陽, 故, 坤之德, 常減於乾之半也.

서의 언어만을 생각한 것이 아니라 자기에게 말을 제공하는 세계가 먼저 존재한다는 사실을 인식하고, 그 세계에 합당하도록 말과 기호로써 표현한 것이 분명하다. 전통적이고 일반적인 해석 경향은 이처럼 언어에 정합하는 세계를 놓친 결과 각자의 시대에 풍미한 사조(思潮)를 바탕으로 사변적 의리를 궁구하는 데 치중했다. 그 결과 짧고 간명한 서사에 비해 해석상의 의리는 매우 풍부하지만 모호함과 공허함을 여전하게 남겨 놓았다.

이 문제를 해소하기 위하여 또다시 사변적 의리를 궁구하는 것은 별로 의미가 없다. 앞에서 언급한 내용보다 더 독창적이고 더 사변적인 해석을 기대하기 어렵고, 가능하더라도 모호함을 피할 수 없기 때문이다. 그렇다면 길은 분명하다. 그 시대의 역사로 돌아가는 것이다. 고증이나 실증의 물리적 도구가 없다면 은주교체의 시대로 돌아가서 세계의 패권을 놓고 대립한 역사 주체들의 심리를 상상하고 현재의 시선으로 재구성한다면 객관적 사실에 상응하는 해석을 기대할 수 있을 것이다.

괘사 "先迷 後得主 利"에는 천하의 패권을 두고 대립한 은주교체의 역사적 상황에 부합하는 의식, 심리, 정신 등이 스며 있을 것이며, 해석에서 이러한 요소를 놓치지 않아야 한다. 이것은 상나라를 추종하는 세력에 대한 심리적 의식화 작업과 연계하여 서사의 뜻을 밝히는 일이기도 하다. 앞서 역사적 사실의 측면에서 괘·효사의 뜻을 검토한 결과 곤괘의 역사적 담론이 '종주(從周)'임을 확인했다. 그렇다면 의식화 측면에서도 괘·효사는 '종주(從周)'라는 담론에서 벗어나지 않아야 하며, 실제로 그러하다.

역사 주체의 심리적 의도와 그 대상을 향한 심리적 의식화의 측면을 보지 못한다면 '종주(從周)'에 부합하는 의리를 명료하게 드러내기 어렵다. 상나라와 그 추종 세력을 '종주(從周)'의 울타리 안으로 몰아가려는 심리적 의도와 이것을 거부하는 심리적 상태가 이 괘사에 어떤 모습으로 반영되어 있는지 확인할 때 심리적 의식화 측면에서의 객관적 해석이 가능해진다. 6백여 년 천하의 주인이었던 왕조를 무너뜨리려는 세력의 심리와 이것을 지켜내려는 세력의 심리가 극명하게 충돌했을 것이며, 그러한 사실이 괘사에 투영되었다고 보는 것이 합리적이다. 따라서 추상적 사변으로 말미암은 모호함에서 벗어나고자 한다면 이러한 사실을 주목하고 그 실상을 추적해야 한다는 당위가 성립한다.

2) 지배와 복종의 담론

극상(克商) 이후 주나라는 상나라의 왕족과 그 추종 세력을 세 가지 방향으로 조치했다.

첫째, 주나라의 지배에 성복(誠服)하지 않는 세력을 상나라의 기원지인 동북지방으로 이주시킴으로써 저항의 여지를 없애고자 했다. 기자를 조선에 봉하고 그를 따르겠다는 백성을 데려가게 함으로써 사실상 상호 불간섭의 경계를 그은 것이 그 예이다.

둘째, 상나라의 옛 땅과 백성을 상나라의 왕족에게 분봉하여 지배하고자 했다. 무경(武庚)과 미자(微子)에게 은 땅을 분봉하고 그들의 백성을 다스리며 제사를 잇게 한 일이 그 예이다. 상나라의 왕족을 내세워 일종의 자치구(自治區)를 허락함으로써 주나라의 지배에 반기를 들거나 저항하는 심리를 일정한 지역에 묶어둔 채 관리하고 통제하겠다는 의도가 있다.

셋째, 새로 건설한 성주(成周)를 비롯하여 여러 봉국(封國)에 상나라의 관리와 백공(百工), 노예 등을 이주시키는 분산정책을 폈다.171) 상나라의 선진문물과 제도를 주나라 각지에 이식하여 통치의 기반을 다

---

171) 『書經』 「多士」 편과 『春秋左傳』 定公 4년(B.C.506) 조의 기록 중에 魯公에게 은나라의 여섯 씨족을, 康侯에게 일곱 씨족을 나누어 다스리게 했다는 내용 등이 이 사실을 입증한다. 서주시기 청동제기 명문 중에 분봉 시 庶人을 비롯한 여러 계층의 사람을 하사한 내용도 이와 무관하지 않다.

지고자 하는 일종의 물적 통합까지 지향한 것이다.

괘사 "先迷 後得主 利"는 상기와 같이 상나라의 왕족과 그 추종 세력에 대한 통치 방향을 이해할 때 역사적 함의를 추출할 수 있다. 이러한 관점을 전제하고 해석하면 '앞서가면 주인을 잃고, 뒤따르면 주인을 얻어, 이롭다'는 뜻이 된다. 이것이 심리적 의식화 관점의 해석이다. '선미(先迷)'는 '선미주(先迷主)'를 축약한 말로, '이(利)'는 앞단의 서사가 조건이 되어 뒤따르는 결과로 각각 보았다. 즉 상나라를 앞세우면 주나라가 혼미해져 이(利)가 없고, 상나라를 뒤세우면 주나라를 얻게 되어 이(利)가 따른다는 취지이다. '선(先)'은 상나라를 앞세우고 주나라의 통치에 복종하지 않는 것을, '후(後)'는 주나라의 지배에 순응하는 것을 의미한다. 아울러 '주(主)'는 천하의 종주(宗主)로 등극한 주나라를 뜻하게 된다. 괘사 "西南得朋 東北喪朋(서남을 따르면 복록을 얻고, 동북을 따르면 복록을 잃는다)"과 마찬가지로 그 뜻함이 '종주(從周)'로 귀결하고 있다.

이것이 은주교체 전후의 시대적 상황을 반영한 해석이다. 주왕을 징벌하고 극상을 이루었으나 성복(誠服)하지 않는 상나라와 그 추종 세력의 저항심리를 꺾기 위한 일종의 정치적 수사(修辭)와 같다. 굴복시켜 지배하려는 심리와 정체성을 지켜내고자 저항하는 심리가 이 괘사에 내재하고 있다. 물리적으로 세계를 교체했으나 심리적으로 세계는 여전히 양분되어 있었다. 지배와 복종의 대립적 심리가 해소되지 않아 통합이 어려운 상태임을 보여주는 가운데 천하를 종주(從周)의 기치 아래 하나로 통합하겠다는 집요한 의지가 이 괘사에서 분출하고 있다.

　　보리는 잘 자라 그 끝이 뾰족하고, 벼와 기장은 싹이 올라 파릇하구나. 철없은 어린애야! 나와 사이좋게 지냈더라면. 〈麥秀歌〉172)

---

172) 『史記』 「宋微子世家」 : 其詩曰, 麦秀漸漸兮, 禾黍油油. 彼狡僮兮, 不與我好兮。

〈맥수가(麥秀歌)〉는 폐허가 된 상나라의 도읍지를 지나던 기자가 슬픔을 이기지 못해 지었다는 노래이다. 주왕(紂王)이 자기의 말을 듣고 잘 다스렸다면 궁궐이 폐허로 변하지 않았을 것이라는 회한이 짧은 노래 속에 짙게 배어있다. 사마천은 "기자가 주나라 조정으로 가던 길에 옛 은나라의 도읍지를 지나가게 되었다. 궁궐이 모두 파괴된 자리에 곡식이 자라고 있는 모습을 보고, 내심 슬픔을 이기지 못해 소리 내어 울고 싶었으나 아녀자의 꼴이 될까 염려하여 대신 이 시를 지어 노래했다. 은나라 유민이 그 노래를 듣고는 모두 눈물을 흘렸다."173)라고 기록함으로써 망국의 왕족과 백성의 심리가 얼마나 절절했는지 밝혔다.

주 무왕에게 통치의 대범(大範)을 전수하며 주 왕실에 협력했으나, 속마음은 600년 왕조에 대한 충심으로 주나라에 성복(誠服)하지는 않았다. 이처럼 나라는 폐허가 되어도 충심이 파릇한 보리싹처럼 자라게 되면 지배와 복종이 아닌 지배와 저항의 구도로 대립하는 가운데 통합이 요원해지기 마련이다. "무왕이 기자를 조선에 봉하고, 그를 신하의 신분으로 대하지 않았다."174)라는 기록은 진실로 복종하지 않는 기자와 그 추종 세력을 상나라의 기원지인 동북지방으로 이주시킴으로써 그들의 정체성을 주나라의 강역 밖에서만 유지하도록 불가피하게 허락한 사실을 말한 것으로, 통합을 위해 주나라 지배계층이 얼마나 고심했는지 알 수 있다.175)

은주교체 이후부터 발해 연안 북부의 동북지방이 사실상 중국 왕조사의 무대에서 벗어난 까닭은 상나라가 그들의 정체성을 지키기 위하

---

173) 『史記』 「宋微子世家」: 其後箕子朝周, 過故殷虚, 感宮室毀壞, 生禾黍, 箕子傷之, 欲哭則不可, 欲泣為其近婦人, 乃作麥秀之詩以歌詠之. 殷民聞之, 皆為流涕.

174) 『史記』 「宋微子世家」: 於是武王乃封箕子於朝鮮而不臣也.

175) '東北'의 역사적 실재성을 논증할 때 거론했던 '하가점상층문화'는 주 왕조에 불복한 상나라의 백성들이 그들이 존숭했던 동북지방으로 이주한 결과 형성된 것으로, 은주교체의 역사적 사실을 받아들이지 못한 상족의 정체성이 그 문화에 살아있음을 보여준다.

여 중원에 편입되는 것을 거부했고, 주나라가 이를 수용한 일에서 비롯된 것으로 볼 수 있다. 이처럼 상나라의 왕족과 백성이 망국의 한을 노래하며 주나라를 진실로 따르지 않을 때 주나라는 혼미함에서 벗어나기 어렵다. 이 상황을 반영한 괘사가 '선미(先迷)'이다. 이와 같은 저항의 심리를 꺾지 않고서는 완전한 통합이 불가능하다는 사실을 은주교체를 단행한 주체세력이 뼈저리게 느꼈고, 이에 대한 대안을 고민했을 것이라고 상상하는 일은 어렵지 않다.

> 위대한 천명이 상나라의 자손에 이르렀네. 상나라의 자손은 그 수를 헤아릴 수 없지만, 하늘의 천명이 이미 다해, 주나라에 복종하게 되었네. 주나라에 복종케 되었으니, 하늘의 명이 한결같지만 않다네. 은나라 관리는 의젓하고 영민하지만, 주나라 사당에서 신을 불러 술을 따라 올리네. 그들이 신을 불러 술을 따라 올릴 때, 언제나 보무늬 바지에 은관을 썼네. 주왕(周王)에게 마음 주는 신하가 되어, 그대의 조상을 잊어야 하네. (중략) 문왕을 본받으면, 온 세상이 믿고 따를 것이네.176)

천명을 잃고 나라가 망했으나 그 후손과 제관(祭官)들이 여전히 상나라의 제복(祭服)과 관모를 갖추고 주나라의 사당에서 제사 의례를 행하는 모습에서 주초의 시대를 살았던 역사 주체들의 복잡한 심리적 상황을 읽을 수 있다. 나라가 안정되지 않아 상나라의 제복과 관모에서 미묘한 심리적 저항이 내재함을 인식한 가운데 혹여 그들을 결속하는 원인인 조상까지도 잊으라고 권고하고 있다. 이것이 천명에 따르는 일이며, 그때 비로소 세계가 하나로 통합되어 서로 믿고 살 수 있음을 노래한 것이다. '후득주 이(後得主 利)'의 역사적 함의는 이 시의 내용과 다르지 않다. 상나라의 모든 것을 잊고 주나라를 진실로 앞세워 따

---

176) 『詩經』 「大雅」 〈文王〉: 假哉天命, 有商孫子. 商之孫子, 其麗不億. 上帝旣命, 侯于周服. 侯服于周, 天命靡常. 殷士膚敏, 祼將于京. 厥作祼將, 常服黼冔. 王之藎臣, 無念爾祖 (中略) 儀刑文王, 萬邦作孚.

를 때 하나가 되어 이로운 세상을 함께 누릴 수 있다는 취지이다.

『서경』「다사(多士)」[177] 편은 상나라의 관리와 백공을 성주(成周)에 이주시킨 사실을 입증하는 문헌이다. 강제 이주를 목전에 두고 주공이 이들에게 말한 내용은 괘사 "先迷 後得主 利"의 뜻과 맥락이 닿아 있다. "나는 그대들을 죽이지 않을 것이며, 그러한 명령을 거듭 내리고 있다. 지금 내가 이 낙(洛) 땅에 큰 도읍을 만든 것은, 세상에는 아직도 우리에게 복종하지 않는 자들이 있다고 생각하기 때문이다. 그대들 관리와 백공들은 주 왕실에 복종하여 우리의 신하로서 부지런히 일하며 잘 따라야 한다."[178]라는 말에서 위협과 회유, 복종과 협력 등의 방법으로 통합하겠다는 강한 의지가 확인된다. 결국「다사」편에서 말하고자 하는 핵심 주제도 종주(從周)이다. '따르지 않으면(=先商後周)' 세상이 혼미해지고, '따르면(=先周忘商)' 주나라를 중심으로 세상이 화평해진다는 사실을 말하고 있다. 『주서』각 편의 내용을 살펴보면 역취(逆取)의 대의명분을 위하여 천명(天命)을 내세우고, 순수(順守)를 위하여 종주(從周)를 요구하고, 이 담론을 실천하기 위한 덕목으로 무일(無逸)을 강조하고 있다.

건괘와 곤괘의 서사가 이와 같은 내용을 집약하고 있다. 특히 곤괘의 괘사 가운데 "先迷 後得主 利"는 물론 "牝馬之貞", "西南得朋 東北喪朋" 등은 모두 '종주(從周)'를 요구하고 있다. 이것은 세계를 교체했으나 성복(誠服)하지 않는 상나라의 왕족과 그 추종 세력을 주나라에 복종시키기 위한 심리적 의식화 측면에서의 교학적(敎學的) 서사(筮辭)들이다. 주나라를 중심으로 크게 형통한 세상을 만들기 위하여 암말의 유순한 덕으로, 상나라의 정체성을 털어내고, 오직 주나라를 따르며

---

177) '多士'는 상나라의 주요 관리만을 칭한 것이 아니라 상나라의 제도와 기술을 떠받친 백공(百工) 등을 포함하는 개념이다. 대표적으로 청동기물 제작 기술을 보유한 상나라의 기술자 등이 이에 해당한다.

178) 『書經』「多士」: 今予惟不爾殺, 予惟時命有申. 今朕作大邑于茲洛, 予惟四方罔攸賓. 亦惟爾多士攸服, 奔走臣我多遜.

섬겨야 한다는 메시지가 곤괘의 괘사를 지배하고 있다.

3-3. 효사에 내재하는 의식화의 제 요소

앞서 곤괘의 효사 가운데 육이, 육오, 상육은 역사적 실재에서 비롯된 말임을 전제하고 그 의리를 밝힌 바가 있다. 이와 달리 나머지 초육, 육삼, 육사의 효사와 용육(用六)의 경우 통합의 의지를 심리적으로 주입하여 주나라 왕실 중심의 전일적 체제를 완성하려는 의도가 있다는 점을 전제하고 그 사실관계를 논증하고자 한다.

역사적 사실을 바탕으로 해석한 서사의 경우 통합의 대상이 주로 상나라의 왕족과 그 추종 세력이었지만, 심리적 의식화의 관점으로 해석하는 이들 효사는 주로 주나라 내부의 왕족과 신하들을 통합의 대상으로 삼았다. 천자의 권력 분산이 본질인 봉건제는 왕족 중심으로 분봉한 제후 간의 패권 다툼을 예정하고 있었다. 이러한 문제가 현실적으로 터져 나온 것이 삼감의 난이었다. 은주교체 직후 천하가 안정을 찾기도 전에 주 왕실 내부의 분열로 장기간의 내전을 치른 것이다. 이러한 일까지 경험했기에 상나라의 왕족과 그 추종 세력을 복종시키는 일 못지않게 왕실 내부의 분열을 방지하고 통합하는 문제가 중차대한 당면과제로 부상했다. 천명이 일정하지 않아 상나라를 떠나 주나라에 이르렀듯이, 내부의 분열로 이 천명이 다시 주나라를 떠날 수 있다는 위기의식이 팽배했음은 물론이다.

이런 위기의식이 이들 효사에서 역사의식으로 전환된 채 하나같이 주 왕실을 위한 의식화를 시도하고 있다. 따라서 이들 효사가 표방한 담론은 천하를 염두에 둔 종주(宗周)의 문제보다는 왕실에 대한 충성을 요구하는 종왕(從王) 또는 존왕(尊王)의 문제에 가깝다. 천자를 정점에 둔 전일적 봉건 질서의 확립이 가장 중요하고도 시급했던 주초의 시대적 상황을 이해한 가운데 서사의 해석에 접근하면 그 뜻함이 한결 명료해진다. 아울러 앞서 역사 객관의 측면에서 접근했던 효사들과 달리 심리적 측면에서 검토하면 각각의 효사에서 또 다른 묘미를 확인할 수 있다.

1) 초육(初六)[179] : 우환의식(憂患意識)과 자기 통제

초육의 "이상 견빙지(履霜, 堅氷至, 서릿발을 밟으니 머지않아 얼음이 얼 것이다)"는 순전히 자연이 변화하는 이치를 서사로 인용한 독특함이 있다. 단순하게 자연의 변화를 언급한 것이 아니라, 그 미묘한 이치를 인간사의 예단에 이용했다는 점에서 상고인의 지혜가 엿보이기도 한다. 초기 주나라의 근거지인 빈(豳) 땅에서 채집한 「빈풍(豳風)」〈칠월(七月)〉 편은 계절의 변화에 인간사가 따라가는 모습을 노래했는데, 내용이 '농가월령가'에 준할 정도이며, 이 효사의 예지적 의리와도 무관하지 않다.

> 칠월에는 화성이 서쪽으로 내려오고 구월에는 겹옷을 준비하네. 동짓달엔 찬바람 일고 섣달엔 추위가 매섭다네. (중략) 시월에는 귀뚜라미가 침상 밑으로 들어오네. 집 곳곳의 구멍을 막고 연기 피워 쥐를 쫓으며, 북향의 창을 막고 문을 진흙으로 바르네.[180]

시구의 내용을 정리하면, 6월 초저녁 정남 쪽에 있던 화성이 7월에 서쪽으로 이동하는 것을 보고 머지않은 한기에 대비하여 미리 겹옷을 준비하며, 10월 침상 밑에서 귀뚜라미 울음소리가 들리면 조만간 북풍이 분다는 점을 알고 집 곳곳의 쥐구멍을 막는 등 추위에 대비하고 있다. 자연의 변화가 인간사에 미치는 문제를 인식하고 미리 대비하는 모습에서 인간의 예지적 지혜의 근원과 바탕을 읽을 수 있다.

---

179) 『周易』 坤卦 初六 : 履霜, 堅氷至.
180) 『詩經』 「豳風」〈七月〉: 七月流火 九月授衣. 一之日觱發 二之日栗烈. (中略) 十月蟋蟀 入我牀下. 穹窒熏鼠, 塞向墐戶.

이처럼 〈칠월(七月)〉 편에서 확인되는 자연과 인문의 상호관계는 초육의 효사에서도 내재한다. 수확을 끝낸 들녘에서 서릿발을 밟고 서서 머지않아 얼음이 얼 것을 예감하는 예지적 인간이 이 효사에 존재하는 가운데 곧 닥칠 변화에 대비하도록 알려주고 있다. 따라서 초육은 인간의 우환의식(憂患意識)이 자연의 변화에 순응하되 대비할 줄 아는 인간의 경험적 예지가 그 바탕임을 말하고 있다.

> 역(易)이 흥함은 은나라의 말세에 해당하며, 주나라의 덕이 흥성할 때로다. 문왕과 주왕이 대립하던 일에 해당하는구나! 이런 연고로 그 말이 위태로워, 위기에 처한 자는 평안하게 하고, 뒤집는 자는 무너뜨리게 한다. 역(易)의 도는 지극히 커서 만사와 만물이 벗어남이 없으며, 이로써 시종 두려워하니, 그 요지는 허물이 없게 하는 것이다. 이것을 일러 역(易)의 도라고 한다.[181]

위 「계사전」의 말은 상말의 난세에 문왕이 주왕에게 모질게 박해를 받았기 때문에 『주역』의 말이 위태로워졌고, 사람들이 위험을 미리 예단하여 대비하는 데 도움이 되게 했다는 취지이다. 말이 평이하면 사람들이 경계하는 마음을 풀고 요행에 빠져 결국 화를 자초하게 되며, 시종 두려워하고 근심하는 마음이 없으면 허물을 짓게 된다는 점을 시사하고 있기도 하다. "역이 생겨난 것은 그 중고(中古)이며, 역을 지은 자는 우환이 있었구나!"[182]라는 말은 위 내용을 압축한 것이다. "우환에 살고, 안락에 죽는다."[183]라는 맹자의 말도 우환 속에서 지어진 역(易)의 말에 내재하는 이치와 다르지 않다. 이처럼 우환이 극에 이른 상말의 난세가 『주역』을 낳았고, 이 우환의식이 『주역』의 세계를 관통

---

181) 「繫辭傳·下」 제11장 : 易之興也　其當殷之末世, 周之盛德邪. 當文王與紂之事邪. 是故其辭危, 危者使平, 易者使傾. 其道甚大, 百物不廢, 懼以終始, 其要无咎. 此之謂易之道也.

182) 「繫辭傳·下」 제7장 : 易之興也, 其於中古乎. 作易者 其有憂患乎.

183) 『孟子』「告子·下」 : 生於憂患, 死於安樂.

하고 있다.

초육과 관련하여, 「상전(象傳)」은 '이상견빙(履霜堅氷)'에 대해 일이 처음 생길 때 '순종하여 그 도에 이른다(馴致其道)'라는 취지로 풀이했고, 「문언전」은 '대개 순종함을 말한 것(蓋言順)'이라고 주석했다. 모두 자연의 변화에서 순리(順理)를 읽고, 이 순리에 따라 인간의 삶도 순탄함을 구해야 마땅하다는 관점을 드러냈다.

왕필(王弼)은 "음의 도는 낮고 약한 데서 시작하여 점차 쌓여 드러나는데, 서리를 밟는 것으로 그 시작을 밝혔다. 양(陽)이라는 것은 시작을 바탕으로 드러남에 이르는 것이 아니다. 나가느냐 마느냐의 문제를 밝혔으므로 (건괘의) 초육은 '잠겨 있다'라고 한 것이다."[184]라고 풀이했다. 단순하고 명료한 자연현상과 그 이치를 밝힌 초육의 효사를 해석함에 있어서 음양의 이치를 바탕으로 건괘 초육의 '잠(潛)'의 개념까지 끌어와 비교했지만, 자연의 순리를 본받아 인사의 마땅함을 예단하는 초육의 우환의식은 찾아볼 수 없다. 논리는 생뚱맞고 해석은 본의와 동떨어져 무엇을 말하고자 하는지 알기 어렵다. 사시(俟時)와 회양(晦養)을 중시하는 그의 현학적(玄學的) 관점이 반영된 것으로 짐작할 뿐이다.

정이(程頤)는 "음이 처음 아래에서 생기니 매우 미세하다. 그러나 성인은 음이 처음 생겨날 때 그것이 장차 성대해져 일어날 일을 경계했다."[185]라고 해석했다. 그의 견해는 음기의 미세함에서 서리가 생기고 얼음은 이 미세함을 내버려 두어 더욱 성대해져 생기는 현상임을 전제하였다. 소인도 처음에는 그 세력이 미약하나 내버려 두면 장차 성대한 세력으로 성장하므로 이를 미리 경계해야 한다는 취지이다. 왕필과 달리 자연의 변화에서 인사의 변화를 읽고 미리 걱정하고 대비해

---

184) 王弼, 『周易注』: 陰之爲道, 本於卑弱而後積著者也. 故取履霜以明其始. 陽之 爲物, 非基於始以至於著者也, 故以出處明之, 則以初爲潛.

185) 程頤, 『易傳』: 陰始生於下, 至微也. 聖人於陰之始生, 以其將長, 則爲之戒.

야 한다고 인식한 점에서 명료함이 있다. 그렇지만 음양의 이치를 바탕으로 소인의 발호를 경계함은 사변적이며, 윤리적 논변에 그친 감이 있다. 그 결과 경험 세계의 변화를 인지하고 이를 바탕으로 인간사의 길흉을 예단하는 초육의 명징한 예지성(叡智性)이 오히려 흐려지는 결과를 낳았다.

주희(朱熹)는 "음이 처음 아래에서 생겨서 단서는 매우 미세하나 그 세력은 반드시 성대해진다. 그러므로 그 모습은 서릿발을 밟고서 장차 얼음이 어는 것을 아는 것과 같다. 음과 양은 조화의 근본이고, 서로가 없이 쇠하거나 자라기 어렵다."186)라고 풀이했다. 역시 정이의 관점과 별반 다르지 않다.

〈칠월(七月)〉 편에서 보았듯이, 초육은 표면상으로 자연이 변화하는 실상과 이치를 명징하게 밝혔다. 음양의 이치, 도의 작용, 소인의 개념 등은 본래 이 효사와 관련이 없다. 자연의 미묘한 변화를 읽고 인간의 일을 예단하고 대비하라는 예지적 우환의식이 이 효사의 본질적 뜻함이다. 자연의 순리에서 경험한 사실을 바탕으로 인사의 마땅한 이치를 말하고자 한 것이다.

후앙(Huang)은 초육에 대해 '무왕이 문왕의 유훈에 따라 주왕의 폭정을 끝내고자 준비한 사실을 말한 것'으로 보았지만,187) 역사적 사실에 치우쳐 심리적 의식화의 측면을 보지 못해 문제가 있다. 초육의 뜻은 자연의 이치를 역(易)의 이치로 수용하고 단지 인간사의 우환을 경계하고자 함에 멈춘 것이 아니다. 그런 정도에 그친다면 역(易)의 이치를 드러내는 데는 손색이 없겠지만, 역사적 관점에서의 해석을 기대할 수 없다.

초육은 두 개의 심리적 심층구조로 이루어져 있다. 우환의식과 역사

---

186) 朱熹, 『周易本義』 : 此爻, 陰, 始生於下, 其端, 甚微而其勢, 必盛, 故 其象, 如履霜則知堅氷之將至也. 夫陰陽者, 造化之本, 不能相無而消長.

187) Huang, Alfred, 『The Complete I Ching』, 44쪽 참조.

의식이 그것이다. 전자는 철리적(哲理的) 의식이며 후자는 역사적 의식이다. 전자는 감각적 경험 세계가 바탕인 예지적 철리와 관련이 있으며, 후자는 이 철리를 바탕으로 역사적 당위를 인식한 것이다. 구체적으로 살펴보면 다음과 같다.

첫째, 초육의 말은 '서리를 밟는다'는 사실을 바탕으로 '머지않아 추위가 닥쳐 물이 얼어붙을 것'이라는 경험적 인과의 지식을 획득하고, 이 지식을 바탕으로 '미리 추위에 대비할 것을 요구하는' 예지적 당위로 나아가는 구조를 이루고 있다. 초육은 기본적으로 표면상 자연에서 체득한 감각적 경험 세계와 관련되어 있다. 그러나 만물이 쇠잔해지는 늦가을에 서릿발을 밟고 선 인간은 경험적 감각 세계에서 머물지 않는다. 서릿발을 밟고서 조만간 닥쳐올 추위를 걱정하며 대비를 예고한다. 이처럼 조짐을 보고 우환을 생각하며, 우환을 예지하고 대비책을 모색하는 역(易)의 인문적 철리를 터득한 인간이 이 효사 내에 존재한다. 그 결과 세계는 감각적 경험 세계에서 예지적 인문 세계로 확장되었다. 점이 경험적 현상의 세계를 초월하여 예지적 관념의 세계와 접촉함으로써 사유 경계를 확장하는 힘으로 작용한다는 논리를 이 효사를 통해서 확인할 수 있다.

둘째, 역사적 관점에서 초육의 말은 단지 인문적 철리를 말한 것에 그치지 않는다. 역사 주체의 역사의식과 관련되어 있다. 상말 주초의 세계는 은주교체를 현실적으로 받아들이도록 요구하는 세력과 현실을 인정하지 않고 저항하는 세력으로 양분되었다. 이 상황에서 세계를 통합하는 가장 기본적인 방법은 은주교체의 현실을 전적으로 수용한 가운데 저항심리가 발동되지 않도록 자기 통제를 강화하는 것이다. 초육의 말은 이와 같은 역사 주체의 인식이 바탕을 이루고 있다. 주나라를 중심으로 천하가 이미 재정립된 사실을 조금이라도 부정하고 저항하는 심리가 있다면, 서릿발을 밟고 서듯 우환의 예고와 다르지 않다고 보았다.

아울러 이 심리가 남아 있으면 혹독한 겨울의 추위를 맞이하듯 어려움을 자초하게 되므로, 천하의 종주(宗主)로 등극한 주나라를 따르고 섬기는 것이 역사의 순리임을 주입하려는 의도가 초육의 말 가운데 숨어있다. 세계의 교체를 현실로 받아들이도록 인식의 변화를 요구하는 가운데 이를 거부하는 심리에 대한 자기 통제를 의식화하고 있다. 이런 관점에서 철리적 측면의 예지적 경계(警戒)가 역사적 측면의 자기 통제의 경고(警告)로 전환되어 있다. 통합을 완성하려는 역사 주체의 역사의식을 여전히 분열되어 불안이 가시지 않은 세계를 향해 우환의식의 형식으로 전파함과 동시에 분열을 조장하는 세력에게 자기 통제를 주입하려는 역사 주체의 심리적 의도가 이 효사에 반영되어 있다.

앞서 건괘의 규범성을 논증할 때 초구의 역리적, 역사적 의의를 검토하였다. 역(易)의 세계와 이를 모사한 역사적 세계에서 '미숙함(=潛)'은 일을 그르치는 근본 원인이며, 이것을 경고하고자 절대적 실천명령의 형식으로 384개 효사의 수사(首辭)로 삼았음을 확인했다. 곤괘의 초효도 건괘의 초효에 상당하는 의미가 있다.

『주역』의 세계를 관통하는 하나의 정신이 있다면 바로 우환의식이다. 불행하게도 우환 속에서 살다가 우환 속에서 죽는 것이 인간의 존재론적 숙명이다. 이 사실을 받아들이면 역설적으로 우환과 고통이 없는 세계에서 『주역』은 그 어떤 존재가치도 없다. 우환으로 아우성치는 세상을 외면한 채 『주역』의 의리를 말하는 것은 공허한 담론에 지나지 않는다. 역(易)의 시선은 이처럼 인간을 고통으로 몰아가는 우환을 긍정의 힘으로 전환하고자 그 연고를 밝히는 일에 주목했고, 밝힌 것의 이치를 초육의 말로 드러냈다.

다섯 글자의 간명한 말로써 역(易)의 세계를 관통하는 이치를 밝혀 지배하고 있다. "무릇 건(乾)은 확실하니 사람에게 쉽게 보여주고, 무릇 곤(坤)은 순하니 사람에게 간명하게 보여준다."[188]라는 이치가 초

---

188)「繫辭傳·下」제1장 : 夫乾 確然, 示人易矣, 夫坤, 隤然, 示人簡矣。

육의 효사에 내재한다. 천지자연의 변화가 매우 복잡한 것 같지만, 하늘과 땅의 이치가 작용하는 순리를 따지고 보면 그 변화는 쉽고 간단하다. 따라서 초육은 우환으로 얼룩진 복잡한 인간사의 문제도 천지가 베푸는 쉽고 간명한 이치를 본받으면 우환에서 벗어나 평정으로 돌아갈 수 있다고 위무하는 듯하다.

이처럼 쉽고 간명한 예지적 서사임에도 우환을 해소하는 근본적이며 핵심적인 원리를 모두 짚었다. 조짐을 보고 예지하며, 예지를 바탕으로 대안을 제시하고, 대안을 통해서 우환을 진정시키는 『주역』의 근원적 원리를 초육의 서사를 통해서 간명하되 심오하게 밝혀놓은 것이다. 이로 말미암아 철리에 따라 세계를 긍정하는 우환의식, 순리에 따라 자기 통제를 요구하는 역사의식이 근원을 갖게 되었음은 물론이다. 자연적 경험에서 예지적 철리로, 예지적 철리에서 역사적 자기 통제로 전개되는 일련의 과정을 이 간명한 서사로 모두 말했으니, 역(易)을 지은 자의 인문적 혜안과 철리적 경지가 어디까지 미치는지 짐작하기 어렵다.

2) 육삼(六三)[189] : 신하지도(臣下之道)의 제시

육삼의 "含章可貞 或從王事 无成有終"은 '빛남을 머금고 드러내지 않으면 바름을 지킬 수 있다. 혹여 왕사(王事)에 나아가면 자기의 공으로 이룬 일이 없어야 유종의 미를 거둘 수 있다'는 뜻이다. '왕사(王事)'를 중심으로 여기에 종사하는 자의 미덕으로 '함장(含章)'과 '무성(无成)'을 제시했고, 그 결과 얻는 것으로 '가정(可貞)'과 '유종(有終)'을 거론했다. 군왕을 섬기는 자는 자기의 공을 드러내지 않고 왕업을 이루도록 돕는 사람이며, 공이 있더라도 왕의 덕으로 돌릴 줄 아는 사람이어야 한다는 당위가 그 속에 담겨있다.

---

189) 『周易』 坤卦 六三 : 含章可貞 或從王事 无成有終。

신하라면 마땅히 이처럼 처신해야 올바르며, 이런 신하만이 군왕의 대업을 보좌할 수 있다는 취지이다. 이른바 '신하지도(臣下之道)'의 전범을 제시한 셈이다.190) 그렇지만 육삼은 신하의 본분을 제시하는 데 그치지 않는다. 그 말 가운데 상말 주초의 난맥상과 시대의 고민이 담겨있다. 이처럼 육삼에 내재한 심리적 의식화 측면에서의 역사성을 확인하기 위해서는 '왕사(王事)'의 개념을 중심으로 그 시대의 역사적 상황을 실증적으로 규명하는 일이 필요하다.

『서경』「군석(君奭)」편은 섭정을 불신하는 소공에게 주공이 자기의 충심을 밝히면서 협력을 당부한 내용을 담고 있다. 실제로 섭정으로 말미암아 형제간에 불신이 생겨 왕실 내부의 골육상쟁으로 치달은 사실을 생각하면 「군석(君奭)」편의 내용은 사실(史實)로 받아들이기에 충분하다. 나라를 평안하게 만든 무왕의 덕을 계승하고 문왕이 받은 천명을 지키는 것이 자기의 사명이며,191) 신하들이 법과 덕으로 세상을 교화하며 보좌한 결과 문왕의 덕이 드러났음을 밝혔다.192) 또한, 자신은 늙고 덕이 부족하여 하늘을 감응시키기 어렵지만,193) 백성의 마음을 잘 아는 소공과 함께라면 끝까지 잘 다스릴 수 있을 것194)임을 밝혔다.

이 말 가운데 육삼의 '함장가정(含章可貞)'과 '무성유종(无成有終)'의 뜻함이 나타나 있다. 즉, 신하의 미덕은 오직 군왕의 덕을 드러낼 뿐 자기의 빛남을 드러내지 않아야 하고, 신하의 공은 군왕의 치적으로

---

190) 여론(餘論)으로, 이 효사는 노자(老子)의 사상과 밀접하다. '함장가정(含章可貞)'은 '무위지치(無爲之治)'와 통하며, '무성유종(无成有終)'은 '공성신퇴(功成身退)'와 유사하다. 수신(修身)을 바탕으로 치인(治人)을 중시하고, 이에 적극적인 위정(爲政)으로 왕사를 계도(啓導)해야 한다는 유가의 입장과는 차이가 있다.

191) 『書經』「君奭」: 我道 惟寧王德延 天不庸釋于文王受命.

192) 위 같은 책, 같은 편 : 無能往來玆迪彝教, 文王蔑德降于國人.

193) 위 같은 책, 같은 편 : 收罔勗不及, 耈造德不降, 我則鳴鳥不聞, 矧曰其有能格.

194) 『書經』「君奭」: 惟乃知民德, 亦罔不能厥初, 惟其終.

드러날 뿐 자기의 이름으로 이룸이 없어야 하며, 처음부터 이런 마음으로 백성을 살피면 나라를 끝까지 잘 다스릴 수 있다는 것이 그 취지이다. 상나라를 멸했으나 세계는 주나라를 중심으로 신질서를 세우는데 다양한 경로로 반발했다. 이런 상황은 주 천자를 중심으로 천하를 세우기 위해서는 신하와 제후의 힘이 필요하지만, 동시에 천하를 어지럽게 만드는 사람도 그들이므로, 신하의 도의를 밝혀 오로지 천자 중심의 공기(公器)로써 그 역할을 다하게 해야 한다는 인식을 낳을 수밖에 없다.195)

이런 인식을 전제하고 구삼의 말을 다시 살펴보면, 내복(內服)의 뛰어난 신하와 외복(外服)의 힘 있는 제후들이 자기의 이름을 내세우며 주 천자의 권위를 가리면 세계는 혼란을 피할 수 없고, 주 천자를 중심에 둔 통합이 요원할 수밖에 없다는 역사의식이 밑바탕에 깔려 있다. 이처럼 함장(含章)과 무성(无成)은 주 천자 중심의 전일적(全一的) 통치체제를 구축하기 위하여 신하인 자에게 제시된 핵심 덕목이다. 은주교체 직후의 혼탁했던 시대가 이 덕목을 신하인 자에게 강하게 요구한 것이다.

이와 같은 신하의 덕목은 '혹종왕사(或從王事)'에서 비롯된다. 육삼의 말은 세 개의 분절로 나누어졌으나 의미하는 것은 조건 관계로 연계되어 있다. '자기의 빛남을 드러내지 않아야 올바름을 지킬 수 있다. 이런 마음가짐으로 혹여 왕사에 나아가게 되면, 이룸이 있어도 자기의 공으로 내세우지 않아야 유종의 미를 거둘 수 있다'는 뜻이 성립한다.

이 연관구조의 중심에 '종왕사(從王事)'가 있다. 이 말은 '왕사에 종사한다' 또는 '나랏일을 수행한다' 등을 뜻하지만 그 지향하는 바는 '종왕(從王)'이다. 이것은 『주역』에서 처음 정립된 개념이 아니라 상대의

---

195) "주 무왕 때 제후들의 수가 1,000여 명에 달했고, 유왕(幽王) 이후에 제후들이 서로 공격을 일삼고 영토를 병합하는 데 주력했다."라는 기록을 참고하면 육삼 효사에서 의도하는 바를 이해할 수 있다. (『史記』 「陳杞世家」 : 周武王時, 侯伯尚千余人. 及幽, 厲之後, 諸侯力攻相并)

복문에서 오랫동안 쓰였던 개념을 그대로 따온 말이다.

> 정유일에 점을 치고 틀이 묻습니다. 공이 왕사(王事)를 잘 수행할까요?
> (丁酉卜, 亘貞, 工叶(協)王事) [갑골문합집] 5,445편

> 계미일에 점을 치고, 爭이 묻습니다. □에게 다자족을 이끌고 주방을
> 치도록 명하면, 왕사를 잘 수행할까요? (癸未卜, 爭貞, 令□以多子族撲
> 周, 叶(協)王事) [갑골문합집] 6,814편

위 인용문은 모두 제1기 복사에 해당하는데, 이로 미루어 '왕사(王
事)'는 상나라 중엽인 무정(武丁) 시기에 이미 완전한 개념으로 정립되
어 쓰였다는 사실이 확인된다. 구삼의 '종왕사(從王事)'는 그 뜻과 형
식이 위 복사 중의 '협왕사(叶(協)王事)'와 일치한다. 위 복사에 따르면
'왕사(王事)'는 왕의 명령으로 행하는 나라의 일이다.

시라카와 시즈카는 복사에 등장하는 사제(史祭)는 본래 왕실 내부에
서 지내는 내제(內祭)의 성격을 지녔으나 점차 밖으로 확대되었고, 이
제사를 위해 밖으로 파견하는 사자를 '사(史)'라고 했으며, '使' 또는
'事'도 이와 관련된 글자라고 했다. 이처럼 사자를 파견하여 제사를 집
행하는 일을 '왕사(王事)'라고 하며, 그 제사를 받아들이는 것은 왕조
의 지배에 복종하는 것을 의미한다고 했다.196) 그의 견해를 참고하면
제사권의 확대가 곧 지배권의 신장(伸張)을 의미한다. 주나라의 도읍
지인 주원(周原) 일대에서 발굴된 갑골편에 상나라의 선왕에 대한 제
사 복사가 확인된 것은 제사권과 지배권의 상관관계를 보여주는 사례
이다.

이처럼 '왕사(王事)'는 본래 제사와 관련되었으나 정무적 성격의 개
념으로 쓰임이 확대되었다. 제정일치의 강고한 지배가 행해졌던 상나

---

196) 시라카와 시즈카 지음, 고인덕 옮김, 『漢字의 世界』, 122~123쪽 참조.

라에서 '왕사(王事)'는 왕실에 대한 절대복종과 여러 가지 의무의 부담을 의미하며, 천자 중심의 전일적 왕정을 지향했던 주나라에 들어서서도 예외가 아니었다. 『시경』에는 '왕사(王事)'의 개념과 의미를 상세하게 확인할 수 있는 시가 여러 편 있다.

① 나 수레(兵車) 내어 목 땅(전쟁터)에 나와 있네. 천자께서 내게 오라고 명했다네. 하인을 불러 짐을 싣게 하고, 나랏일(王事)에 어려움이 많아 급히 서둘렀네. (중략) 거북과 뱀 그린 깃발 꽂고, 소 꼬리털 단 깃대 세우니, (중략) 왕사에 어려움이 많아, 편히 지낼 수 없네. 어찌 돌아가고 싶은 마음 없으리. 명이 두려워 가지 못할 뿐.197)

② 넉새가 푸득푸득 날개 치며, 상수리나무 수풀에 내려앉네. 나랏일(王事)로 쉴 새 없어, 차기장 메기장 못 심었는데, 부모님은 무얼 먹고 계시는지? 하늘은 망망하니 푸르고, 이 몸은 어찌하면 끝이 있으려나.198)

③ 네 마리 말이 수레 끌고 쉼 없이 달리는데, 주나라로 가는 길은 굽이져 멀기만 하네. 어찌 돌아가고 싶은 마음 없으리. 나랏일(王事)로 쉴 새 없으니, 내 마음 슬프기 그지없네.199)

④ 나랏일(王事)이 끝이 없어, 고된 날들이 끝나지 않네. 세월이 흘러 해는 짧아지고, 여인의 마음 애달프니, 정벌 간 임 서둘러 돌아오기를 바라네!200)

---

197) 『詩經』「小雅」〈出車〉: 我出我車, 于彼牧矣, 自天子所, 謂我來矣, 召彼僕夫, 謂之載矣, 王事多難, 維其棘矣. (中略) 設此旐矣 建彼旄矣, (中略) 王事多難, 不遑啓居, 豈不懷歸, 畏此簡書.

198) 『詩經』「唐風」〈鴇羽〉: 肅肅鴇羽, 集于苞栩. 王事靡盬, 不能蓺稷黍, 父母何怙. 悠悠蒼天, 曷其有所.

199) 『詩經』「小雅」〈四牡〉: 四牡騑騑, 周道委遲. 豈不懷歸, 王事靡盬, 我心傷悲.

200) 『詩經』「小雅」〈杕杜〉: 王事靡盬, 繼嗣我日, 日月陽止, 女心傷止, 征夫遑止.

⑤ 어떤 자는 큰 소리로 불러도 알아듣지 못하는데, 어떤 자는 죽도록 일하며 고생하네. 어떤 자는 느릿하게 누웠다 앉았다 놀고 있는데, 어떤 자는 나랏일(王事) 끊이지 않아 놀 수가 없네.[201]

⑥ 나랏일(王事)이 내게 맡겨지고, 정사도 모두 내게 떠넘겨지네. 내가 집으로 돌아가니, 집사람들은 서로 번갈아 가며 책망하네. 아, 실로 하늘이 하는 일이거늘, 탓해서 무엇하리.[202]

위 시들은 왕사(王事)가 다난(多難)해서 쉴 틈 없이 바쁘다(靡鹽)는 사실을 말하고 있다. 왕사(王事)는 전쟁이나 축성, 노역 등과 같은 국가적 사업이 있을 때 왕명으로 이루어지며, 장기간이 소요된다. 이들 시를 보면 본래 사람을 보내 제사를 집행하는 일을 일컫던 왕사(王事)의 개념이 왕의 명으로 이루어지는 국가적 사업을 총칭하는 개념으로 확장되었다는 사실을 알 수 있다.

①과 ③의 경우 거북과 뱀을 그린 깃발, 네 마리 말이 끄는 수레 등의 시구로 보아 왕사를 행하는 자가 제후임을 말하고 있다. ②, ④, ⑥은 왕사로 인하여 남은 가솔(家率)이 겪는 고통과 슬픔을 적나라하게 보여준다. 왕사(王事)가 실로 하늘이 내는 일이기는 하나 가족이 있는 집으로 돌아가고 싶은 절실한 심정이 엿보인다. ⑤의 경우 왕사가 사람에 따라 매우 불공평하여 속으로 불만을 삭이는 심정을 솔직하게 드러냈다.

위 시구에 따르면 대체로 왕사(王事)는 영예와 복록을 보장하기에 앞서 오히려 고난과 고통의 원인이다. 육이 효사 '직방대(直方大)'를 검토할 때 부직(不直), 부정(不庭), 부조(不朝), 부지(不至), 불영(不寧) 등은 모두 유사한 개념으로, 왕의 부름에 응하지 않는다는 뜻임을 확인했다. 이러한 개념들은 모두 위 시에서 말한 왕사(王事)와 관련이

---

201) 『詩經』「小雅」〈北山〉: 或不知叫號, 或慘慘劬勞, 或棲遲偃仰, 或王事鞅掌.
202) 『詩經』「邶風」〈北門〉: 王事適我, 政事一埤益我. 我入自外, 室人交徧讁我. 已焉哉, 天實爲之, 謂之何哉.

있다. 왕사(王事)를 위한 왕의 부름이 있으면 가기 싫고 힘들어도 네 마리 말을 타고 바삐 가야 한다. 장기간 집을 비움으로써 본인은 물론 남은 가족이 겪는 고생도 견뎌내야 한다. 이 부름에 곧장 응하지 않으면 왕명의 거부로 받아들여져 바로 왕의 걱정거리가 된다.

　이런 측면에서 '함장(含章)'은 어려운 왕사를 잘 수행할 수 있도록 자기의 마음을 잘 관리하라는 의미가 있고, '무성(无成)'은 조급하게 일하고 서둘러 끝내고자 하는 심리를 경계하는 말이 된다. 따라서 육삼의 효사는 자기의 처지를 앞세우지 말고 끝까지 책임을 다해서 왕사를 잘 수행하는 것이 신하의 본분임을 밝힌 말이다. 왕사를 수행하는 자의 고통이 그만큼 크다는 점을 역(易)을 지은 사람도 인식하고, 그 어려움을 극복해야만 참된 신하가 될 수 있음을 의도한 것이다.

　이상 역사적인 관점의 해석을 염두에 두고 이 효사에 대한 전통적 관점의 해석 경향을 살펴보면 다음과 같다.

　「상전(象傳)」은 '함장가정(含章可貞)'에 대해 '때에 맞춰 발하는 것'으로, '혹종왕사(或從王事)'에 대해 '앎이 빛나고 크다'라고 각각 풀이했다.203) 왕의 일에 종사하는 자의 시의적절한 처신과 왕업의 수행에 관한 지식을 강조했다. 「문언전」은 "음이 비록 아름다움을 머금고 있으나 나랏일에 종사하더라도 감히 이룰 수가 없다. 이것은 지도(地道)이고, 처도(妻道)이고, 신도(臣道)이다. 지도는 이룸은 없으나 대신에 마침은 있다."204)라고 주석했다. 음(陰)의 속성에 비추어 강건함을 요구하는 왕사(王事)를 독자적으로 감당할 수 없으므로 이룰 수가 없고, 다만 자기의 일은 마칠 수 있다고 보았다. 음양의 도(道)를 바탕에 두고 음순종양(陰順從陽)을 강조한 것으로, 역사적인 관점의 해석과는 동떨어져 있다.

---

203)「坤卦 六二·象傳」: 含章可貞 以時發也. 或從王事 知光大也.

204)「文言傳」: 陰雖有美 含之, 以從王事, 弗敢成也, 地道也, 妻道也, 臣道也. 地道 无成而代有終也.

왕필(王弼)은 "육삼이 하괘의 극에 처했지만, 양을 의심하지 않아 의로움에 응하는 것이다. 일할 때 먼저 나서지 않고, 불러줘야 응하고, 명을 기다려 움직이니, 아름다움은 안으로 감추고 바르게 하므로 '함장가정(含章可貞)'이라고 했다. 일이 있으면 따를 뿐 감히 앞에 나서지 않으므로 '혹종왕사(或從王事)'라고 했다. 일할 때 자기가 나서서 주동적으로 하지 않고, 명령을 따라서 마무리하므로, '무성유종(无成有終)'이라고 했다."205)라고 풀이했다. 그의 견해는 무위(無爲)와 유약(柔弱)을 중시하는 위진시대(魏晉時代)의 현학적 풍조를 머금고 있으며, 군왕을 섬기며 치세를 열고자 하는 신하지도의 정치관은 찾아보기 어렵다. 언어에 대한 해석은 그 시대의 사상의 몫이라는 말을 그의 견해에서 확인할 수 있다. 특히 육삼이 하괘의 극에 처한 까닭에 양을 의심하지 않아 의로움에 응한다는 말은 매우 추상적이고 모호하여 무엇을 말하고자 하는지 이해하기 어렵다. 육삼이 양의 자리에 있어 양의 진의를 의심할 필요가 없고, 의심하지 않으니 의로움에 응하는 것이라고 새겨도 모호함에서 벗어나기 어렵다.

정이(程頤)는 "육삼은 하괘에서 가장 높은 위치에 있으니 지위를 얻은 자다. 신하의 도리는 마땅히 그 아름다운 능력을 안으로 감추어 좋은 일이 있으면 군왕에게 공을 돌려야 오래도록 떳떳함을 유지하며 올바름을 얻게 된다. 혹여 윗사람의 일에 종사하게 되면 자기의 성공을 감히 자기에게 해당시키지 않고, 오직 윗사람을 받들어 그 일의 마침을 지켜낼 뿐이다."206)라고 해석했다. 육삼의 효사가 신하의 도와 관련되어 있다는 사실을 밝혔고, 그 뜻함도 정확하게 짚어냈다. 다만 왜 이 효사가 신하의 도를 말했는지 배경을 말하지 않아 윤리적 도의를

---

205) 王弼, 『周易注』: 處下卦之極, 而不疑於陽, 應斯義者也. 不爲事始, 須唱乃應, 待命乃發, 含美而可正者也, 故曰'含章可貞'也. 有事則從, 不敢爲首, 故曰'或從王事'也. 不爲事主, 順命而終, 故曰'无成有終'也.

206) 程頤, 『易傳』: 三居下之上, 得位者也. 爲臣之道, 當含晦其章美, 有善則歸之於君, 乃可常而得正. 或從上之事, 不敢當其成功, 唯奉事以守其終耳.

V. 곤괘(坤卦)의 역사성 379

밝히는 데 그친 감이 있다.

주희(朱熹)는 "육음(六陰)이 삼양(三陽)을 안으로 머금어 아름다움이 있으므로 올바름을 지킬 수 있다. 그러나 하괘의 가장 높은 위치에 있어서 머금고 숨은 채로 끝까지 갈 수 없으므로 혹여 때가 되어 윗사람의 일에 종사하면 비록 처음에는 이루지 못하지만, 나중에는 마침이 있다."207)라고 풀이했다. 여섯 음이 본래 양의 자리인 세 효를 안으로 품어 아름다움이 있으므로 바름을 지킬 수 있고, 그 결과 왕사에 나아가더라도 처음에는 이루기 어렵지만, 나중에는 마칠 수 있다는 취지이다. 신하지도(臣下之道)의 관점으로 말한 정이의 견해와는 차이가 있으며, 양을 품는 음의 덕(德)을 내세워 효사를 풀이한 점에서 특별함이 있다.

소식(蘇軾)은 "육삼은 (양의 자리에 있어) 양의 덕이 있는데, 만일 그 양을 사용하면 곤괘가 될 수 없다. 그러므로 밝음이 있지만 감추고 드러내지 않는 것이다. 곤괘는 약해서 올바를 수 있을까 걱정하는데, 밝음이 있으므로 올바를 수 있다. 그러나 올바를 수 있다고 해서 여기에 전념하기만 하면 또한 곤괘가 될 수 없다. 그러므로 일을 따르기는 하되 만들어 가지 않으며, 이룸은 없지만, 그것을 대신해서 마침은 있다."208)라고 해석했다. 그의 견해는 음양의 철리적 관점에서 왜 육삼이 올바를 수 있는지, 일을 이루지는 못하지만 왜 마침은 있는지 그 이유를 구체적으로 설명하고 있다. 하지만 그의 견해도 신하지도(臣下之道)의 관점을 찾기 어렵고, 이 효사에 내재한 역사적인 배경도 알 수가 없다.

이상 검토한 전통적인 해석 경향을 정리하면, 역사를 보지 못함으로써 서사에 내재한 의리를 점서적, 철리적 사변으로 찾는 경향이 강하게 드러난다. 각각의 시대를 풍미한 주류 사상에 의지하여 사변적으로

---

207) 朱熹, 『周易本義』: 六陰三陽, 內含章美, 可貞以守. 然, 居下之上, 不終含藏, 故, 或時出而從上之事則始雖无成而有終.

208) 蘇軾, 『東坡易傳』: 三有陽德, 苟用其陽, 則非所以爲坤也. 故有章而含之. 坤之患, 弱而不可以正也, 有章則可以爲正矣. 然以其可正而遂專之, 則亦非所以爲坤也. 故從事而不造事, 無成而代有終.

서사를 해석한 결과 의리는 다양하게 분출되어 풍부하기는 하나 명료함이나 일관성의 측면에서 문제를 노출했다. 역사를 이해한 가운데 그 시대의 상황과 삶의 양태를 먼저 주목하고 의리를 밝힌 다음 사변적으로 궁구했다면 해석상의 명료함과 심오함을 동시에 추구할 수 있었겠지만, 이것을 놓쳐 해석에 늘 아쉬움이 남는다. 이런 이유로 앞서 밝힌 역사적인 관점의 해석이 필요하다. 역사를 도외시한 사변적 해석은 공허함을 피하기 어렵고, 사변을 가볍게 여기는 역사적 관점은 경박함에 빠진다는 생각을 새삼 떠올리게 된다.

3) 육사(六四)[209] : 괄낭지신(括囊之臣)의 역설(逆說)

육사의 "괄낭 무구무예(括囊 无咎无譽)"를 직역하면 "자루를 단단히 묶으니, 허물도 없고 명예도 없다."라는 뜻이다. 언뜻 보기만 해도 고도의 은유함이 육사의 뜻을 덮고 있는 사실이 확인된다. 따라서 궁극의 함의를 밝히려면 '괄낭(括囊)'이 무엇을 뜻하는지 밝혀 그 개념적 포장을 걷어내고, 왜 육사에서 이런 말을 썼는지 점서적, 역사적인 측면에서 검토할 필요가 있다.

「상전(象傳)」은 '괄낭무구(括囊无咎)'에 대해 "삼가고 신중해야 해를 입지 않는다."[210] 라고 풀이했다. 괄낭(括囊)이 무엇을 뜻하는지 밝히지 않아 신중하게 삼갈 것이 무엇인지도 명확하지 않다. 「문언전」도 "대개 삼감을 말하는 것이다."[211]라고 주석하여 「상전」의 해석과 다르지 않다. 특히 내용 중 '언근(言謹)'이 '삼갈 것을 말한다'는 뜻인지 아니면 '말을 삼간다'는 뜻인지 불명확하다. 인간사의 문제가 복잡하고 다양한 만큼 상응하는 대답을 하나로 명확하게 정리하는 것은 오히려 문제가 될 수도 있다. 그렇지만 개념이 바로 서야 술어(述語)가 명확

---

209) 『周易』 坤卦 六四 : 括囊, 无咎无譽.

210) 「坤卦 六四·象傳」 : 括囊无咎, 愼不害也.

211) 「文言傳」 : 括囊无咎无譽, 蓋言謹也.

해진다는 측면에서 서사의 개념적 모호함을 그냥 두고 의리를 밝히는 것은 분명히 한계가 있다. 이런 측면에서 「문언전」에서 주석한 '근언(謹言)'은 오히려 명료함을 가리는 결과가 되었다.

왕필(王弼)은 육사에 대해 "음이 음의 괘에 처하여 음의 자리에 거하니 중정(中正)한 자리는 아니다. 따라서 곧고 방정한 재질이 없으며, 양의 일을 하지 못하니 빛남을 머금은 아름다움이 없다. 꽉 막힌 상황에 있으니 현인은 숨고, 신중하게 행동해야 하므로 태평하지 못한 도이다."212)라고 풀이했다. 육삼이 육이처럼 중정한 자리에 있지 않아 곧고 방정할 수 없으며, 육삼처럼 양의 자리에 있지 않아 양의 일도 할 수 없어 빛남을 머금는 아름다움도 없다는 취지이다. 그 결과 육사는 비색(否塞)하여 현인이 숨어서 삼가는 것과 같은 처지이니 태평한 도와는 거리가 있다고 본 것이다. 이처럼 그는 육사를 꽉 막힌 시대에 출세(出世)를 삼가는 현인의 처지에 비유했다. 『주역』의 철리와 인사의 바름이 호응하는 관점으로 해석했지만, '괄낭(括囊)'의 개념과 그것이 말하고자 하는 바를 놓치고 있다.

정이(程頤)는 "육사가 육오와 근접한 자리에 있으나 서로 얻고자 하는 뜻이 없어 상하 간에 꽉 막힌 때로 보았다. 그런 가운데 육사는 올바름에 자처(自處)하니 육오의 의심을 사서 위태롭다. 그러므로 자기의 지혜를 감추는 것을 자루의 입구를 동여매듯이 하면 허물이 없다."213)라고 해석했다. 군왕의 자리인 육오를 가까이 섬기는 육사는 올바름을 지키되 자기를 드러내지 않는 지혜를 발휘해야 한다는 뜻으로, 난세의 정중(正中)이 무엇인지 말하고 있다. 효의 자리와 관계를 보고 마땅하지 않은 것을 밝힌 후 이것을 바탕으로 인사(人事)에서 올바르게 처신하는 법을 말한 것이다.

---

212) 王弼, 『周易注』: 處陰之卦, 以陰陰居, 履非中位, 无直方之質, 不造陽事, 无含章之美, 括結否閉, 賢人乃隱, 施愼則可, 非泰之道.

213) 程頤, 『易傳』: 四居近五之位, 而无相得之義, 乃上下閉隔之時. 其自處以正, 危疑之地也. 若晦藏其知, 如括結囊口而不露, 則可得无咎.

주희(朱熹)는 "괄낭(括囊)은 주머니의 입구를 묶듯이 하여 나가지 않음을 말한다. 명예는 실제보다 이름이 지나친 것이니, 삼가고 치밀함이 이와 같으면 허물도 없고 명예도 없다. 육사는 음이 겹쳤으니 중(中)하지 못하다. 상과 점이 이와 같으니, 혹 일이 있어도 삼가고 은밀해야 마땅하고, 혹여 때가 되어도 은둔하는 것이 마땅하다."[214]라고 풀이했다. 음이 음의 자리에 있으니 중도를 지킬 수가 없으므로, 일이 있어도 삼가고, 때가 이르러도 은둔하면 명예가 지나치지 않아 자기는 지킬 수 있다는 취지이다. 다만, 괄낭(括囊)의 개념이 무엇을 뜻하는지 이 역시 명확하게 설명하고 있지 않다.

소식(蘇軾)은 대단히 논리적으로 해석했다. 그는 "상·하괘가 접한 곳에 있는 효는 편안한 자리에 있지 않다. 건괘는 위에 있는 것이 편안하므로 위에 이르지 않았을 때가 위태롭다. 따라서 구삼은 저녁에 두려움으로 근심이 있는 것이다. 곤괘는 아래에 있는 것이 편안하므로 위로 다가가면 어려워진다. 따라서 육사는 주머니를 동여매듯이 신중함이 있는 것이다."[215]라고 풀이했다. 아래위 두 괘가 부딪히는 지점이 불안하고, 이 불안을 반영한 효사로 건괘 구삼과 곤괘 육사를 들어 서로 대비했다. 그 결과 음이 육삼에 있을 때는 '함장가정(含章可貞)'의 바름을 지킬 수 있지만, 육사의 자리로 나아가면 위태로우므로, '괄낭(括囊)'의 신중함이 있어야 그나마 명예는 없어도 허물은 없어진다는 것이다. 사물이나 담론이 서로 부딪히는 지점에서 변화가 일어나고 불안함이 생긴다는 이치를 들어 육사를 해석한 결과 독특함과 명료함이 돋보인다.

이상의 사례는 그 나름의 역리와 사상을 바탕으로 육사의 뜻함을 밝혔는데, 두 가지 공통점이 있다. 우선 '괄낭(括囊)'이 무엇을 말하는지 명확하게 밝히지 않았고, 다음으로 육사가 무엇을 말하고자 했는지 궁

---

214) 朱熹, 『周易本義』: 括囊, 言結囊口而不出也. 譽者, 過實之名, 謹密, 如是則 无咎而亦无譽矣.

215) 蘇軾, 『東坡易傳』: 夫處上下之交者, 皆非安地也. 乾安於上, 以未至於上爲危, 故九三有夕惕之憂. 坤安於下, 以始至於上爲難. 故六四有括囊之愼.

구하지 않았다는 점이다.

역사적 관점의 의리를 규명하기에 앞서 먼저 '괄낭(括囊)'의 의미를
구체적으로 살펴보면 다음과 같다.

> 신 등이 가만히 듣자옵건대, 임금의 정사는 간언(諫言)을 받아들이는
> 일보다 급한 것이 없고, 신하의 직책은 간언을 드리는 일보다 먼저 할
> 것이 없다고 합니다. 이런 까닭으로 신하는 마땅히 간담을 털어놓고 조
> 용히 극간(極諫)하여 짤막한 말 가운데서도 임금이 뜻을 깨닫게 해야 하
> 며, 임금은 마땅히 말과 얼굴빛을 너그러이 하여 허심탄회하게 간언을
> 받아들여서 허물없는 처지에 몸을 두어야 합니다. 그렇지 않으면 임금
> 은 간언을 거절한다(拒諫)는 이름을 얻어 마침내 그름을 조장하고, 신하
> 는 입을 다문다(括囊)는 이름을 얻어 끝내 불충에 빠지게 됩니다.[216]

위 연산조(燕山朝)의 실록에 기록된 성현(成俔)[217]의 상소문 가운데
'괄낭(括囊)'의 개념과 그것이 말하고자 하는 바가 명확하게 정리되어
있다. 이에 따르면 '괄낭(括囊)'은 '군왕의 허물에 대해 입을 닫고 직언
(直言)하지 않는 것'을 말한다. 직언하지 않는 신하는 '괄낭지신(括囊之
臣)'이며, 불충(不忠)의 표본이다. 육사의 '괄낭(括囊)'은 직언할 위치에
있는 자가 직언하지 않아야 마땅하다는 뜻을 담고 있다. 그러므로 '무
구무예(无咎无譽)'는 직언해야 할 자가 직언하지 않으면 신하인 자의
명예는 얻을 수 없지만, 자기 몸은 지킬 수 있다는 뜻이다. 효의 위치

---

216) 『朝鮮王朝實錄』 「燕山君日記・卷四十」 : 大司憲成俔等上疏曰, 臣等竊聞, "人
君之政, 莫急於納諫 ; 人臣之職, 莫先於進諫." 是故, 人臣當披寫肝膽, 從容極
諫, 悟主意於片言之間 ; 君當假借辭色, 虛懷聽納, 置躬於無過之地. 不然, 君
獲拒諫之名, 而終至於遂非 ; 臣得括囊之名, 而終陷於不忠.

217) 成俔은 1462년(세조 8) 23세로 식년문과에 급제하여 1493년(성종 23)에 예
조판서로 제수되었다. 연산군이 즉위한 후에 한성부판윤을 거쳐 공조판서와
대제학의 직을 겸임했다. 사망한 지 수개월 만에 갑자사화가 일어나서 부관
참시(剖棺斬屍)당했다. 그 뒤에 신원 되었고, 청백리로 선정되었다. 『허백당
집(虛白堂集)』, 『악학궤범』, 『용재총화』 등의 저서가 있다. (『한국민족대백과
사전』 등 참조)

를 고려하면 육사는 바로 위에 있는 구오의 지존(至尊)에게 직언할 위치에 있지만, 그 말에 신중하여 허물을 남기지 않는 것이 중요하다는 점을 시사하고 있다.

『논어』「헌문(憲問)」편의 "나라에 도가 있으면 말과 행동을 위엄있게 하고, 나라에 도가 없으면 행동은 위엄있게 하되 말은 공손하게 하라."[218]는 공자의 말은 '괄낭(括囊)'의 뜻에 근접한다. 치세(治世)에는 말과 행동을 바르게 해도 문제가 되지 않지만, 난세(亂世)에 올바른 행동은 자기를 지키게 하나 직언(直言)은 언로(言路)가 막힌 탓에 문제를 일으키므로 삼가거나 공손하게 하라는 취지이다. 이런 관점에서도 '괄낭(括囊)'은 말을 삼가는 뜻이 된다.

「은본기」에 따르면, 기자는 주왕(紂王)의 폭정이 두려워 일부러 미친 척하며 노비처럼 행세함으로써 감옥에 갇히는 등 고초를 겪었지만 죽음은 피할 수 있었다. 군왕이 폭정을 일삼는 난세에 이처럼 처신한 기자는 '괄낭(括囊)'의 한 예로 볼 수 있으며, 그 결과 죽음을 면한 사실은 '무구무예(无咎无譽)'와 다르지 않다. 주왕의 폭정에 대해 직언하지 않은 것은 신하의 본분을 저버린 일이므로 '무예(无譽)'이다. 기자와 달리 두려움 없이 간언한 비간(比干)은 '괄낭지신(括囊之臣)'을 면하여 충신의 명예는 얻었으나 목숨을 잃는 흉함은 피하지 못했다. 이러한 역사적 사실을 생각하면 '괄낭(括囊)'은 자기를 지키기 위하여 시세를 헤아려 처신한다는 뜻으로 넓게 해석할 수 있다.

이상 검토한 바를 참고하면 '괄낭(括囊)', 즉 '자루의 입구를 묶는다'라는 말은 '입을 닫는다'를 뜻하는 말이다. 이는 곧 기본적으로 말을 삼가거나, 말해야 할 때 하지 않는다는 의미이다. 여기서 더 나아가 행동을 삼가 바르게 한다, 자기를 지키고자 시세를 헤아려 처신한다 등의 뜻으로 확장된다. 「주역」의 서사가 매우 간명하지만, 인간의 다양한 문제에 일일이 응하여 대답하는 확장성이 있음을 고려하면, '괄

---

218) 『論語』「憲問」: 邦有道, 危言危行, 邦無道, 危行言孫.

낭'의 기본적 개념을 명료하게 정리한 뒤에 상황에 따라 그 의리를 다양하게 넓혀가며 음미할 필요가 있다.

> 그대들 백성을 순화하고, 그대들 제후들이 법도를 삼가, 뜻하지 않은 일을 경계해야 하네. 그대의 말을 신중히 하고, 그대의 위의(威儀)가 흐트러지지 않게 하며, 부드럽고 아름다워야 하네. 백규(白圭)의 티는 갈아낼 수 있지만, 말속의 티는 어찌할 수 없다네. 쉽게 말하지 말고, 함부로 지껄이지 않아야 하네. 내 혀는 아무도 건드리지 못하지만, 뱉은 말은 붙잡을 수 없다네. 무슨 말이든 원성이 따르고, 어떤 행동이든 대가가 있다네.[219]

위 「대아(大雅)」〈억(抑)〉편의 시구는 나라의 안정을 위하여 제후들이 몸가짐을 바로 하고, 말을 함부로 하지 않아야 함을 경계하고 있다. 제후의 반열에 있는 사람이 그 대상임을 고려하면, 말과 행동에 위엄을 세우는 일을 매우 중요하게 여긴 사실이 확인된다. 한번 뱉은 말은 쫓아가 잡을 수 없고, 어떤 말에든 되돌아옴이 있으므로 신중하게 말하도록 엄중하게 경고하고 있다. 말에 위엄이 서지 않으면 행동에 위엄이 서지 않을 것이며, 이런 제후는 백성에게 모범이 될 수 없어 나라가 혼란해지는 원인으로 인식했다. 은주교체 이후 주나라 지배계층이 직면한 문제가 통합이듯이, 말의 흐름에도 주나라 중심으로 전일적 통제가 필요했을 것이라는 점은 이 시의 내용에 미루어 충분히 짐작할 수 있다.

　나라를 세우는 것은 말을 세우는 것이다. 말이 서지 않으면 세운 나라도 혼란에 빠지는 법이다. 『서경』에 편제된 각종 서(誓)와 명(命), 고(誥) 등은 모두 말을 세워 나라를 바로 세우는 데 그 목적이 있다. 서(誓)가 서지 않으면 나라를 일으킬 수 없고, 명(命)이 서지 않으면

---

219) 『詩經』「大雅」〈抑〉: 質爾人民, 謹爾侯度, 用戒不虞. 愼爾出話, 愼爾威儀, 無不柔嘉. 白圭之玷, 尙可磨也, 斯言之玷, 不可爲也. 無易由言, 無曰苟矣. 莫捫朕舌, 言不可逝矣. 無言不讎, 無德不報.

나라를 지킬 수 없고, 고(誥)가 서지 않으면 나라가 문명(文明)할 수 없다는 인식이 바탕에 깔려 있다. 이처럼 군왕의 통치는 나라의 말을 바로 세우는 것이 근간이다.

윤무학(尹武學)은 "춘추전국시대같이 정치·사회의 대혼란기에는 절명(竊名)·절위(竊位)의 상황이 필연적으로 수반되는데, 이것이 공자의 정명론(正名論)의 배경이다. 또한 '고(觚)가 고(觚)답지 않다'라는 공자의 말은 무도(無道)의 상황이 지속하던 당시의 시대를 비유한 것으로, 명(名)과 실(實)이 일치하는 확고부동한 질서 위에 나라가 서기를 갈망한 공자의 염원이 담긴 것"으로 보았다.220) 이 말에 따르면 춘추전국시대의 혼란은 주초에 정립된 서(誓)와 명(命)과 고(誥)가 흐트러진 결과로 볼 수 있다. "이름이 바르지 않으면, 백성이 손과 발을 둘 곳이 없게 된다."221)라는 공자의 말은 명(名, 명분, 명칭)이 올바르지 않으면 실(實, 실질, 실체)이 흐트러져 군주가 군주답지 않고, 신하가 신하답지 않아 결국 백성이 떠돌게 된다는 사실을 집약한 것이다.

결국 육사의 말에는 종왕(從王)의 역사적 명분(名分), 당위(當爲)를 해치는 말의 발흥과 난무를 막으려는 의도가 담겨있다. 육삼의 효사에서 신하지도(臣下之道)의 대원칙을 제시했다면, 육사의 효사는 신하인 자에게 그 시대가 요구하는 실천 덕목을 구체적으로 밝힌 것이다. 말을 세우는 일이 나라를 세우는 일과 직결됨을 인식하고, 은주교체 전후의 대혼란을 극복하고 종주(宗周), 종왕(從王)의 신질서를 세움에 충신의 직언(直言)이 아닌, 신하의 괄낭(括囊)을 요구하는 역설(逆說)이 성립한 것이다. 이것이 육사에서 말하고자 하는 궁극의 뜻이다. 이러한 역설은 종주(宗周)의 기치 아래 세계를 하나로 통합하고, 종왕(從王)으로 왕실이 안정된 가운데 한시바삐 주초의 혼란에서 벗어나고자

---

220) 尹武學, 『中國哲學 方法論 −古代哲學의 名實論的 照明−』, 13~17쪽 참조.

221) 『論語』「子路」: 名不正則言不順, 言不順則無以考實而事不成, 事不成則藝樂不興, 藝樂不興則刑罰不中, 刑罰不中則民無所措手足.

했던 역사 주체들의 염원이 그만큼 절실했다는 점을 시사한다.

4) 용육(用六)[222] : 처세(處世)의 미학

용육(用六)의 서사는 건괘의 용구(用九)와 더불어 상응하는 효가 없다는 점에서 특별하다. 상응하는 효가 없으므로 점사(占辭)로서의 쓰임만 있고, 승(承)·승(升)·비(比)·응(應) 등의 효의 상호작용과 상호관계를 고려한 판단이 어렵다. 이 서사의 역리적 이치와 존재 이유는 건괘의 용구(用九)를 설명할 때 이미 검토하였으므로[223] 여기서는 서사에 내재한 의리를 밝히는 데 집중하고자 한다.

「상전(象傳)」은 "영정(永貞)은 크게 마치는 것이다."[224]라고 풀이했는데, 육삼의 '무성유종(无成有終)'과 같은 맥락으로 해석한 것이다. 육삼의 효사는 신하인 자가 자신의 본분을 다하고 그 공을 군왕에게 돌아가게 하는 것으로 마무리하듯이, 영정(永貞)에 대한 「상전(象傳)」의 해석인 '대종(大終)'은 곤괘의 곤도(坤道)를 영원히 바르게 따르면 유종의 미를 거둘 수 있다는 뜻이다. 서사의 성격 자체가 곤괘의 순음(純陰)이 극에 이르러 다른 괘로의 변화를 예고한다는 점에서 유순한 도리를 상징하는 곤도를 높여 평가한 것으로 보아야 한다.

왕필(王弼)은 이 서사에 대해 "용육의 이로움은 길이 곧음이 이롭다."[225], 「상전」의 해석에 대해서 "길이 곧음으로써 크게 마칠 수 있는 것이다."[226]라고 각각 풀이했으나, '이전해경(以傳解經)'의 방법으로 서사를 그저 반복한 것에 지나지 않는다.

정이(程頤)는 "음은 올바름을 지키는 힘이 부족하여 오래도록 지켜내어

---

222) 『周易』 坤卦 用六 : 利永貞.
223) 제Ⅳ장 제2절 4) 용구(用九) : 군룡무수(群龍无首) 참조.
224) 「坤卦 用六·象傳」 : 用六永貞, 以大終也.
225) 王弼, 『周易註』 : 用六之利, 利永貞也.
226) 위 같은 책 : 用六永貞, 以大終也.

마칠 수 없다. 그러므로 용육의 도는 성대하게 끝냄으로써 이로움이 있으니, 끝에 이르러 성대해지는 것이 올바름을 오래 지키는 것이다."[227]라고 해석했다. 양강음약(陽强陰弱)의 인식을 바탕으로 풀이했으나 논리적 이치가 모호하여 서사의 간명함을 오히려 흐리는 결과가 되었다.

주희(朱熹)는 "음이 모두 나약하여 견고하게 지키지 못하니, 변해서 양이 되면 오래도록 곧을 수 있다."[228]라고 해석했는데, 이는 정이의 견해와 다를 바가 없으며, '변해서 양이 된다'라는 말이 어떤 이유로, 무엇으로 변한다는 것인지 구체적으로 설명하지 않아 모호하다.

소식(蘇軾)은 "역(易)은 대소로써 음양을 말한다. 곤괘의 순함은 작게 나아가기 때문이며, 곤괘의 곧음은 크게 마치기 때문이다."[229]라고 주석했다. 곤괘는 음으로 시작할 때는 작게 출발하므로 순하고, 마칠 때는 크게 끝내므로 곧아서 역의 이치에 부합한다는 뜻이다. 해석 자체는 명료하나 서사와 연계하면 무엇을 말하고자 했는지 알기 어렵다.

결국, 이 서사도 은주교체의 역사를 주목하면 그 의리가 명료해진다. 곤괘의 역사적 담론인 종주(從周) 또는 종왕(從王)의 관점에서 이 서사는 신하 된 자가 지녀야 할 처세(處世)의 미학(美學)을 밝힌 것이다. 여기서 신하란 주나라의 신질서에 복종해야 하는 처지가 된 상족(商族)을 포함하여 주나라를 따르지 않는 모든 세력을 망라한 개념이다. 이처럼 용육의 말은 이들에게 종왕(從王)을 최종적으로 각인시키는 일종의 정치적 수사(修辭)이다.

'이영정(利永貞)'은 이(利)와 정(貞)에 대한 「문언전」의 해석, 즉 이(利)는 의로움이 조화를 이루는 것이고, 정(貞)은 일을 일으키는 근간이 된다는 말을 참고할 필요가 있다. 이(利)는 주나라 중심의 통합이

---

227) 程頤, 『易傳』: 陰旣貞固不足, 則不能永終, 故用六之道, 利在盛大於終, 能大於終, 乃永貞也.

228) 朱熹, 『周易本義』: 蓋陰, 柔而不能固守, 變而爲陽則能永貞矣.

229) 蘇軾, 『東坡易傳』: 易以大小言陰陽. 坤之順進以小也, 其貞終以大也.

지향하는 가치의 문제이고, 정(貞)은 주나라를 세우는 원칙의 문제이다. 전자는 종왕(從王)의 결과이고, 후자는 종왕(從王)의 방법이다. 이처럼 올곧음(貞)을 바탕으로 이로움(利)의 가치를 공유하는 것이 주나라 지배계층이 지향하는 이상적인 세상임을 드러내고 있다. 이것은 모든 신하가 지켜야 하는 종왕(從王)의 이유이기도 하다.

여기서 '영(永)'은 이정(利貞)의 가치와 방법을 영원히 간직하라는 뜻이다. 혁괘(革卦) 상육의 "군자는 표변(豹變)하고, 소인은 혁면(革面)한다."[230]라는 말은 '영정(永貞)'의 뜻과 관련하여 시사하는 것이 있다. 표변(豹變)하지 않고 시세와 이익을 헤아리며 얼굴색만 교묘하게 꾸미고 변한 척하는 소인으로는 세상을 새롭게 혁신할 수 없다. 용육의 '영정(永貞)'에도 이와 같은 뜻이 담겨있다. 주나라의 세력에 굴복하여 소인이 얼굴색만 바꾸듯 일시적으로 주나라의 신질서를, 또는 군왕의 통치를 따르는 척하지 말라는 것이다.

이처럼 용육의 서사는 곤괘의 괘·효사에서 제시한 신하의 길을 따르되 변함이 없어야 함을 최종적으로 강조한 것으로, 처세의 원칙인 정(貞)을 영정(永貞)의 실천적 미학으로 끌어올려 놓았다. 역(易)을 지은 자가 모든 신하에게 한결같이 올곧아야 한다는 불변의 원칙을 제시하고 실천을 요구한 것이다. "공경하고 또 공경하라. 나날이 성취하고 다달이 성장하며, 밝고 지혜롭게 빛나도록 배워라. 시의에 맞게 책임지고 도와서, 나의 덕행이 크게 드러나게 하라."[231] 위 「주송」〈경지(敬之)〉편의 구절은 용육의 '利永貞'이 추구한 궁극의 뜻과 같다. 공경을 다 하는 가운데 쉼 없이 노력해서 군왕의 덕이 천하에 드러나도록 신하의 책무를 다하라고 요구한 것이다. 주초의 시대가 그만큼 불안한 가운데 군왕을 정점에 둔 통합이 절실했음을 시사하고 있다.

---

230) 『周易』革卦 上六 : 君子豹變, 小人革面, 征凶, 居定吉.

231) 『詩經』「周頌」〈敬之〉: 敬之敬之 (中略) 日就月將, 學有緝熙于光明. 佛時仔肩, 示我顯德行.

VI. 끝맺기

　이 책은 건괘와 곤괘를 중심으로 『주역』에 내재한 세계관과 역사성을 규명하고자 했다. 역(易)의 체계가 상말 주초의 시대를 배경으로 정립되었다면 역사와 서사가 정합하는 본래의 뜻이 있을 것으로 판단했다. 무축의 세계와 인문의 세계가 충돌했던 문명사적 대전환의 시대였던 만큼 『주역』의 서사도 당시의 세계관과 역사적 상황과 직접 관련이 있을 수밖에 없다고 확신하고, 어떤 양상과 형식으로 받아냈는지 확인하고자 했다.

　지금까지의 일반적·전통적 해석 경향은 역(易)이 지어진 시대의 역사를 간과했다. 뜻이 사실에서 나온다는 간단한 이치를 멀리함으로써 사변적 해석은 필연이었다. 그 결과 깊이는 있으나 추상적 모호함을 떨쳐낼 수 없었다. 이런 문제가 왜 역사적 관점에서 해석이 필요한지 이유와 당위를 제공했다. 다만 "일괘(一卦), 일효(一爻)가 모두 무한한 일을 포괄하고 있으므로 어느 하나의 일로 특정하여 말할 수 없다."[1] 라는 주희의 말에 전적으로 공감하고 역사에 천착하는 일로 무모한 독단으로 흐르지 않도록 경계를 늦추지 않았다.

　역(易)이 지어진 이래 수천 년 동안 축적된 지신(知神)[2]의 역리(易理)와 이제민행(以濟民行)[3]의 의리(義理)는 『주역』에 말미암은 인류의 소중하고도 풍부한 지적 자산임이 분명하다. 장구하고 방대한 역학(易學)의 세계를 생각하면 역사적인 관점에서 서사의 뜻을 밝히려는 노력

---

1) 朱熹, 『朱子語類』 권67 : 一卦一爻, 足以包無窮之事, 不可只以一事指定說.

2) 「繫辭傳·上」 제4장 : 精氣爲物, 遊魂爲變, 是故, 知鬼神之情狀 참조.

3) 「繫辭傳·下」 제6장 : 以濟民行, 以明失得之報.

은 치기 어린 작은 몸부림에 지나지 않는다. 이러한 현실 인식을 전제하고 논증에서 독단을 경계하되 그 시도는 자유로워야 한다는 생각으로 서사와 역사를 접목하여 의리를 밝히고자 노력했다.

제Ⅱ장에서는 건괘와 곤괘를 지배하는 역사적 담론과 서사(筮辭)에 내재한 역사적 사실 및 심리적 긴장을 확인하기 위한 선(先) 이해의 장으로 은주교체의 역사를 살펴보았다.

제1절에서는 상족(商族)과 주족(周族)이 역사의 주체와 객체로 전변하는 과정을 종속-독립-통합의 세 단계로 구분하여 정리했다. 이 과정에서 지배와 예속을 결정하는 두 역사 주체의 기나긴 투쟁과 그 속에서 일어나는 심리적 긴장을 확인하고자 했다. 벌주(伐紂)를 명분으로 혁은(革殷)을 단행하고 이후 '삼감의 난'을 계기로 멸은(滅殷)까지 완성한 주나라 지배계층은 종주(宗周)와 종왕(從王)의 기치 아래 세계를 통합하는 일에 주력했다. 그 결과 이 거시적인 역사적 담론이 건괘와 곤괘의 서사를 지배하는 담론과 맞닿아 있음을 인지할 수 있다.

제2절에서는 은주교체의 역사가 세계를 어떻게 변혁시켰는지 세 가지 측면에서 논증했다. 은주교체는 단순히 상고시대 왕조의 교체라는 물리적 의미를 뛰어넘어 시대정신의 근본적 변화를 가져와 이후의 세계가 인간의 자율을 중시하는 인문의 세계로 전개되는 계기가 되었다는 점에서 역사적 의의가 있다. 은주교체를 계기로 무축(巫祝)이 지배한 신정체제가 해체되고 왕이 지배하는 봉건적 왕정체제가 정착된 사실은 주지하는 바와 같다. 이 바탕 위에서 인간을 예속하고 주재하던 상제(上帝)는 사라지고, 자아 입법의 준거가 되는 신적 이념으로써의 천명(天命)으로 세계를 규율하기 시작했다. 이러한 변화는 거북점 중심의 점서체계가 근본적으로 변할 수 있는 길을 열었고, 『주역』의 서사에도 고스란히 투영된 것으로 인식했다.

제3절에서는 은주교체를 단행한 주나라 지배계층이 무엇을 지향했는지를 살펴보았다. 그들은 통합의 완성을 위하여 역취(逆取)의 정당

성을 세우는데 심혈을 쏟았고, 항구적 순수(順守)의 방도를 고민했다. 이런 가운데 주초에 상나라의 상제를 대신할 지배의 이데올로기로 천명(天命) 관념을 정립하여 세계를 장악했다. 역(易)의 세계를 지도하는 이념인 건괘의 괘사 '원형이정'은 바로 천명의 언어적 개념과 같은 것임을 확인하였다.

제Ⅲ장에서는 64괘의 수괘(首卦)인 건괘를 통해서 『주역』에 내재한 보편적 세계관을 정리했다. 건괘는 곤괘와 더불어 역의 세계를 펼치는 역리적 근원이 될 뿐만 아니라 역사적 관점에서 천하가 종주(宗周)의 기치 아래 복종하도록 군왕의 경륜을 말했다는 점에서 64괘를 아우르는 통론적 세계관을 함축하고 있다.

이런 관점에서 먼저 신무(神巫)의 신화적 세계와 인문(人文)의 역사적 세계가 혼재한 서사적 세계를 확인할 수 있었다. 육효로 표상되는 점진과 점층의 시공간에 육룡(六龍)의 등천(登天)이라는 장엄한 서사적 행로를 장치한 결과, 이후의 세계가 물리적 세계와 정신적 세계를 아우르며 상승 지향의 인문세계를 구축할 수 있는 근원이 되었다. 이러한 서사적 구조 속에서 건괘의 괘·효사를 은주교체의 시대가 안고 있던 역사적 문제와 연계하여 하나의 해석체계로 정리하면, 주나라 지배계층의 역사의식을 반영한 구체적이며 장엄한 역사적인 서사(敍事)가 탄생하게 되었다.

한편, 건괘의 괘사 '원형이정(元亨利貞)'을 역리적 세계와 역사적 세계를 규율하는 보편적 지도이념으로 삼았고, 이것을 바탕으로 자아 입법의 규범적 준거가 정립됨으로써 인문세계의 기본 성립조건인 규범적 세계관을 형성한 것으로 보았다. 특히 건괘 구이의 재전(在田), 구사의 재연(在淵), 구오의 재천(在天)에서 규범적 세계관을 형성하는 가치의 원형을 확인했고, 복문과 금문, 『시경』과 『서경』 등을 중심으로 위 세 가지 개념의 역사적 실체를 실증적으로 논증함으로써 규범적 당위가 어디에서 비롯되었는지 알 수 있다.

마지막으로 음양의 역리에 기반한 건괘의 철리적 세계가 은주교체의 시대를 배경으로 하는 역사적 세계와 어떤 형식으로 정합하는지 확인했다. 세계의 존재 양상을 이해하고자 전일과 환원의 관점에서 세계와 개체가 상반(相反)하되 상성(相成)하는 역리적 이치를 규명했고, 이 이치가 은주교체 이후 주나라의 역사적 세계와 어떤 형식으로 조화를 이루었는지 구체적으로 검토하였다.

제Ⅳ장에서는 행역 주체인 건괘의 육용과 군자, 대인에 대해서 역사적 시원을 밝히고, 이것을 바탕으로『주역』에서 이들의 역사적 존재성이 무엇인지 살펴보았다.

역리적 측면에서 세계가 끊임없는 변화의 도상에 있으며 그 변화무쌍한 세계를 주재하는 존재성을 표상하고자 역(易)의 문을 여는 건괘에서 용(龍)을 상(象)으로 취한 사실을 밝혔다. 또한, 역사적 측면에서 은주교체를 단행한 행위에 정당성을 부여하고 주 왕조의 권위를 확립하려는 의도로 용의 신화적 힘과 공능을 빌렸다는 사실을 확인했다. 이런 관점에서 용은 역의 세계를 주재하는 변화지상(變化之象)이며 동시에 주나라의 역사적 세계를 경륜하는 군자지상(君子之象)으로, 이처럼 중첩적 상징으로 역리와 역사의 세계를 주재하는 존재성을 표상하고 있다. 이 육룡이 표상하는 상징체계로 인하여 추상적인 역리와 구체적인 역사, 상나라의 신화적 세계와 주나라의 인문적 세계 등 은주교체로 분열된 세계의 통합을 위한 당위를 설명할 수 있게 되었다.

한편, 군자는 무축세계의 신무(神務)를 관장하는 윤(尹) 또는 군(君)과 같은 성직자가 그 시원적 존재임을 밝혔다. '군자'의 자원(字源)은 상대의 사회적 신분 개념인 '다자(多子)'와 이러한 신분의 겸칭 개념인 '소자(小子)'와 관련이 있다. 이 개념들이 은주교체의 역사적 전환기를 기점으로 상대의 '다윤(多尹)'의 개념적 변용(變用)인 '다군(多君)'의 개념과 융합하여 '군자'의 개념을 형성할 수 있는 바탕이 되었다.『서경』「주고(酒誥)」편에 등장하는 '군자'가 그 구체적 실상이자 문헌적 시원으로 건괘의 군자와 개념적 동질성, 시대적 동시성이 있다.

『서경』 가운데 등장하는 군석(君奭), 군진(君陳), 군아(君牙) 등의 개념은 사람의 이름과 결합한 군자의 과도기적 개념군(槪念群)으로, 「군석(君奭)」편에 등장하는 상대의 여러 신무(神巫)의 개념과 사회적 존재성 등에서 역사적 맥락이 닿아 있다. 또한, 『시경』에 등장하는 군자의 다양한 개념적 유형을 정리하는 가운데 어원적 계통으로 공자(公子), 지자(之子) 등의 개념을 주목했고 이들이 군자보다 이른 시기의 개념임을 판단했다. 아울러『주역』에 등장하는 군자를 경륜(經綸)과 육덕(育德)의 두 가지 측면에서 분류·검토한 결과 이들이 후대의 유가에서 정립한 군자의 개념적 원형임을 확인했다.

끝으로 대인은 「문언전」에서 정리한 내용에 비추어 제정일치 시대의 신무(神巫)와 계통상으로 연결된 존재였다. 군자의 시원으로 판단한 성직자 계열의 인간군이 대인의 시원적 존재이며, 이것은 곧 군자와 대인 모두 제정일치 시대의 신무(神巫)에서 기원했다는 사실을 알 수 있었다.

은주교체로 인하여 왕정체제가 정착되면서 신무(神務)로 융합된 신정적(神政的) 질서는 천명을 정점에 둔 정치적 관념의 질서화와 제의와 점복 분야의 방대한 지식의 질서화로 분화되었다. 그 결과 기본적으로 전자는 정무적 성격의 군자의 개념을, 후자는 종교 문화적 성격의 대인의 개념을 형성할 수 있는 공간과 계기가 되었다. 상고시대 성직 계열의 신무(神巫)들은 왕정체제가 정착되면서 신성(神性)에 기반한 그들의 권위를 천명 관념으로 왕조의 정당성과 정통성을 세우려는 정치 세력에게 차츰 넘겨주었다. 이들은 신무(神務)에 관한 방대한 지식계통의 질서화에 편승하여 군왕을 위해 일하는 최고의 전문 지식인 그룹으로 거듭나게 되었다.

『주역』서사에서 대인은 시대적으로 신정적 질서의 신무(神巫)와 왕정체제의 전문가 그룹인 이들 지식인을 연결하는 시점의 존재였다. 신정에서 왕정으로 넘어가는 은주교체기에 신화적 시대를 지배한 신무

(神巫)의 심장과 인문적 왕조시대의 지식인인 대신(大臣)의 두뇌를 갖추고 역(易)의 세계를 주재한 자가 바로 대인(大人)이었다. 『시경』가운데 〈사간(斯干)〉편, 〈무양(無羊)〉편에서 점몽인(占夢人)으로 등장한 태인(太人)이 『주역』 외의 문헌상 개념적 시원이 된다.

대인은 『주역』 64괘 가운데 9개의 괘에 등장하는데, 이 괘들은 하나같이 대인의 비범한 공능을 요구하는 상황이 그 배경이다. 이러한 대인은 상황이 절박하여 우환이 깊을수록 존재성이 더욱 빛을 발하게 되는데, 이것이 '대인의 역설(逆說)'임을 규정하고 낱낱의 서사를 검토했다.

제Ⅴ장에서는 곤괘의 서사를 역사적 사실의 관점과 심리적 의식화의 관점으로 구분하여 역사성을 논증했다. 전자는 복사와 금문, 기타 사적(史籍) 등을 통해서 서사의 실재성을 실증적으로 살펴봄으로써 그 의리를 명료하게 드러내었다. 후자는 세계의 패권을 장악하는 과정에서 역사적 긴장 상태를 조성한 역사 주체의 심리가 은주교체 후 통합의 단계에서 지배와 복종의 논리를 세우고자 의식화의 과정을 거쳤을 것이고, 그 실상이 곤괘의 서사에 어떤 내용과 형식으로 투영되었는지 확인하고자 했다.

그 결과 곤괘의 서사를 끌고 가는 담론이 종주(從周) 또는 종왕(從王)으로 귀결한다는 점을 논증했다. 이 과정에서 서사에 대한 전통적 해석 경향은 서사에 내재한 역사를 보지 못했기 때문에 자기 시대의 사상에 의지하여 경의(經義)를 해석할 수밖에 없었고, 따라서 추상성과 모호함을 떨쳐낼 수 없었다. 곤괘의 괘사 가운데 '동북상붕(東北喪朋)'은 '동북(東北)'의 역사적 실재성을 확인해야만 상나라를 추종하는 세력에게 '종주(從周)'를 회유하는 정치적 수사임을 알 수 있다고 본 점이 그 구체적 예이다. 특히 구이의 '직방대(直方大)'와 '불습(不習)'을 그 시대의 세계를 반영한 언어로 재해석한 결과 「문언전」의 교학적 해석과 이것을 바탕으로 형성된 해석상의 견고한 경향성이 역사적 관점의 본의(本義)와 동떨어진 점을 확인할 수 있었다. 이처럼 당대의 세계는 당대의 언어로 존재한다는 관점에서 곤괘의 서사를 해석할 때 은주교체의 시대를 감당한 역사 주체의 고민이 어떤 내용으로 투영되었는지 그 역사적 의리를 확인할 수 있었다.

또한, 곤괘의 괘사와 효사 가운데 통합의 기치로 내세운 종주(從周)나 종왕(從王)을 지향한 의식화의 제 요소를 규명함으로써 이것이 의미하는 역사적 관점의 의리를 제시할 수 있게 되었다.

초육의 '이상 견빙지(履霜 堅氷至)'는 자연의 변화에서 터득한 경험적 직관을 인문적 예지로 끌어 올린 후 역의 세계를 관통하는 우환의식, 역사적 세계를 지배하는 역사의식으로 나아가고 있다. 육삼은 왕사를 수행하는 신하의 본분과 처세의 원칙으로 함장(含章)과 무성(无成)을 제시함으로써 그 시대가 요구한 신하의 본분이 무엇인지를 정립했다.

육사의 괄낭(括囊)은 그 시대에 절실했던 종주(從周) 또는 종왕(從王)의 전일적 통치체제를 완성하기 위해서 언로(言路)에 대한 전일적 통제를 의도한 가운데 정립된 개념임을 밝혔다. 난세의 괄낭은 신하의 명예를 훼손하지만, 언로(言路)의 전일적 통합이 절실했던 그 시대에는 신하의 덕목으로 요구한 것이다.

용육의 서사 '이영정(利永貞)'은 곤괘의 괘·효사에 내재한 의리를 종합하여 처세의 미학을 말한 것으로, 종왕(從王)에 대한 항구적 지향성을 주입하려는 의도가 있음을 논증했다.

끝으로 이 책을 저술하는 가운데 필연적으로 뒤따랐던 두 가지 문제의식을 간략히 밝히고자 한다. 우선 건괘와 곤괘, 두 괘의 서사가 은주교체기의 언어가 맞는가 하는 점이다. 이 문제는 서사의 해석에 있어 매우 중요하다. 서사가 그 시대의 언어가 아니라면 역사와 서사의 정합(整合)을 모색하는 이 저술의 목적에 도달하는 일이 근본적으로 불가능하기 때문이다. 논지에서 벗어난 문제이므로 별도의 논제로서 논증하는 것이 마땅하지만, 이 책을 저술하는 과정에서 하나의 복선으로 줄곧 염두에 두었다.

이런 문제의식에 따라 단편적으로 몇 가지 생각을 정리할 수 있었다. 일반적으로 역(易)이 지어진 시점을 상말 주초가 아닌 현저하게 후대로 보는 근거 중의 하나가 '군자'와 '대인'의 개념이다. 이 개념을 공자 이후 유가에서 정립했다는 근거로 삼으며, 서사의 상당 부분도 공자 이후에 지어졌거나 가필된 것으로 보는 경향이 있다. 그러나 제 Ⅳ장에서 행역 주체인 이들의 개념적 연원(淵源)을 살펴본 결과 이들 은 은주교체 이전의 무축시대와 이후의 왕정시대를 잇는 과도기적 존재 개념으로, 후대의 유가에서 정립한 개념의 원형이라는 점에서 양자 사이에 시대적 요원함이 있음을 확인할 수 있었다.

이외에 두 괘의 서사 대부분이 복문과 관련이 있거나 복문으로 직접 쓰였으며, 상말은 물론 주대의 청동 제기 명문과 비교하는 과정에서 상 말 주초의 시대를 실증(實證)하는 언어라는 사실을 확인했다. 아울러 서 사는 후대의 정비된 언어체계로는 이해하기 힘들 정도로 극도의 축약과 정치한 상징으로 일관하는 특징이 있었다. 이것은 축약과 상징으로 더 많은 이야기를 전하는 고대 그림문자의 역설이 서사에도 투영되어 있다 는 점에서 그 배경이 상말 주초의 시대와 무관하지 않음을 말하고 있다.

『춘추좌전』 가운데 최초의 서점례(筮占例)는 장공(莊公) 22년(B.C. 672년) 조의 기록에서 보이는데, 점의 해석에 관한 역리적·논리적 체 계를 갖춘 사실로 보아 역사적 연원이 간단치 않음을 알 수 있다. 또 한, 『주역』의 마지막 효사[4]는 술을 경계했다. 이는 주지육림으로 망 국에 이른 상나라의 역사를 교훈으로 전한 「주고(酒誥)」편의 내용을 압축한 것으로, 서사의 시대적 배경이 상말 주초의 역사와 밀접하다는 주장의 근거로 삼기에 부족함이 없다. 이처럼 두 괘의 서사도 상말 주 초의 역사와 연계하여 해석하면 시대적 정합성에서 벗어나지 않음을 알 수 있다. 특히 거의 모든 서사의 역사적 배경이 주공이 생전에 들 었거나 경험했을 역사적 사실에 국한되어 있기에 역(易)을 지은 사람 이 주공임을 강하게 시사하고 있다. 다만 작역(作易)의 시기에 관한

---

4) 『周易』 未濟卦 上九 : 有孚于飮酒, 无咎. 濡其首, 有孚, 失是.

문제는 향후 더 깊이 연구할 필요가 있으므로 논외로 남겼다.

다음으로 제기된 문제의식은 역사적 관점의 해석과 사변적 해석과의 괴리를 어떻게 수용할 것인지에 관한 것이다.

『주역』이 지향하는 궁극의 존재가치는 점으로 적중과 정중의 길을 제시함으로써 인간의 고통과 불안을 진정시키는 데 있다. 역(易)이 지어진 이래로 방대하게 정립된 사변적 인식체계는 인간의 문제 상황을 해소하려는 고뇌에서 비롯됐다. 이 과정에서 인간이 직면한 문제를 좌시하지 않았던 지성(知性)과 정신이 켜켜이 쌓이면서 방대하고도 심오한 지적 자산으로 남겨졌다. 이처럼 『주역』은 인간다움을 지키려는 철리(哲理)에 기반했고, 인간이 직면한 문제에 잠시도 시선을 거두지 않음으로써 존재가치를 더 높일 수 있었다.

역사적 실증을 중시한다는 명분을 내세워 복잡하고 미묘한 인간의 문제에 소홀함으로써 인간의 고통과 불안을 해소한다는 점서적 가치를 멀리하면 『주역』의 존재가치는 반감될 수밖에 없다. 사실과 사유의 정합은 진리를 객관화하는 방법이지만, 사실이 사유를 지배하면 진리는 경박해진다. 따라서 역사적 관점의 해석도 결국 사변적 해석의 한 범주일 뿐이다. 『주역』이라는 광대한 지적 호수로 흘러가는 작은 물줄기에 불과하지만, 격동의 시대를 살았던 인간의 아우성에 대해 역(易)을 지은 사람이 어떻게 반응했고, 서사 가운데 어떻게 투영되었는지는 가장 중요한 관심사이다.

이런 측면에서 역사와 사변은 겉과 속처럼 서로 밀접하다. 역사가 없는 사변은 공허하고, 사변이 없는 역사는 맹목에 빠지기 쉽다. 그러므로 양자 간의 지적 균형을 모색하며 상호 교류하되 서로의 거울이 되어 주는 일이 중요하다. 사변적 교학과 역사적 실증이 어우러져 양쪽의 불편한 구석을 깎아주면서 역사와 서사, 역사와 경의가 정합하는 『주역』 본래의 뜻을 가다듬는다면 군자의 담대한 행보, 대인의 뛰어난 혜안으로 우환에서 벗어나는 정중(正中)의 길이 더욱 밝게 열릴 것으로 믿는다.

┌─────────┐
┆ 판 권 ┆
┆ 소 유 ┆
└─────────┘

역(易)과 사(史) (상)

2024년 9월 20일 초판 발행

저 자 이 정 희

발행인 이 홍 연·이 선 화
발행처 ❀ ㈜이화문화출판사
주 소 서울시 종로구 인사동길 12, 310호(대일빌딩)
전 화 02-732-7091~3 (도서주문)
      02-738-9880 (본사)
FAX   02-725-5153 (팩스)
홈페이지 www.makebook.net

값 22,000원